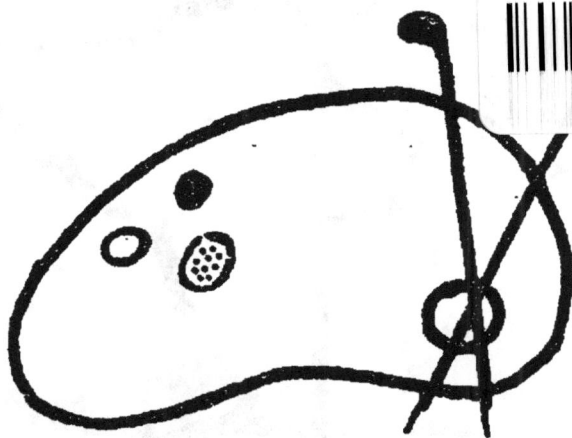

Couvertures supérieure et inférieure
en couleur

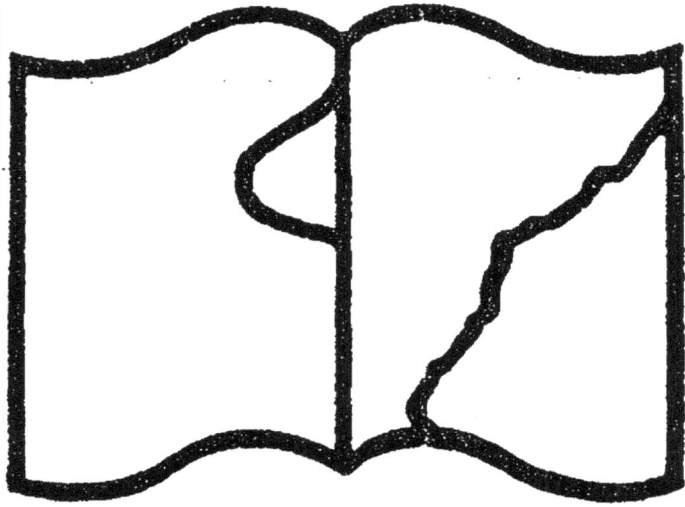

Texte détérioré — reliure défectueuse

NF Z 43-120-11

SUPERSTITIONS

ET

SURVIVANCES

ÉTUDIÉES AU POINT DE VUE DE LEUR ORIGINE ET DE
LEURS TRANSFORMATIONS

PAR

L.-J.-B. BÉRENGER-FÉRAUD

TOME PREMIER

PARIS

ERNEST LEROUX, éditeur

RUE BONAPARTE, 28

1896

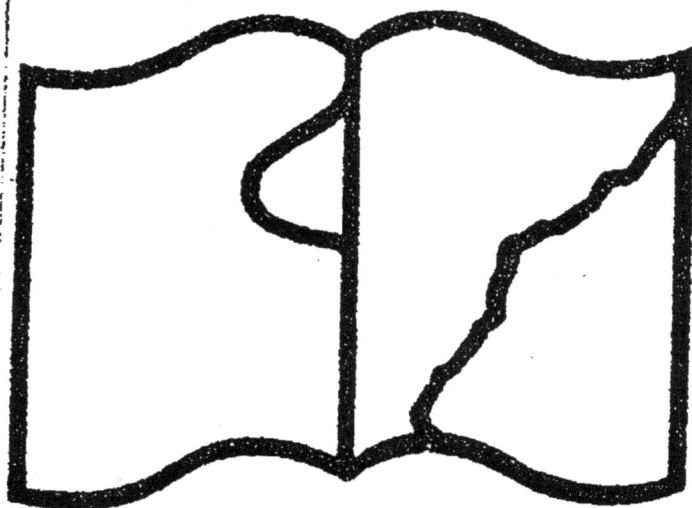

TOULON. — IMPRIMERIE DU « PETIT VAR »

Angle boulevard de Strasbourg et rue d'Antrechaus.

A M. SÉNÈS (LA SINSE)

Mon Vibil Ami,

Voici le livre dont vous connaissez depuis bien longtemps manuscrit. — Puisse-t-il vous faire le plaisir que m'ont fait vos charmantes « Scènes de la Vie Provençale »

Bien cordialement à vous,

BÉRENGER-FÉRAUD.

INTRODUCTION

La première pensée qui vient, lorsqu'on entend parler des superstitions et des crédulités populaires, est : qu'on se trouve en présence d'absurdités qui ne méritent pas d'arrêter un seul instant l'esprit des gens de bon sens. Mais quand on y réfléchit, un peu, on ne tarde pas à s'apercevoir, que ces absurdités sont, en réalité, très intéressantes à étudier, parce qu'elles révèlent les croyances, les mœurs, la manière d'être et de raisonner de nos ancêtres, plus ou moins éloignés.

En effet, les contes des bonnes femmes, de nos jours, qui mettent en scène : les esprits de la maison, de la terre, de l'air, de l'eau, ne sont que des réminiscences de l'animisme des premiers hommes. Maintes crédulités touchant l'influence d'un arbre, d'un animal, d'un objet, d'une action, d'une prière, etc., etc., procédent des cultes : astrolatrique fétichique, chthonique, etc., etc., qui ont, pendant longtemps, régi les sociétés. Ces antiques croyances ayant subi des modifications plus ou moins grandes, souvent très minimes, ont fait, tour à tou , partie de rituels paraissant, de prime abord, être très diffé-

DEBUT DE PAGINATION

rents les uns des autres, et sont arrivées jusqu'à nous, à l'état de superstitions et de survivances.

La question de ces superstitions et survivances présentée ainsi, en éclaire, on le voit, l'étude d'un jour attrayant. Des recherches qui paraissaient, d'abord, n'être que le stérile passe-temps des désœuvrés en quête d'un amusement éphémère, deviennent, au contraire, l'exploitation d'un des filons les plus intéressants de l'histoire de la civilisation humaine, et de l'évolution de l'idée du surnaturel, à travers les âges.

Dans ces recherches sur les crédulités des bonnes femmes de nos jours, j'ai suivi un plan assez généralement uniforme; j'ai enregistré, d'abord, les faits que j'ai pu recueillir dans le pays de Provence. En second lieu, j'ai cherché les faits similaires des autres pays, en remontant, aussi loin que j'ai pu, dans le passé. Enfin, avec ces éléments d'appréciation, j'ai essayé de déterminer l'origine de la donnée; et la suivant, d'âge en âge, lorsque cela m'a été possible, j'ai examiné les diverses transformations dont elle a été l'objet.

Pourquoi ai-je donné une aussi grande place aux crédulités de la Provence dans ce travail ? En voici la raison : « La Provence est un pays consommateur de population. Le chiffre de ses habitants ne se soutient, à un niveau suffisamment élevé, que par un apport incessant d'étrangers. Ces étrangers se trouvent bien dans cette région favorisée, s'y acclimatent facilement, ont des enfants assez nombreux. Mais ces enfants, prenant de bonne heure les caractères généraux des Provençaux, au lieu de conserver ceux de leurs ascendants propres, sont, de moins en moins féconds ». Telle est l'idée que j'ai cherché à faire prévaloir depuis plusieurs années, et dans divers travaux.

Or, de même que lorsque j'ai étudié les caractères physiques de la population provençale, j'ai constaté que de nombreuses variétés ethniques étaient venues successivement s'implanter dans le pays, de même, lorsque je me suis occupé des traditions, légendes, crédulités, qui ont cours dans le populaire provençal, j'ai reconnu qu'elles avaient des liens souvent étroits avec celles de pays divers, très éloignés, parfois, du nôtre. Ma curiosité, vivement éveillée par cette constatation, m'a fait étudier avec un intérêt spécial ces crédulités populaires. Et c'est ainsi que j'ai recueilli les éléments du travail que je publie aujourd'hui.

Les sujets de mon étude sont si variés, que les chapitres de ce livre n'ont souvent aucune liaison entre eux. En réalité, les divers volumes que je compte publier sur les superstitions et les survivances seront autant de monographies séparées et indépendantes. Seulement, si je puis mener à complet achèvement l'œuvre que j'entreprends aujourd'hui, je me propose de terminer mon cadre par une étude synthétique sur l'évolution du surnaturel. Cette étude sera comme le lien réunissant, en un seul faisceau, tous ces sujets n'ayant, en apparence, aucune relation entre eux.

Je termine cette introduction en disant : que ce travail sur les superstitions et les survivances, qui résume quarante années de recherches et de méditations, est une œuvre de pure science, dans laquelle je n'ai pas un seul instant songé aux disputes : soit de la religion, soit de la politique. La religion et la politique n'y sont entrées qu'à titre de document : absolument comme la géographie ou l'histoire. Et, de même qu'il n'est pas venu à ma pensée : que les Américains sont meilleurs que les Asiatiques ; que les Carthaginois valaient mieux que les Assyriens ; que tel siècle fut préférable à tel autre ; de même, tous les cultes, quels qu'ils aient été ou qu'ils soient, me sont restés également indifférents.

N'ayant voulu faire le procès ou la critique d'aucune foi, je n'ai cherché à heurter aucune piété.

Toulon, septembre 1895

SUPERSTITIONS ET SURVIVANCES

CHAPITRE PREMIER

Les Esprits de la Maison

I

LES CRÉDULITÉS DE LA PROVENCE

En Provence, comme dans nombre de pays très divers, on croit encore, de nos jours, à l'existence des esprits de la maison; esprits qui ont joué un rôle notable dans l'histoire des superstitions de la plupart des peuples.

Pour étudier les caractères que la crédulité des bonnes femmes prête à ces esprits, je vais citer quelques exemples, recueillis çà et là dans le pays; puis, les examinant comparativement à ce qu'on constate dans diverses contrées, à l'époque actuelle et dans les temps passés, je pourrai, je crois, y trouver quelques indications touchant l'origine et les transformations de cette superstition intéressante à plus d'un titre.

L'Esprit familier du Plan de La Garde. — Il y avait, dernièrement, me disait une bonne femme, du Plan de la Garde, près Toulon, en 1887, avec l'accent de la conviction, une bastide dans laquelle il y avait un esprit familier. Cet esprit s'occupait des soins du ménage avec un zèle et une attention que personne n'aurait pu égaler. Tous les soirs, la ménagère laissait sa vaisselle sur la table ; elle la trouvait le lendemain matin bien propre et bien rangée sur les étagères. Cette ménagère n'avait pas besoin de balayer sa maison, car le matin, elle était sûre de trouver son parquet soigneusement nettoyé, ses meubles bien époussetés. En un mot, son ménage était toujours parfaitement tenu en ordre par l'esprit familier.

Du côté du cellier, du grenier, du hangar au bois, les mêmes soins étaient donnés par l'esprit familier ; la mangeoire de l'âne était toujours bien appropriée, garnie de fourrage, la litière toujours bien relevée et rafraîchie chaque matin ; le vin, l'huile, les graines, les fruits, toutes les provisions d'hiver, étaient bien surveillées.

Cet esprit familier avait cependant de petits caprices ; il avait maintes fois manifesté des moments d'humeur, par certaines manières qui montraient qu'il voulait qu'on lui laissât faire à sa guise ; en effet, un jour, la paysanne, trouvant que la disposition des meubles de sa cuisine n'était pas à son gré, s'avisa de la changer ; mais, dans la nuit, l'esprit remit les choses dans l'ordre primitif. La ménagère, s'entêtant, voulut encore changer ses meubles de place : cette fois, le lendemain matin, en entrant dans la cuisine, elle trouva le désordre le plus grand ; le vase de nuit était sur la table à manger, et le pain dans le panier aux ordures. Bref, l'esprit familier ne voulait pas être contrarié.

Comme la paysanne trouvait, en somme, très commode d'être ainsi aidée par un esprit familier, même fût-il un peu quinteux et maniaque, elle prit le parti de le laisser faire ; et pendant longtemps elle se trouva très heureuse. Mais, un jour, racontant ses affaires à une voisine, celle-ci lui dit : « attention, commère ! Ne craignez-vous pas de charger votre conscience en acceptant ainsi les services d'un esprit familier ? » Comme on le comprend facilement, la commère fut très impressionnée par ces paroles, car elle avait des sentiments religieux, et n'aurait rien voulu faire qui fût contraire à ce qui doit être fait. Aussi, sans tarder, partit-elle pour le village, et alla se confesser à M. le curé.

Elle raconta au prêtre : comment les choses avaient commencé et comment elles se passaient. Elle avait bien entendu quelquefois un peu de bruit, pendant la nuit, ce qui lui révélait le travail de l'esprit familier, mais elle ne l'avait jamais vu. Quelquefois, elle s'était levée alors, et avait essayé d'aller le surprendre, mais elle n'avait pas réussi ; et comme, deux fois, elle avait reçu une assez vigoureuse fessée, elle avait renoncé à ce projet.

Le curé lui dit : qu'il ne fallait pas continuer à se laisser servir ainsi par un esprit familier. car ces esprits sont repoussés par l'Eglise ; et comme la ménagère lui objectait qu'elle ne savait comment faire pour s'en débarrasser, il ajouta : « Répandez, ce soir, une certaine quantité de haricots secs sur le sol dans toute votre maison ; vous verrez que, peut-être, il préférera s'en aller que de les ramasser. »

Le conseil du curé fut suivi, mais le lendemain, la ménagère trouva ses haricots parfaitement ramassés et mis dans un papier bien proprement. Elle alla trouver de nouveau le curé qui lui dit : « Puisque l'esprit ramasse les haricots, jetez des petits pois, peut-être cela le rebutera-t-il. » La paysanne essaya de ce moyen sans succès. Le curé lui dit alors : « Répandez ce soir des mérévillons (espèce de très petites lentilles) sur le sol. » La ménagère obéit et, cette fois, l'esprit, dégoûté par le surcroît de travail qu'on voulait lui imposer, quitta la maison pour n'y plus reparaître.

La paysanne qui me racontait cette aventure, en septembre 1887, y croyait d'une manière ferme ; elle ajoutait qu'à sa connaissance, il y avait plus d'une bastide hantée, ainsi, par un esprit familier. L'existence de cet esprit est, d'ailleurs, chose si bien établie, me disait-elle, qu'on sait parfaitement comment s'en débarrasser, lorsque les divers moyens qu'on a employés ont été inefficaces. Il suffit d'abandonner la bastide pendant deux ou trois ans ; l'esprit ne trouvant plus rien à faire, et, en même temps, ne trouvant plus de quoi vivre dans la maison, finit par émigrer à son tour ; on peut alors revenir sans avoir, désormais, à craindre son retour.

Cette aventure est bien faite pour frapper celui qui l'entend raconter pour la première fois. Or, je connais au moins quinze éditions de sa teneur, provenant, soit de l'arrondissement de Toulon, soit de ceux de Brignoles et de Draguignan ; sans compter que j'en ai retrouvé des traces, très précises et très intenses, dans les environs de Grasse comme sur les deux rives du Var.

La croyance à l'esprit de la maison se manifeste aussi, en Provence, sous une forme assez différente de celle dont j'ai parlé dans le fait du Plan de La Garde : transition entre l'esprit de la maison aidant les habitants à faire l'ouvrage du ménage, et l'esprit malfaisant, le fantôme, le revenant, le sorcier, le diable même. — En voici trois exemples :

La Tour des Masques du Luc. — La petite ville du Luc, sur le trajet du chemin de fer de Toulon à Cannes, est bâtie au pied d'une petite éminence jadis couronnée par un château fort, dont on voit encore aujourd'hui les ruines. Il reste, de ce château, une tourelle qui sert de grange et d'habitation à de pauvres paysans. Cette habitation a la réputation d'être hantée par les esprits nocturnes, et à cause de cela porte le nom : de *la Tour des Masques*. La crédulité publique affirme que, pendant la nuit, on voit, de temps en temps, une lumière apparaître dans tel ou tel endroit de la tour ; et que lorsqu'on cherche à savoir qui la porte, on ne peut y parvenir. Les bonnes femmes brodent sur ce thème ; elles en arrivent à raconter, quand elles sont en veine, des choses très émouvantes : « On a entendu dans cette tour des bruits insolites ; on y a vu des apparitions étranges de formes humaines, d'animaux fantastiques. » Néanmoins, quand on veut leur faire préciser les faits, on voit que la croyance est à l'état fruste ; elle manque de la plupart des enjolivements qu'on trouve dans beaucoup d'autres récits de ce genre dans divers pays.

L'Esprit familier du Faron. — Dans une bastide située sur la pente du Faron, près de Toulon, et qui resta longtemps sans locataire, il y a une cinquantaine d'années, il y avait, disait-on, pendant mon enfance, un esprit familier qui éloignait les paysans de l'idée d'y habiter. Cet esprit se livrait, dès que la nuit était venue, et même parfois pendant le jour, à des ébats qui se traduisaient par des bruits étranges. — Etait-on dans une des chambres du rez-de-chaussée ? on entendait dans le grenier des bruits et des chocs qui auraient fait jurer qu'on jetait un sac ou un coffre par terre. Montait-on au grenier ? on entendait, dans la cuisine, la vaisselle s'entre-choquer. — A chaque instant, les meubles de la chambre à coucher étaient changés de place par une main invisible. — L'âne et la chèvre étaient trouvés attachés ou vaguant dans un champ voisin, alors qu'on les avait remisés, avec soin, dans l'écurie, peu avant ; ou bien on les trouvait à l'écurie, lorsqu'on était sûr de les avoir fait sortir déjà.

Un jour, quelques individus, désireux d'avoir le mot de ces étrangetés, s'en allèrent dans cette bastide pour s'y livrer à des recherches minutieuses ; ils entendirent des bruits divers, mais ne purent surprendre celui

qui les faisait. A un moment donné, un des investigateurs crut entendre des soupirs sortir d'un puits voisin ;
il alla y regarder et revint pâle comme un mort, disant
à ses compagnons qu'il venait de voir surnager, dans
l'eau, le cadavre d'un corps d'homme sans tête. On
alla aussitôt pour vérifier le fait, et on ne vit plus rien
d'insolite cette fois. Au même instant, les fenêtres du
grenier s'ouvraient avec fracas ; aussi nos enquêteurs
prirent-ils le parti de déguerpir.

Les Damettes du château de Maubelle. — Une vieille
dame qui avait passé une partie de son enfance, de
1810 à 1815, au château de Maubelle, dans la vallée de
Sauvebonne, près d'Hyères, me raconta : qu'on croyait
fermement, dans cette vallée, à l'existence des *damettos*
(petites dames) qui auraient hanté certaines chambres
de cette grande demeure. Nombre de gens préter-
daient les avoir vues à la fenêtre pendant les nuits noires.
Lorsque la lune éclairait la maison, on les voyait, parfois, danser à travers les fenêtres ouvertes; on les
entendait remuer des sièges, toucher aux meubles,
parler, chanter, etc., etc.; lorsqu'une circonstance heureuse arrivait dans la famille, on constatait leur joie;
on entendait leurs pleurs et leurs plaintes quand un
malheur la frappait. Ceux qui avaient pu les regarder
suffisamment, — mais ils étaient rares —, disaient
qu'elles étaient : toutes petites, jolies, jeunes, vêtues
richement; on les considérait comme bienveillantes,
— c'étaient les fées protectrices de la famille —, les
âmes des ancêtres maternels, probablement.

La Bastide de l'Homme-fé. — Dans la partie de la

grande plaine de La Garde, près Toulon, qui va du
quartier de La Pauline à celui d'Astouret, il y a une mai-
sonnette qu'on appelle la Bastide de l'Homme-fé, et qui
a le privilège de faire peur aux enfants, souvent même
aux femmes qui passent dans ses environs, à la nuit
tombante. Quand on demande aux paysans du quartier
pourquoi cette bastide porte un pareil nom ? il vous
est répondu : tantôt, que c'est parce qu'elle servait jadis
d'habitation à un prêtre maudit, tantôt, que c'est parce
qu'elle a été le repaire d'un fou ou d'un méchant, d'une
masque, pour me servir du terme propre dans le
pays. En réalité, il s'agit, quand on y réfléchit, d'un
esprit de la maison qui, dans l'imagination des bonnes gens, habite cette bastide, et y a chassé, par ses
espiègleries et ses maléfices, les habitants qu'elle
abritait.

Le Fantôme de la Bastide de la Basse-Convention.
— Dans les environs de Toulon, au quartier dit de la
Basse-Convention, où les républicains avaient établi
une batterie, lors du fameux siège de 1793, on parle
d'une bastide, qui est hantée par un esprit. Personne
n'habite, dit-on, cette maison, et cependant, on la voit
très soignée dans certains détails, tandis que par ailleurs
elle paraît tomber en ruines. A certains moments du
jour et surtout de la nuit, on y entend des bruits
divers : joyeux ou funèbres ; et tout le monde sait si
bien la nature surnaturelle du tapage, que personne ne
cherche jamais à surprendre le secret de cette bastide.
Un jour, un habitant des environs qui aimait beaucoup à
chasser, et qui n'avait pas osé, jusque là, poursuivre le

gibier qui se dirigeait de ce côté, se dit : Qu'est-ce que je risque, n'ai-je pas mon fusil bien chargé pour parer à toute éventualité de danger ? et il avança résolûment jusqu'à la maison... Que se passa-t-il, on n'en sait rien, mais toujours est-il, que lorsqu'il revint il avait l'air d'un homme terrifié. Il ne dit à personne ce qu'il avait vu, se coucha, et trois jours après il était mort !

Je connais plus de dix exemples de faits analogues à celui-là, se rapportant aux bastides abandonnées qui sont dans la plaine qui va de la Garde à Cuers. J'en connais aussi dans la région septentrionale de Toulon ; et il faut reconnaître, que, si on prenait la peine de consulter la superstition locale, on la retrouverait dans toutes les communes de la Provence, ou à peu près. Dans quelques circonstances, c'est la forme de l'esprit familier avec ses attributs inoffensifs ; dans d'autres, c'est l'idée du sorcier ou du fantôme qui prédomine. — Dans un assez grand nombre de cas, on constate, quand on analyse les détails avec attention, qu'on se trouve probablement en présence de gens, qui ont exploité la crédulité populaire pour vivre tranquilles, et sans payer, dans une masure abandonnée.

Je finirai avec les faits afférents à la Provence, touchant les esprits de la maison, en disant que la superstition, qui nous occupe, se manifeste encore sous une forme spéciale qui mérite d'être signalée : c'est la croyance à des êtres surnaturels : anges, fées, âmes, qui apportent le bonheur dans la maison, si on a soin de les accueillir et de les traiter avec la distinction et le respect qui leur sont dus ; en voici deux exemples :

Bounjour Moussu ; la Coumpagnio. — Dans la plupart des quartiers ruraux de la Provence, lorsqu'un paysan rencontre quelqu'un de ses voisins ou même un étranger, il le salue encore, généralement, par ces mots : « Bounjour moussu (ou bien le nom propre de l'individu); la coumpagnio », même alors que le voisin ou l'étranger est absolument seul. Beaucoup croient aujourd'hui que ce mot « la coumpagnio » s'adresse aux personnes qui sont avec celle que l'on salue, et que c'est par habitude qu'il est prononcé, même lorsque l'étranger est seul. Cependant telle n'est pas la pensée initiale de cette formule de salut : c'est l'ange gardien que vise le mot « la coumpagnio ». Cela m'a été répondu un grand nombre de fois, lorsque me trouvant seul et salué de cette manière, j'ai demandé au paysan pourquoi il s'exprimait ainsi. Plusieurs de mes amis ont posé la même question, dans les pays les plus divers de la Provence, et ont obtenu la même réponse. Je dois ajouter : que jadis la pensée de l'ange gardien, ainsi salué, était très généralement répandue dans toute la région ; et qu'aujourd'hui elle tend à se restreindre, dans les régions éloignées des villes, et chez les gens âgés.

Leis armettos. — Dans la fête de famille qui se fait avec tant de pompe et de joie intime, en Provence, nous trouvons, au milieu de maints vestiges de cultes passés, l'astrolâtrie, les libations, etc., etc., par exemple; le fait curieux : que la table ne doit pas être desservie, après le gros souper. On enlève bien les plats contenant les aliments qui pourraient s'altérer à la chaleur, mais on laisse exactement tous les autres ; on prend la précaution de relever les quatre coins de la nappe, afin qu'ils ne touchent pas par terre, ce qui permettrait aux mauvais esprits de monter. La table doit rester ainsi parée. La salle à manger ne doit pas même être balayée jusqu'au lendemain. Quand les enfants, toujours curieux, demandent pourquoi on fait cela, la maman et les grands parents répondent sentencieusement : que c'est pour que les *armettos* (les petites âmes) puissent venir, à leur tour, se réjouir, en mangeant les miettes du repas.

Le lendemain matin, au jour, cette nappe est prise avec soin par la maîtresse de la maison, de manière à à ce que les miettes ne tombent pas par terre ; elle est portée, soit sur la toiture de la maison, soit dans les champs, afin que les miettes soient jetées sur l'endroit que l'on désire voir bénir par la Providence. Les bonnes femmes sont persuadées que la maison, sur la toiture de laquelle ces miettes de la table de Noël ont été ainsi répandues, n'aura pas de malheurs à subir dans l'année, et que le champ, qui a reçu ainsi ces miettes, aura ses récoltes bénies, c'est-à-dire abondantes. Les enfants ne différencient pas facilement les *petites âmes* des anges proprement dits ; mais en réalité, en étudiant comparativement les attributs des deux catégories d'esprits, on voit qu'elles sont bien distinctes ; et que *leïs armettos* ne peuvent être rattachées au paradis chrétien que par des analogies assez éloignées.

II

CLASSIFICATION

Si on essaie de jeter un coup d'œil synthétique sur les diverses aventures que je viens de rapporter, on voit qu'elles peuvent se ranger en trois catégories : Dans la première : qui comprend l'esprit familier de la Garde, cet esprit de la maison a les allures d'un serviteur, plus ou moins surnaturel, plus ou moins quinteux de caractère, mais enfin s'occupant avec une certaine sollicitude des intérêts de l'habitation. Dans la seconde, nous ferons entrer le fait de la tour du Luc et celui de la bastide voisine du Faron; l'esprit est, dans ces cas, de nature purement méchante et touche aux revenants, aux fantômes, comme aux mauvais génies ; en un mot, à l'idée de la démonialité.

Dans la troisième, constituée par *leïs armettos et bounjour Moussu la coumpagnio*, c'est-à-dire par l'ange gardien, on voit les attributs d'une puissance surnaturelle qu'il est possible de se rendre favorable par des offrandes et des attentions, aimables ou pieuses.

Enfin dans la quatrième, représentée par les Damettes de Maubelle et la bastide de l'homme-fé, la crédulité est pour ainsi dire fruste, car les attributs de l'esprit de la maison y sont vagues et indécis.

Cette classification est incomplète parce que la Pro-

vence ne possède pas, à ma connaissance du moins,
toutes les variantes de l'esprit de la maison dans son
arsenal superstitieux ; il faut y ajouter au moins une
cinquième catégorie : celle qui établit la transition
entre l'esprit de la maison et ceux des champs, des
airs, des eaux, etc., etc. Je dois ajouter qu'il y en
aurait, à la rigueur, d'autres à joindre à celle là ; mais
en somme, comme il faut nous résoudre à laisser subsister, dans cette étude des superstitions et des survivances, tout le vague et toute l'incohérence même des
traditions populaires, Il nous aura suffi de tracer
approximativement les grandes lignes de la division,
sans qu'il soit besoin d'essayer d'y apporter plus de
précision et d'exactitude. J'aurai d'ailleurs à m'occuper
des fantômes, des revenants et des démons dans
d'autres chapitres.

III

L'ESPRIT FAMILIER DANS LES DIVERSES PROVINCES DE LA FRANCE

Les détails que j'ai fournis, en parlant de l'esprit familier
de la Garde, ont suffisamment renseigné le lecteur, pour
que je n'aie pas besoin d'insister davantage sur ses caractères spécifiques, en ce moment. Je vais donc me borner
à énumérer sommairement les pays où la croyance se
rencontre, à ma connaissance. Seulement, pour éviter
des longueurs et des redites, on me permettra de donner
en passant quelques indications rapides, au sujet des
autres catégories, lorsque l'occasion s'en présentera,

chemin faisant. De cette manière, quand j'arriverai ensuite à leur étude, je pourrai être plus bref que pour celle-ci.

Le département du Var, qui est, relativement aux autres départements alpins, assez plat, et qui est voisin de la mer, n'est pas l'endroit du S.-E. de la France, où la croyance, qui nous occupe, est rencontrée à son maximum. Dans l'Est, dans l'Ouest, dans le Nord de cette région, on la retrouve, de nos jours encore, avec des caractères, plus accentués et plus variés, qui nous permettent d'affirmer, que jadis, cette crédulité y a été beaucoup plus intense.

L'Est du département est constitué, on le sait, par les Alpes-Maritimes, pays montagneux, où les populations rurales sont encore arriérées ; la croyance dont nous nous occupons ici, s'y rencontre avec une fréquence et une précision plus grandes que dans les régions plates et littorales. Les caractères attribués, dans cette région, à l'esprit familier sont, d'ailleurs, les mêmes que dans le Var : taciturne, aimant la solitude, cherchant avec soin à ne pas se laisser voir ; prenant part aux détails du ménage, avec un soin jaloux ; donnant, quand on le contrarie, des preuves d'un caractère colère, vindicatif même ; voilà les attributs qui lui sont prêtés.

Dans l'ouest du Var, c'est-à-dire dans la région rhôdanienne inférieure, on retrouve, vivace et bien spécifiée, la croyance à l'esprit familier domestique, qu'on appelle l'*esprit fantasti*, dans quelques localités. Voici la peinture qu'en fait Frédéric Mistral : (*La Tra-*

dition t. 1ᵉʳ, p. 24, 1887). — « Mais tenez, je l'oubliais, il y avait l'esprit fantasti ! Celui-là on ne viendra pas me dire qu'il n'a jamais existé : je l'ai entendu et je l'ai vu... Il hantait notre étable. Mon pauvre père, que Dieu ait son âme! dormait une fois dans le grenier. Tout-à-coup j'entends ouvrir le grand portail là-bas. Je vais regarder de la fente de la fenêtre; et qu'est-ce que j'aperçois ? Je vois toutes nos bêtes, le mulet, la mule, l'âne, la cavale et le petit chevreau qui, fort bien attachés avec leur licol, s'en allaient sous la lune, boire à l'abreuvoir. Mon père vit bien vite, — ce n'était pas la première fois que cela lui arrivait, — que c'était le Fantasti qui les menait boire; il se remit dans sa paille et ne dit rien... Mais le lendemain matin, il trouva le portail tout grand ouvert ! Ce qui, dit-on, attire le Fantasti dans les écuries, ce sont les grelots. Le bruit des grelots le fait rire, rire, rire comme un enfant d'un an devant qui l'on agite le hochet. N'allez pas croire cependant qu'il soit méchant, il s'en faut de beaucoup ; mais il est très espiègle et taquin.

« S'il est dans ses bons moments, il étrille les chevaux, leur tresse la crinière, leur donne de la paille blanche, nettoie l'aiguier...

» Il est même à remarquer que là où se trouve le Fantasti, il y a toujours une bête plus gaillarde que les autres; cela vient de ce que le petit Esprit capricieux l'a prise en affection, et, comme dans la nuit, il va et vient dans le ratelier, il lui donne le foin qu'il grapille aux autres.

» Mais si, par malechance, le hasard fait qu'on dérange

dans l'étable, quelque chose contre sa volonté, aïe! aïe!
aïe! la nuit suivante, il vous fait un sabbat de malédic-
tion ! il embrouille et salit la queue des bêtes ; il leur
prend les pieds dans leurs traits; il renverse avec fracas
la planche des celliers; il brandit dans la cuisine la poële
et la crémaillère, en un mot, c'est un vrai remue-mé-
nage... tellement que mon père, ennuyé à la fin de
tout ce tapage, résolut d'en finir.

» Il prend une poignée de pois ramés, monte au gre-
gnier, éparpille la graine dans le foin et dans le four, et
crie au Fantasti : « Fanstasti, mon ami, tu me cher-
» cheras, une par une, ces graines de pois.» L'Esprit, qui
se complaît aux menus amusements, et qui aime à ce
que toute chose soit toujours à sa place, se mit, paraît-il,
à trier les petits pois et à farfouiller, car nous trouvâmes
de petits tas, un peu partout dans le grenier.

« Mais, (mon père le savait bien), il finit par prendre en
grippe ce travail de patience et s'enfuit du grenier, si
bien que nous ne le vîmes plus.

« Si, pour en finir, moi je le vis encore une fois.
Imaginez-vous qu'un jour, j'avais peut-être onze ans,
je revenais du catéchisme. En passant près d'un peuplier, j'entends rire à la cîme de l'arbre : je lève la
tête, je regarde et je vois, au bout du peuplier, l'Esprit-
Fantasti qui, riant dans les feuilles, me faisait signe de
grimper. Ah ! je vous en laisse juge ! je n'aurais pas
grimpé pour cent oignons ! Je me mis à courir, comme
une folle, et depuis ça été fini. »

Dans le Gard, on croit encore à l'Esprit de la maison,
comme d'ailleurs à ceux des champs, des airs et des

eaux; c'est ainsi, par exemple, que dans le petit village de Tourgueilles, on parle de leurs méfaits. — On raconte : qu'un paysan qui avait à se plaindre d'elles, parce qu'elles lui cassaient souvent la vaisselle pendant la nuit, parvint à se débarrasser de leur importunité, en mettant sur une chaise un boisseau de millet. — En voulant regarder ce que contenait le boisseau, elles le firent tomber par terre; et, ne voulant pas se donner la peine de ramasser le millet grain à grain, elles déguerpirent. (H. Roux, *Revue des Traditions* 1887, p. 448.)

A mesure qu'on s'élève vers les Basses-Alpes et les Hautes-Alpes, la croyance qui nous occupe avait, il y a quelques années encore, une intensité et une précision très remarquables. On citait, dans les vallées éloignées du courant de la civilisation, des aventures qui, grâce à l'exagération inséparable de la transmission de bouche en bouche, avaient une précision que le bon sens ne peut entendre sans scepticisme. Voici un fait afférent à la vallée de Barcelonnette; il nous servira, quand nous essaierons de nous rendre compte de ce qu'il peut bien y avoir de réel, au fond, dans la crédulité qui nous occupe.

L'Esprit familier de Barcelonnette. — Dans une ferme de cette vallée, des esprits familiers ou servants battaient en grange, et travaillaient activement aux soins de la maison. Le propriétaire crut, pendant un certain temps, qu'ils étaient parfaitement désintéressés; mais un jour, il constata qu'ils soustrayaient du grain. Après des hésitations, il finit par faire aposter dans la grange un homme armé qui tira un coup de fusil dans la direction de ces esprits, au moment, entre onze heures et minuit, où ils commençaient à travailler. Personne ne fut blessé, mais la leçon profita, car, à partir de ce moment, on n'entendit plus parler de ces servants dans la ferme.

On peut donc dire, en somme, que la croyance aux esprits familiers de la maison se rencontre, d'une manière incontestable, dans les diverses régions de la Provence. Nous allons voir qu'elle était loin d'être inconnue dans les contrées voisines, bien au contraire. Dans les départements de l'Isère, de la Drôme, c'est-à-dire dans l'ancienne province du Dauphiné, la crédulité qui nous occupe se rencontrait, il n'y a pas bien long-temps encore, dans les campagnes, avec des détails curieux pour l'observateur. Je ne m'étendrai pas plus longuement sur les caractères que la crédulité publique leur prêtait, parce qu'ils sont semblables à ceux qu'on prêtait aux esprits dans le Lyonnais et le Jura, dont je vais m'occuper.

Dans les départements qui constituent l'ancienne province du Lyonnais, l'esprit familier de la maison porte le nom de *Cadet*. La croyance populaire dit : qu'il s'occupe avec soin du bétail et des chevaux; qu'il travaille avec ardeur pour que tout soit en état et en ordre, depuis la cave et l'écurie, jusqu'au grenier, dans la maison où il a élu domicile; enfin qu'il aide, avec un dévouement parfait, la ménagère dans ses occupations, sans jamais se laisser voir par elle, pas plus que par les valets auxquels il rend des services précieux et cons-tants. De temps en temps, ajoute-t-on, soit pendant le jour, soit pendant la nuit, il révèle sa présence par un petit cri de gaieté ou de moquerie; c'est la seule manifestation de sa présence. Ce cri est souvent l'annonce d'une malice qu'il est en train de faire à quelqu'un. Quoi qu'il en soit, en temps ordinaire, il s'acquitte de ses fonctions, en restant silencieusement comme il est invisible.

Les hommes, dont le Cadet fait une partie du travail, n'ont, dit-on, dans le Lyonnais, qu'à lui laisser mener les choses à sa guise, sans trop vouloir changer ce qu'il a arrangé ; car, s'ils s'amusaient à aller à l'encontre de ses volontés, en changeant l'ordre dans lequel il a mis les instruments, ou bien en modifiant les tresses de la crinière des chevaux, ou en déplaçant intempestivement, dans l'écurie, telle ou telle bête de l'endroit où elle est habituellement, ils s'exposeraient à de très sévères manifestations de sa mauvaise humeur.

Le Cadet se complaît à faire maintes malices aux jeunes filles; il reste généralement avec elles dans les limites de la plaisanterie inoffensive; mais à condition, cependant, qu'elles aient bon caractère, et ne se fâchent pas trop fort. Si on lui dit des choses trop désagréables, ou bien si on prend mal ses agaceries, il montre bien vite qu'il a la main rude, au besoin. Dans tous les cas, on croit qu'il est dangereux de médire du Cadet, et qu'il faut ménager sa susceptibilité; car lorsqu'on l'a fâché par quelques paroles déplaisantes ou quelque fait qui le contrarie, il s'en venge d'une manière plus ou moins sévère.

Voici deux faits qui montreront comment il sait procéder, quand on lui a fait de la peine, soit qu'il ait affaire à un homme, soit qu'il veuille corriger l'imprudence d'une femme.

Le cadet de Thurins. — Monnier (*Trad. popul. comparées.* Paris 1854, p. 647) raconte, que dans une ferme du bourg de Thurins, dans le département du Rhône, il y avait un Cadet qui aida longtemps un valet du nom de Barthélemy, dans les soins qu'il avait à donner au bétail. Or, un soir, étant gris, Barthélemy se permit de dire des choses peu aimables touchant Cadet ; le lendemain matin on trouva ce pauvre garçon de ferme, évanoui dans les escaliers, la tête en sang, et couvert de contusions. Il y a, dans ce détail, une particularité : l'ivresse de Barthélemy, qu'il nous faut garder en mémoire, car elle pourra nous être utile, lorsque nous rechercherons la part de réalité qu'il y a dans la crédulité des esprits que nous étudions. Les sceptiques du faubourg de Thurins affirmèrent, au moment où l'aventure arriva, que Barthélemy s'était fait tout son mal en tombant dans les escaliers pendant cette ivresse ; la croyance populaire ne voulut pas se payer de cette explication plausible mais prosaïque ; elle fut persuadée que Barthélemy avait été la victime de la mauvaise humeur de Cadet. Je serais, pour ma part, assez porté à croire que Barthélemy, ivre sans doute, avait reçu, néanmoins, une volée de coups de bâton du prétendu esprit familier.

Désiré Monnier raconte aussi l'aventure suivante, pour montrer le danger qu'il y a, d'après le populaire des campagnes du Lyonnais, à mettre Cadet en colère. Une femme de la ferme de Thurins, dont il a été question au sujet de la mésaventure de Barthélemy, avait médit de Cadet, le soir à la veillée. Or, le lendemain matin, elle ne trouva pas sa chèvre dans l'écurie, quand elle alla pour traire le lait du déjeuner; et bientôt elle s'aperçut que la pauvre bête avait été attachée à une cheminée, sur le toit de la maison. Elle eut beau faire des excuses à Cadet, en pleurant, et lui promettre de ne plus mal parler de lui à l'avenir, la chèvre ne descendait pas ; il fallut que des voisins vinssent avec des échelles la détacher et la rapporter à la pauvre femme, au risque de se casser le cou, et de tuer la bête elle-même, en la descendant dans leurs bras. Nous retrouvons encore ici : l'indication du caractère susceptible et vindicatif de l'esprit familier. C'est un détail qui aura son importance lorsque je tenterai d'étudier sa nature.

Dans le département de l'Ain, la même croyance aux esprits domestiques se rencontrait, à l'état très intense, dans les siècles passés ; elle peut se découvrir encore de nos jours dans la crédulité de nombre de paysans. Ces esprits domestiques portent le nom de Cadet, de Follet, de Luton; ils ont les mêmes attributs que dans les départements limitrophes ou dans la Suisse Vaudoise. Dans le département du Jura, nous trouverions, encore de nos jours, des traces nombreuses de cette croyance, qui était très intense au commencement de ce siècle.

Le servant Carabin. — Dans le hameau de Monan, qui fait partie du canton de Clairvaux, dans le Jura, il y avait, au commencement de ce siècle, un esprit familier qu'on appelait : le servant Carabin : il soignait le gros bétail de l'étable avec une attention scrupuleuse, dans la maison où il avait élu domicile. Un paysan, qui le vit un jour à cheval sur une porte, le dépeignait comme un homme maigre et mal vêtu. Seulement il portait un bonnet rouge, semblable à un bonnet phrygien, indice pour le paysan, de son origine diabolique. Il paraît que cet esprit familier, taciturne et tranquille, n'était pas tracassé par les garçons de la ferme dont il faisait, d'ailleurs, une bonne partie de la besogne; on racontait qu'un de ces garçons, l'ayant un jour fâché par des propos déplaisants, fut soulevé de terre et heurté à toutes les poutres du plafond.

Le luton de Pouthin. — Vers 1820, rapporte Désiré Monnier (*loc. cit.* 605), il y avait dans la ferme de Pouthin, près du village des Planches, dans le Jura, un petit Luton qui aidait, d'une manière merveilleuse, les domestiques; il vivait sous les combles, où les filles de la maison allaient déposer chaque jour une petite écuelle de crème, à la porte de la grange au foin. Un jour, les filles négligèrent de lui porter cette offrande; le Luton en colère se mit à détacher un sac de pois qui était au grenier, et à en répandre le contenu sur le plancher.

Dans le département du Doubs, la croyance qui nous occupe a existé pendant longtemps; elle existe, encore probablement, dans les campagnes arriérées. Les attributs du Follet y sont semblables à ceux que nous avons déjà notés pour les contrées voisines.

Le servant de Catherine. — Désiré Monnier raconte que dans le village de Saint-Hippolyte, du département du Doubs, une servante avait un esprit familier qui lui rendait de grands services, mais qui lui avait défendu d'accepter les hommages amoureux des jeunes gens du pays. Or, un jour la servante, qui s'appelait Catherine, fut demandée en mariage par un garçon du village, et accepta d'être fiancée à lui. Mais voilà qu'une nuit, la maîtresse rentrant chez elle, après avoir fait la veillée chez sa voisine, voit sortir de la fenêtre de Catherine un jeune homme qui avait l'air d'un amoureux, et qui disait : « Adieu, Catherine, à demain. » La maîtresse monta aussitôt chez sa servante pour lui faire de violents reproches; et, bien que la fille fît l'endormie et déclarât n'avoir rien entendu, elle fut renvoyée honteusement de sa place. Tout le monde, dans le village, fut persuadé que l'esprit familier, fâché de voir que la servante allait se marier avec un autre, avait dérobé les habits du jeune homme pour se laisser surprendre par la maîtresse; et perdre, ainsi, Catherine de réputation.

Le Fouletot de Rénédal. — Nous avons à signaler, pour le Doubs, une autre anecdote que voici, touchant l'esprit familier :

Au village de Rénédal, on se souvient qu'il y avait un fouletot, qui soignait les chevaux de la maison et qui trouvait commode d'aller voler du fourrage et du grain chez les voisins. Une nuit, le voisin, ennuyé, se posta dans son écurie; et, au moment où le Fouletot arriva, il lui administra une vigoureuse correction, à coups de bâton. Le Fouletot ne se permit plus de butiner chez lui, et, au contraire, disait-on, se mit dès ce moment, à lui rendre de petits services. Constatons que cette fois le Follet, au lieu d'être vindicatif et méchant, est, au contraire, captivé par la correction que le fermier lui inflige. Cette particularité est, aussi, à garder en mémoire, car elle pourra servir dans l'appréciation que nous aurons à faire, de la nature de certains de ces Follets.

En outre de ce que nous venons de dire, on voit dans le Doubs poindre quelquefois chez le Follet, des attributs qui tendent à le rattacher à la seconde catégorie d'esprits de la maison ; en effet, si la majorité de ces esprits est débonnaire, s'ils vivent doucement dans les habitations sans signaler leur arrivée par des actes mémorables, quelques-uns y ont un reflet démoniaque, et sentent, disent les bonnes femmes, les artifices de l'enfer.

Dans les Vosges, les Ardennes, en Alsace, la croyance aux esprits familiers, servants, follets, etc., etc., est comme dans les autres provinces de la France jurassienne et vosgienne. Les attributs qu'on leur prête sont les mêmes que dans ces pays; ce qu'on raconte de leurs agissements est absolument semblable.

Nous venons de trouver, par les exemples que j'ai fournis précédemment, la trace de cette croyance à l'esprit familier de la maison dans toute la région montagneuse de l'est de la France, depuis la Méditerranée jusqu'au Rhin. Cette croyance se retrouve dans la plupart des autres parties de notre pays, il ne sera pas difficile d'en donner la preuve. En effet, dans les campagnes de l'Artois, de la Picardie, de la Marche et de la Brie, de l'Ile de France, de la Sologne, on croyait fermement à l'esprit familier de la maison, il n'y a pas bien longtemps encore, et on lui prêtait les attributs que nous avons spécifiés pour les autres provinces.

Au seizième siècle, cette croyance aux esprits familiers était assez intense à Paris même pour que, lorsque les frères Gobelins eurent fondé leur établissement resté célèbre jusqu'à nos jours, le populaire expliquât la beauté de leurs produits par l'intervention de ces esprits. Ils furent signalés, non seulement comme aidant les ouvriers dans leur travail, mais encore comme leur ayant révélé des procédés de teinture surnaturels, absolument ignorés jusque là. Ces esprits qui n'avaient d'abord pas de nom particulier, s'appelèrent même, dit-on, dans le courant des siècles derniers, des Gobelins, en souvenir de leur habitation dans la manufacture. Cependant, il est à remarquer qu'en Normandie on appelle l'esprit follet, le Gobelin. de sorte qu'on peut se demander si ce n'est pas : autant en souvenir du nom normand, que pour faire allusion aux fondateurs de la manufacture, que ce nom a été adopté à Paris.

Quelques fées de Normandie font dans les fermes ce que les esprits familiers font ailleurs; quelquefois, elles entreprennent de soigner les chevaux, les vaches ou les volailles, tiennent la maison propre, et rendent des services de tous les instants, aux paysans qu'elles prennent en affection.

Nous trouvons, en Normandie, un conte populaire qui doit nous arrrêter un instant, car il nous montre l'esprit familier sous un jour spécial. Cet esprit s'appelle le Fé ; dans le conte, on lui donne le qualificatif d'Amoureux, et il est le jouet d'un paysan madré qui lui joue un bon tour pour le punir. Voici ce conte :

Le Fé amoureux. — Un fé, qui vivait dans une chaumière, avait distingué la jeune fermière qui était fort jolie, et il se mit à lui faire la cour; lorsqu'elle était seule auprès de l'âtre, le soir, il venait s'asseoir près d'elle, et se permettait de l'embrasser d'une manière très alarmante pour sa pudeur. Elle prévint son mari, qui n'était pas d'humeur à le laisser faire, et qui dit à sa femme : Demain il faudra trouver, en causant avec·lui, le moyen de lui dire que tu t'appelles «Moi-Même» et tu verras le bon tour que je lui jouerai ensuite. Le lendemain les choses se passèrent comme le désirait le mari; aussi le surlendemain, il revêtit les vêtements de sa femme et se plaça près du foyer, en ayant l'air de faire tourner son rouet. Seulement, sur la chaise voisine, il avait placé un morceau de fer qu'il avait fait rougir au feu. Peu d'instants après qu'il fut assis à la place que sa femme occupait d'habitude, le fé arrive, et s'assied sans méfiance ; mais il est aussitôt très cruellement brûlé par le fer chaud. — « Aïe! aïe ! » se met à crier le fé, « Au secours; je brûle. » Ses compagnons qui étaient embusqués dans la cheminée, pour lui porter secours, au besoin, lui dirent : « Qui t'a brûlé ? » — « C'est Moi-Même » repartit le fé. Et les autres, au lieu d'accourir, lui répondirent en riant : « Eh bien ! maladroit, tant pis pour toi, ne te plains pas. »

Dans les îles normandes, la croyance aux esprits se rencontre, et on y trouve celle de l'esprit de la maison, aussi générale et aussi précise que sur la terre ferme. Le nombre des fermes qui en possèdent est encore assez grand à l'heure actuelle, — il était vraiment considérable jadis.

A Jersey, on entend raconter souvent des faits qui sont très curieux, dans cet ordre d'idées. Même chose à dire pour Aurigny.

Dans l'île de Guernesey, la croyance à l'esprit de la maison est encore très vivace, quoiqu'elle ne soit pas parfaitement délimitée de celle des esprits des champs, de l'eau et de l'air, des géants, etc., etc.; et que depuis le commencement de ce siècle, c'est-à-dire depuis que les relations commerciales se sont accrues, les vieilles crédulités locales soient en train de disparaître très rapidement. L'esprit de la maison s'appelle, dans cette île comme dans les deux autres : Fé, Lutin, Colin, etc., etc.

M. Edgard Mac Culloch (*Rev. des Trad.* 1888, p. 427), dans son excellent travail sur le Folklore, de Guernesey, auquel j'ai fait de nombreux emprunts, appelle l'attention sur cette particularité : que le nom de Colin, donné à l'esprit de la maison, est un diminutif de Nicolas. Or, la première syllabe de Nicolas appartient aussi bien au saint chrétien, qu'à Nick, Nixe, Neckke, qui s'appliquent, dans certains pays, au diable ou aux esprits, soit des champs, soit de l'eau.

Voici, d'ailleurs, quelques aventures puisées dans le travail de M. Mac Culloch; elles vont nous montrer les principaux attributs, prêtés à l'esprit de la maison, dans l'île de Guernesey, et aussi dans celles de Jersey et d'Aurigny.

Petit-Colin. — Dans une ferme de la paroisse de Notre-Dame-du-Castel, à Guernesey, il y avait un garçon qui s'appelait Petit-Colin, et qui travaillait d'une manière extraordinaire. Personne ne savait d'où il venait, ni quelle était sa famille ; mais son maître s'en inquiétait peu, parce que Petit-Colin faisait, à lui seul, autant de besogne que trois domestiques.

Une nuit, le propriétaire de la ferme revenait à la maison, lorsque, passant dans un endroit écarté, il s'entendit appeler ; il voulut se mettre à courir, mais la voix, qui l'avait interpellé, le suivait toujours, de sorte qu'il s'arrêta, et, après s'être signé, il dit : « Que me voulez-vous » ; sans voir personne, il entendit distinctement ces mots : « Dites, je vous prie, à Petit-Colin, que Grand-Colin est mort. »

Arrivé à la ferme, le paysan raconta ce qui venait de lui arriver ; or, tout à coup Petit-Colin, qui l'avait écouté avec grande attention, lui dit : « Mon maître, bonsoir, je vous quitte » ; le paysan étonné lui répondit : « Mais attends un peu que je te règle ton compte. » — « Ce n'est pas la peine, répartit Petit-Colin, puisque Grand-Colin est mort, je suis maintenant plus riche que jamais fermier ni autre ne le sera dans ce monde » et il disparut sans qu'on sut où il était allé.

Les Lutins qui font du pain. — Dans la vallée de Saint-Briac, à Guernesey, il y avait un jeune ménage très industrieux : le mari allait pêcher avec ardeur et la femme s'occupait des soins de son ménage, avec grand soin. Un soir qu'elle filait, avant de se coucher, elle entendit frapper à la porte de sa chaumière qui s'ouvrit toute seule aussitôt et, sans qu'elle vît personne, elle assista au colloque suivant: « Le four est-il assez chaud pour cuire notre pain? » — « Oui. » — « Eh bien, enfournons ». Aussitôt, on fit dans la chambre le bruit que l'on fait quand on enfourne; puis, quand le pain fut cuit, la fermière entendit qu'on le sortait du four, qu'on l'emportait; et la porte s'ouvrit et se ferma, toujours sans qu'elle eût vu qui que ce soit. Le lendemain matin elle trouva un pain encore chaud, sur la table, laissé par les esprits à titre de remercîment. Ce fait se reproduisit plusieurs fois; aussi elle en parla à son mari qui, voulant surprendre les esprits, revêtit, un soir, les habits de sa femme, pour leur donner le change et resta à filer à sa place. Il entendit la porte s'ouvrir, le colloque habituel s'engageait; quand tout à coup une voix s'écria : « Mais la fileuse est un fileur, car il a de la barbe. » Tout bruit cessa aussitôt, les esprits s'étaient enfuis; et on ne les entendit plus, désormais, revenir dans la chaumière.

L'Esprit familier trop goulu. — Un esprit familier rendait beaucoup de services dans une petite ferme de Guernesey, de sorte que la femme du logis était très contente de le posséder. Mais cet esprit était un peu gourmand; il était surtout goulu, ce qui lui occasionnait parfois de petits accidents, qui le mettaient de mauvaise humeur; or, comme pendant ses accès de colère, il cassait volontiers la vaisselle, la fermière était désireuse de le voir se méprendre moins souvent. Un soir, elle avait préparé de la bouillie, et, pour la centième fois, elle entendit tout à coup l'esprit dire : « C'est trop chaud, je me brûle! ». Il s'était trop hâté de plonger son doigt dans la bouillie encore bouillante. La fermière s'écria aussitôt : « Laisse-la refroidir un peu et tu ne te brûleras pas! » L'esprit suivit le conseil et, désormais, il ne lui arriva plus cette mésaventure, qui le mettait si souvent de méchante humeur.

Un garçon de ferme, qui n'aimait pas l'esprit de la maison, s'amusa un jour à en dire du mal; — il prétendait que ses agissements n'étaient que de mauvaises farces, etc., etc. — Pendant qu'il parlait, quelques petits cris, des rires étouffés, des bruits insolites, le prévenaient qu'il était entendu par le lutin, mais il n'en prit garde. — Peu après, étant monté dans le grenier, il trébucha et se mit à crier. On accourut, on le trouva presque sans vie; — l'esprit de la maison l'avait fait tomber et l'avait cruellement blessé.

En Bretagne, il y a toutes les variétés d'esprits de la maison, de même qu'il y a toutes celles des esprits des champs, de l'air et de l'eau. M. Le Calvez a fait, sur eux, une étude extrêmement intéressante (*Revue des Tradit. Popul.*, t. I. p. 142); il va me servir de guide pour ce qui regarde cette province.

« L'esprit de la maison ou lutin est le génie du logis, bon ou mauvais, selon la manière dont on se conduit à son égard; il se tient dans toutes les parties de la maison, dans la cuisine, le grenier, le cellier, les vieux meubles; mais il a une prédilection spéciale pour l'écurie, car il se complaît à soigner certains animaux qui deviennent alors particulièrement gras, doux et bien portants.

« Le lutin se cache pendant le jour, dit M. Le Calvez,

on ne le voit pas, mais on l'entend remuer. On ne saurait dire au juste comment il est fait, ses formes sont essentiellement vaporeuses, changent à vue d'œil. » Généralement cependant, on dit qu'il a la forme grimaçante, d'un petit homme brun ou noir, aux yeux brillants, s'agitant et dansant ou sautillant perpétuellement.

Le soir, l'esprit de la maison s'assied volontiers au foyer, grossissant ou se rapetissant à chaque instant. C'est, au foyer encore, que se réunissent les esprits de la maison, lorsque tout le monde est couché; et c'est là qu'ils dansent, sautent ou rient, quand ils ne sont pas occupés aux soins du ménage ou de l'écurie.

Quelquefois, l'esprit de la maison se montre sous la forme d'un petit homme ou d'une petite femme portant une chandelle allumée, et se plaisant à faire tomber des gouttes de suif sur la crinière des chevaux pour la bien lisser et la tresser élégamment ensuite.

Dans un grand nombre des parties de la Bretagne, on laisse la dernière crêpe faite pendant la soirée, sur la crêpière, pour que le lutin de la maison s'en régale pendant la nuit. On raconte volontiers : que dans une ferme qui avait prospéré jusque là, tout se mit, un jour, à aller de mal en pis; — les animaux étaient malades, le linge moisissait, les provisions s'altéraient. On s'aperçut que la servante mangeait la crêpe du lutin, on la renvoya ; la nouvelle domestique eut soin de laisser la dernière crêpe sur la crêpière, et aussitôt tout marcha à souhait.

Le lutin de Bretagne, comme celui des autres pays, n'aime pas qu'on médise de lui, ou qu'on lui fasse de mauvaises plaisanteries.

Un tisserand se permit, un jour, de dire du mal des esprits de la maison, mais son fil s'embrouilla tellement qu'il ne put jamais le tisser.

L'esprit de la maison est parfois d'une bienveillance remarquable pour les gens du logis ; la femme d'un pêcheur, qui venait d'accoucher depuis peu, étant tombée malade, pendant que son mari était à la mer, était menacée de mourir de faim ainsi que son nourisson ; mais le lutin plaça sur la table, près de son lit, des aliments et du lait. Pensant que c'étaient des dons du diable la pauvre femme n'osait y toucher ; mais cependant après avoir fait une fervente prière, elle donna le lait du lutin à son enfant qui devint magnifique de santé ; lorsque le mari arriva, il fit boire à sa femme le vin du lutin, elle guérit aussitôt ; depuis ce moment le ménage prospéra si bien qu'il devint un des plus riches de la contrée.

Le lutin qui nous occupe aime les enfants, c'est tout à fait par exception qu'il en dérobe quelqu'un pour l'égarer loin de la maison, ou le donner aux esprits des champs ou de l'eau, qui lui font alors un mauvais parti. Le plus souvent, au contraire, il prend soin d'eux, et les enfants qu'il soigne sont remarquables de santé.

La simplicité d'intelligence du lutin est un de ses caractères spécifiques ; on raconte : qu'une servante, l'ayant constaté, voulut s'amuser aux dépens du pauvre esprit de la maison, afin de lui faire perdre l'habitude de venir s'asseoir à son chevet, et de la lutiner chaque soir aussitôt qu'elle s'était couchée, et avait éteint sa lumière. Cette servante fit chauffer une brique à blanc, et la plaça sur la chaise où le lutin avait l'habitude de venir s'asseoir, de sorte qu'il se brûla cruellement ; elle partit alors d'un grand éclat de rire. Mais, mal lui en prit, le lutin furieux lui sauta à la gorge et l'étrangla.

Une des caractéristiques de l'esprit de la maison est son amour du logis, il veille jalousement à ce qu'il ne soit pas fait de tort à ceux chez lesquels il habite. C'est ainsi, par exemple, qu'on raconte : qu'un jour, un marchand de chiffons déroba une andouille qui cuisait, chez une paysanne, pendant qu'on ne se méfiait pas de lui; mais l'esprit de la maison ayant vu le larcin, punit le voleur. En effet, il reprit l'andouille et glissa à sa place, dans le ballot de chiffons, un tison allumé ; de sorte que le voleur se brûla les doigts lorsqu'il voulut la prendre pour déjeuner, au coin d'un bois.

Dans la commune de Plouenevez-Moedec, près de Belle-Isle-en-Terre, il y avait un auge de pierre où les lutins du village allaient boire; le propriétaire la vendit, un jour, mais au moment où le charretier voulut l'emporter, il fut assailli par une telle grêle de pierres, qu'il fut obligé de se sauver.

M. Tuzel a trouvé la croyance aux esprits de la maison très vivace dans l'île de Bréhat. Voici d'ailleurs ce qu'il en dit (*Notes de voyage. Rev. des trad.* 1893, p. 443) : A l'île de Bréhat les folliked étaient des petits hommes, ayant de longs cheveux et de larges chapeaux qui empêchaient de bien voir leur figure — ils ne se montraient guère que la nuit, — durant le jour ils se tenaient dans les greniers et les endroits sombres. Ils prenaient en affection certaines familles, et certaines maisons où ils faisaient l'ouvrage des servantes. Celles-ci, en récompense, leur laissaient sur la poêle une galette de sarrasin bien beurrée, et une jatte de lait doux à côté.

Quand les folliked avaient terminé leur ouvrage, ils s'asseyaient en rond sur la pierre du foyer, autour de la braise recouverte de cendre ; puis ils mangeaient, buvaient et se chauffaient en silence ; au premier chant du coq ils disparaissaient sous la porte, sous les meubles ou dans des trous du mur comme des souris... Autrefois, il y en avait beaucoup dans l'île ; chaque maison en possédait plusieurs, mais ils ont disparu, maintenant, à la suite des mauvais tours qu'on leur a joués.

On les accusait aussi d'enlever les enfants des hommes pour y substituer les leurs qui étaient noirs et laids. Mais on avait un moyen facile de forcer les folliked à reprendre leur rejeton, c'était de fouetter celui-ci trois fois par jour avec une branche de genêt vert ; le troisième jour, la mère du petit folliked venait le reprendre. Les folliked n'étaient pas tout-à-fait les mêmes que les lutins proprement dits ; ceux-ci bien que soignant la maison s'attachaient aux bestiaux, surtout aux chevaux ; mais ils ne se souciaient pas des ânes. Ils sont partis de l'île parce qu'on n'y trouve plus que deux chevaux, et aussi parce qu'on leur a joué de mauvais tours.

En Bretagne, il y a diverses variétés d'esprits familiers dont les attributs sont plus ou moins aimables ou effrayants. On parle de dames blanches qui pénètrent dans les écuries en portant de petites chandelles allumées, et qui se complaisent à laisser tomber des gouttes de suif sur la crinière des chevaux pour la lisser facilement. Quelquefois, l'esprit de la maison s'appelle : le Teuz, et il n'est pas sans avoir quelques affinités avec le diable, les fantômes, les revenants. Dans certains villages, on l'accuse de donner le cauchemar. Dans quelques cas cet esprit est confondu, sous le nom de Gobino (Goblino) ou de Gobelin, avec l'esprit des champs, des eaux, des airs, etc., etc. ; c'est ainsi qu'on est exposé à le rencontrer sur les ponts, dans les sentiers, etc., etc., sous forme d'un animal qui, tantôt est agressif, tantôt au contraire ne fait du mal que si on l'ennuie.

En Bretagne, le moyen conseillé pour se débarrasser de l'esprit de la maison est analogue à celui qu'on recommande en Provence : il faut placer un vase rempli de mil, de son, de menues graines ou même de cendres sur son passage ; car s'il le renverse par accident, il ne peut ramasser toutes les graines avant le lever du soleil; et, de dépit, il quitte pour toujours la maison.

Dans l'Anjou, on trouve, en cherchant avec un peu de soin, les indices de la croyance aux esprits de la maison — un lutin du nom de Pennette tresse parfois la crinière et la queue des chevaux, ou au contraire embrouille leurs crins, de manière à faire enrager le garçon d'écurie.

Dans l'Aunis, la Saintonge et particulièrement dans l'île de Ré, on connaît un esprit de la maison. qui est le plus souvent invisible, ou bien se montre sous l'aspect d'un petit lutin plus ou moins difforme ; on l'appelle le Foi: Les Fois se tiennent autour de l'âtre et dans les coins·

obscurs de l'habitation ; montent, le soir, quand on fait
la veillée, sur le dossier des chaises, et parlent à l'oreille
des femmes et des filles, en leur chantant :

> File, file, Reine d'Ivouille
> File ta quenouille.
> Ce n'est pas comme la belle d'hier soir,
> La belle d'Arthée
> Qui a filé sept fuseaux avant d'aller se coucher.

Les Fôis vont aussi derrière les hommes pour leur
chanter :

> Tu veux que ta femme file
> Elle aura le *trop file*

Ces mots adressés aux maris, rappellent une aventure plaisante. Un mari voulait que sa femme filât
beaucoup et celle-ci était paresseuse; aussi, un jour, elle
acheta un poumon de mouton et se l'attacha au ventre.
Le soir, en se couchant, le mari effrayé lui demanda
quelle était l'horrible maladie dont elle était affligée;
elle répondit : que c'était le *trop file* parce qu'elle filait
trop. Le mari, ne voulant pas rester à l'état de céliba-
taire, lui défendit de filer, désormais.

Les Fôis sont très curieux, ils épient les gens qui
parlent bas pour saisir leurs secrets, et s'en vont ensuite
les répéter çà et là, ce qui fait naître les cancans des
villages. — (*R. des T.* 1890, p. 106.)

Dans le Maine, le Perche, le Poitou, le Berry, la
Saintonge, on signale des faits afférents à cette crédulité; mais cependant il faut convenir qu'ils sont

généralement plus rares dans ces pays relativement plats, que dans les régions : comme le Limousin, le Bourbonnais, l'Auvergne, et le haut Languedoc, plus franchement montagneuses.

Dans les départements du Tarn, du Tarn-et-Garonne, du Lot, de l'Aveyron, on appelle quelquefois l'esprit familier du nom de Drac, particularité curieuse, car nous savons que dans la Provence Rhodanienne ce nom de Drac est attribué à un être fantastique.

Quoi qu'il en soit, le Drac des Cévennes, bien différent de celui de Tarascon et d'Arles, ne noie pas les individus pour les dévorer. C'est un esprit familier rendant des services dans la maison, et seulement capable de se livrer parfois à des espiègleries pour faire enrager les valets. C'est ainsi que lorsqu'un cheval a été bien étrillé, il s'amuse à le frotter avec du crottin ; si sa crinière ou sa queue a été bien tressée, il défait les tresses et embrouille les crins ; si la mangeoire a été bien garnie de bon fourrage, il le mêle à de la litière ou du fumier. Un de ses grands plaisirs, lorsqu'il peut surprendre la vigilance d'un palefrenier qui vient de seller un cheval, est de mettre la selle à contre-sens, de manière à ce que la croupière soit tournée du côté de la tête et la bride à la queue de l'animal.

On voit quelquefois le Drac sous la forme d'un cheval supplémentaire, dans l'écurie, ou d'un agneau qu'on ne connaissait pas, dans le troupeau ; mais quand on s'approche, pour voir de plus près, ce cheval ou cet agneau, on s'aperçoit que c'était une pure illusion de la vue.

Quand le Drac entreprend de faire endêver une jeune fille, il se transforme en ruban, en peloton de fil ou en tel autre objet de toile. Alors la pauvre fillette ne peut parvenir à nouer ce ruban d'une manière convenable, ou bien, ne peut pas faire trois points de couture sans casser son fil. Il y a un excellent moyen d'ennuyer le Drac, en revanche, c'est de répandre du millet sur les planches d'un étable ou sur le sol de la cuisine ; car comme il ne peut supporter le désordre, il cherche à le ramasser ; et comme, par aillleurs, ses mains sont un véritable crible, tant elles sont percées à jour, il ne peut y parvenir. Dans ces conditions, il se met en colère et finit par déserter la maison.

Nous trouvons dans l'Aveyron et, d'ailleurs, dans à peu près tous les pays montagneux de la France occidentale, la donnée de l'esprit de la maison, qui a une parenté étroite avec les fées; et qui, à ce titre, peut contracter union avec les humains, à certaines conditions. Nous en avons la preuve dans la crédulité suivante .

La Fée de Roc del Fodat. — Un paysan de l'Aveyron rencontrait souvent des gaïnos (des fées ou sorcières). Dans son champ; il en aima une qui consentit à l'épouser, à condition qu'il ne l'appellerait jamais du nom de Fadarelle. — Un jour le mari, en rentrant dans la chaumière, s'aperçoit que sa femme a coupé le blé qui n'était pas encore tout à fait mûr ; il se fâche. l'appelle fadarelle; elle disparut, mais revenait, quoique invisible, habiller ses enfants et faire le travail de la maison pendant la nuit (*R. d. T.* 1889, p. 547).

A Roquefort, dans l'Aveyron, la même légende est racontée d'une manière un peu différente : les habitants du village voulaient se saisir d'une fée, mais comme elle se dérobait, ils firent un joli soulier bariolé qu'ils placèrent dans un endroit déterminé ; la fée se baissa pour le ramasser. On se saisit d'elle, et on l'enferma pendant deux ans dans une chambre bien close. Elle se maria alors, et eut des enfants ; mais un jour, le mari ayant laissé la porte ouverte, elle disparut ; elle revenait toutes les nuits et soignait ses enfants, tout en restant invisible (*R. des Trad.* 1889, p. 547).

En Languedoc, on connaît aussi l'esprit de la maison, seulement ses attributs sont divers et appartiennent souvent aussi bien à ceux du lutin familier bienveillant de la ferme, qu'à ceux de la fée, du sorcier, du démon, etc., etc. Souvent son voisinage est dangereux, pour les âmes pieuses ; parfois, il est seulement désagréable. C'est ainsi, par exemple, qu'on croit dans le bas Languedoc, que sous le lit des femmes en couches, le lutin va souvent se cacher pour mordre les mollets des personnes qui les soignent (*R. des Trad.* 1887, p. 432), passe-temps qui ne paraît pas avoir de bien fâcheuses conséquences.

En Corse, la croyance à l'Esprit de la maison ne fait pas défaut. Mme Julie Filipi en donne la description suivante dans la *Revue des Traditions* (1894, p. 459) :

« Le *Fulletu* est un petit homme qui a une main en fer ou en plomb et l'autre en étoupe ; il s'attaque surtout aux gens qui sont couchés ; il les met tout nus, en hiver, et frappe sur leurs fesses avec sa main de plomb.

Quelquefois il jette de l'eau dans le lit pour forcer à se lever. Lorsqu'il a joué ces tours, il se met à éclater de rire et à battre des mains; mais on ne le voit pas.

Une bergère qui revenait de l'étable, portant sur la tête une planche chargée de fromage et de brocchio, sentait le poids s'augmenter de plus en plus, tellement qu'elle ne pouvait le porter. Elle finit par la jeter par terre en s'écriant : « On dirait que le diable est dedans! » Ce n'était pas le diable, mais le follet qui se montra; et il se mit à gambader en frappant dans ses mains.

Parfois il se présente et prend la voix plaintive d'un enfant pour se faire porter sur les bras. Un soir, dans un moulin, près de Tralonca, dans la montagne, le meunier était occupé à moudre le blé, lorsqu'il entendit les pleurs d'un enfant. Il sortit et lui cria de venir. La voix répondit : « J'ai froid et je ne puis marcher. » Le meunier alla le chercher et le déposa près du feu, en lui disant d'approcher les pieds des tisons. Mais il se garda bien de le faire, car il aurait montré ses pieds de lutins, qui sont fourchus. Peu après le moulin s'arrêta parcequ'il n'avait plus d'eau. Il sortit et vit l'enfant qui battait des mains en riant et qui lui disait : « Tu ne moudras pas cette nuit, tu peux aller te coucher. »

« Si le follet revient souvent dans une maison faire ses farces ou prend un sac de blé et un sac d'avoine, d'orge ou de riz, et ou les mélange ensemble par terre. Lorsqu'il arrive on lui dit : « Tu vas me trier cela, et mettre le blé dans le sac! » Il est obligé de le faire; mais, à partir de ce moment, on ne le voit plus. » (Julie Filipi, *loc.*, *cit.*)

III

L'ESPRIT FAMILIER DANS LES DIVERSES CONTRÉES DE L'EUROPE

En Espagne, en Portugal, la crédulité que nous étudions, se rencontre dans une infinité de localités, avec les attributs des trois catégories que nous avons spécifiées.

Par ailleurs, l'Italie et tous les pays du Sud-Est de l'Europe, depuis la Basse-Autriche, le Tyrol, jusqu'aux rives du Bosphore, connaissent l'esprit de la maison, auquel la crédulité populaire prête les attributs que nous venons d'indiquer. Aussi nous suffira-t-il de dire : que dans le S.-E. de l'Europe on croit beaucoup aux esprits, en général ; et qu'on raconte diverses légendes au sujet, en particulier, des esprits de la maison, des champs, des airs et de l'eau, dans tout le grand pâté montagneux qui va depuis l'Adriatique jusqu'à la mer Noire ; depuis le Danube, jusqu'à l'Hellade et l'Hellespont.

En Grèce, on voit l'esprit de la maison agir comme d'ordinaire, c'est-à-dire en s'occupant des soins du ménage. Mais parfois, aussi, il se manifeste sous un aspect différent, celui des « Mires », par exemple. Ces Mires sont des esprits qui viennent visiter les femmes en couches. Si ces femmes sont bien soignées, ils lui enlèvent la fièvre de lait. Mais, si au contraire, les accou-

chées qu'ils visitent sont mal soignées, ils profitent du moment, où on les laisse seules, pour leur tordre le cou, sans plus de façon.

L'Esprit familier en Suisse. — Revenant vers les frontières orientales de la France, nous allons parler de l'Europe centrale et septentrionale, pour ce qui touche à l'esprit familier de la maison.

En Suisse, nous trouvons l'esprit familier dans une infinité de localités ; il porte des noms analogues ou semblables à ceux que nous lui donnons en France : esprit, servant, follet, fouletot, luton, lutin, etc., etc. Comme en France il a les mêmes attributs, c'est-à-dire qu'il est plus bon que méchant, qu'il fait plus de bien que de mal, qu'il aime particulièrement les troupeaux, et joue des tours aux bergers et aux bergères qui s'endorment au lieu de surveiller leurs bêtes ; voulant ainsi leur montrer qu'il faut avoir plus de soin. Le fouletot aime aussi les chevaux et s'occupe volontiers d'eux. En général, ses malices ne sont que des espiè, gleries, mais il ne faut pas le mettre en colère ; car, malgré sa bonhomie et son désir d'être serviable, il est susceptible, alors, de devenir dangereux. C'est généralement pendant la nuit qu'il soigne les bêtes auxquelles il porte affection ; et on peut l'apercevoir dans l'écurie, sous l'apparence d'une petite lumière qui voltige d'un endroit à l'autre. Dans quelques localités, son esprit vindicatif est encore plus accentué que dans les diverses provinces de la France ; nous en avons un exemple dans l'histoire suivante :

Le Fouletot Suisse. — Un habitant de la Suisse jurassienne, qui était gourmand outre mesure, eut un jour la mauvaise inspiration de boire les quelques gouttes de la crème qu'on laisse comme offrande à l'esprit familier, protecteur du bétail, dans certaines fermes de cette région. Il s'en trouva très mal, car la nuit suivante ses vaches furent détachées par le follet, et transportées sur le toit de l'étable, où elles se mirent à beugler d'effroi. dès que le jour leur permit de voir dans quel lieu elles se trouvaient. Le Suisse, éveilllé par le bruit, sort de son châlet; il est très stupéfait, comme on le pense bien. à la vue de ce spectacle étrange. Après avoir constaté qu'il n'avait aucun moyen de tirer ses bêtes de là, sans leur rompre le cou et se tuer lui-même, il prit le parti d'aller, en courant, raconter la chose à ses voisins, les priant de venir avec des échelles l'aider à descendre ses vaches de dessus le toit. Les voisins, très étonnés, se munissent d'échelles et de cordes, abandonnent leur travail et viennent avec lui jusqu'au châlet, qui était assez éloigné du village pour qu'ils eussent le temps de suer. Or, quand ils arrivèrent, les vaches étaient bien tranquillement couchées dans leur étable; aucune trace de leur ascension sur les toits ne pouvait témoigner de l'événement que le propriétaire avait annoncé à ses voisins. D'un commun accord, chacun pensa que c'était une facétie que ce propriétaire avait voulu faire à leurs dépens; aussi, pour le corriger d'avoir eu cette mauvaise pensée, ils tombèrent sur lui à bras raccourcis, et lui administrèrent une volée de coups de poing qui le meurtrirent vigoureusement. Le pauvre diable avait beau jurer ses grands dieux qu'il était de bonne foi, il en fut pour ses coups. L'esprit follet, qui le regardait pendant qu'on le houspillait d'importance, se riait de sa mésaventure, lui disant à l'oreille, tout en restant invisible : « Mon cher ami, une autre fois tu ne te permettras pas de lapér ma part de crème. » (D. Monnier, *Trad. Comp*).

La Fée des creux, dans la vallée des Bagnes, en Suisse. — Un pauvre paysan du Valais perdit sa femme, et se trouva très embarrassé pour soigner ses enfants en bas âge ; mais une fée se mit à tenir sa maison propre, et à soigner ses petits avec grande attention. Le père, curieux de savoir qui lui rendait ce grand service, se cacha, un jour, dans un coin de la chaumière ; il vit la fée qui était jeune et jolie. Il lui dit : « Puisque vous remplacez ma femme pour les travaux du ménage et les soins aux enfants, marions-nous. » La fée accepta, à la condition qu'il ne prononcerait jamais devant elle le mot « fée ». Tout alla très bien pendant longtemps ; mais un jour, en rentrant au logis il vit que sa femme avait moissonné le blé prématurément. Il se mit dans une violente colère et s'écria : « Faïa ! Vaïa ! Que jamaï te vaïa ! » (Fée vas-t-en ! Que je ne te vois plus !). La fée disparut. Le lendemain matin l'irascible paysan vit qu'un orage terrible avait dévasté la contrée. La fée, qui avait la double vue, avait sauvé la récolte, au lieu de commettre une maladresse.

Un jour le paysan, voulant solliciter le pardon de la fée, demanda à ses enfants par où elle s'était enfuie. Ils lui répondirent qu'elle avait disparu en soulevant une grande dalle du pavé de la cuisine. Il souleva cette dalle, à son tour, mais ne trouva en dessous qu'une grosse vipère (*R. d. T.* 1891., p. 350).

Dans la Suisse allemande, on rencontre de nombreuses traces de la croyance à l'esprit familier (WYSS, *Voy. dans l'Oberland*, Berne 1817, 2 vol. et atlas); on l'appelle *Bergmannlein*, dans le canton de Berne; *Bergmanchen* ou *Bergweiblein*, dans celui de Zurich ou de Bâle. Ses attributs n'ont, en général, rien de différent de ce qu'on lui prête dans le canton de Vaud; mais souvent aussi, ils constituent une transition entre l'esprit de la maison et celui des champs, car ils ne se montrent que du jour de l'Annonciation à la Toussaint, et disparaissent sous terre pendant l'hiver. Dans l'Oberland bernois, son caractère de petite taille est souvent signalé, mais dans quelques cas cependant on lui prête la taille ordinaire, sinon une taille gigantesque.

L'Esprit familier en Belgique. — En Belgique on trouve, encore, de nos jours, des traces évidentes de la croyance à l'esprit familier de la maison qu'on appelle : kabouter kaboutermanneken, alven, mitton, solais, napon et même lapon, etc. suivant les pays. Dans les siècles précédents, ses caractères spécifiques étaient mieux tranchés qu'aujourd'hui; à mesure que la croyance va en s'effaçant, le populaire confond de plus en plus les esprits de la maison avec ceux des esprits des champs, des airs, etc., etc. Néanmoins, les données du travail nocturne, des services rendus moyennant une légère rétribution, du caractère susceptible, etc., etc., se rencontrent, encore parfaitement reconnaissables. Le nom de lapon donné à ces esprits a fait penser, à quelques traditionnistes, que l'origine de la crédulité pourrait bien être en relation avec l'existence des premiers habitants du pays, chassés et refoulés vers le nord, par des migrations d'envahisseurs. Cette opinion se retrouve dans presque tout le nord de l'Europe, et se rapporte non-seulement à l'esprit de la maison, mais aussi aux autres catégories d'esprits.

L'Esprit familier dans les Iles-Britanniques. — En Angleterre, on appelle l'esprit familier de noms divers suivants les pays ; généralement, c'est le nom générique de Robin qui est préféré. Dans une localité on lui ajoute le qualificatif de : good fellow (bon garçon) dans un autre, celui de hood (chaperon). Cette qualification de bon enfant ressemble un peu au nom d'Euménides, les douces, les aimables, donné par les Romains aux furies. Celui de Chaperon fait allusion au costume de l'esprit familier qui joue un certain rôle dans diverses anecdotes, racontées à son sujet. Souvent il est désigné sous le nom de *Puck*. Dans les Cornouailles, on l'appelle le Sprigam, — mais nous aurons une spécification à faire à ce sujet. — Dans le Devonshire, le Pixie. Dans le Yorkshire, le Goblin ou le Hob Goblin. Dans le pays de Galles, le Boggart ou Bargaeri. Dans le Newcastle, le Browine. Dans les comtés du nord de l'Angleterre, le Wag-ah ou The-wa (le drôle, le badin).

La superstition populaire attribue, en Angleterre, à l'esprit familier des caractères très divers. C'est ainsi que : Heywood (*Hierarchie of the angells*) dit qu'ils habitent dans les coins des vieilles maisons abandonnées ou derrière les piles de bois, ou encore dans les laiteries où ils s'amusent à faire un bruit terrible, de temps en temps. Ces esprits vont souvent, pendant la nuit, frapper aux portes; ils gambadent toutes les nuits, surtout pendant celle de Noël.

Dans une vieille chanson de 1658, que M. Bruyère a consignée dans son intéressante étude touchant l'influence des traditions populaires sur la littérature anglaise (*R. d. t.*, 1887), nous trouvons les caractères suivants, attribués aux esprits de la maison, en Angleterre :

« Quand les mortels reposent et ronflent dans leurs lits, sans être vus, ni entendus, nous pénétrons par le trou des serrures, et nous gambadons sur les tables, les escabeaux et les planches.

« Si la maison est sale, ainsi que les plats, les tasses et les bols, agiles, nous grimpons les escaliers et, de la servante endormie, nous pinçons les bras et les... cuisses.

« Mais, si la maison est balayée et proprette, nous félicitons la servante et, pour la récompenser, nous lui coulons, dans le soulier, une pièce de monnaie.

Le Robin, bon garçon, se promène dans les rues pendant la nuit pour jouer des mauvais tours aux ivrognes — Il se mêle aux gens qui se sont réunis dans le désir de s'amuser pour leur faire de mauvaises plaisanteries : manger les friandises au nez des convives, boire le vin, renverser les verres, lancer un *crepitus* sonore au moment où l'on fait silence pour écouter un amateur qui va chanter, etc., etc. Parfois, il éteint, tout à coup, les lumières et alors, embrasse les filles, se livre à des familiarités grivoises avec les femmes, et cogne la tête des maris.

M. Brueyre a cité l'aventure suivante, extraite d'un recueil de plaisanteries de Puck, imprimé en 1655 (*Loc. cit.*), qui nous donne la mesure des espiégleries dont l'esprit de la maison est capable en Angleterre. — Une société de gais amis s'était réunie pour manger le gâteau des rois — Or, Puck, qui voulait faire des siennes, se met, à un moment donné, à tirer le nez d'un convive : comme il était invisible, ce convive se figure que c'est le voisin qui lui a joué le mauvais tour; il se fâche, et, la plaisanterie recommençant, il donne un souflet au voisin. Celui-ci surpris et furieux de cette attaque injustifiée, lui rend un coup de poing — Une scène de pugilat s'en suit. — La maîtresse de la maison veut sauver un grand pot de bière, où l'on avait mis des pommes cuites, mais Puck lui pince les fesses, au moment où elle a les mains embarrassées ; ne voyant personne, elle se figure que c'est un des combattants qui vient de lui manquer de respect, et elle lui lance le pot à la tête. Ce pot va frapper un innocent qui, à son tour, entre dans la bagarre; et ainsi de suite. La soirée se termina par des horions, quand on s'était proposé, au contraire, de rire aimablement.

Walter-Scott (*Demonologie*, p. 156), raconte l'aventure suivante : Un individu économe avait une femme laborieuse et bienfaisante, qui faisait régulièrement offrande d'un petit pain blanc aux esprits de la maison. Cette femme étant morte, il en épousa une autre qui était paresseuse, avare, méchante, et qui ne leur fît hommage que d'un peu de pain bis et de quelques harengs ; les esprits en furent froissés ; aussi, une nuit ils la saisirent dans son lit par les pieds, et la traînèrent jusqu'au bas de l'escalier, en chantant :

> Des harengs et du pain noir
> Ton gros fessier doit en voir !...

Quelquefois, l'esprit familier se compl t dans des espiègleries ; il égare le paysan qui rentre à la maison, il se transforme en chaise pour faire tomber une v eille commère qui veut s'asseoir, etc., etc. Il s'amuse souvent à contrefaire le cri du ramoneur pour se faire appeler en vain par les ménagères ; ou bien, encore, il va, le soir, frapper aux portes, pour souffler la lumière de celui qui vient ouvrir, lui donner une taloche, si c'est un homme, ou l'embrasser si c'est une jolie fille. On croit aussi en Angleterre : que les servantes paresseuses sont tracassées par l'esprit familier, qui leur tire la couverture du lit, les pince, les empêche de dormir, ou bien encore les fait tomber de telle sorte qu'elles montrent leur derrière à nu. Enfin, ajoutons que le Robin bon enfant d'Angleterre, a la réputation de dévoiler les petits mensonges des commères médisantes ; en revanche on dit qu'il met parfois des sous dans les souliers des domestiques laborieuses. (*Walter-Scott, démonologie*, p. 151 et 155).

Le Robin du tisserand. — Citons un des exploits de l'esprit familier d'Angleterre qui se rapproche quelque peu de l'idée de l'Utgin saxon, mais dont le caractère est étrangement plus inquiétant pour le repos du mari. Robin bon enfant s'étant amouraché de la femme d'un tisserand, s'en vint, sous forme d'un apprenti, demander de l'ouvrage dans la maison ; il fut agréé et tout allait pour le mieux, lorsque le mari le surprit un jour pendant qu'il embrassait sa femme. Le tisserand ne dit rien, mais la nuit suivante il arrive doucement vers Robin qu'il croyait endormi, le prend dans son lit et va le jeter à la rivière. Tout à coup il entend une voix ricanante qui lui dit : « Merci, maître, du service que vous avez voulu me rendre » et il est aussitôt précipité à l'eau à son tour. L'infortuné tisserand avait pris pour Robin un mannequin que le malicieux avait mis dans le lit à sa place; de sorte que Robin avait pu le suivre jusqu'à la rivière sans être vu, et le jeter à l'eau au moment où il ne s'y attendait pas. (*B. Brueyre*, p. 235.)

L'esprit Boggart. — Voici une autre manifestation de l'opinion défavorable que l'on a sur ses agissements. Dans un village du Yorkshire, un esprit familier rendait la vie si désagréable à un paysan, par les mauvais tours qu'il jouait à chaque instant à toute la maisonnée, que le pauvre homme résolut de déménager. Or, un jour que le maigre mobilier était déjà chargé sur une charrette et que la famille se disposait à émigrer, un voisin qui passait leur dit : Eh voisin ! vous déménagez ? — Il le faut bien, répondit le paysan, ce coquin de Boggart nous rend la vie trop malheureuse ici. — A peine avait-il prononcé ces mots, que du fond d'une baratte sortit une voix qui s'écria : Ah ! tu fuis maintenant. — On juge de la stupéfaction et du découragement du paysan qui comprit que sa détermination d'émigrer avait été stérile, et qui prit le parti de rester où il avait demeuré jusque là.

Nous verrons cette idée formulée, d'une manière analogue, quand nous parlerons du Jutland. Les deux versions sont tellement semblables qu'elles ont assurément la même origine.

D'autre part, l'esprit familier est regardé, assez souvent, comme utile dans une certaine limite; il rend plus de services qu'il ne joue de mauvais tours. Il aide la servante dans le travail de la maison, soigne les bêtes, se contente de la moindre attention, d'un peu de crème ou de la caillé qu'on lui laisse dans une tasse. Mais, même lorsqu'il est le plus aimable d'ordinaire, il est quinteux par moments; et pour peu qu'on l'ait ennuyé, même sans le savoir, il fait brûler le diner ou casser la vaisselle.

Nous retrouvons dans divers endroits d'Angleterre cette donnée : que l'esprit familier quitte les lieux où il avait l'habitude de séjourner quand on lui fait un cadeau de quelque importance. En voici un exemple :

Dans le château de Hilton, pays de Newcastle, il y avait un brownie qu'on appelait Cauld-lad, qui travaillait pendant toute la nuit à changer les objets de place à la cuisine, à l'office, et dans les chambres. Pour se débarrasser de lui, les domestiques recoururent au moyen recommandé; ils laissèrent dans la cuisine un manteau à capuchon en drap vert. L'esprit donna pendant toute la nuit des marques de grande joie, et au premier chant du coq, il disparut avec son vêtement, sans qu'on n'ait plus entendu parler de lui, depuis. Quelques personnes prétendent, cependant, qu'on l'entend encore au coup de minuit chanter tristement sa chanson : Malheur à moi, le gland n'est pas tombé de l'arbre, d'où sortira le bois qui servira à faire le berceau qui me délivrera. (*Brueyre*, p. 242.)

La même aventure ou à peu près, se retrouve dans le Devonshire, où on raconte qu'un pixie qui se rendait utile dans une ferme, disparut de la même manière, lorsqu'on lui eut fait cadeau d'un habit.

Dans les comtés du Nord de l'Angleterre, l'esprit familier s'appelle parfois le Wag-at-thewa ! Il hante la cuisine, se blottit volontiers dans l'âtre ou se balance au crochet de fer qui sert à suspendre le chaudron. Il travaille un peu, quelquefois, mais le plus souvent, il fait enrager la ménagère, et on l'entend parfois rire quand on raconte des histoires plaisantes (*Brueyre*. p. 244).

En Ecosse, nous retrouvons de nombreuses traces de la croyance aux esprits qui nous occupe. La légende charmante de Trilby de Nodier, nous montre qu'elle y est très vivace. Dans ce pays on en connaît aussi, comme ailleurs, diverses variétés : le brownie, le cluricaune, le ourik, etc., etc.

Le brownie écossais est serviable et désintéressé, à la condition que la servante soit propre et diligente, et aussi qu'elle lui laisse sur le dressoir, pendant la nuit, un peu de soupe à la farine dont il est très friand.

Un brownie d'Ecosse affectionnait la maison dans laquelle il vivait ; il s'y rendait utile de mille manières. Une nuit, la femme du fermier était en mal d'enfant, et le domestique paresseux s'endormit au moment où il fallait aller chercher la sage-femme. Le brownie, inquiet revêtit ses habits, prit un cheval et revint bientôt avec l'accoucheuse ; de sorte que tout se passa très bien. Mais, furieux contre la paresse du garçon de ferme, il monta dans sa chambre et le réveilla en le cravachant d'importance.

Nous retrouvons encore ici la donnée du départ de l'esprit auquel on a fait cadeau d'un habit. Dans une ferme des Highlands, un ménage de Brownies vivait dans une ferme. Le mari était d'humeur joviale et s'amusait à taquiner un peu les domestiques, mais il n'était pas méchant. En revanche, il était d'esprit assez borné, de sorte qu'on le dupait fréquemment. Au commencement de l'hiver, les domestiques firent marché avec lui ; il devait battre en grange et faire le travail de deux hommes vigoureux. En revanche, on lui donnerait un vieil habit à capuchon, lorsqu'il aurait accompli sa tâche. Or, quand les grands froids arrivèrent, un domestique, prenant en pitié sa nudité eut l'idée de mettre l'habit promis sur la paille de la grange, espérant l'encourager ainsi, au travail ; mais au contraire, dès ce moment-là le brownie ne travailla plus. Quant à la femme de ce brownie, elle tourmentait les servantes comme une véritable despote ; elle racontait à la maîtresse tout ce qui se faisait et se disait à l'office ; toutefois, en revanche, elle mettait le couvert et faisait le service de la table ou de la chambre de la maîtresse de la maison avec une dextérité et une rapidité merveilleuses. (*Brueyre*, p. 241).

Dans le comté de Kork, l'esprit familier s'appelle le Cluricaune : il hante volontiers le cellier, a la trogne rouge, les yeux brillants comme un ivrogne. On dit qu'il a les souliers à boucles d'argent et un tablier de cuir. Ce cluricaune s'amuse à entrechoquer les bouteilles et à faire du bruit derrière les tonneaux, pour effrayer ceux qui viennent à la cave (*Brueyre*, p. 247.)

L'Esprit familier dans les Pays Scandinaves. — Dans les régions septentrionales de l'Europe : en Suède, en Norwège, en Finlande, aux Orcades, aux Shethlands, en Irlande, en Danemarck, nous trouvons des manifestations très nombreuses et très accentuées de la croyance aux esprits en général et des esprits familiers en particulier. On les appelle de noms très divers dans ces pays : Kobolde, Troll, Drow, Heintz, Gubbe, Tontu, etc., etc. La couleur de leur visage est plus ou moins brune, noire même, dit-on, dans ces pays ; et cette couleur peut parfois servir à les différencier des elfes ou esprits des airs, qui sont généralement blancs.

En Danemarck, on croit encore au lutin des fermes ; il n'y a pas une habitation bien tenue dans la campagne, qui ne soit hantée par un de ces esprits, au dire des paysans. — L'esprit familier a, en Danemark, les mêmes attributs qu'en Hollande, dans la Forêt-Noire et dans le Jura francais — rendant volontiers service aux filles de ferme et aux jeunes fermiers. — Vêtu d'un petit habit gris et d'un bonnet pointu, rouge, le plus souvent, — grand amateur de lait et de bouillie, — quelque peu irascible. — On place pour lui, le soir de

Noël, un peu de riz au lait dans une écuelle, — attention à laquelle il est très sensible.

En Danemarck, on dit que les kobolds ne hantent pas toutes les maisons indifféremment; lorsqu'ils désirent venir s'installer dans une habitation, ils répandent sur le sol des copeaux ou de petits éclats de bois, et répandent de la fiente de bétail dans les vases où l'on tient le lait. — Si le propriétaire a soin de balayer avec soin ces copeaux, et de jeter le lait souillé, le kobolde se tient prudemment à l'écart de la maison ; mais au contraire, s'il constate qu'on est peu soigneux ou peu propre, il prend possession du logis ; il n'est plus guère facile désormais de se débarrasser de lui. Henri Heine raconte qu'un paysan du Jutland était tellement tracassé par un kobolde, qu'il prit le parti d'abandonner sa maison pour s'en débarrasser. Le voilà, chargeant son maigre mobilier sur une petite charrette à bras. et se mettant en route pour un village prochain. Il espérait être ainsi délivré de son persécuteur et au milieu du voyage, il s'arrêta un moment pour souffler, quand tout-à-coup, il voit sortir d'une de ses barattes à beurre, le bout d'un bonnet rouge et, bientôt, la tête entière de l'esprit familier qui lui dit, d'une voix goguenarde : *Wi flutten ?* (nous déménageons ?) — Je n'ai pas besoin d'ajouter que le pauvre paysan fut désagréablement surpris de l'aventure. Nous avons vu précédemment la même aventure racontée en Angleterre (page 50).

En Suède, en Norwège. on croit aux esprits familiers, qu'on appelle Trolls, Beriths, Guillets et qui, d'après la crédulité publique, s'occupent de l'écurie avec prédilection, quoique quelques rares fois, ils prennent soin du ménage.

Soulignons, en passant, que le nom de Troll, Drow, Drok, doit nous rester en mémoire; et je fais remarquer leur analogie avec celui de Drolle, qui lui est donné dans certaines provinces de France, soit à des esprits, soit à des garçons de ferme.

Voici la peinture que fait Xavier Marmier des attributs de l'esprit de la maison dans les pays scandinaves : « Le Kobolde est actif, empressé, il prend soin des chevaux, nettoie l'écurie, conduit la charrue, travaille à la moisson. Si on ne le mécontente pas, les maîtres de la maison peuvent se reposer et les valets dormir tranquilles, dès le matin toute leur besogne sera prête. Pour le garder sans cesse, il suffit de lui mettre un peu de lait dans un coin de la maison et de balayer proprement la chambre qu'il occupe. Autant le Kobolde est bon et dévoué, quand on ne lui donne aucun sujet de plainte, autant il devient capricieux et vindicatif dès qu'on l'a offensé. Une jeune fille avait un Kobolde à son service et, c'était une bénédiction de voir comme il allait au devant de tous ses désirs, comme il l'exemptait de tout ouvrage pénible. Un jour, elle jeta, par malice, quelques copeaux dans la tasse de lait qu'il devait boire ; et dès ce moment le Kobolde l'a abandonnée. Elle est obligée de se lever de bonne heure et de se coucher tard, de travailler sans relâche et son ouvrage n'avance pas. Chaque jour, l'implacable Kobolde lui suscite un nouvel obstacle ; chaque jour il la condamne à subir un nouvel accident. Si elle prend, avec les plus grandes précautions, un vase précieux, elle le casse ; si elle fait chauffer de l'eau, elle se brûle les doigts , si elle prépare à dîner, elle met double de sel dans un plat, et rien dans l'autre. »

L'Esprit familier en Allemagne. — En Allemagne, on trouve la croyance à l'esprit familier, présentée sous les formes les plus variées. Qu'il soit de taille ordinaire ou de petite stature, il est généralement bienfaisant, complaisant, essayant de se rendre utile. Mais comme ailleurs, il est de caractère susceptible ; il n'aime pas à être surveillé ou bafoué ; enfin il est capable, dans un moment de colère, de faire plus ou moins de mal.

H. Heine, dans son curieux livre sur l'Allemagne, t. 1, p. 22, nous raconte que Prœtorius indique dans son *Antropodemus Plutonius*, ou nouvelle description universelle de toutes sortes d'hommes merveilleux, (Magdebourg, 1666), — les caractères spécifiques du Kobolde allemand, dans les termes suivants :

« Les anciens n'ont pu dire autre chose des Koboldes, sinon que c'étaient des hommes véritables, de forme semblable aux petits enfants avec des petits habits bariolés ; quelques-uns ajoutent qu'ils portent un couteau qui sort de leurs reins, par quoi, ils sont très laids, à voir, ayant été autrefois méchamment assassinés avec cet instrument. Les superstitieux pensent que ce doivent être les âmes des gens tués dans la maison où ils apparaissent ; et ils rapportent beaucoup d'histoires, disant que les Koboldes rendent de si bons services aux servantes et aux cuisinières, et se font tant aimer que, beaucoup de celles-ci, les ont pris en affection au point de désirer ardemment leur vue et de les appeler. Mais ces esprits ne se rendent pas volontiers à leurs désirs, car ils disent qu'on ne peut les voir sans frissonner à en mourir.

Cependant quand les servantes insistent, les Koboldes désignent un endroit de la maison où ils se présentent en personne ; ils préviennent qu'il faut avoir soin d'apporter avec soi, un seau d'eau froide. C'est qu'il est arrivé souvent que le Kobolde est venu s'étendre tout nu sur un carreau, avec son grand couteau qui lui sortait du dos et que la servante effrayée est tombée en défaillance. Là dessus, le petit être se levait, prenait l'eau, et il en inondait la créature pour qu'elle revînt à elle. Et aussitôt la servante perdait son envie et ne demandait plus jamais à revoir le petit Chim.

Il faut savoir que les Koboldes ont tous des noms particuliers, mais qu'ils se nomment ordinairement *Chim*. On dit aussi qu'ils se livrent à toutes sortes de travaux pour les valets et les servantes auxquels ils se sont adonnés, étrillant les chevaux, faisant la litière de l'écurie, lavant tout, tenant la cuisine en bon ordre, faisant l'ouvrage de la maison et donnant tant d'attention à tout que le bétail engraissait et profitait beaucoup sous leur surveillance. Il faut pour cela que la valetaille caresse beaucoup les Koboldes, qu'on ne leur fasse pas la moindre peine, qu'on ne rie jamais d'eux, et qu'on ne leur refuse jamais les mets dont ils sont friands.

Quand une cuisinière a pris une de ces petites créatures pour son aide secret, elle doit chaque jour, à la même
heure, au même lieu, lui porter un plat bien préparé
et bien assaisonné, et s'en aller sans regarder derrière
elle ; après cela elle peut paresser tout à son aise, dormir le soir, elle ne trouvera pas moins son ouvrage
fait le matin. Oublie-t-elle une fois son devoir et
néglige-t-elle de porter le plat au Kobolde à l'heure dite,
elle est forcée de faire toute seule sa tâche et rien ne
lui réussit. Tantôt elle se brûle dans l'eau bouillante,
tantôt elle brise les pots de la vaisselle, elle renverse
les sauces, etc., etc., ce qui la fait infailliblement
gronder et punir par le maître ou la maîtresse du logis,
cas auquel on entend souvent le Kobolde se moquer et
rire. De leur côté les Koboldes ont coutume de rester
dans la maison, même quand on y change de servantes.

Souvent une servante qui s'en allait, recommandait
le Kobolde à celle qui prenait sa place et, quand celle-ci
ne tenait pas compte de ses recommandations, les
malheurs ne lui manquaient pas ; et elle était forcée à
son tour de quitter la maison.

Le Hudeken de Hildesheim. — H. Heine nous fournit
dans son livre(*Allemagne*, t. I, p. 25), l'aventure suivante
qu'il a empruntée textuellement à la chronique du Cloître
de Hirschau par l'abbé Trithème : «En l'an 1132 apparut à
beaucoup de gens de l'évêque d'Hildesheim, et pendant
un certain temps, un très malin esprit, il avait la forme
d'un manant et portait un chapeau sur sa tête. C'est
pourquoi les paysans le nommaient en langue saxonne

Hudeskein (petit chapeau). Cet esprit trouvait son plaisir à hanter les hommes, à être tantôt visible, tantôt invisible, à leur faire des questions et à répondre à celles qu'on lui faisait. Il n'offensait personne sans motif, mais quand on se moquait de lui, ou qu'on l'injuriait, il rendait le mal avec usure. Le comte Burchard de Luka ayant été tué par le comte Hermann de Vissembourg, et son pays se trouvant en danger de devenir la proie de ce dernier.

Le Hudeken, alla réveiller l'évêque Bernard de Hildesheim dans son sommeil, et lui cria : « Lève-toi, tête chauve ! la comté de Vissembourg est abandonnée et vacante par le meurtre de son seigneur, et tu pourras facilement l'occuper. » — L'évêque rassembla vitement ses gens d'armes, tomba sur les domaines du comte félon et les réunit avec l'assentiment de l'empereur à son évêché. L'esprit avertit bien souvent ledit évêque de toutes sortes de dangers ; il se montra souvent dans les cuisines du palais épiscopal, où il s'entretenait familièrement avec les marmitons, et leur rendait toutes sortes de services. Comme on était venu très familier avec le Hudeken, un jeune marmiton se permettait de le harceler et de lui jeter de l'eau malpropre, toutes les fois qu'il paraissait.

Enfin, l'esprit pria le maître-queux ou principal cuisinier de défendre ces espiègleries à ce garçon mal courtois. Le maître-queux répondit : « Tu es un esprit et tu as peur d'un pauvre gars ! » — A quoi le Hudeken répondit d'un ton menaçant : « Puisque tu ne veux pas châtier ce garçon, je te montrerai dans quelques jours, si je le redoute ! » Bientôt après, le garçon qui avait offensé l'esprit, se trouva dormir seul dans la cuisine, l'esprit le saisit, le poignarda, le mit en pièces, et jeta tous les lambeaux de son corps dans les pots qui étaient sur le feu ; quand le cuisinier découvrit ce tour, il se mit à maudire l'esprit, et le jour suivant le Hudeken gâta tous les rots qui étaient à la broche en y versant du venin de vipère. La vengeance porta le cuisinier à de nouvelles injures ; alors l'esprit l'entraîna dans un faux pont enchanté, et le fit périr dans les fossés du château. Depuis ce temps, il passa les nuits sur les remparts et les tours de la ville, inquiétant beaucoup les sentinelles et les forçant à faire une rigoureuse surveillance ». (H. HEINE, *loc. cit.* p. 25.)

Heinzchen. — Une servante avait eu pendant bien des années un invisible esprit familier qui s'asseyait près d'elle au foyer, où elle lui avait fait une petite place, s'entretenant avec lui pendant les longues nuits d'hiver. Un jour, la servante pria Heinzchen (elle nommait ainsi l'esprit) de se laisser voir dans sa vérita-ble forme. Mais Heinzchen refusa de le faire. Enfin après de longues instances, il y consentit et dit à la servante de descendre à la cave où il se montrerait. La servante prit un flambeau, descendit dans le caveau, et là dans un tonneau ouvert, elle vit un enfant mort qui flottait au milieu de son sang. Or, longues années auparavant, la servante avait mis secrètement un enfant au monde, l'avait égorgé et l'avait caché dans un tonneau (H. HEINE, *De l'Allemagne*, t. I, p. 24.)

En Saxe, la croyance aux esprits familiers a eu, pen-

dant de longs siècles, une grande place dans les récits
populaires, il est facile même aujourd'hui encore d'en
trouver des traces très accentuées. Ils s'appellent de
divers noms suivant les localités, et à côté des attributs
généraux, ils ont des caractères spéciaux qui sont en
relation avec les mœurs et les habitudes de la région.

L'esprit Hutgin. — Un Saxon qui allait entreprendre
un voyage dit à l'esprit de la maison : « Ami, je te prie
de surveiller la conduite de ma femme pendant mon
absence. L'esprit obéit, et toutes les fois que la femme
se permettait quelques familiarités avec un voisin,
l'Hutgin lui en faisait de vertes remontrances. Grâce
à cela elle ne poussa pas les choses trop loin. Lorsque
le mari fut de retour, l'Hutgin lui dit : « Ma foi, tu as
bien fait de revenir, car je commençais à trouver ma
tâche pénible ; et plutôt que de me charger du soin de
surveiller ta femme lorsque tu partiras encore, je préfère que tu me charges de garder des pourceaux. Tous
les pourceaux de Saxe seraient moins difficiles à garder
que ta légère épouse. » La même aventure est mise
par H. Heine sur le compte de l'Hudeken d'Hidelsheim.

Dans les contes des frères Grimm on trouve cette autre
aventure touchant l'esprit familier. Un cordonnier était
si pauvre qu'il ne lui resta un soir que le cuir nécessaire pour une paire de souliers ; il tailla son cuir, puis
alla se coucher, et comme il était bon chrétien, il fit
dévotement sa prière. Un nain arriva aussitôt et fit les
souliers. Bientôt, un chaland entra dans la boutique et les
lui acheta à un très bon prix. Avec cet argent, le cordonnier acheta du cuir pour deux paires de souliers

qui se trouvèrent fabriquées le lendemain et qui furent
vendues à très bon prix. Bref, il en fut ainsi pendant
toute l'année, et le cordonnier devint riche ; tous les
soirs, il taillait des souliers qu'il trouvait finis le lendemain. Un soir, aux approches de la Noël il dit à sa
femme : « Nous devrions essayer de voir quel est l'ouvrier mystérieux qui travaille pour nous avec tant de
zèle ». La femme fut de même avis; et ils se cachèrent
derrière les habits pendus au fond de la chambre. Quand
minuit sonna, ils virent entrer deux petits nains qui
vinrent se mettre à faire les souliers ; ces nains étaient
nus, et ils eurent fini leur travail en un clin d'œil. Le
lendemain matin la femme dit au mari : Il n'est pas
juste que nous laissions souffrir du froid ces bons petits
nains qui nous aident avec tant de dévouement. Aussi
se mit-elle à l'ouvrage, et le soir elle plaça sur la table, où
était le cuir taillé pour faire des chaussures, deux petits
vêtements bien chauds. Quand les nains arrivèrent, ils
furent d'abord très étonnés, puis ils se vêtirent de ces
habits préparés pour eux, et ils se mirent à danser de
joie, puis ils se retirèrent et on ne les vit plus ; mais
les affaires du cordonnier continuèrent à prospérer, si
bien que le ménage fut toujours dans l'aisance. »

L'Heinzchen ou Kurd-Chimgen se plaît à aider
avec activité les servantes, mais ne veut pas être
vu par elles. On raconte qu'un jour une servante, gril-
lant d'envie de voir son esprit familier, le lui demanda
avec tant d'insistance qu'il lui donna un rendez-vous
dans un lieu écarté, en lui recommandant d'apporter
un seau d'eau avec elle. La crédule obéit et tout à

coup elle vit devant elle un homme à face effrayante armé d'un grand couteau ; elle s'évanouit de frayeur et l'esprit familier profita de l'occasion pour lui verser son seau d'eau sur la tête, sous prétexte de la faire revenir à elle.

Dans plusieurs contrées de l'Allemagne il y a la légende, dont j'ai parlé pour Hildesheim : d'un esprit servant qui se rendait utile de maintes manières : en fendant le bois, en allumant le feu, en tournant la broche ; il était d'humeur douce et de caractère tranquille ; mais un jour un garçon de cuisine l'ayant contrarié, il l'étrangla, le coupa en morceaux et le fit cuire. Nous retrouvons là un attribut de colère vindicative de l'esprit familier qui lui est donné dans nombre de pays et qui paraît être une de ses caractéristiques.

L'Esprit Klopfer. — Ajoutons, pour en finir avec la Saxe, que Klopfer était un esprit familier qui habitait le château de Flügelau en Saxe. Il s'attachait à être agréable aux jeunes servantes qui, lorsqu'elles voulaient réclamer ses soins, n'avaient qu'à dire « Klopfer, hols ! » (Klopfer va chercher). Aussitôt l'esprit familier arrivait et sans se rendre visible il faisait ce qu'on lui commandait : bercer les enfants, puiser de l'eau, allumer le feu, éplucher les légumes, etc., etc., il portait même les lettres des amoureux. Or les jeunes servantes eurent envie de le voir et insistèrent tant et si longtemps, qu'un jour il se décida à se montrer. Il sortit donc tout en feu de l'âtre de la cheminée : mais en se faisant voir ainsi, il mit le feu au château qui brûla tout entier, et n'a pas été rebâti depuis.

Cette légende ne semble-t-elle pas présenter une réminiscence éloignée et fugace de celle de Jupiter et Sémélé ? La jeune fille curieuse veut voir son protecteur; elle ne peut supporter l'éclat de ses attributs divins, que l'esprit avait bien soin de cacher, pour ne pas lui nuire.

En Prusse, on rencontre la croyance à l'esprit de la maison, dans une infinité de localités. Les Wendes, les Brandebourgeois l'appellent le Berrtaïk, le Markopret, le Kolk et lui prêtent, tantôt les attributs ordinaires, c'est-à-dire ceux de la bienveillante serviabilité pour le bien du logis; tantôt, au contraire, ils lui donnent tout ou partie de ceux des champs, en même temps que ceux de l'esprit de la maison ; enfin, dans plus d'un cas, ils leur donnent des airs de démonialité et en font des suppôts du diable. En Poméranie, on parle d'un de ces esprits qui s'appelait Chimmecke et qui se rendait utile dans la maison en faisant mille menus ouvrages; mais un jour un garçon de ferme ayant eu la témérité de lui dérober la portion de lait qu'on avait l'habitude de lui abandonner chaque soir dans la cuisine, il se mit dans une colère extrême, le battit à outrance, le tua même, puis le coupa en morceaux et le sala dans un cuvier comme on sale la viande de porc qu'on veut conserver pour l'hiver.

La croyance aux esprits familiers se rencontre bien établie et intense, dans toutes les provinces de la Russie d'Europe.

Dans un pays aussi étendu, qui touche à la Suède au Nord par la Finlande et à la mer noire par la Crimée, on comprend que les populations y sont assez variées pour que les diverses sortes d'esprits de la maison y soient constatées et que suivant les Provinces où on recherche la crédulité, elle apparaît avec des caractères différents. Cependant, le travail nocturne dans la maison, les soins donnés aux bestiaux et particulièrement aux chevaux, se rencontrent partout.

La transition entre l'esprit de la maison et ceux des airs, des eaux, de la terre ne fait pas défaut en Russie; j'aurai l'occasion de le montrer, lorsque je m'occuperai de ces catégories de lutins.

Les esprits de la maison touchent aussi, dans un grand nombre de localités, aux fantômes, aux revenants, aux mauvais génies. etc.. etc. C'est surtout pendant l'hiver et particulièrement depuis le 2 novembre jusqu'au 5 janvier, que ceux qui sont de mauvaise nature viennent hanter les maisons, pendant la nuit, non seulement pour jouer de mauvais tours, mais encore pour nuire et quelquefois faire mourir ceux qui ne se méfient pas d'eux, ou qui sont dans les conditions favorables pour leur servir de victimes. Quoiqu'il en soit, ces esprits de la maison s'amusent à faire le mal et éclatent de rire quand ils voient qu'on est en colère ou qu'on s'est blessé grâce à leur espièglerie, ils manifestent leur présence par de petits cris, des bruits qui ressemblent au craquement d'un meuble. — En somme, quand on y regarde de près, on voit que la croyance aux esprits de la maison est, dans le grand empire russe, ce qu'elle est dans toutes les contrées de l'Europe et de l'Asie.

IV

LES ESPRITS DE LA MAISON EN ASIE

La croyance que nous étudions ici existe dans tous les pays d'Asie, peut-on dire depuis la Méditerranée jusqu'au détroit de Behring, depuis le sud de l'Inde et de la Cochinchine jusqu'à la mer Glaciale et le Kamtschaka, seulement nous avons à constater que dans ces contrées si diverses, les attributs de l'esprit de la maison sont variables et parfois différents d'un endroit à l'autre. En effet, toutes les catégories que nous connaissons en Europe s'y rencontrent ; et tandis que dans une contrée ces esprits sont réputés coopérer matériellement au bien-être de la maison par leur travail de domestique, dans d'autres ils exercent un rôle de protection religieuse ; seulement, de même que suivant les endroits on peut les voir ayant des attributs des esprits de la maison bien exclusivement spécifiés, dans d'autres, au contraire, ces attributs se rapprochent et même se confondent, soit avec ceux des fantômes, des revenants, des démons, soit avec ceux des esprits des champs, de l'air, de l'eau, etc., etc. En un mot, on pourrait établir, pour ce qui est de la croyance aux esprits dans le grand continent Asiatique, une gamme d'attributs allant depuis la fonction la plus modeste et la plus inférieure de la servilité, jusqu'à la situation de divinité bonne ou méchante qu'il faut adorer et solliciter humblement, parfois même, craindre beaucoup.

Il y a une explication très simple et très naturelle à donner de cette diversité d'attributs que l'on rencontre aux esprits de la maison dans le grand continent asiatique. — Et cette explication est applicable non seulement à ce continent, mais à toutes les parties du monde : — c'est que lorsque les peuplades ont l'habitude d'habiter soit dans des maisons plus ou moins grandes, mais constituées par des murs épais, ou bien dans des grottes ; en un mot, lorsque leur habitation contient des compartiments plus ou moins reculés et toujours assez obscurs, l'esprit de la maison a des attributs qui penchent vers la variété que nous étudions sous le nom d'esprit familier, ainsi que vers les fantômes et les revenants. Au contraire lorsque ces peuplades habitent d'avantage en plein air, sous des cabanes de feuillages ou des tentes, toutes habitations plus simples et contenant moins de recoins obscurs, cet esprit de la maison tend davantage à ressembler à l'esprit des champs, de l'air, de l'eau, tout en conservant quelques attributs spéciaux. Ces particularités sont de nature à nous montrer certains horizons: et nous arrivons, ainsi, à penser: que ces esprits, enfants d'une imagination surexcitée par l'obscurité, ont en réalité des attributs qui sont en raison du milieu dans lequel cette imagination débile les fait se mouvoir.

Nous savons quel rôle important l'esprit familier joue depuis le pays des Kamchadales, des Samoïèdes, des Kirghis, des Tongouses, des Kalmouks, des Tartares, jusqu'à ceux de l'Inde, de la Cochinchine, de Ceylan, etc., etc.

Dans ces contrées, c'est la forme servile qui lui est le plus généralement attribuée; dans ces pays, il y a toutes les variétés d'esprits, depuis les meilleurs jusqu'aux plus malfaisants. En Malaisie la croyance est très répandue. Les Tikopiens ne mangent jamais sans jeter une offrande alimentaire par terre à leur intention. (DUMONT-DURVILLE, *Hist. univers. des voyages*, t. II p. 334.)

Nous terminerons ce qui a trait à l'Asie, en disant qu'en Chine, où la croyance aux esprits est vivace, ces esprits familiers, qu'on considère comme les âmes des ancêtres, sont arrivés à constituer la majeure partie de la religion de la classe inférieure. Ces esprits sont capables de faire le bien comme le mal, de sorte que les uns sont à craindre, les autres à aimer; et les dévôts se préoccupent à chaque instant de leurs désirs, voire même de leurs caprices. Quelquefois ces esprits rendent les services matériels du servant, comme nous l'avons indiqué pour la Provence, le Lyonnais, le Jura, etc., etc. Mais dans le plus grand nombre de cas, ils sont seulement les protecteurs du foyer : au titre de divinités tutélaires, et non de domestiques.

Les Chinois, persuadés que les esprits de leurs ancêtres hantent perpétuellement la maison, ont la coutume de leur servir périodiquement des festins qui consistent dans la fumée des mets qu'ils mangent et quelques libations. — Quand ce dîner est servi ils font du tapage pour annoncer aux esprits qu'on a pensé à eux. (R. T. 1886, p. 252.)

En Cochinchine la croyance aux esprits est aussi

répandue et aussi vivace qu'en Chine, aussi l'esprit de la maison n'y fait-il pas défaut et présente-t-il des caractères bien spécifiés.

Les esprits de la maison se font dans ce pays un malin plaisir de jouer de mauvais tours : casser la vaisselle, fermer les portes et les fenêtres avec fracas, effrayer les femmes et les enfants. — Ces esprits sont extrêmement poltrons et il suffit de faire résonner le gond ou des cymbales, au besoin de faire partir un pétard, pour les mettre en fuite. (Jurien de la Gravière I — 289. —)

Les Siamois pensent que les âmes de ceux qui sont morts d'une maladie insolite — maladies épidémiques, morts subites, femmes en couches, enfants nés avant terme ou prématurément, etc., etc. — vont constituer les *Phi*, c'est-à-dire des esprits qui sont malveillants parce qu'ils ont à se venger sur l'espèce humaine du malheur qui leur est arrivé. Ces *Phi*, Phraï (esprits domestiques) habitent la maison où ils auraient dû vivre normalement ; ils sont la cause de tous les accidents, les ennuis, les malheurs qui arrivent. Aussi est-il nécessaire de chercher à apaiser leur courroux par des offrandes, des invocations et des attentions pieuses.

Les Japonais croient fermement aux esprits de la maison, des champs, des eaux, etc., etc., et à ce titre ne le cèdent en rien aux Chinois. Le Mayoké, le Khoreka, le Kekkaï, le Kaddo, l'Annakanami, le Tenjo-Hamé, le Tinjo-Koudari, l'Amikiri, l'Aboula-Akango. l'Orakabé sont connus de tout le populaire au Japon. M. Regamey a publié sur le compte des esprits du Japon une

série de très intéressants articles illustrés dans la
Revue des Traditions de 1889. — J'y renvoie le lecteur qui certainement trouvera un grand plaisir dans
leur lecture. —

V

LES ESPRITS DE LA MAISON EN AFRIQUE

La croyance aux esprits de la maison existe dans
tout le continent africain : depuis le nord, jusqu'au cap
de Bonne-Espérance, depuis la mer Rouge et Zanzibar,
jusqu'à la Sénégambie et au Congo. Chez les Nègres,
comme dans toutes les peuplades primitives, la croyance
aux esprits est générale, et par conséquent, la constatation que nous faisons, n'a rien qui puisse nous étonner. Si nous rappelons ce que nous venons de dire,
il y a un instant pour l'Asie : que les attributs de l'esprit
de la maison sont en raison directe des recoins obscurs
que contient l'habitation, nous avons d'un mot, pour
ainsi dire, la gamme des crédulités des diverses peuplades africaines, au sujet de l'esprit que nous étudions
ici.

En Algérie, la croyance aux esprits de la maison ne
fait pas défaut. Dans les villes et les villages constitués
par des maisons en maçonnerie, on lui prête les attributs que nous avons spécifiés pour l'esprit familier dans
la Provence, c'est-à-dire, malicieux, espiègle, capri-

cieux, et se mettant facilement en colère. Dans les tri-
bus qui habitent sous des gourbis ou sous la tente, il
se rapproche davantage des attributs de l'esprit des
champs, des airs, etc., etc. Il conserve surtout ceux
des fantômes et de la sorcellerie; mais néanmoins il
s'occupe assez souvent soit des chevaux, soit des troupeaux avec une sollicitude qu'il faut noter, et qui montre que des deux côtés de la Méditerranée. La donnée
initiale est tout à fait semblable, au fond.

MM. Certeux et Carnoy ont publié en 1884 un premier volume sur l'Algérie traditionnelle (Maisonneuve,
Challamel, Leclerc) où ils ont consacré tout un chapitre
(p. 77 à 92) aux esprits et aux génies, j'y renvoie le
lecteur qui voudrait avoir plus de détails à ce sujet.

Ce que je viens de dire pour l'Algérie s'applique
à la Tunisie comme au Maroc; et s'étend jusqu'à
l'Egypte, où la crédulité se trouve d'une manière bien
spécifiée.

Dans l'Afrique tropicale, où vivent des peuplades
à divers degrés de l'évolution religieuse, depuis les
fétichistes les plus primitifs jusqu'aux musulmans,
la croyance aux esprits est très intense. Par conséquent, celle aux esprits de la maison se rencontre
vivace, et bien spécifiée, dans mille endroits divers. Ici,
encore la forme du servant domestique n'existe que là
où le système d'habitation le comporte. — Le plus souvent le rôle de divinité est prépondérant. Chez les uns,
ces esprits sont d'une nature indéterminée et représentent quelque peu les passions humaines seulement;
chez d'autres, ce sont les ancêtres, les amis, les ani-

maux utiles, ou quelquefois même les animaux nuisibles,
dont les âmes hantent ainsi la maison. Leur rôle est
surtout un rôle de protection que les intéressés recon-
naissent par le respect, par des offrandes et même par
des sacrifices. Ces esprits familiers sont catégorisés et
hiérarchisés, car il y a celui de chaque individu, celui
de la case, celui du ménage, celui de la famille, celui
du village, celui de la peuplade, etc., etc. Notons, à
titre de curiosité, que chez les Achantis de la côte occidentale d'Afrique, on rencontre la coutume de jeter un
peu de la liqueur ou des aliments du repas par terre,
en hommage aux esprits familiers de la maison, afin
qu'ils protègent la famille et les animaux (Bow. *Dict.
Hist. Nat. des roy.* t. XXVIII. p. 426), comme dans
l'Asie et comme dans les montagnes du Jura et des
Alpes. Les miettes qu'on laisse, en Provence, le soir de
Noël pour *leïs armettos*, procèdent de la même pensée.

Livingstone raconte qu'un de ses domestiques ayant
mal de tête disait : « C'est mon père qui me l'envoie
parce que je ne lui ai pas donné une partie de ma
nourriture. »

Cette coutume se rencontre dans une infinité de peuplades qui, avant de commencer leur repas, jettent
quelques bribes d'aliments à terre pour rassasier les
esprits qui hantent la case. Ces esprits sont souvent les ancêtres qui veillent, moyennant certaines
offrandes, au bonheur de leurs descendants. J'ai besoin
de faire remarquer, ici, que beaucoup de voyageurs ont
pu penser : que la croyance aux esprits de la maison
n'existait pas dans certaines peuplades, parceque, ques-

tionnés à ce sujet, elles avaient répondu négative-
ment. Mais il faut remarquer que la faute a été, dans
ce cas, à l'investigateur inhabile pour découvrir
le secret qui lui a été caché. Les nègres, à quelque pays qu'ils appartiennent, ont une répugnance
marquée à dévoiler certains détails de leurs croyances
aux étrangers; et celle de l'esprit de la maison, a pour
eux quelque chose de si intime, qu'ils la cachent avec
un soin jaloux. (DE CHAILLU, p. 21 481.)

AMÉRIQUE

Chez les peuplades arriérées de l'Amérique septentrionale et de l'Amérique centrale, la croyance aux
esprits familiers ne fait pas défaut. Les Groënlandais,
les Esquimaux, les peuplades du Labrador, les Peaux-
Rouges, les Indiens du Mexique, etc., etc., ont des
divinités de ce genre, rendant divers services dans la
maison et protégeant, même, les habitants contre les
entreprises et les maléfices des ennemis. Chez ces
divers individus, le rôle de domestique leur est quelques
rares fois attribué, celui de divinité est plus général.

Dans toute l'Amérique du Sud, depuis les régions
les plus méridionales, c'est-à-dire les Fuégiens jusqu'à
l'isthme de Panama, la croyance aux esprits familiers
existe, comme d'ailleurs la croyance aux esprits en
général, et sous les deux formes : de domestique ou de
dieu suivant les endroits. Chez les Patagons, les Arau-
caniens, les Puloches, les Charruas, ces esprits familiers

se complaisent à aider ceux auxquels ils sont attachés.
Dans ces contrées, comme d'ailleurs chez les Indiens du
Brésil, des Guyanes, de la Colombie, etc., etc., ce sont
souvent des ancêtres, des amis, des compatriotes dont
les âmes sont ainsi transformées en esprits protecteurs.

OCÉANIE

Dans la Polynésie, on trouve tous les degrés de
l'animisme et du fétichisme, de sorte que l'esprit familier qui se rencontre partout a, suivant les pays, des
attributs divers, en général peu différents d'ailleurs
les uns des autres. Tantôt ces esprits sont tout à fait
aériens, c'est-à-dire imaginaires et sans symbole ; tantôt, ils habitent dans un objet inanimé ; tantôt enfin, ils
s'incarnent dans un animal. Ajoutons que lorsqu'ils
sont reconnus impuissants, par les intéressés, ils sont
abandonnés pour d'autres inspirant plus de confiance.
Ces esprits se complaisent à rendre service à leurs
dévots, entretiennent la paix dans la famille, garan-
tissent des accidents et des maladies ; occasionnant, en
revanche, accidents et maladies aux ennemis ; ils
aident à la chasse, font surprendre le gibier, le
poisson, etc. Leur rôle de domestique est l'exception,
celui de divinité est la règle.

Les Néo-Calédoniens croient à l'existence des esprits
de la maison, qui sont, en général, l'âme des ancêtres,
et dont il faut éviter la colère. Ces esprits sont le plus souvent très susceptibles ; ils deviennent malveillants pour

peu qu'on manque d'égards vis-à-vis d'eux. — Quelques-
uns de ces esprits, se livrent parfois à des actes génésiques sur les femmes et les filles : particularité qui est
capable de nous révéler ce qu'il y a de réel et d'humain,
dans les événements que les crédules attribuent au surnaturel et à l'imaginaire.

Les habitants de Viti et de la Nouvelle-Guinée ont des
esprits de la maison, fantômes des ancêtres, qu'il faut
respecter ; et qui, grâce à quelques offrandes, ne sont
pas trop malveillants, peuvent même rendre quelques
services, procurer une chasse fructueuse, guérir une
maladie. Ces esprits se confondent, en général, si
complètement avec ceux des champs, des eaux, des
airs, qu'il est assez difficile de les différencier.

Chez les Australiens qui sont, de nos jours, tout à fait
au début de l'évolution de l'idée religieuse, les esprits
jouent un très grand rôle et se trouvent partout. A ce
titre, ils se rencontrent naturellement dans la maison ;
ils sont les incarnations des passions, des ancêtres, des
phénomènes de la nature, et ont souvent un fond de
méchanceté avec lequel il faut compter, quand on veut
éviter des malheurs. Le rôle de divinité est exclusif
chez eux, et les services qu'ils rendent à leurs protégés
sont des grâces surnaturelles accordées, et non un travail de domestique accompli terre à terre.

N'oublions pas de signaler que la donnée de l'ange
gardien, ou d'un esprit bienveillant, protecteur de l'individu, se retrouve, quoique très grossièrement exprimée,
chez les Australiens, qui pensent que cet esprit ga-
rantit les enfants des esprits méchants qui se complai-

sent à les égarer pour les dévorer ou les faire mourir.

Les Tasmaniens croient à l'existence des esprits de la maison vivant à leur contact et gîtant avec eux. Ces esprits semblent être, pour eux, les âmes des ancêtres : ils sont au fond, de nature malveillante, mais dans des proportions infiniment moins grandes que les autres esprits des champs, des airs et des eaux. — Quelques offrandes, quelques invocations, suffisent, en général, pour calmer leur colère, et même, pour les rendre favorables. Ce sont des esprits de caractère quinteux et susceptible, sans cependant qu'ils soient au moins dans les circonstances ordinaires, méchants et malfaisants par plaisir de nuire.

VI

L'ESPRIT DE LA MAISON DE NATURE PLUS OU MOINS DÉMONIAQUE

Le lecteur a déjà constaté que l'esprit familier prend, dans quelques localités, une apparence plus ou moins sinistre ; que ses caractères vont, depuis la malfaisance vague et à peine accusée, jusqu'à la démonialité la mieux spécifiée. Les faits suivants vont nous montrer la tendance vers laquelle la crédulité populaire se laisse entraîner dans certains pays.

La Saurimonde. — Dans le département du Tarn, on parle d'une sorte d'esprit familier qui se rencontre

aussi à l'opposé de la France. Dans le département du Doubs : je veux parler de la Saurimonde,
qui tend à établir des liens de parenté entre cet esprit
familier et les puissances infernales. La Saurimonde n'est
autre chose qu'une incarnation du diable : elle se présente sous forme d'un petit garçon ou d'une jeune
fille qu'on voit se présenter d'un air timide et intéressant; et qui, lorsqu'on l'a admis dans la maison, y
commet toutes sortes de méfaits.

L'Esprit malin d'Osse. — Une villageoise d'Osse,
dans le Doubs, voit, apparaître, un matin d'hiver, pendant qu'elle préparait le premier déjeuner, un petit enfant charmant à la porte de sa maison; elle crut que
c'était un petit savoyard, et elle fut touchée de son air
de sollicitation attristé, aussi le fit-elle entrer et lui
permit-elle de se réchauffer au foyer. A peine placé près
du feu, l'enfant dit à voix basse : « J'ai bien faim » et la
paysanne émue de compassion le fit manger. Quand
l'enfant fut rassasié, il se mit à pleurer en disant :
« J'ai grand sommeil, car il y a longtemps que je n'ai
pas dormi dans un bon lit. » La trop crédule paysanne
se hâta de le faire coucher dans son propre lit ; mais à
peine fut-il glissé entre les draps, que l'enfant sauta
par terre en ricanant, et lui dit : « Bonne femme, j'ai
acquis droit de domicile chez toi, puisque tu m'as donné
place au feu, au manger et au coucher ; désormais tu
ne pourras plus me chasser. » Voilà le lutin qui se met
à gambader et à sauter sur les armoires, comme un
chat, se complaisant à tout renverser sur son passage.
La paysanne prit en vain le balai pour le poursuivre,

en lui donnant des coups, mais lorsqu'il fut serré de trop
près, l'esprit courut vers la cheminée et disparut dans
le foyer, où la ménagère ne put le poursuivre (D. Monnier). Nous voyons là une idée nouvelle très importante
et sur laquelle nous aurons besoin de revenir, touchant
la nature du follet.

Dans les Vosges, nous trouvons la croyance dont
nous nous occupons, aussi vive et aussi enracinée
que dans les contrées voisines : là, comme dans ces
contrées, les bonnes femmes racontent des histoires plus
ou moins palpitantes d'intérêt, touchant les agissements
de ces esprits démoniaques : elles fournissent même
les preuves les plus précises à l'appui de leurs asser-
tions : il est vrai que souvent la précision de ces détails
est plutôt capable de faire croire à une supercherie
dont les crédules ont été la dupe que d'apporter les
preuves solides de la réalité de ces esprits familiers
d'origine surnaturelle.

L'Esprit de Walsche. — Le fait suivant qui, dans le
courant du siècle dernier, eut un certain retentisse-
ment en Lorraine, vient à l'appui de cette opinion que
je formule. En 1740, le curé de Walsche, dans les Vosges, était, à huit heures du matin, le 10 juin, dans sa
cuisine avec sa servante, lorsqu'il vit un pot en fonte
se mettre à faire trois ou quatre tours sur lui-même,
sans que personne l'eût touché ! Un instant après, une
grosse pierre tomba dans la chambre, sans qu'on pût
voir qui l'avait lancée : le lendemain d'autres pierres
furent lancées, dans la matinée, et brisèrent quelques
vitres de l'appartement. Le curé, persuadé qu'il avait

affaire à un sorcier, dit les prières nécessaires pour
l'exorciser ; depuis lors les vitres ne furent plus bri-
sées, mais les pierres continuèrent à tomber près des
gens de la maison ; l'esprit se mit à hanter la cuisine
et à y déranger souvent les objets de mobilier, après
qu'on les avait arrangés. La servante trouvait souvent
ses assiettes et ses plats rangés en cercle au milieu de
la chambre, et parfois il y avait de la vaisselle cassée ;
quant aux aliments ils étaient souvent salés outre
mesure, brûlés, ou manquaient de cuisson.

Dans le restant de la maison, on trouvait souvent une
armoire vidée et du linge par terre; d'autres fois, le
pain était transporté dans la chambre à coucher et les
chemises propres mises dans le seau des ordures ;
lorsque la servante plantait des légumes ou des fleurs
dans le jardin, il les déplantait à mesure et les brisait.
Un jour, cette servante trouva sa bêche profondément
enfoncée dans la terre, ayant autour de son manche le
ruban que cette servante avait serré dans un meuble,
et par terre, se trouvaient deux sous qui avaient été
mis dans le meuble à côté du ruban.

Le curé, aux abois, finit par s'adresser à l'autorité
avec laquelle il fut convenu que deux soldats vien-
draient, armés de pistolets, dans le presbytère prêts à
tirer sur ce qui leur paraîtrait louche.

A partir de ce moment, le lutin ne fit plus parler de
lui, ce qui fit dire à bien des gens de la localité, que ce
prétendu esprit domestique, loin d'appartenir au surnaturel, n'était que quelque paroissien désireux d'être
désagréable à son curé.

La croyance aux esprits familiers de nature démoniaque est encore, à l'heure actuelle, vivace et répandue dans la Prusse ; j'en donnerai pour preuve que, pendant l'année 1889, le tribunal des échevins de Werder, a eu à juger un procès révélant à quel point cette croyance aux esprits règne chez des gens qu'on pourrait croire plus éclairés. Les détails de cette affaire peuvent servir aussi, disons-le en passant, à fixer les idées sur la nature véritable de l'esprit familier, dans quelques circonstances. Quoi qu'il en soit, voici le fait : Il s'agissait d'un gros émoi survenu dans le village de Réseau, près de Postdam, où des paysans avaient fait une série de choses insolites, dans une maison, dont ils voulaient effrayer les propriétaires, afin d'acheter l'immeuble à vil prix. Ces propriétaires avaient d'abord si bien cru à la réalité de ces esprits, qu'ils avaient prié un pasteur de les exorciser. « A peine, étais-je entré dans la chambre des victimes Bœttcher, dit ce pasteur, qu'un singulier bruit retentit ; immédiatement le lait sauta hors de l'écuelle qu'il remplissait à moitié ; dans le corridor, un roulement de tonnerre éclata, qui dura à peu près quatre secondes. A ce moment, j'aperçois le domestique Welter debout, à l'entrée de l'alcôve et, au même moment, je vois des pommes de terre voler dans la direction de ma tête. Vite je me protège avec mon chapeau et ne doutant plus de la présence d'un esprit, j'entonne le cantique qui commence par ces mots : « C'est en vain que d'épaisses ténèbres m'enveloppent. » Mais je n'ai pas plutôt commencé que je sens quelque chose qui me frôle dans la nuque. Je me

6

retourne ; c'est une marmite qui est tombée du plafond et qui est allée s'abattre à mes pieds. Mon saisissement augmente. Je me mets à prier avec fermeté. Un nouvel objet, sous la forme d'un entonnoir, se dirige vers ma tête. Pour le coup, je me sens tenté de fuir, mais je me rappelle ce passage de l'Ecriture : « Le mercenaire fuit parce qu'il est mercenaire ». Et ce passage me retient ; je reste, mais le bombardement recommence. Maintenant ce sont des os de jambons qui se dirigent vers ma tête.

Le Président. — Voyons, que pensez-vous de toute cette affaire ?

Le Pasteur. — Je crois que le bombardement s'est produit par suite d'un courant magnétique. J'ai suspendu dans la chambre un aimant, pour faire la vérification, et j'ai écrit au professeur Helmholz, à Berlin, pour avoir son avis. Il m'a répondu qu'un courant magnétique ne pourra jamais mettre en mouvement des pommes de terre, des os de jambon, et qu'il pense que j'ai été victime d'un loustic. Je crois que M. Helmholz se trompe, car ce loustic on aurait bien fini par le trouver.»

Le loustic a été trouvé, d'après la déposition du maire de Réseau et d'autres témoins ; il n'est autre que le domestique Welter, qui avait imaginé de faire passer la maison de ses maîtres, comme hantée par des mauvais esprits, afin que ses parents pussent l'acheter à meilleur compte. Welter a été condamné à six années de prison, et depuis son incarcération tout est calme à Réseau, le bombardement a cessé. (Journal le *Petit Marseillais* du 30 janvier 1889.)

Puisque j'en suis à parler de la forme de l'esprit démoniaque, disons qu'en Angleterre on y a cru fermement ; pour le prouver je n'ai qu'à rapporter le fait signalé par Walter-Scott dans sa démonologie (*trad. de Montemont*, p. 321), qui peut être rapprochée de ceux dont je parlerai plus loin : esprits de Gréolières et de la mare d'Esa. En 1712, raconte cet auteur, le village de Stockwell près de Londres, fut très ému par les événements qui se passaient dans une maison, hantée disait-on par un esprit familier. Les objets de vaisselle, des verres, des meubles remuaient, tombaient, se brisaient sans que personne eut l'air de les toucher. On ne sut d'abord à quoi attribuer tous ces méfaits ; mais après une observation plus attentionnée, on soupçonna la servante de la maison qui fut congédiée sans plus tarder. Or, tout bruit et tout mouvement insolites cessèrent aussitôt ; et en examinant les choses avec plus de sang-froid, on constata qu'en effet, elle était la cause de tout le tapage. Il y avait, dit Walter-Scott, une affaire d'amour en jeu dans la conduite de cette fille, qui, pour avoir ses coudées franches et mieux cacher ses manœuvres, avait imaginé une série de tours qu'elle jouait en simulant elle-même une grande frayeur. C'est ainsi, par exemple, qu'elle attachait un verre ou une bouteille avec un crin de queue de cheval, que personne ne remarquait, et qu'elle faisait tomber cet objet à distance, de la manière la plus extraordinaire pour ceux qui n'étaient pas au courant de ses agissements.

Mais, ajoute-t-il, malgré cette explication, la croyance

était tellement enracinée que les bonnes gens continuèrent à avoir la ferme conviction qu'il s'était passé des
choses surnaturelles.

Dans le nord de l'Angleterre il y a un esprit qui
habite spécialement dans les moulins, et qu'on appelle
Kill-Moulies. Il est serviable pour le meunier, connaît
l'avenir, de sorte qu'il pleure à l'avance quand quelque
malheur menace les gens du moulin. Il s'en va chercher la sage-femme lorsque la meunière est en mal
d'enfant. On dit qu'il n'a pas de bouche, mais néamoins
il paraît que de temps en temps il mord volontiers dans
la viande de cochon qu'on prépare pour le dîner.
(*Brueyre*, p. 244)

Dans certains châteaux ruinés des frontières d'Ecosse
il y a des esprits qu'on appelle : Red cap, bonnet rouge
ou red comb, peigne rouge, ou encore bloody cap,
bonnet sanglant. Ils ont la forme d'un petit vieillard
aux yeux de feu, aux grandes dents, aux doigts cro-
chus, avec des bottes de fer, un bâton pointu à la main,
et un bonnet rouge sur la tête. Ces esprits sont malfaisants, ils redoutent le signe de la croix, ce qui leur
donne assurément une parenté avec le diable.

En Ecosse, nous retrouvons sous le nom de Cluricaune
une variété d'esprit de la maison qui se rattache à la
catégorie que nous étudions actuellement. Le Cluricaune d'Ecosse est parfois, aussi, un vieux savetier riche
et avare qui habite les endroits les plus reculés de la
maison, et qu'il est difficile de voir, plus difficile encore
de saisir; chose très désirable, cependant, car si on peut
y parvenir, et si on ne le laisse pas échapper, on

peut obtenir de l'argent de lui. (C'est l'image de la fortune saisie par les cheveux).

Le cluricaune d'Ecosse se présente sous un autre jour quelquefois; il est capable, alors, de rendre de grands services lorsqu'on lui a fait plaisir. En voici une preuve manifeste pour ceux qui croient à la réalité des histoires émouvantes des bonnes femmes.

Un fermier écossais était un jour dans les champs, quand il fut accosté par un petit vieillard monté sur un cheval blanc, et habillé de vert, qui se plaignit de la direction d'un égout qui l'incommodait. Le fermier comprit, en causant, qu'il avait affaire à un esprit qui habitait sous sa maison; il promit de faire changer l'égout de place, ce qu'il se hâta d'accomplir. Il n'eut plus des nouvelles de l'esprit, mais quelques années après, ayant eu le malheur de tuer un homme, il fût emprisonné, jugé et condamné à mort. Au moment de l'exécution, le petit vieillard monté sur le même cheval blanc, fendit la foule, délivra le prisonnier, et l'emporta on ne sait où, car on ne l'a plus vu. (BRUEYRE 243.)

Nous retrouvons en Irlande l'idée du léprechaune semblable à celle du cluricaune d'Ecosse ; l'histoire suivante va nous le prouver. Une jeune fermière était assise dans son jardin, dans un canton reculé d'Irlande, lorsqu'elle entendit du bruit dans un tas de fagots placé derrière sa maison. — Elle alla voir ce que c'était, et aperçut un léprechaune sous forme d'un petit vieillard vêtu de vert qui raccomodait un petit soulier. Sachant par ouï dire que ces sortes de gens sont riches, elle le saisit et lui demanda de l'argent ; il répondit qu'il n'en

avait pas; elle insista, et, tirant un couteau de sa poche
elle le menaça de lui couper le nez, de sorte que le petit
vieillard se rendit et lui dit : « Venez avec moi, je vous
donnerai ce que je possède. » La voilà marchant avec
lui, le tenant étroitement serré avec sa main, lorsqu'elle
entend des bourdonnements intenses. — Tiens ! s'écria
le vieillard, voilà vos abeilles qui essaiment, et vont s'en
aller dans la forêt. » La fermière crédule tourna la
tête pour voir si c'était vrai ; mais pendant ce temps, le
petit vieillard s'échappa et disparut sans qu'elle ait pu
jamais le revoir.

En Irlande, il y a une variété d'esprits qu'on appelle
les *fire darig* ou hommes rouges. Ces êtres ont pour
caractéristique d'être vêtus de rouge et d'avoir une
voix qui imite tantôt le bruit des vagues, tantôt le
chant des anges, tantôt le gazouillement des oiseaux.
En hiver, quand il fait mauvais temps, et que la famille
est groupée autour du foyer, le fire darig frappe parfois à la porte; si on va lui ouvrir, vient se chauffer
tranquillement en fumant sa pipe auprès du feu, puis
s'en retourne le lendemain matin sans faire aucun mal.
Mais si on refuse de lui ouvrir, il arrive souvent qu'il
survient dans l'année un malheur aux bêtes ou aux
gens de la maison.

Le fire darig d'Irlande gourmande souvent les
paysans qui rentrent gris le soir; pendant qu'ils passent
dans la lande, il s'amuse à les tracasser et les égarer
jusqu'à ce qu'ils tombent de lassitude, et dorment à la
belle étoile jusqu'au matin, avec des cauchemars, et
mouillés jusqu'aux os.

VII

L'ESPRIT DE LA MAISON SE RATTACHANT AU SURNATUREL BIENVEILLANT

Nous arrivons enfin à la catégorie d'esprits de la maison qui se rattachent à la pensée du surnaturel bienveillant ; génie plus ou moins capable de protéger les membres de la famille, si on a soin de se le rendre favorable, par des vœux, des offrandes et des attentions pieuses. Nous avons vu déjà, sommairement, que la croyance se rencontre en maints endroits divers : dans les Alpes, le Lyonnais, le Jura, les Vosges même l'idée de l'ange gardien qui accompagne les individus est très répandue. — D. Monnier, dans son livre si intéressant sur les traditions comparées, nous en fournit un exemple qui ne laisse aucun doute (Ch. II. p. 7.)

Dans les vallées des Pyrénées il y a une manifestation de la croyance à l'esprit de la maison qui ressemble d'une manière frappante à celle des *Armettos* de la Provence. On parle dans ces vallées des *Hadas* ou *Blanquettos*, c'est-à-dire d'esprits qui ont surtout la forme féminine, et qui sont bienveillants ou nuisibles suivant l'accueil qu'on leur fait. Ces esprits viennent visiter les maisons pendant la nuit qui précède le jour de l'an, ils ont à la main droite un enfant couronné de fleurs, indice de la joie, et à la main gauche un enfant qui pleure, indice de la douleur. Dans chaque ferme, et dans chaque maison des villages, on prépare, cette nuit-là, une chambre pour recevoir les *Blanquettos* ; elle doit être bien propre et isolée, afin que ces esprits ne soient pas dérangés pendant leur séjour. On sert un repas composé de pain et de vin sur la table de cette chambre, afin qu'elles puissent manger et boire. Le lendemain matin, on va dans cette chambre en cérémonie, et le chef de famille distribue à chacun le pain et le vin qui est censé avoir été goûté par les *Blanquettos*.

Si maintenant nous sortons de la France, nous constatons que dans les autres pays soit de l'Est, soit de l'Ouest, soit du Nord, soit du Sud de l'Europe la croyance à cette catégorie d'esprits de la maison, se rencontre avec plus ou moins d'intensité et de précision ; ajoutons même qu'en comparant les faits, nous voyons que notre patrie n'est pas le lieu ou cette crédulité est la plus accentuée ; peut-être au contraire, sommes-nous aux derniers rangs sous ce rapport. Dans toute l'Italie par exemple, on croit à ces esprits, comme nous avons vu qu'on y croyait en Provence. Bien plus, dans l'ancien royaume de Naples, en particulier ; en outre de l'esprit que nous connaissons, il y a l'Aïda, la Caïa, l'Ambriana, qui se présente sous la forme d'une femme blanche aux allures bienveillantes, aimant spécialement les enfants. Quand la nourrice s'endort, Caïa continue à bercer le nourrisson afin qu'il ne pleure pas ; elle s'occupe de lui pour éviter qu'il ne lui arrive malheur. L'Aïa décèle généralement sa présence par quelque bruit insolite. — Un meuble, une boiserie, une porte qui crie sans raison apparente sont considérées comme la manifestation de sa présence. — L'Aïa annonce les événements heureux et malheureux dans la famille, par des bruits ou même des apparitions. Cette croyance remonte à l'antiquité en Italie, car Virgile en parlait déjà.

Si nous poussions plus loin vers le S.-E. de l'Europe, nous trouverions que la contrée ne fait pas exception sous le rapport de la croyance aux esprits de la maison de n'importe la quelle des trois catégories que nous avons spécifiées. Dans les régions qui vont depuis la mer Adriatique, jusqu'à la mer Noire et depuis le Danube jusqu'aux îles de l'Archipel, on entend parler d'eux dans les campagnes et les villages. Dans ces pays, on constate tantôt la croyance à l'état de pureté, si je puis m'exprimer ainsi, c'est-à-dire que ces esprits ont les attributs ordinaires de servant de la maison et de l'étable; tantôt, au contraire, ce sont des caractères transitionnnels ou manifestement accusés de surnaturel soit bon, soit méchant, qui lui sont prêtés. Parfois, ce sont des esprits qui hantent aussi les mines. Dans quelques endroits ce sont des esprits qui se voient alternativement dans la maison et dans les champs voisins. Plus loin ils se confondent avec les fantômes. Dans certains cas ils ont une parenté avec le démon, ou bien avec les bons anges. Qu'il nous suffise de dire, entre mille exemples que, dans le château de Rosemberg, en Hongrie, une dame blanche habite auprès de la famille et cumule les fonctions : de l'Aïa italienne, de l'esprit qui annonce les événements, et de celui qui punit les domestiques fautifs.

La dame du château de Rosemberg. — Dans ce

château, la dame blanche nous fournit un élément d'appréciation sur sa nature. En effet, on raconte qu'une nourrice s'étant endormie, aperçut en se réveillant que la dame blanche avait continué à bercer le nourrisson. Effrayée et inquiète de l'apparition, parce qu'elle croyait avoir affaire à un esprit malfaisant, cette nourrice se signa et lui dit : « Allez vous en au loin, laissez nous tranquilles pour l'amour de Dieu. » Mais sans s'émouvoir la dame blanche lui répondit : « J'ai le droit de rester ici, car je suis l'aïeule de ce nourrisson ; et par conséquent lui touche de plus près que vous qui n'êtes qu'une mercenaire. »

Le lecteur a pu voir déjà dans ce que j'ai dit jusqu'ici, que cette transition se rencontre : soit dans les pays où l'on croit aux esprits des mines soit dans ceux où l'on connaît le fire-darig car ces esprits habitent autant les champs ou mieux les endroits écartés de la maison. Les ouriks, les spriggans d'Ecosse dont j'aurai à parler dans un autre chapitre appartiennent aussi à cette catégorie ; et je me bornerai à rappeler, pour le moment, que dans le nord de l'Angleterre, et en Ecosse comme en Irlande, il y a un esprit qui s'occupe du rouet, et qui s'y rattache certainement. Cet esprit se présente sous des formes diverses ; souvent c'est simplement l'esprit familier ordinaire qui s'occupe de l'instrument, soit pour aider la fileuse soit, le plus souvent, pour la taquiner. D'autres fois il prend un autre caractère, l'anecdote suivante va en donner la preuve.

Les dames fileuses. — Il y avait une fois, en Ecosse, un riche gentleman qui épousa une charmante jeune fille, dont la vie eût été très heureuse si son mari n'avait exigé d'elle qu'elle filât douze poignées de chanvre par jour. La pauvre femme ne pouvait suffire à la tâche et se désespérait. Un jour que le mari était en voyage, elle était dans un champ à se lamenter, assise sur une large pierre, lorsqu'elle entendit une douce musique qui semblait venir de dessous cette pierre. Elle se mit à regarder, vit qu'en soulevant la pierre on pouvait entrer dans une grotte; et dans cette grotte étaient six petites dames vêtues de vert qui filaient au rouet, en chantant gaiement. Ces petites dames étaient charmantes mais, chose curieuse, elles avaient la bouche de travers très disgracieusement. Elles accueillirent la jeune femme avec aimabilité, et lui demandèrent pourquoi elle pleurait. A sa réponse, elles lui dirent: Ne vous inquiétez pas, nous irons dîner chez vous, le jour où votre mari reviendra, et nous vous assurons qu'il ne voudra plus que vous filiez. Le jour où le mari arriva, on vit un joli carrosse amener les six jolies petites dames vêtues d'une manière charmante, le mari fut enchanté de leur compagnie, mais à la fin du dîner il leur dit : pourquoi donc, mesdames, vous, qui êtes si jolies par ailleurs, avez-vous toutes la bouche de travers de la même manière ? — C'est parceque nous filons beaucoup, répondirent-elles ingénuement. — Ah! reprit le mari, qu'on se hâte de jeter le rouet de ma femme au feu. Je lui défens de filer, ne serait-ce qu'une minute, désormais. (Brueyre. 245)

Nous nous trouvons là, on le voit, en présence d'une transition entre l'esprit de la maison et l'esprit des champs, transition que l'on trouve dans une infinité de cas, et dont j'aurai à m'occuper dans un autre chapitre, comme je l'ai dit déjà.

VIII

LES CRÉDULITÉS DE L'ANTIQUITÉ

Si nous recherchons les traces de la croyance qui nous occupe dans le passé, nous constatons sans peine qu'elle se retrouve, aussi haut que nous y remontions, et avec les attributs différents que nous venons de spécifier. Ici encore on voit que ces esprits ont commencé par être des divinités, pour finir par le rôle bien modeste de serviteurs dévoués et empressés.

Nous avons, dans l'antiquité de l'Europe, quatre catégories de populations à étudier, sous le rapport qui nous occupe : les Grecs, les Romains, les Celtes à l'ouest du Rhin et au sud du Danube ; les barbares habitant l'est et le nord du Rhin et du Danube.

Les Romains avaient le culte des lares, des manes, des génies de la maison qui, dans quelques cas s'abaissaient jusqu'à rendre des services matériels d'ordre servile, mais qui, en général, exerçaient leur pouvoir protecteur à la manière divine, c'est-à-dire élevée. Ce culte des lares a été certainement une transformation du culte primitif des populations italiques.

Chez les Grecs, ce culte, quoique existant (Bergier, *Origine des Dieux*, T. 1er, p. 924.), avait moins d'importance ; le rôle des divinités domestiques ayant été éclipsé de très bonne heure par celui des grandes divinités.

Chez les barbares, soit de l'ouest, soit de l'est du Rhin, soit du sud, soit du nord du Danube, les esprits se présentaient au respect de la peuplade sous deux formes : les uns supérieurs et possédant les attributs élevés de la divinité, les autres rendant les services intimes et modestes du servant domestique que nous étudions ici. Chez ces barbares, cette dernière catégorie d'esprits était si bien spécifiée qu'on peut admettre : que c'est de chez eux que viennent les attributs de domesticité ; car nous les constatons exceptionnellement et rarement dans les lares et les génies familiers des Grecs et des Romains.

Dans les vieilles civilisations de l'Asie occidentale on trouve bon nombre de traces de la croyance aux esprits ; les dieux cabires, par exemple, encore si mal connus, ont bien des attributs qui les rattachent, à certains égards, à nos esprits familiers. On peut penser que là, comme ailleurs, il s'est fait une évolution religieuse qui a commencé à l'animisme primitif, pour aboutir à la donnée de l'esprit rendant les services intimes et modestes du domestique.

Dans la mythologie védique les esprits familiers entrent pour une large part dans le culte de la maison ; il faut leur offrir les offrandes et des sacrifices, car ils sont capables de bons et de mauvais sentiments ; par conséquent l'Inde méridionale ne fait pas exception à la règle générale.

Les races blanches mongoliques ou mongoloïdes de l'Asie avaient le culte des esprits familiers très développé. Ces esprits jouaient chez eux un rôle important pour la protection des individus, des maisonnées, des familles, des peuplades.

Rubruquis et Marco Polo qui ont parcouru l'Asie centrale pendant le treizième siècle, nous apprennent que de leur temps déjà, les Tartares croyaient fermement aux esprits familiers. Lorsqu'ils se réunissaient pour célébrer une fête, des réjouissances, ils commençaient leurs repas en jetant quelques gouttes de koumis sur le plancher ou sur le seuil de la hutte, pour faire hommage aux esprits familiers protecteurs des foyers et des troupeaux. Il est curieux, disons-le en passant, de rapprocher cette pratique de celle dont j'ai parlé précédemment, au sujet des miettes de Noël destinées aux *armettos*, et au sujet de la coutume des femmes de la campagne dans le Jura.

Terminons ce qui regarde le grand continent asiatique en disant : que les races primitives de la Malaisie et de l'Inde avaient la croyance aux esprits familiers, aux âmes des ancêtres, amis, des animaux domestiques et parfois, aussi, redoutables pour les humains; ils leur offraient des sacrifices pour se les rendre favorables.

Pour ce qui est de l'Afrique, nous indiquerons que les anciens Egyptiens avaient la croyance aux esprits familiers, poussée au plus haut point. Chez eux, comme chez les nègres de maintes localités de l'Afrique équatoriale actuelle, il y avait parmi ces esprits des catégories très diverses, les uns attachés aux individus, les autres aux maisons, d'autres aux villes, aux régions, etc.

Enfin, disons, pour terminer cette longue revue, que les anciens peuples de l'Amérique centrale, chez lesquels la religion tenait une si grande place, avaient leurs esprits de la maison dont le caractère était autant sanguinaire que les autres divinités du pays. Les Caraïbes avaient, eux aussi, la même croyance aux esprits familiers qu'ils appelaient : Chement ou Chamans, et auxquels ils faisaient des offrandes.

IX

PRINCIPAUX ATTRIBUTS DE L'ESPRIT DE LA MAISON

Maintenant que j'ai passé en revue les divers faits de la croyance aux esprits de la maison venus à ma connaissance; et que nous savons comment on les considère dans la superstition d'un assez grand nombre de pays, il nous faut chercher à déterminer, d'une manière synthétique, les principaux attributs de ces esprits. En les comparant, tout disparates et souvent même tout incompatibles qu'ils paraissent être, ces attributs peuvent fournir des indications utiles pour la détermina-

loin de l'idée primitive qui se rattache à la crédulité, ainsi que la constatation des diverses adjonctions qui sont venues s'y enter successivement — Ce travail ne manque pas d'être assez difficile, car il est évident qu'en maints endroits la crédulité publique a fait des confusions nombreuses, rattachant à l'esprit de la maison ce qui touche à celui des champs, des forêts, des eaux, de l'air, aux fantômes, etc., etc. Néanmoins, malgré les difficultés et les chances d'erreur qu'on rencontre à chaque pas, on peut, je crois, arriver à des approximations suffisantes pour fixer les idées, et permettre de se rendre compte de la donnée fondamentale.

Un des points les plus remarquables de la croyance à l'esprit de la maison, c'est que cet esprit se livre à un travail utile. Suivant les pays, il aide à la ménagère pour les travaux de la cuisine ou des appartements; il soigne les bêtes: chevaux, vaches, moutons. Dans quelques localités, il bat en grange, il vanne le blé ; en un mot, il rend des services incontestables au logis dans lequel il réside. A ce titre, malgré son caractère espiègle, quinteux et parfois même assez désagréable c'est un esprit de la classe des bienveillants, des sympathiques, de ceux, en un mot, qui concourent au bonheur du foyer.

Si nous comparons ce caractère avec ceux qui se rattachent aux *armettos*, aux *blanquettos* à la *caïa*, etc., etc., nous voyons que la donnée se rapproche de celle du génie protecteur; bien plus, la nature de ce génie apparaît d'une manière plus précise dans l'aventure du château de Rosemberg (page 89) où la dame blanche qui apparaît dit positivement qu'elle est l'âme de l'aïeule. D'ailleurs, dans une infinité de pays de la Russie d'Asie, de l'Inde, de la Chine, de l'Afrique tropicale, les attributs de l'esprit de la maison montrent les relations intimes avec l'idée de l'âme des ancêtres; de sorte que cette hypothèse se trouve vérifiée. Nous pouvons donc penser : que dans le passé plus ou moins reculé, cet esprit de la maison se confondit avec ce que les romains appelaient les dieux lares.

A l'appui de cette manière de voir, on peut invoquer l'importance que paraît avoir, dans la question de l'esprit de la maison, l'offrande alimentaire qu'on lui fait. L'idée de cette offrande n'est-elle pas remarquable dans les faits des armettos et des blanquettos? C'est là, tout à fait, les repas qu'on servait aux manes dans l'antiquité. Et, le but poursuivi par la ménagère qui jette, le lendemain, les miettes sur la terre du champ, pour avoir de bonnes récoltes, (page 10) vient bien corroborer l'idée religieuse qui domine la pratique.

Dans certains pays, l'offrande qu'on fait à l'esprit de la maison consiste en lait, crème, fromage, etc., etc. ; dans d'autres, c'est du vin, de la soupe, du pain, etc., etc, qu'on lui offre. La nature de cette offrande est, en somme, en relation avec la bromatologie de la contrée, de sorte que, bien que nous sachions que la croyance fut particulièrement en faveur chez les peuples pasteurs, nous n'oserions pas dire : que c'est chez eux qu'elle a pris naissance. Je crois au contraire, qu'elle est bien antérieure à la période pastorale. Quelle que soit d'ailleurs la nature de l'offrande, on ne peut s'empêcher de voir en elle, la réminiscence d'une pratique religieuse. J'invoquerai à l'appui de l'origine pieuse de cette offrande, l'importance qu'on lui attache dans un grand nombre de cas. En effet, on croit que l'esprit de la maison est bienveillant, tant qu'on lui fait cette offrande alimentaire, mais en revanche qu'il devient malveillant si on l'oublie, le trompe, ou lui nuit dans cet ordre d'idées. Sans doute, dans bien des cas, cette malveillance peut être mise sur le compte du caractère irascible d'un esprit qui a, par ailleurs, tant d'attributs humains, qu'on est porté à ne pas le considérer comme d'essence surnaturelle. Mais, néanmoins, il me semble que la pensée de piété qui se rattache à l'offrande s'affirme d'une manière suffisamment positive, par ailleurs, pour qu'il n'y ait pas de doute à conserver au sujet de sa nature.

Nous devons enregistrer, d'autre part, que dans certains cas, au lieu d'être bienveillant, l'esprit de la maison a été considéré comme appartenant à la catégorie des esprits malfaisants ; et cela, dans une limite plus ou moins grande. Le confesseur de la paysanne du plan de la Garde (page 2), sans spécifier la véritable nature de l'esprit dit qu'il faut l'éloigner. Dans d'autres circonstances, l'idée de l'esprit malin, du diable lui-même a été clairement formulée (la Saurimonde du Tarn, du Doubs (pages 77-78).

En Provence, où l'idée du sorcier, qu'on appelle la *masque*, est vivace et aussi profonde que générale, la crédulité populaire croit volontiers que l'esprit familier est de la même nature, et se confond avec cette masque. Dans le cas de l'esprit qui hantait la bastide du Faron près Toulon (page 6), le corps sans tête a des affinités avec les fantômes. En un mot, suivant le pays, la donnée varie, et reflète le courant des croyances en faveur.

Je rapprocherai des caractères dont je viens de parler un fait que l'on retrouve dans un certain nombre d'aventures relatives à l'esprit de la maison : c'est sa disparition aussitôt qu'on lui a fait un cadeau, le vêtement chaud pour l'hiver, etc. Cette disparition, au moment même où on lui témoigne de la reconnaissance, lui donne une apparence d'ingratitude qu'on s'explique difficilement. Si j'osais formuler une hypothèse, je dirais: que c'est là l'idée de l'offrande propitiatoire qui a perdu de sa signification dans l'esprit des populations de certaines localités, et qui, pour cette raison, a subi des transformations inattendues, bizarres même. On savait vaguement qu'il fallait donner quelque chose à l'esprit utile à la maison, pour lui être agréable. Ne sachant plus exactement ce que c'était que cet esprit, et se basant sur ce qu'on le disait : petit de taille, zélé au travail, on en a inféré qu'il était pauvre ; de là à penser qu'il avait froid pendant l'hiver, il n'y a pas loin, et on s'est figuré qu'il était nu ou au moins manquait d'habits. Puis, par une tendance naturelle, on le voit content lorsqu'il trouve un vêtement bien chaud ; il se gaudit, et fait fête, car la fête c'est le repos pour les pauvres gens ; voilà donc l'esprit qui ne travaille pas. Ne travaillant pas, il n'a plus sa raison d'être dans la maison, et l'imagination lui fait alors quitter le foyer.

Puisque nous avons parlé tantôt du travail matériel

que fait l'esprit de la maison, nous avons besoin, avant
de passer à d'autres caractères, de nous arrêter un
instant sur quelques détails qui le touchent, et qui
pourront nous servir, ultérieurement, pour expliquer
d'une manière toute prosaïque, et toute naturelle ce
que les crédules superstitieux considèrent souvent
comme appartenant au domaine du merveilleux. Le
plus souvent, l'esprit de la maison, prend les intérêts du
propriétaire; il ne dérobe en fait de provisions que ce
qu'il faut pour sa modeste subsistance; mais dans certains cas il a fait disparaître certains objets, soit par
exemple en enlevant du grain d'une étable pour le
porter chez le voisin, soit en enlevant ce grain pour
l'emporter on ne sait où. Nous en avons un exemple dans
l'aventure des esprits de Barcelonnette qui, entre parenthèse, se tinrent pour avertis par un coup de fusil. Un
autre exemple typique pour des gens qui ne veulent pas
croire trop complaisamment aux aventures merveilleuses, c'est celui du follet du village de Renedal dans le
Doubs qui dérobait du fourrage et du grain dans une
maison voisine, et qui changea d'allures sous l'influence
d'une volée de coups de bâton que lui administra celui
qui était victime de ses larcins. Pour des gens, qui aime-
raient moins que les paysans superstitieux, à rapporter
les événements à des causes extraordinaires et surnaturelles, il y aurait dans le détail de la disparition des provisions de bouche des hommes ou des animaux, quelque
chose qui pourrait mettre sur la voie de l'explication.
Ne semble-t-il pas, en effet, rationnel de penser : que
quelque aigrefin du voisinage a exploité la crédulité,

pour dérober, sans crainte d'être puni, des substances
dont il a su tirer, ensuite, un profit réel.

L'esprit familier a souvent, au dire de la crédulité
publique, une prédilection pour une des bêtes de l'écurie qui est plus grasse, plus propre, mieux portante que
les autres. Quelquefois, au contraire, on a mis sur son
compte le dépérissement, incompréhensible pour le
paysan, d'un animal qui paraissait en excellente santé.
C'est, par exemple : une vache qui donnait beaucoup de
lait et qui maigrit, voit sa sécrétion se tarir, et même
meurt, si on tarde de l'envoyer à la boucherie. Ou bien,
c'est un cheval qui avait toutes les apparences de la
santé, et qui, tout à coup, est atteint par une maladie
qui l'emporte. Ce sont là, en réalité, des faits naturels
expliqués, par les ignorants superstitieux, d'une manière surnaturelle.

Nous devons nous occuper, maintenant, de l'aspect
extérieur prêté à l'esprit de la maison par l'imagination crédule du populaire. Cet aspect extérieur diffère
notablement suivant les pays ; il a souvent un vague et
même des incomptabilités assez difficiles à mettre en
ordre pour une description uniforme. Dans quelques
circonstances, sa taille ne présente rien de bien remarquable ; l'esprit de la maison paraît avoir eu les apparences d'un garçon de ferme, ni plus ni moins. Quelque
fois, il a paru être : un individu quelque peu malingre,
vieillot, pâli, taciturne, comme dans le cas, où le paysan
du hameau de Mouan, le vit se balancer sur la porte d'une
écurie. Dans ce fait, à l'exception du bonnet rouge qui
le singularisait, il eût pu passer pour un domestique

de la maison, ni plus ni moins. Dans d'autres circonstance l'esprit de la maison, comme d'ailleurs les esprits
des champs, ceux de l'air, de l'eau, etc., etc. a paru
être de taille exigue. Une fois lancée sur cette pente
l'imagination est allée, comme de coutume, jusqu'à l'excès. C'est au point que les armettos, par exemple, sont
invisibles ; que dans d'autres cas, c'est à peine si on peut
voir ces esprits, sous la forme d'un nain humain, d'un
animal de petite taille, d'un oiseau, d'un insecte, d'une
petite flamme, d'un feu follet, etc., etc.

Peut-être que cette petite taille a été attribuée dans
beaucoup de pays à l'esprit de la maison, pour expliquer
sa présence, dans les cas où les investigations les plus minutieuses ne l'avaient pas fait découvrir ; pour expliquer
comment il avait pu produire ces petits cris, ces bruis-
sements, ces mouvements minimes qu'on entend parfois dans les granges, dans les étables, dans les maisons,
lorsqu'un meuble crie ou qu'un rideau est agité par un
courant d'air. Dans d'autres pays, l'idée de l'exiguïté de
la taille est venue : de celle qu'on se faisait sur l'état de
l'âme des ancêtres et des morts en général. — Il y a encore une autre hypothèse à signaler : c'est celle que Vec-
kensted (Zeitschrift far Volksund 1889), que Ritchie
(Journ. àfthe Gipsy-lore society 1890), Van Elven (Société
archéologique de Namur 1890), H. Carnoy (tradition 1890)
ont cherché à faire admettre. Je veux parler de l'existence en Europe, à une époque anté-historique très reculée, d'une race d'hommes réellement très petits, dont
le souvenir se serait obscurci au point d'arriver à être
du domaine des improbabilités de la légende. J'aurai à

revenir sur ce point en m'occupant des esprits des champs, de sorte que je puis ne pas m'y arrêter d'avantage, en ce moment.

Le bonnet rouge qu'on prête parfois à l'esprit, a quelque chose de bizarre ; mais on est bien plus étonné encore, en apprenant que parfois il a, non seulement le bonnet, mais son habit tout entier de cette couleur. D'autrefois, au contraire, on signale la couleur verte pour sa coiffure et ses vêtements. Comment expliquerons-nous ces particularités de couleurs? Je ne serais pas éloigné de penser que la couleur rouge est en rapport avec l'idée qu'on s'est faite, parfois, de sa nature diabolique ou démoniaque, tandis que la couleur verte est en relation avec l'analogie qu'on a établie, en certains pays, entre l'esprit des champs et celui de la maison. Si je ne me trompe, ce sont des caractères qui avaient assez peu d'importance, pour que leur essence, ait échappé à l'esprit des crédules. La forme a étouffé le fond, qu'on me passe le mot, et la tradition en est arrivée à reproduire des caractères dont l'intelligence ou la réflexion ne fournissaient plus la signification précise.

Il est deux attributs de l'esprit de la maison qui sont assez souvent signalés, pour justifier un examen attentionné. C'est, d'une part, son caractère quinteux, irascible, vindicatif, capricieux ; d'autre part, ses allures vis-à-vis des femmes ou des filles de la maison.

Nous savons que l'esprit de la maison s'occupe volontiers des animaux, de l'écurie. Or, parfois, ces animaux sont l'objet de ses plaisanteries. Ici, c'est un cheval

qui avait été proprement étrillé, quelques instants
avant, et qu'on trouve couvert de poussière ou de crottin, au moment de l'atteler. Là, c'est un cheval qu'on
avait harnaché avec soin, et dont le harnais se trouve
dérangé.

Dans certains cas, aussi, on donne comme preuve de son
goût pour la contradiction, le fait de la porte de l'écurie
qui avait été bien fermée le soir et qui est retrouvée
ouverte le lendemain matin; ou bien celui des bêtes de
somme qui étaient attachées à leur crèche et qu'on voit
aller à l'abreuvoir toutes seules, au risque de s'échapper.
Nous avons vu, enfin, en vingt endroits: que l'esprit, qui
était bienveillant, s'est tout-à-coup mis à bouder pour la
moindre chose. Si on l'a contrarié, même sans le vouloir, il dérange et même casse les objets de la vaisselle, si on a oublié de lui rendre l'hommage habituel,
il se fâche; si on a médit de lui, il va même jusqu'à
donner des coups, à tous ceux qui excitent sa colère.
Citons dans cet ordre d'idées, entre vingt autres
exemples, le fait dont on parle dans la Suisse Jurassienne, du fouletot qui attache les vaches sur la toiture
pour se venger du paysan, et qui les replace dans
l'écurie, pendant que le mystifié s'en va appeler ses
amis à l'aide; ce qui lui vaut une bonne volée de coups de
poings. Citons, aussi, celui de la femme de la ferme de Thurins, dont parle D. Monnier, qui trouve sa chèvre sur les
toits, alors qu'elle l'avait laissée dans l'écurie. Ce sont
évidemment des récits exagérés à plaisir, mais qui
néanmoins, peuvent servir à donner la caractéristique
de son humeur. Le fait du servant d'Hildersheim qui se

rendait utile dans la maison de mille manières, allumant le feu, fendant le bois, etc., etc., et qui étrangla un garçon de cuisine qui l'avait tracassé. — Celui du Chimmeke de Poméranie, qui était doux habituellement et qui coupa en petits morceaux, pour le saler comme du porc, un garçon de ferme qui l'avait ennuyé.

Quant aux sentiments de l'esprit pour les femmes ou les filles de la maison qu'il hante, ils ne sont ni moins remarquables, ni moins significatifs. Ces sentiments paraissent seulement affectueux dans quelques cas, où il reste un certain vague sur les détails. C'est ainsi qu'on dit sans penser à mal d'une servante ou d'une fermière dont l'ouvrage est bien fait : « Elle a un esprit familier à sa disposition. » La légende de Klopfer montre de son côté, la tendance de l'esprit de la maison à être aimable pour les servantes ; et si nous faisons la part du merveilleux que l'imagination s'est complue à y ajouter, nous voyons encore cette donnée d'un sentiment tendre de l'esprit vis-à-vis de la femme. Le Brownie d'Ecosse, qui va chercher la sage-femme, et qui cravache le garçon de ferme paresseux à son retour, peut être invoqué dans le sens du sentiment affectueux pour la femme, autant que dans celui du caractère irascible.

Mais le sentiment tendre s'accentue dans maintes circonstances. Nous avons vu qu'en Angleterre ils embrassent les filles. L'esprit qui prit la forme d'un apprenti pour s'introduire dans la maison du tisserand et nouer des relations avec sa femme, était mu par le même mobile ; le Trilby de Charles Nodier, celui qui

se brûla pour s'être assis sur un objet chauffé par le
mari, etc., etc., ne cherchaient rien moins qu'à faire
l'amour ; la chose est incontestable ; et même nous pouvons ajouter : que cet amour a toutes les ardeurs, car il
est jaloux, il est capricieux, il est despotique et même
perfide dans certains récits, ce qui montre bien que
l'amour des esprits ressemble en tous points à celui
des simples mortels. Le fait du Kobolde des provinces
baltiques qui aidait la servante tant quelle fut aimable
pour lui, et qui lui joua les plus mauvais tours à partir du moment où elle l'eut fâché, vient à l'appui de
cette opinion. La même conclusion ressort de l'examen
de l'aventure attribuée à l'Heinzchem. C'est toujours
une attraction sensuelle ; et l'épisode de l'apparition
terrifiante, réduite à ses proportions réelles, ne tend
peut-être à prouver ce détail : que l'individu qui jouait
ainsi le rôle d'esprit de la maison, et qui avait soin de
rester dans l'ombre de la nuit pendant ses relations avec
les servantes, ne se souciait pas d'être vu assez au jour, de
peur de perdre au yeux des crédules son apparence surnaturelle. D. Monnier nous parle, on s'en souvient, d'un
esprit qui aidait, dans le département du Doubs, une
servante du nom de Catherine et qui en était jaloux
au point qu'il lui joua le très mauvais tour de la compro-
mettre de réputation auprès de sa maîtresse (p. 22).

Je trouve, pour ma part, dans ces divers détails que
je viens d'énumérer, une indication précieuse pour la
détermination de la vraie nature de l'esprit de la maison dans certaines circonstances. D'ailleurs, les faits que
je rapporterai plus loin touchant l'esprit du village des

environs de Grasse, joints aux précédents, nous serviront aussi à fixer les idées sur ce point.

Dans un certain nombre d'histoires de ces esprits de la maison, nous voyons apparaître un détail assez curieux, je veux parler des petits pois, des lentilles et des haricots ou du millet dont il est question. Tantôt, c'est lui qui, pour ennuyer les habitants du logis, se venger, témoigner son mécontentement répand sur le sol la provision de graines qui était renfermée dans un sac; tantôt, au contraire, c'est en répandant ces graines qu'on l'ennuie au point de le faire déserter, parce qu'il trouve le travail trop long ou même qu'il ne peut l'accomplir, ayant les mains percées comme un crible, au dire des bonnes femmes. Nous sommes là, en présence de contradictions assez grandes pour nous autoriser à penser que cette donnée des petits pois, haricots, etc., etc., se rattache à une idée dont on a perdu la signification primitive, et que la crédulité publique répète, sans en apprécier la valeur, sous une forme devenue incompréhensible aujourd'hui.

Quoiqu'il en soit, nous voyons dans l'aventure du plan de la Garde (page 2), la tournure d'esprit des provençaux se complaisant à l'accentuation et à l'exagération des détails de ce qu'ils veulent souligner. En effet, la fermière qui veut se débarrasser de l'esprit, répand d'abord des haricots, puis des petits pois, enfin des lentilles, afin que son travail soit plus difficile et plus compliqué.

Il est d'autres points de détail touchant les attributs de l'esprit de la maison, sur lesquels nous ne nous arrêterons pas, et que nous ne ferons que signaler au courant de la plume, pour ne pas donner à notre étude une trop grande longueur. C'est ainsi, par exemple, que nous signalerons : que dans nombre de pays on trouve une manifestation des esprits familiers qui constitue la transition entre celui de la maison et celui des champs. Leurs caractères se ressentent naturellement de cette transition, les uns sont bons, les autres mauvais; il en est qui prédisent les événements, d'autres qui donnent des conseils. D'autres sont manifestement une transition entre l'esprit de la maison, celui des champs et des eaux. Quelques-uns tiennent autant à l'esprit familier qu'au fantôme. Les spriggans des Cornouailles sont manifestement la transition entre l'esprit de la maison et celui des champs. Le fire darig, d'Irlande, est évidement, aussi, une transition entre l'esprit de la maison et celui des champs, transition matinée, qu'on me passe le mot, de l'idée du diable, par la couleur rouge qui lui est attribuée. Même chose à dire pour les petites dames fileuses qui avaient la bouche de travers. Le cluricaune d'Ecosse et le lepréchaune d'Irlande m'ont tout à fait l'air d'être des adjonctions imposées à l'esprit de la maison par le rapprochement d'idées assez dissemblables. Il semble ressortir de l'analyse de certains faits, par exemple, de celui de l'esprit qui était à la cour de l'évêque d'Hildesheim que la donnée de l'esprit de la maison s'est confondue, à un moment donné, pour quelques crédules, avec celle du nain, du bouffon, du fou, qui a tenu une si grande place dans les amusements du moyen-âge et de la renaissance.

Enfin, terminons ce qui a trait aux caractères de l'esprit de la maison, en disant que, dans quelques cas, son intelligence est signalée comme assez bornée. Celui qui se brûlait et disait à ses compagnons : « C'est moi-même qui me brûle » (page 26) en est un exemple. Par ailleurs le bruit des grelots qui le fait rire, montre les attributs enfantins, d'une intelligence peu développée, ou en retard.

X

DONNÉE DE L'ANGE GARDIEN

L'idée de l'ange gardien qui accompagne l'homme pendant toute sa vie, est assez intéressante pour mériter de nous arrêter un moment. — Il est probable qu'elle remonte à la plus haute antiquité, et qu'elle a passé par une longue série de transformations, pour arriver aux linéaments que nous trouvons en Provence, de nos jours. Peut-être a-t-elle été le résultat du classement des attributs des divers esprits, les uns bons, les autres méchants, que les hommes ont admis jadis. Elle fut probablement une des premières créations du clergé des religions anté-historiques, car dans les époques les plus anciennes des peuples asiatiques, nous trouvons cette idée bien définie : que le monde flotte comme un jouet ou une proie disputée perpétuellement entre Oromase, le bon principe, et Arimane, le mauvais.

Chez les Chaldéens, les Perses, les Assyriens, la donnée des deux principes : le bon et le mauvais, dominait la religion et la croyance populaire, et d'ailleurs, dans tous les peuples asiatiques de l'antiquité, cette donnée avait un cours général qui, d'ailleurs, s'est prolongé jusqu'à nos jours, malgré les diverses religions qui se sont superposées et succédées dans les nombreuses peuplades de cet immense pays. — Les Hébreux ne faisaient pas exception à la règle générale ; nous en avons une preuve absolument convaincante dans l'ange qui conduit le fils de Tobie à travers mille dangers ; il serait facile d'en citer un grand nombre d'autres.

De l'Asie, la croyance passa vraisemblablement en Grèce, soit avec les Pelasges, soit avec les Hellènes, et elle s'y maintint pendant toute la vie antique. Le démon de Socrate, les crédulités de Platon à ce sujet, nous le montrent ; il faut ajouter que c'est en vain que d'autres croyances sont venues s'implanter dans ce pays, car de nos jours encore, nous voyons les grecs contemporains croire fermement aux bons et aux mauvais génies, au bon ange et au démon tentateur.

En Europe, les mêmes crédulités se retrouvent aussi vives et aussi générales.

Chez les Etrusques, la croyance aux bons et aux mauvais génies existait, nous le savons d'une manière certaine par les images qu'on trouve sur certains vases de poterie, et dans certaines peintures murales qui nous viennent de ce peuple. Le bon génie a l'aspect d'un aimable jeune homme aux ailes blanches et au corps de couleur claire ; tandis que le mauvais a une face

rébarbative, des cornes, des ailes noires et son corps
de couleur sombre.

Les Romains étaient bien placés pour hériter des
crédulités étrusques. Aussi, voyons-nous la croyance
aux bons et aux mauvais génies être très solidement
et très largement répandue chez eux ; nous en avons
nombre d'exemples, celui de Brutus, s'entretenant avec
son mauvais génie, est un des plus célèbres.

Chez les peuples d'origine finnoise qui, comme les
autres, ont la croyance aux esprits, on trouve un bon ange
qui accompagne et protège les individus. Cette idée est
tellement enracinée, qu'il n'est pas possible de douter
qu'elle ne soit une des bases de la croyance au surnaturel ;
nous pouvons ajouter que chez les peuples germaniques
il n'en fut pas autrement dans l'antiquité, sans compter
que de nos jours elle est encore très vivace.

Chez les kymro-galls qui ont occupé le sol de notre
pays de France depuis une époque très reculée,
la croyance aux bons et aux mauvais esprits était si
générale et si vivace, que les divers cultes du pays,
depuis le druidisme jusqu'au christianisme, ont été
obligés de compter avec lui, soit qu'on le recherche
dans les régions où la population est venue du N.-E. et
de l'E., soit qu'on l'étudie dans celles qui ont été peu-
plées par des émigrations du S. O. ou du S.-E.

Chez tous les peuples africains, mêmes les plus arriérés, nous trouvons la croyance aux esprits protecteurs
des individus, plus ou moin développée, il est vrai, mais
générale ; de sorte que de ce côté là encore, nous voyons
qu'elle a fait son chemin dans le monde.

Pour conclure, disons donc, d'un mot : que la croyance
à l'esprit bienveillant, *au bon ange*, pour nous servir
du terme familier, est répandue dans toute la terre, et
paraît y exister depuis les temps les plus reculés. Par
conséquent, lorsque les provençaux disent : *Bounjour
Moussu* ; *la Coumpagnio*, ils évoquent, inconsciemment, une des plus antiques crédulités de l'humanité.

XI

ORIGINE DE LA CRÉDULITÉ

Il résulte de tout ce que j'ai dit jusqu'ici, que : lorsqu'on
jette un coup d'œil d'ensemble sur la croyance aux esprits familiers de la maison, on s'aperçoit tout d'abord
qu'elle existe de nos jours encore d'une manière
très remarquable dans la presque généralité des pays,
et avec une intensité qui ne saurait être méconnue.

Je n'insiste pas sur le vague et même sur l'incohérence que nous rencontrons à chaque pas dans l'étude
des attributs de ces esprits; il faut se résoudre, lorsqu'on
s'occupe des superstitions et des survivances populaires,
à trouver ces imperfections inhérentes au sujet lui-
même. Mais, si nous envisageons la question à un autre
point de vue, nous pouvons reconnaître : que si cette
croyance est atténuée, quoique non disparue encore,
dans les pays où la civilisation et le progrès sont les
plus avancés, elle est de plus en plus accentuée à mesure qu'on l'examine dans les peuples plus arriérés.
On peut, sans grande difficulté, constater : qu'elle est

générale, dans l'espèce humaine avec des variations du plus au moins, seulement.

En examinant les divers attributs que la crédulité publique a prêté à l'esprit de la maison, en évoquant ce que l'histoire de l'évolution de l'intelligence humaine enseigne, on arrive à penser : que la donnée primitive qui a servi de base à cet échafaudage extraordinaire d'improbabilités et d'invraisemblances réside dans ce qu'on a appelé : l'*animisme* de nos ancêtres anté-historiques.

Pour constater la valeur de cette hypothèse, il faut se remémorer l'état dans lequel se trouvait l'homme à l'aurore même de la société. Aussi, j'ai besoin de m'arrêter un instant sur ce point, pour présenter au lecteur les éléments nécessaires à son opinion.

Lorsque l'homme commença à ébaucher ses premières pensées, comme l'enfant bégaie ses premières paroles, c'est-à-dire il y a environ deux cent quarante mille ans, si les calculs des ethnographes sont exacts, les phénomènes objectifs et subjectifs frappèrent vivement sa raison naissante. Comme les enfants, il ne savait pas faire la distinction entre le naturel et le surnaturel, entre les êtres animés et les choses inanimées : Il était, précisément à cause de cet état de son esprit, plus facilement influencé par le rêve et par les illusions sensorielles. Enfin, de même qu'il se sentait lui-même vivant, sollicité par des besoins, mu et agité par des passions, il croyait, comme les enfants et les sauvages de nos jours, que tout autour de lui, les bêtes comme les choses ; la terre comme

l'eau, le ciel et les grands phénomènes de la nature,
était vivant, avait ses besoins, était accessible à ses
passions. Ce qu'on a appellé l'*animisme* se trouva
créé ainsi *ipso facto*, animisme auquel les animaux
eux-mêmes croient très bien. Le cheval, le chien qui
ont peur d'un arbre, d'un bruit, d'un éclair de lumière,
agissent en vertu de cette croyance à l'animisme dont
nous parlons ici.

- Sous cette influence, le monde entier fut peuplé par
des esprits qui pouvaient à certains moments revêtir la
forme humaine, en tout ou en partie ; la maison, la
terre, l'eau, l'air, tout, enfin, posséda quelque chose qui
lui ressemblait plus ou moins, et avec lequel il pensa
être plus ou moins directement en relations, soit constamment, soit d'une manière intermittente.

- Disons en passant, et à titre de digression : que cet
animisme fut la cause initiale de la religiosité, qui
devait prendre une place si importante dans l'histoire
de l'humanité. En effet, de l'idée que tout, autour de
l'homme, était animé, il en découla naturellement pour
lui la pensée de craindre et de respecter ce qui était
plus fort que lui ; de solliciter, prier, supplier ce qui
pouvait lui nuire ou lui aider. La voie se trouva ainsi
ouverte ; et dans la suite des temps, le sillon commencé
devait être continué, en subissant, au fur et à mesure,
les modifications que nécessitaient les événements, et
surtout les progrès de la raison humaine.

Faible, isolé, menacé même, partout et toujours, dans
le cours de sa vie de tous les jours ; car la faim, la
douleur, la maladie, le froid, le chaud, la sécheresse,

l'humidité, la pluie, le vent, le soleil, les animaux, les végétaux, la terre, l'eau, le feu, étaient autant d'ennemis qui l'assaillaient dans son dénument; il était obligé de compter avec tout. Or, prêtant, comme nous venons de le dire, une âme et une volonté à tout ce qui l'entourait, il s'adressait à ces choses, comme à un de ces semblables plus fort que lui, soit pour le supplier, soit pour le combattre ; en d'autres termes, pour être aidé ou ne pas être persécuté.

On comprend, ainsi, cette grande variété des esprits que l'homme admit aveuglément ; ajoutons que la prière qu'il imagina pour solliciter ou combattre les puissances amies ou hostiles — surtout hostiles, car la divinité a eu surtout les attributs de la méchanceté pour les premiers hommes, — dont il croyait être entouré, le porta à accroître encore la variété de ces esprits : en lui suggérant l'idée des fétiches gris-gris, amulettes, manitous, idoles, lieux consacrés, symboles, etc., etc., qui firent peu à peu partie de l'arsenal de sa religiosité.

Dans les conditions ou il se trouva, on comprend que l'esprit de la maison, — et par maison il faut entendre l'habitation, toute grossière et imparfaite qu'elle a dû être dans les premiers temps, — l'esprit de la maison, dis-je, fut en général le moins malveillant, relativement.

En effet, d'une part, c'est dans l'habitation, antre, réduit, nid, repaire, citadelle, qu'il se sentait le mieux défendu contre les ennemis de toute sorte du dehors. D'autre part, c'est dans cette habitation qu'il avait fait l'apprentissage de la sollicitude maternelle; enfin, c'est

encore dans cette habitation que, par un sentiment
pieux d'affection et de reconnaissance, il avait assez
souvent enseveli le corps de ses parents et de ses pro-
ches; de sorte qu'à tous ces titres, l'esprit de la maison,
confondu avec celui des ancêtres, des amis, etc., etc.,
revêtit fréquemment une forme relativement sympa-
thique, ou tout au moins facilement disposée à la bienveillance, en retour des prières et des offrandes qui lui
étaient consacrées.

Cette particularité : que la coutume d'ensevelir les
corps des ancêtres dans le lieu d'habitation des descendants, a réagi sur les attributs prêtés à l'esprit de la
maison, est une chose assez importante dans la question
qui nous occupe ici, pour que nous nous y arrêtions un
instant. En effet, si nous cherchons à savoir ce que pensaient nos premiers parents, pour ce qui touche à la vie
et à la mort, nous pouvons nous le représenter très
bien par ce qu'a dit à cet égard Fustel de Coulanges :
« Si haut que l'on remonte dans l'histoire de la race
dite européenne, dont les populations grecques et italiennes sont des branches, on voit que cette race n'a
jamais pensé qu'après cette courte vie tout fut fini pour
l'homme. Les plus anciennes générations, bien avant
qu'il y eût des philosophes, ont cru à une seconde
existence après celle-ci. Elles ont envisagé la mort,
non comme une dissolution de l'être, mais comme un
simple changement de vie. » (FUSTEL DE COULANGES.
Cité Antique, p. 7).

Il résulte de cette pensée fondamentale, que l'homme
primitif crut : que les ancêtres enterrés dans l'endroit où

continuaient à vivre les descendants restaient au milieu
de la famille, et continuaient après la mort leur rôle de
protection, à certaines conditions d'affection, d'attention,
d'offrande, etc., etc. On comprend que bientôt, le culte
des lares se créa, alors, et prit une importance de plus
en plus grande ; d'autant, qu'avec le temps, une multitude d'adjonctions vinrent s'enter sur la donnée
initiale, et la rendre plus puissante encore, par le fait
même de ce qu'elles lui ajoutaient de nouveau.

Tout d'abord, l'idée de l'esprit de la maison, pure et
simple, idée de quelque chose de relativement bon, de
souvent bienveillant, de protecteur, même, quand on a
soin de lui adresser des offrandes, se présenta à la pensée.
Puis, par le fait que : dans certains endroits, le corps
des parents morts était conservé dans l'habitation,
l'idée qui devait plus tard aboutir à l'invention des
dieux lares, germa.

Voilà, en somme, si je ne me trompe, l'opinion qu'on
peut se faire touchant l'idée primitive qui a présidé à la
conception de ces divers esprits, chez nos ancêtres les
plus reculés. Et sur cette donnée initiale, sont venus
s'enter successivement des attributs divers, à mesure
que l'évolution de la civilisation a apporté de nouveaux
horizons à la pensée humaine.

Cette manière d'envisager le rôle et les attributs de
l'esprit de la maison est celle que nous trouvons de
nos jours chez les peuplades les plus arriérées : les
Weddahs de Ceylan, les Tasmaniens, les Australiens,
certains habitants des îles du Pacifique.

Pendant longtemps, sans doute, ce culte des esprits

constitua la religion toute entière ; mais réduit à la
donnée de la maison, ce culte eût été trop peu de chose
pour fournir puissance et richesse aux féticheurs. Les
clergés naissants organisèrent donc, peu à peu, divers
cultes, s'éloignant de plus en plus des données primitives. Il arriva donc un jour où ces autres cultes prirent
une importance telle, que celui des esprits de la maison
fut relégué à un plan secondaire. Je n'ai pas à présenter
ici tous les détails de cette transformation, mais il a
suffi d'indiquer, pour que le lecteur comprenne sans
difficulté : que les esprits, après avoir été les dieux principaux, sinon uniques, passèrent au rang de *dii minores*,
dieux mineurs, dieux inférieurs, comme les appelaient
les romains.

Laissant de côté tout ce qui pourrait être dit touchant
l'évolution de la donnée des esprits dans l'histoire des
transformations de l'idée du surnaturel à travers les
âges — étude, qui serait une longueur en ce moment ci,
et que je dois réserver pour un chapitre ultérieur — je
dirai : que réduits à l'état de *dii minores*, les esprits
n'auraient pas conservé l'importance que nous leur
connaissons dans l'arsenal des crédulités de nos ancêtres,
si un autre élément n'était venu s'enter sur les croyances
primitives. Nous allons voir que cet élément eût une
influence considérable sur l'imagination de ceux qui
constatèrent son intervention.

A un moment donné, le fait d'un travail matériel
accompli pour aider l'homme ou la femme de la maison
dans son labeur quotidien, vint s'enter sur la donnée primitive de l'esprit tutélaire de la maison. Il fut constaté

un matin, par exemple, que le cheval avait été étrillé, que la vache avait été traite, ou bien que la vaisselle du ménage avait été lavée, sans que personne se souvint l'avoir fait; et il en résulta, naturellement, un grand étonnement. Devant la constatation claire, indéniable de ces faits matériels, la croyance entra naturellement dans une phase nouvelle. Qui avait fait ce travail matériel, apparent, visible pour tout le monde, impossible à révoquer en doute ? Ici, divers cas se présentèrent et concoururent, chacun dans une limite variable, à donner naissance à la croyance, comme nous allons le voir.

1° Dans quelques circonstances, ce travail matériel avait été accompli inconsciemment par ceux-même qui en étaient les plus étonnés : le somnambulisme, le délire ébriaque ou autre, la perte momentanée de la mémoire, en un mot, fit penser plus d'une fois à l'intervention d'un étranger, alors qu'en réalité c'était l'individu qui avait ainsi travaillé sans le vouloir à se tromper lui-même ;

2° Parfois aussi, ce fut un maniaque plus ou moins inconscient, qui avait accompli ce travail, en se cachant de ses semblables ; ce qui, la tendance au merveilleux aidant, servit à tromper les habitants d'une maison ;

3° Dans plus d'un cas : soit un amoureux, soit un faux monnayeur, soit un voleur, soit même un assassin, si nous regardons les infimes et les isolés ; soit l'autorité militaire, politique ou religieuse, si nous regardons les puissants de la terre, accomplit ce travail matériel d'apparence surnaturelle, pour frapper l'imagination des masses, et arriver plus facilement à son but de domination, en faisant croire à une intervention capable de frapper le vulgaire de respect ou de crainte ;

4° Il faut indiquer, aussi, que dans nombre de faits actuels ou au moins modernes touchant l'esprit familier, on reconnaît des reminiscences inconscientes de vieilles croyances et même de vieux cultes de l'antiquité. Les esprits, les génies, les dieux, inférieurs, locaux, lares, pénates, etc., etc., qui, pendant longtemps, ont tenu dans la pensée de tous les peuples une place dont nous oublions, peut-être un peu trop de nos jours, l'importance et la généralité ;

5° Ajoutons à cela, la plus ou moins grande propension de la population à croire au merveilleux, suivant les temps ou les pays ; c'est-à-dire l'intervention de complices inconscients qui, par le fait même de leur crédulité, de leur étonnement et de leur effroi, donnait une importance exagérée à des faits insignifiants par eux-mêmes ; amplifiant à plaisir comme sans raison les moindres des évènements ; les dénaturant par des adjonctions, des modifications, des transformations, comme par des appréciations erronées.

Cas se rapportant au somnambulisme. — Point n'est besoin d'insister longuement pour faire comprendre la réalité de ces conditions ; les faits se pressent pour venir en foule à l'appui de l'hypothèse. Pour ce qui est, par exemple, du somnambulisme, du délire, de la perte de mémoire, en un mot, les faits que l'on connaît dans l'histoire des hommes sains ou malades sont innombrables. Que de fois n'a-t-on pas signalé des aventures extraordinaires où un somnambule avait fait un travail de force, d'adresse ou de continuité sans en conserver le moindre souvenir. Les alcooliques ont des hallucinations et font, sous l'influence de leur intoxication aiguë ou chronique, des choses dont ils ne se souviennent pas. Et, si nous entrons dans le domaine maladies mentales, nous rencontrons mille des aventures que nous pourrions invoquer à l'appui de notre thèse, mais qui nous entraîneraient trop loin, en ce moment.

Cas se rapportant à un maniaque. -- J'ai dit que parfois, un maniaque, plus ou moins inconscient, avait accompli le travail matériel en se cachant de ses semblables. La chose toute bizarre qu'elle paraisse, ne me parait pas devoir être révoquée en doute. Le fait suivant est de nature à en montrer la réalité.

L'Esprit familier de Gattières. — Pendant mon enfance, j'ai entendu, bien des fois, ma mère qui avait été élevée à Vence, et qui allait alors souvent à Gattières et à Gréollières, villages de la région montagneuse du Var, parler avec ses voisines des esprits familiers, dont elle connaissait maintes légendes, et auxquels elle croyait, peut-être, plus fermement qu'elle ne voulait en avoir l'air. Elle nous citait des cas, où le travail de la maison s'était trouvé fait, avec une régularité et un soin extraordinaires, dans une ferme, sans que personne eût jamais vu le travailleur. Elle nous racontait, aussi, des faits de punition violente infligée à celui qui avait eu la curiosité d'essayer de surprendre l'esprit familier dans son travail nocturne. Enfin, elle soulignait divers exemples du caractère grincheux ou vindicatif de cet esprit.

Je dois constater cependant qu'à côté d'histoires dans lesquelles le prodigieux coudoyait l'invraisemblable, ma mère nous racontait le fait suivant : Dans les premières années de ce siècle, il y avait, dans les environs de Gattières, une famille de paysans chargée d'enfants et de misère. Dans cette famille, l'alcoolisme et la paresse étaient les qualités dominantes du père et de la mère, et chez les enfants l'intelligence était minime. Le caractère de ces enfants était doux, mais leur apathie était grande ; c'étaient, en un mot, des arriérés inoffensifs, chez lesquels les instincts de la brute n'étaient pas trop apparents. Il en était résulté que les personnes aisées du pays avaient une commisération peu flatteuse, mais néanmoins profitable à cette maisonnée. On leur venait en aide, quand leurs besoins étaient trop grands, mais on les laissait assez volontiers loin de soi, car on savait que lorsqu'ils étaient reçus dans une ferme, à titre de travailleurs ou de mendiants, le labeur languissait et les objets qui n'étaient pas suffisamment gardés leur servaient de butin. Mon grand-père maternel qui avait, dans une des vallées les plus reculées de l'arrondissement, une terre cultivée par une famille de métayers, employait quelques fois ces gens, dont je viens de parler, lorsque le travail pressait. Un jour, le bruit se répandit que dans la bastide de cette terre, il y avait un esprit familier. C'était pendant l'hiver ; on entendait des bruits insolites dans des chambres où il ne paraissait y avoir personne ; les animaux se trouvaient appropriés et pansés, le matin à la première heure, sans que per-

sonne eût paru les toucher ; le grenier se trouvait mis
en ordre par une main invisible ; — la chambre était
balayée comme par enchantement. A son lever, le
matin, la ménagère trouvait sa vaisselle lavée et mise
en place ; — bref, les choses les plus extraordinaires
étaient constatées.

La famille était-elle réunie dans la cuisine qui servait
en même temps de salle à manger ? on entendait marcher dans les chambres du premier étage. — Tout le
monde était-il couché ? on entendait le cliquetis de la
vaisselle ou des verres, dans la cuisine. — En somme,
avec un bruit qui semblait être diminué intentionnellement autant que possible, le travail était fait par
quelqu'un que personne ne voyait. — Cet état de choses
dura pendant tout l'hiver ; le métayer fit d'abord des
tentatives pour surprendre celui qui s'était ainsi introduit dans son logis, mais il ne pût y parvenir et il prit
le parti de laisser faire.

Au printemps les faits anormaux cessèrent, mais au
retour de l'automne la présence de l'esprit familier se
manifesta de nouveau. On en parlait beaucoup dans les
campagnes environnantes ; et mon grand-père craignant que, si le métayer se prenait de peur, sa terre ne
restât inculte, parce que personne n'aurait plus voulu
venir habiter une maison hantée par un esprit, se
décida à faire des investigations par lui-même.

Donc, un matin, il arriva avec deux de ses amis armés
de fusils, et les voilà occupés à visiter minutieusement
tous les coins et recoins de la maison, depuis le cellier
jusqu'à la grange. Toutes les recherches avaient été

infructueuses, lorsqu'au moment de s'en retourner bre-
douille, il constata dans le vestibule, qui était en même
temps la cage de l'escalier, qu'il y a un recoin où se
trouvent des *canisses*, sortes de plateaux, faits avec des
roseaux attachés les uns aux autres et sur lesquels on
met les figues à sécher, dans la saison. C'était dans ce
recoin, aussi, qu'on déposait les paniers, les outils,
etc., etc., qui servaient à l'exploitation de la propriété.

S'armant d'une fourche que portait le métayer, il en
plonge les dents à travers les canisses, et voilà que
tout-à-coup un cri de douleur s'échappe de cet endroit ;
on vit aussitôt sortir, tout penaud, de cette cachette,
le fils aîné de cette famille de mendiants dont je
parlais précédemment. Ce grand garçon, timide et
doux de caractère, souffrait des brusqueries et des
brutalités que lui infligeait son père, aux heures
d'ivrognerie ; et comme il s'était trouvé à l'aise dans la
propriété de mon grand-père, quand on l'y avait
employé, pendant l'été, il avait pris le parti, l'automne
arrivant, de s'y cacher, pour ne pas être congédié.
Dans son intelligence étroite, il s'était attaché à se
rendre utile pour justifier les petits larcins de nourriture
qu'il faisait ; larcins qui, d'ailleurs, étaient restés tellement bien ignorés du métayer, qu'il avait affirmé : que
l'esprit familier ne mangeait pas, parce qu'il n'avait
vu disparaître jamais ni vin, ni friandises de sa petite
provision.

Une fois le printemps venu, ce grand garçon était
sorti de sa cachette et avait reparu chez lui, vivant au
grand air, travaillant çà et là, et n'ayant pas, ainsi, à

subir les violences alcooliques de son père. Puis, l'automne arrivant de nouveau, il avait repris son genre de vie isolée, dans la cachette où il trouvait le vivre et le couvert à peu de frais. — Du réduit où il se cachait, il entendait tout ce qui se disait, dans la cuisine aux heures des repas, dans la famille du métayer ; de sorte qu'il était parfaitement renseigné, et au besoin, savait à l'avance, dans quel endroit de la maison on devait exercer la surveillance pour tâcher de le surprendre. Grâce à la position centrale de sa cachette, il pouvait grimper dans les chambres du premier en s'accrochant aux barreaux de la rampe de l'escalier jusqu'au premier étage, quand la famille était à table ; ou bien descendre du premier au rez-de-chaussée, sans passer par les escaliers ; — il pouvait pénétrer dans la cuisine quand tout le monde était au lit. Bref, tout ce qui avait paru extraordinaire et surnaturel était parfaitement explicable par l'examen des lieux.

Ce fait me paraît concluant dans la question qui nous occupe ici. Voilà un grand garçon d'intelligence bornée, né de parents alcooliques, et par conséquent disposé à une maladie cérébrale ; qui était habitué à assister, dans sa famille, à des scènes de colère et de violence qui lui répugnaient sans qu'il s'en rendît compte ; d'autant que dans ces scènes, le plus souvent, il recevait injustement des horions de son père ou des reproches de sa mère ; sans compter, aussi, que plus d'une fois, la maigre pitance quotidienne lui faisait défaut, à l'heure de la faim, dans le bouge paternel. Cet arriéré d'intelligence constata, un jour, malgré son jugement

rudimentaire, qu'en été, lorsqu'il était employé dans
la ferme voisine, grâce à un travail qui n'avait rien
d'excessif et de pénible, on le laissait tranquille ; il se
trouvait, alors, assez éloigné de ses parents pour n'avoir
pas à souffrir leur brutalité ; et son estomac sentit bien
que la nourriture des paysans de la ferme, était meilleure, toute grossière qu'elle fut, arrivait à des heures
plus régulières et par conséquent, faisait plus de plaisir,
quelque congrue qu'on puisse l'imaginer, que l'ordinaire de la maison. Par une logique bien naturelle, il
préféra l'été à l'hiver, le travail de la ferme à l'oisiveté
du logis paternel. Le fermier de mon grand-père l'eût-
il pris à son service à ce moment, il n'y aurait eu rien
de surnaturel dans l'aventure. Ce garçon eût fait dans la
ferme l'office d'un domestique ordinaire ; mais les conditions ne se présentèrent pas favorables à cette com-
binaison, soit à cause de la réputation des parents, soit
à cause de la mollesse du garçon, soit pour telle autre
cause. Voilà donc qu'au moment du retour de l'hiver,
il est obligé de quitter l'endroit où il se trouvait bien,
pour retourner dans celui où il était mal à l'aise. Par
le fait d'un raisonnement qui ne manque pas d'une
logique et même d'une droiture intéressante à constater, voilà ce grand gaillard qui se dit : Je désire rester
dans cette ferme où je suis bien, mais on ne veut
pas continuer à m'y garder. Le moyen de tourner la
difficulté, c'est de m'y cacher, car en ne me voyant pas,
on ne me chassera pas. Par ailleurs, comme il s'était
probablement entendu souvent qualifier de fainéan-
tisme, et qu'il savait qu'il faut travailler pour gagner sa

nourriture, il se dit : Eh bien, tout en me cachant pour ne pas être chassé, je me rendrai utile pour gagner mon pain. — En cherchant à sonder le mystère, mon grand-père le découvrit, par hasard. S'il n'avait pas songé à chercher dans la cage de l'escalier on aurait de très bonne foi cru, une fois de plus, à la réalité de l'esprit familier à Gréolières. Ainsi s'expliquent, on le voit, d'une manière très naturelle, des faits que, la crédulité et l'exagération populaire aidant, on a signalés, nombre de fois, comme extraordinaires et surnaturels.

Le fait du paysan de Clairvaux, dont nous avons parlé précédemment (page 21), est bien aussi de nature à corroborer notre manière de voir ; n'est-ce pas le fait d'un maniaque arriéré d'intelligence de se balancer sur une porte d'écurie. Le paysan qui vît, ainsi, un individu hâve, maigre, dans cette position, qu'il eût réellement un bonnet rouge ou bien que ce bonnet n'ait existé que dans l'imagination de celui que l'apparition glaça d'effroi, put, de très bonne foi, affirmer qu'il avait été en présence de quelque chose de surnaturel. Enfin, la légende de la jeune fillle qui veut voir son servant, et qui reçoit de lui l'ordre d'aller dans un endroit retiré avec un seau d'eau qui sert à l'asperger, en punition de sa curiosité ; la fessée reçue par une autre curieuse, sont autant de faits, en réalité très simples, sur lesquels les écarts d'imagination du populaire crédule et superstitieux sont à l'aise pour broder des contes extraordinaires.

L'hypothèse du maniaque jouant le rôle d'esprit servant explique très bien les faits curieux de caprices, d'entête-

ment, de colères fréquentes, etc., etc., dont il est question
maintes fois. On comprend qu'un maniaque soit susceptible, se fâche vite, dérangeant alors les objets du ménage
au lieu de les arranger, nuisant aux bêtes ou aux palefre-
niers, à la réputation des filles, frappant celui qui a excité
sa colère, allant même jusqu'au meurtre ou bien se contentant d'une espièglerie, comme d'attacher la chèvre
sur le toit de la maison. Pour ce dernier cas, ajoutons
que : l'amour du merveilleux est venu broder sur le
canevas primitif peut-être, et qu'au lieu d'une chèvre
on a dit, en répétant de bouche en bouche, qu'il s'agissait de vaches. — Et une fois lancés dans cette voie,
les conteurs ont assuré que l'esprit familier après avoir
fait cet exploit avait pu, en un tour de main, les ramener à l'écurie pour expliquer que les voisins apppelés et
croyant que le paysan se moquait d'eux, s'étaient fâchés
et l'avaient battu. En somme, comme je le disais tantôt,
on voit en tout cela des faits réels, minimes, très
amplifiés par les récits ultérieurs.

Il est un détail de l'esprit familier qui a certainement
frappé le lecteur, et qui, d'incompréhensible et de discordant qu'il paraissait, de prime abord, vient au contraire servir à corroborer d'une manière très concluante
l'hypothèse que je formule ici. Je veux parler de la
propension amoureuse qui est soulignée dans nombre
de récits légendaires touchant l'esprit familier. Or, on
sait que les maniaques de la catégorie de ceux dont
nous parlons ici : les demi-idiots, ont tantôt des habitudes de pollution solitaire, tantôt des tendances à la lasci-
vité agressive pour la femme. Lorsque ces individus

ont eu la tendance solitaire, la légende a pu rester silencieuse sur le sujet, faute d'indications ; mais est-il difficile d'admettre que, dans nombre de cas, le maniaque a cherché à assouvir ses impulsions génésiques ? On se pose aussitôt cette question : On objectera que dans ces occurences, la femme victime de ses obsessions aurait dévoilé la supercherie. L'objection n'est pas absolue, on le comprend, car soit qu'il y ait eu une complicité tacite : a *anteriori* ou à *posteriori* entre cette femme et le prétendu esprit familier, soit que la puissance de la superstition ait fait croire à la victime qu'elle avait affaire réellement à une intervention surnaturelle, on comprend très bien tout ce qui a pu se passer dans mille et mille circonstances. Qu'on ne sourie pas à l'idée d'une femme croyant de bonne foi à une intervention surnaturelle. L'histoire de l'antiquité, je pourrais ajouter : celle de nos jours même, nous en fournit d'innombrables exemples qui le démontrent de la manière la plus formelle et la plus catégorique.

Cas se rapportant à un amoureux, etc., etc. — Quant à ce qui est de l'intervention d'un amoureux, d'un voleur, d'un assassin, d'un faux monnayeur, de l'autorité civile, militaire, ou religieuse, etc., pour faire croire à quelque chose de surhumain, afin de frapper l'imagination des masses crédules, elle se comprend si bien que je n'ai pas besoin de spécifier l'une après l'autre toutes les conditions vraiment infinies qui peuvent se présenter. Je veux cependant fournir deux exemples pour appuyer mon dire :

L'Esprit familier de Gréollières. — Aux environs

de Gréollières, peu après que mon grand-père avait
eu maille à partir avec l'esprit familier dont je viens
de parler, il y en eut un autre qui fit parler de
lui pendant plusieurs mois. Les bonnes femmes
racontaient les histoires les plus fantastiques à son
sujet ; et en réalité, bien des gens purent constater
qu'il se passait quelque chose d'anormal dans une
habitation du village. Un jour, la fille de la maison
qui, comme tout le monde et peut-être plus encore
que beaucoup de voisines, paraissant croire à l'existence d'un esprit hantant le logis, se mit à grossir
d'une manière insolite, sans que personne, pas
même sa mère, eût jamais saisi la moindre irrégularité
dans sa conduite, et qu'on lui connût le moindre amoureux. On commençait à en jaser, lorsque la jeune fille
s'en alla, sous un prétexte quelconque, passer quelques
mois dans un pays éloigné. Lorsqu'elle revint, elle
était fraîche comme si de rien n'était. La famille avait
gardé un silence prudent sur son voyage ; peut-être,
et probablement même, parce que la plupart de ses
membres n'avaient été que très incomplètement au
courant des détails de l'aventure. En revanche, elle
était très préoccupée de l'esprit familier et désirait s'en
débarrasser. Après avoir pris conseil de toutes les
commères, on décida dans la maison de faire bénir les
lieux par le curé, pour chasser cet esprit, et l'empêcher
d'y revenir désormais.

La cérémonie se fit assez solennellement, en présence d'un grand concours de dévotes. On pria le curé
de faire des signes de croix, de dire des *patenôtres,*

d'asperger d'eau bénite, maints recoins ; et depuis, on n'entendit plus parler d'esprit familier dans cette maison. Il faut ajouter que quelques mauvaises langues racontaient, à voix basse, que lorsque le curé avait passé près d'une lucarne qui donnait sur la toiture, d'une construction peu élevée, et qui touchait à la porte de la chambre de la fillette, celle-ci aurait dit au prêtre, d'un ton suppliant : « Ah ! Monsieur le curé, bénissez, bénissez bien cette lucarne » ! et elles ajoutaient : « pour que le diable qui a passé, n'y passe plus! » Il y a dans ces mots tout un horizon pour fixer les idées sur la nature de l'esprit familier dans ce cas particulier ; mais je dois ajouter : que les présomptions ne prirent jamais un corps bien défini dans ce village, et que la jeune fille se maria quelques années après, sans qu'on songeât à lui reprocher une conduite irrégulière ; de sorte que la croyance à l'esprit resta tout entière dans l'esprit des habitants de la région.

Les esprits de la mare d'Esa. — Pendant mon enfance, j'ai aussi entendu raconter par mon père l'aventure suivante : Mon arrière grand-père paternel avait au lieu dit : *la Mare* ou la Marine d'Esa, entre Nice et Monaco, une grande propriété, où il passait une partie de l'été. Cette propriété avait une antique et grande maison munie de caves, de citernes, et on avait établi depuis longtemps dans les environs de l'habitation des conduits en maçonnerie assez grands pour colliger les eaux fluviales ; ces conduits formaient un véritable labyrinthe souterrain dans lequel on pouvait circuler, quand on en connaissait bien la topographie.

De temps en temps, pendant l'hiver, quelqu'un de la famille allait passer deux ou trois jours à la campagne, pour y chasser; mais le plus souvent elle était inhabitée. Or, un jour, les fermiers racontèrent qu'un esprit familier hantait les appartements du maître. Des bruits extraordinaires avaient été entendus, des lumières avaient été vues pendant la nuit, des paroles humaines avaient été prononcées.

On était en 1812, mon père, jeune lycéen, avait le goût des aventures; et, avec un de ses oncles, jeune officier de marine, qui se trouvait en service à Nice, il résolut de tirer l'affaire au clair. Les voilà partant : pour chasser les cailles au passage pendant le jour, et les esprits pendant la nuit. Pendant la première journée ils ne virent, ni n'entendirent rien d'anormal, mais le soir, après la nuit tombée, pendant qu'ils étaient à table dans la salle à manger, ils constatèrent un tapage infernal dans les appartements du premier étage. Nos deux jeunes gens prennent leurs fusils, montent résolument dans ces chambres, où ils trouvent tous les meubles en désordre, mais sans voir personne. Pendant qu'ils cherchaient dans cette partie de la maison, le bruit se faisait entendre au rez-de-chaussée ; lorsqu'ils revinrent dans la salle à manger, leur dîner avait disparu. Pendant toute la nuit ils entendirent des bruits insolites. Le lendemain matin, à l'aube, ils se levèrent pour aller à leur poste de chasse ; mais voilà qu'en passant près d'une haie, ils entendirent des petits cris de ricanement ; — on eut dit, un petit enfant qui se moquait d'eux. — Un coup de fusil tiré, aussitôt dans cette direction assura le silence, après un cri et des mouvements qui indiquèrent que le coup avait porté en pleine chair. Quand le jour fut suffisamment arrivé, ils constatèrent que des branches de la haie venaient d'être cassées, ils découvrirent des gouttes de sang, allant dans la direction de la citerne voisine ; mais ils ne purent surprendre aucun être animé.

De quelques jours on n'entendit plus rien dans la maison, et nos chasseurs rentrèrent triomphants à Nice ; mais on apprit bientôt à mon aïeul que les bruits avaient recommencé. En homme prudent, soit qu'il fut superstitieux, soit qu'il craignit quelque aventure tragique, mon arrière grand-père ne voulut pas permettre qu'on fit une nouvelle expédition. La réputation de la propriété fut faite, dès lors, sous le rapport de la présence d'un esprit, et la maison resta inhabitée jusqu'à près 1815.

Plusieurs années après, en 1820 ou 1822, mon père devenu homme, voulut se rendre compte de ce qui lui avait jadis paru si extraordinaire ; et il alla examiner les lieux avec soin. Or, en questionnant les paysans des environs, il apprit que les prétendus esprits n'étaient que des conscrits réfractaires, qui s'étaient cachés dans la propriété, pour ne pas être envoyés à la grande armée; et qui, grâce à la disposition des citernes vides, et des conduites d'eau, pouvaient passer d'un endroit dans un autre, arriver dans la salle à manger, la cuisine, le cellier, et passer d'une chambre dans une autre sans être aperçus. Mon père apprit : que le coup de fusil qui avait été tiré, le matin, sur un individu, cherchant à l'effrayer par ses cris, avait fait une cruelle blessure ; et que pendant plusieurs années, lui et son oncle avaient couru la chance d'être assassinés, par vengeance, s'ils étaient revenus habiter le quartier.

En 1814, c'est-à-dire après la cessation des levées en masse, les esprits avaient disparu du jour au lendemain ; et depuis on n'en avait plus entendu parler.

On voit dans cette affaire, où les apparences paraissaient d'abord si concluantes en faveur de l'existence de l'esprit de la maison, qu'il n'y avait en réalité que des choses très naturelles. Quelques conscrits réfractaires avaient utilisé la croyance locale dans une propriété, où les dispositions topographiques leur permettaient de se cacher.

Cas se rapportant aux croyances antiques et qui sont des réminiscences des crédulités et des cultes de nos ancêtres plus ou moins éloignés. — Dans nombre de faits que j'ai cités au cours de la présente étude, on a pu constater : que l'esprit de la maison a des attributs de divinité ou de démonialité qui ne sont pas une des moindres particularités de ce que le public leur prête. Je n'en parlerai pas en ce moment, de même que je n'ai rien dit de cette étrange faculté qu'on prête à certains esprits : d'enlever les enfants des paysans pour leur substituer les leurs. Lorsque après avoir étudié dans d'autres chapitres les esprits de la terre, des airs, des eaux, les fantômes, les revenants, etc., je jetterai un coup d'œil d'ensemble sur la croyance aux esprits, en général, j'aurai à étudier ces divers détails.

Dans un chapitre ultérieur, aussi, lorsque je parlerai

des fantômes et des revenants, j'aurai à parler des faits dans lesquels un voleur, un faux monnayeur, etc., etc., était au fond de l'aventure. Je puis donc ne pas m'en occuper en ce moment.

Cas dans lesquels la crédulité populaire ajoute des détails invraisemblables aux faits réels. — Quoiqu'il en soit si, à tout ce que nous avons dit jusqu'ici, nous ajoutons : le coefficient de la crédulité des masses, de l'amour du merveilleux qui est tel, que çà et là on rencontre dix complices inconscients ou non pour un, quand il s'agit de propager une inexactitude et même une invraisemblance, nous comprenons à l'instant à quel degré on a pu arriver dans cet ordre d'idées. Car, d'ailleurs, on comprend aussi : qu'il n'est pas nécessaire que les faits positifs de ces aventures de follets soient bien nombreux pour entretenir, dans les populations rurales des pays arriérés, la croyance à l'existence des esprits familiers.

Qu'un de ces faits se passe dans un canton pendant un hiver seulement, et c'est suffisant pour que pendant cinquante ans on en parle à la veillée ; sans compter, qu'en passant de bouche en bouche, il s'amplifie, il se complique, suivant le pays, et même la tournure des idées du moment, d'incidents invraisemblables, qui finissent par donner à ce qui était simple et minime, tout d'abord, les apparences les plus contraires à ce que le bon sens permet d'accepter. La frayeur s'accole à l'exagération, la tendance à donner aux choses les plus simples une apparence fantastique intervient ; le rôle que joue parfois l'ivresse de ceux qui entendent, qui voient ou qui parlent des esprits follets, vient s'y ajouter parfois aussi.

Pour appuyer l'idée : qu'il n'est pas besoin que des faits étranges se présentent bien souvent pour être acquis à l'arsenal mythique ou légendaire d'une localité, je rappellerai d'un mot ce que j'ai dit à diverses reprises. On se souvient que dans la revue d'anthropologie, comme dans mon livre sur les légendes de la Provence, j'ai cité des aventures : La légende d'Hybicus, par exemple, celle de Sémiramis, etc., qui sont citées aujourd'hui dans les environs de Toulon, comme s'étant passées il y a quelques années à peine, alors qu'elles remontent à trois ou quatre mille ans. Ici, encore, les faits sont si nombreux qu'il suffit d'évoquer l'idée sans avoir besoin d'insister davantage.

Quoiqu'il en soit, on sait parfaitement combien l'amour de l'extraordinaire, l'esprit d'exagération si naturel aux conteurs, peuvent exagérer les choses; et combien la naïveté de la crédulité populaire se complaît à admettre les explications absurdes qui lui sont données. Quand on songe à l'immensité de la crédulité humaine, on comprend comment les moindres, les plus minimes faits, les plus contestables même, ont pu servir de fondement à tout un gigantesque monument d'erreurs; d'autant, qu'en maintes circonstances, l'illusion qui abuse les meilleurs esprits, est venue s'ajouter aux autres facteurs pour en centupler l'importance.

La conséquence de cette crédulité surajoutée à une première se saisit bien vite : l'esprit de la maison, tant qu'il fut indéterminé dans sa nature, ou bien tant

qu'il fut rattaché à l'âme des ancêtres, ne manifesta, en
général, son influence, que par des hasards, considérés
comme l'exaucement des prières qu'on lui adressait.
Mais, lorsqu'on vit cet esprit : laver la vaisselle, étriller
les chevaux, ou traire les vaches, la divinité descendit
de sa hauteur nébuleuse et vague, pour se concréter et
prendre un rôle plus modeste. Peu à peu, son existence terre à terre le fit déchoir jusqu'à la condition de
domestique bénévole, auquel on commandait de faire
ceci ou celà ; l'offrande qu'on lui faisait avant, au titre
de supplication et de prière, ne fut pour ainsi dire plus
qu'un salaire octroyé en retour de son travail. On
comprend : que les conditions dont je parle, aient
pu se rencontrer partout ; et on pourrait admettre
logiquement : que la croyance à l'esprit familier de la
maison a pu naître, spontanément, dans tous les groupes ethniques, et dans toutes les régions.

Je ne m'arrêterai pas aux mille attributs secondaires,
et à mille détails qui sont venus se surajouter à la
croyance primitive, à travers les âges, et dans les divers
pays; cette étude m'entraînerait trop loin. Je n'ai pas
besoin, non plus, de discuter longtemps pour en faire
comprendre l'origine : dans les contrées où l'idée du
diable, du tentateur, du mauvais esprit a exercé une
grande influence sur l'imagination de la population,
pendant le Moyen-Age et jusqu'aux temps présents,
l'esprit familier est devenu un peu son parent, et a
partagé ses mauvais desseins.

En un mot, ces attributs se sont modifiés, suivant les
idées dominantes du moment. —

XIII

CONCLUSIONS

Pour en finir avec cette étude des esprits de la maison, je dirai que sa donnée fondamentale est : l'animisme des premiers hommes, animisme sur lequel le somnambulisme, l'ivresse, le rêve, l'illusion, l'intervention de certains aliénés, de divers mystificateurs intéressés (amoureux, mauvais plaisant, voleur, assassin même) sont venus abuser cumulativement la crédulité du vulgaire, aussi ignorant qu'avide du merveilleux. Si à cela, nous ajoutons ce que les mille confusions faites à chaque instant entre les diverses sortes d'esprits : de la maison, des champs, de l'air, de l'eau, a pu produire ce que la croyance aux apparitions, aux fantômes, au diable, a pu y ajouter, nous arrivons à avoir des éléments, vraiment innombrables, des variations de l'idée fondamentale. Nous ne sommes plus étonnés, alors, de la diversité infinie des aventures que le vulgaire se plaît à répéter, en y croyant plus ou moins fermement.

Les mille et mille conditions dont le lecteur comprend très bien la possibilité, sont donc venues, à la suite des âges, compliquer la donnée primitive; et ont fait bâtir, sur un très minime *substratum* très simple, un gigantesque monument d'erreurs, d'exagérations, d'incohérences, d'invraisemblances, qui ont fait vibrer la fibre de la superstition dans les populations ignorantes.

CHAPITRE II

Le Roseau de Saint Cannat

I

LA LÉGENDE PROVENÇALE

Dans la banlieue de Marseille, et dans toute la Provence rhodanienne, les bonnes femmes ont une grande dévotion pour saint Cannat, qui fut le héros d'une légende saisissante, dont voici le sommaire : saint Cannat était d'une piété exemplaire, il vivait retiré du monde, dans son ermitage situé près de la ville actuelle de ce nom, à 18 kilomètres au N.-O. d'Aix. Il était uniquement occupé du salut de son âme, lorsqu'un jour les députés de la population chrétienne de Marseille, vinrent le solliciter de vouloir bien être leur évêque. Saint Cannat refusa net, ne voulant, à aucun prix, rentrer dans le tourbillon de la société ; et pour leur montrer combien sa résolution était ferme, il répondit à leur insistance : — Tenez ! j'accepterai d'être évêque, le jour où ce roseau reverdira ! — Et il

planta en terre un morceau de roseau qui lui servait
de bâton en ce moment. — Or, voilà que tout à coup ce
roseau se couvrit de feuilles d'une manière surnaturelle.
Le saint homme comprit, à la vue de ce prodige, que
Dieu lui commandait d'accéder aux sollicitations des
Marseillais. C'est en souvenir de ce miracle, que le jour
de la fête du saint, on ornait sa chapelle de roseaux
verts; et que les dévots suivaient la procession, une
canne feuillue à la main. (MARCHETTI, *Explication des
usages et coutumes des Marseillais*, t. I, p. 161.
Marseille, 1683).

La légende n'indique pas la date précise de l'évènement ; de son côté, l'histoire ne nous renseigne pas
sur l'époque de l'épiscopat de saint Cannat, d'une
manière assez affirmative, pour que nous puissions
avoir à cet égard, une foi bien robuste. Par ailleurs,
canne (roseau) et saint Cannat, se ressemblent tellement qu'on est tout d'abord porté à se demander : si l'on
n'est pas en présence d'un équivoque. Enfin, Papon
qui a écrit l'histoire de la Provence avec grand soin,
nous apprend que le premier évêque de Marseille fut
Orézius, qui vivait en l'an 314 de J.-C., et qu'il n'est
fait mention d'aucun Cannat, parmi ses successeurs. Il
y a donc bien des chances, on le voit, pour que nous
soyons en présence d'une de ces histoires faites à
plaisir, et qui ne peuvent se réclamer d'aucune
réalité.

II

LÉGENDES ANALOGUES DANS D'AUTRES PAYS

Cette légende de saint Cannat, se rencontre dans une infinité de pays. Sans avoir la prétention de connaître toutes ses éditions, je dirai, au courant de la plume : qu'à Sampigny, dans la Meuse, on dit que sainte Lucie, ayant un jour laissé tomber son fuseau par terre, il reverdit aussitôt et se transforma en cerisier.

Saint Pierre d'Alcantara, ayant fiché son bâton en terre, le vit se transformer, aussitôt, en un magnifique figuier chargé de fruits qu'on appela le figuier du miracle. (*Martyr. rom.*, 18 octobre).

Un jour que sainte Françoise voulut régaler ses religieuses, la vigne du couvent lui fournit autant de grappes de raisin qu'elle en désirait, quoiqu'on fut au mois de janvier. (*Martyr. rom.* du 10 mars).

Lorsque sainte Brigide d'Ecosse prononça ses vœux, elle baisa la marche de l'autel qui était en bois, et qui reverdit comme lorsque l'arbre, dans lequel elle avait été taillée, était dans les champs. (*Martyr. rom.* du 1er février).

Saint Favas n'ayant pas voulu abjurer sa foi, fut pendu à un arbre mort qui se chargea aussitôt de feuilles et de fruits. (*Martyr. rom.* du 16 mars).

Saint Pantaléon de Nicomédie fut attaché à un olivier pour être percé de traits; et l'arbre se couvrit, sur l'heure, de fruits succulents (*Martyr rom*. 27 juillet).

Saint Jean le Silentier voulant montrer à ses disciples la puissance de Dieu, mit un noyeau de datte dans un creux de rocher, d'où il sortit, de suite, un arbre garni de fruits (*Martyr. rom.*, du 13 mai).

Lorsque le corps de saint Zenobius fut transporté de Saint-Laurent à la cathédrale de Florence, il toucha, en passant, un arbre mort qui reverdit aussitôt; et lorsque cet arbre mourut, de nouveau, on en fit un crucifix (MISSON. *Voy. en Italie*, t. II, p. 338).

Saint Christophe ayant planté en terre son bâton fait d'une branche de poirier, le bâton se couvrit aussitôt de feuilles et de fruits (MISSON, t. II, p. 294).

Lorsque le corps de sainte Gudule fut porté en terre, un arbre fleurit en plein hiver (8 janvier); et lorsqu'on transporta ses reliques au village de Morzelle, ce même arbre s'arracha de lui-même, pour aller se transplanter, miraculeusement, devant l'oratoire de la sainte.

Un laboureur avant planté son aiguillon, par hasard, dans un champ, ne put plus le retirer. Ce bâton se couvrit de feuilles, ce qui donna l'idée de creuser en cet endroit, où l'on trouva la statue de N.-D. d'Aleth.

A Nicomédie, en Bithynie, on voyait des arbres qui avaient poussé miraculeusement, en une nuit, sur le tombeau de sainte Barbe. Il faut ajouter : que ce qu'on appelait le tombeau de la sainte était un monument mégalythique anté-historique.

Un prêtre cophthe ayant planté une branche d'olivier

sur l'autel qu'on construisait près du Nil, pour y faire la cérémonie de l'immersion de la croix, cette branche se transforma aussitôt en un arbre superbe (COUTANT D'ORVILLE, t. IV. p. 126).

On raconte que saint Maquet se reposant un jour dans une plaine du Bourbonnais, près du château de Matherie, ficha son bâton dans la terre, et l'oublia en partant. Ce bâton abandonné se transforma en un ormeau magnifique. (BONNETON, *Légend. Bourbon.* 1877, p. 12.)

Saint Guinard de Belgique ayant coupé un arbre pour soutenir sa tente de voyage, le propriétaire du champ le gourmanda. Le saint remit l'arbre en place, et on ne fut pas peu étonné de voir le lendemain que non seulement il avait repris, mais encore qu'il avait fleuri. (*Martyr. Rom.*, 11 octobre.)

Saint Yves ayant obtenu d'abattre des chênes dans la forêt de Tréguier pour la charpente de son église, fut accusé d'avoir fait de trop grands dégâts; lorsqu'on alla sur place pour constater le dommage, on vit qu'il avait poussé trois troncs, partout où il en avait coupé un. (*Martyr. Rom.*, 19 mai.)

Saint Grégoire le thaumaturge sollicité par les riverains d'un fleuve débordé, planta un bâton sur la berge pour défendre aux eaux d'aller plus loin, et ce bâton se transforma en arbre. (*Martyr. rom.*, 17 novembre.)

Notre-Dame d'Ecurat. — Dans le village d'Ecurat (Charente-Inférieure), il y a une église qui a été bâtie, d'après la légende, à la suite d'un prodige de reverdissement subit de morceaux de bois. — Le soir de la

bataille de Taillebourg en 1242, l'armée du roi Saint-
Louis victorieuse s'établit en cet endroit pour y passer
la nuit, les chevaliers qui suivaient le roi, plantèrent
leurs lances dans le sol, et se couchèrent auprès d'elles,
sans prendre d'autres dispositions de campement, tant
ils étaient fatigués. Or, pendant la nuit, toutes ces lances se transformèrent en arbres feuillus, pour abriter
leur sommeil ; et le Saint roi voulût qu'on bâtit une
église, en cet endroit, à Notre-Dame d'Ecurat, *curare*
(prendre soin) — (OLLIVIER DE BEAUREGARD, R. t. 1894,
f⁰ 504).

Lorsque les reliques de saint Firmin furent portées
dans la cathédrale d'Amiens, le 13 janvier, les arbres
refleurirent sur son passage (*loc. cit.*, 25 septembre),
même chose arriva dans l'Orléanais, quand on apporta,
en plein hiver, les reliques de saint Benoît.

La mère de saint Pierre Célestin voulant s'assurer
de la piété de son fils, lui commanda, un jour d'hiver,
pendant une famine, d'aller moissonner une gerbe de
blé dans un champ, pour faire du pain; elle vit son fils
revenir, bientôt, chargé d'une ample moisson miraculeuse (*loc. cit.*, 19 mai).

Grégoire de Tours (t. II., p. 324, édit. FIRMIN DIDOT)
affirmait qu'au tombeau de sainte Eulalie, martyrisée
à Mérida en Espagne, trois arbres fleurissaient en décembre, saint François d'Assise, saint Boniface, saint Bernard, saint Polycarpe, saint Grégoire le thaumaturge,
saint Picard, saint Gasbert, saint Joseph, etc., ont vu
leur bâton se couvrir de feuilles et de fleurs (BOLLAND,
Acta sanctorum). Enfin, terminons nos citations des

miracles des saints catholiques, en disant : qu'il y a pour saint Maurille d'Angers, une légende qui établit la transition entre celle de saint Cannat et celle de Polychrate de Samos.

Si les saints du calendrier romain ont souvent fait pousser des feuilles, des fleurs ou des fruits, en plein hiver, sur des morceaux de bois desséchés, il faut convenir que ceux des autres sectes chrétiennes sont aussi puissants pour le moins ; je n'en finirais pas si je voulais rapporter tous les miracles de ce genre attribués aux saints grecs, cophthes, arméniens, etc.. etc. Il faut ajouter que de leur côté les santons arabes font les mêmes prodiges. On sait, entre autres que le père de Mahomet se promenant un jour dans le champ des pierres près de la Mecque, fut surpris par la pluie, et que s'étant approché d'un arbre pour se mettre à l'abri, cet arbre se couvrit aussitôt de feuilles, et se mit même à marcher, pour lui permettre de rentrer chez lui sans se mouiller (COUTANT D'ORVILLE, t. VI., p. 79.)

Les pins de Sidi Nadji. — Un jour que Sidi Nadji se plaignait de l'ardeur du soleil, sur la route de Médéah à Bou-rar, Sidi Ben-Aliya, déracina une forêt de pins, sur le Djebel sahari, et les replanta sur l'heure à Berrouaghia, où ils sont encore. (*Alg. trad.* Carnoy et Certeux, t. I, p. 109).

Les oliviers de Sidi Yacoub. — Lorsque Sidi Yacoub s'en alla en pèlerinage à la Mecque, il coucha, un soir, dans une prairie toute une, située dans les environs de Blidah, en Algérie, sur les bords de l'Ouader-Rouman. Il avait trouvé le lieu favorable à la prière, mais seule-

ment un peu trop privé d'ombrage. En revenant des
lieux saints, il voulut camper dans la même prairie,
mais il la trouva toute plantée d'oliviers séculaires.
Dieu avait transformé les piquets de ses tentes en arbres magnifiques, pour témoigner combien il tenait
compte de ses impressions. (*Trumelet* p. 7).

Si Hamed Ouled Hamed, qui vivait sur l'emplacement
actuel du village de Tizza, dans la province d'Alger,
sema, le soir de sa mort, une noix, près de l'endroit où il
voulait être enseveli ; lorsqu'il fut enterré, ont vit la noix
germer ; dans l'espace d'une nuit elle se transforma
en un magnifique noyer, qu'on voit encore de nos
jours (*Trumelet*, p. 108).

Le cèdre qui ombrageait la tombe de Sidi Mohamed,
Marabout des Amchache, près de Blidah en Algérie,
ayant été coupé par un impie, repoussa pendant la nuit
suivante aussi beau qu'il était avant. (*Trumelet*, p. 48).

Ajoutons que dans l'Inde, des impies ayant coupé un
arbre qui abritait le tombeau d'un santon du Dépal-Dal,
les morceaux se réunirent et se reverdirent aussitôt.
L'aventure de l'arbre de Ceylan qui étendit ses branches
sur Buddha, et qui marcha auprès de lui pour l'abriter du soleil, est aussi connue des dévots de ce pays, que
celle de l'arbre d'Egypte saluant la Sainte Famille
à son passage, est accueillie avec respect par les
chrétiens.

III

EXISTENCE DE CES LÉGENDES DANS L'ANTIQUITÉ

En parlant d'arbres qui fleuris nt en hiver, et des morceaux de bois qui reverdissent tout à coup, nous sommes en présence d'une vieille crédulité qui avait cours déjà dans l'antiquité, bien avant l'Ere chrétienne.

On sait, en effet, que du temps de l'empereur Auguste, un palmier poussa, tout à coup, sur l'autel d'un temple qu'on lui avait élevé, le jour de sa consécration. Pendant la guerre contre la Macédoine, un laurier avait poussé sur la poupe d'un vaisseau. (TITE-LIVE, t. III p. 318, *édit. Hachette*). Ajoutons, à titre de digression, qu'au même moment un cheveu poussait sur la statue d'Hercule. (TITE-LIVE, t. III, p. 318, *édit. Hachette*).

Bien avant cela, on racontait dans la vieille Rome, que Tullus suivant les uns, Romulus suivant les autres, avait lancé en l'air un javelot qui, en s'enfonçant dans la terre, s'était transformé en un cormier. On voyait ce cormier, bien vivant, au Capitole; et sa mort annonça la fin de la république romaine.

Ces légendes romaines n'avaient pas droit à la priorité, car plusieurs siècles avant, déjà on montrait à Trœzène, un olivier qui avait été la massue d'Hercule, et qui reverdit après la mort du héros : d'autres, disaient qu'Hercule l'avait plantée, lui-même, pour la consacrer à Mercure (Pausanias Corinthe, *édit. Gedoyn.* t. I, p. 425).

La lance d'Amphiaraüs s'était transformée en arbre, absolument comme celle de Romulus. Les habitants de Trœzène ayant enterré tout ce qui était impur, après avoir purifié Oreste du meurtre de sa mère, virent pousser un laurier sur la fosse (Pausan *lib.* 2, ch. 31). A Athènes, l'olivier de Minerve, brûlé par les Perses, reverdit miraculeusement en une nuit (*Pausan attique*). Epopée ayant construit un temple à Minerve, supplia la déesse de lui faire savoir si elle était contente : aussitôt un olivier sortit miraculeusement de terre devant le temple. Pausanias ajoute naïvement : que ce prodige n'empêcha cependant pas Epopée de mourir, quelques jours après, de la blessure qu'il avait reçue, en remportant la victoire qu'il voulait célébrer, par la construction de ce temple (*Pausan Corinthe*).

Dans la tragédie d'Euripide : les bacchantes, il est parlé des thyrses fleurissant et fructifiant tout à coup. Dans l'Electre de Sophocle, Clytemnestre voit en songe le sceptre d'Agamemnon planté en terre, et reverdissant aussitôt.

Sur le chemin d'Eleusis à Mégare, il y avait un puits sacré voisin d'une chapelle dédiée à Cérès. La légende disait que pendant quelle cherchait Proserpine, la déesse s'était assise près de ce puits, et qu'aussitôt les arbres qui l'ombrageaient avaient fleuri (*Pausan attique*). Nous pouvons rapprocher de ces faits miraculeux : celui d'Oresthée, fils de Deucalion, dont la chienne accoucha d'un morceau de bois qui, ayant été enterré produisit une vigne (Pausan, liv. x, ch. 38). Enfin terminons ce qui à trait à la Grèce, en disant : que sur le mont Larysius en Laconie, il y avait un temple de Bacchus orné d'une vigne, où tous les ans on trouvait une grappe mûre, le jour de la fête du dieu (*Pausan Laconie*).

Dans la Bible, nous retrouvons la donnée qui nous occupe ici : « Et il arrivera que la verge de l'homme que j'aurai choisi fleurira (*Nombres*, chap. XVII, § 5). D'après l'ordre de l'Eternel, Moïse ayant fait placer douze verges sèches sur le tabernacle, on vit le lendemain que celle d'Araon avait reverdi (*Nombres*, chap. XVII). Gédéon parle d'arbres qui marchent et profèrent des paroles. (*Juges*, chap de VI à IX).

D'ailleurs, ajoutons que dans toutes les mythologies on rencontre des détails analogues : au Pérou, la verge d'or de Manco-Capa, le premier homme, avait fleuri lorsqu'il la planta à l'endroit où il voulait qu'on élevât un temple au soleil.

IV

ORIGINE DE LA DONNÉE INITIALE DE CES DIVERSES LÉGENDES

Par les nombreuses citations que je viens de faire, on voit que la légende dont nous nous occupons se perd dans la nuit des temps ; il est probable que nous en découvririons bien d'autres, en faisant quelques recherches ; mais ce serait un complément d'informations bien inutile, car ce qui nous intéresse ici, ce n'est pas le chiffre des citations, mais la signification de la donnée elle-même. Or, dans cet ordre d'idées, on est amené à penser que nous nous trouvons en présence d'un fait qui a étonné les premiers hommes, et dont le souvenir s'est transmis de bouche en bouche, à travers les âges, depuis les temps les plus reculés jusqu'à nos jours. Ce fait a pris une teinte miraculeuse qu'il n'avait pas, en réalité, avant d'être entré dans l'arsenal religieux des divers clergés qui se sont succédés.

On comprend que le jour où, pour la première fois, un de nos ancêtres, vit une branche qu'il avait tenue dépouillée dans ses mains, qui lui avait même servi de bâton, et qu'il croyait absolument morte, pousser des bourgeons, parce que par hasard il l'avait abandonnée dans un endroit propice à la végétation, il fut grandement étonné. Et, si plus tard, les agriculteurs ont utilisé cette observation pour la reproduction des végétaux par bouture, sans songer à tout ce que ce phénomène a de curieux, nos ancêtres du début de l'humanité, avec leurs aspirations animistes, crurent fermement, dans leur surprise, que cette végétation imprévue était une manifestation surnaturelle.

Il n'en fallait pas davantage, on le comprend, pour que le fait fut utilisé désormais par les féticheurs, et qu'il entrât de plein pied dans l'arsenal mythique des divers cultes en honneur chez les humains, suivant les temps et les pays.

Le fait : que nous trouvons cette donnée d'une végétation surnaturelle dans les pays les plus divers, en

Europe, en Asie, en Amérique même, pose cette question à notre esprit : faut-il attribuer la crédulité qui nous occupe à la tournure même de l'esprit humain qui a spontanément expliqué de la même manière un phénomène constaté par lui ; ou bien faut-il admettre que l'idée primitive est née dans un endroit unique et a été ensuite transportée çà et là par les émigrations des peuples. Cette question est très intéressante assurément, mais nous manquons d'éléments pour la résoudre. Pour ma part, je suis porté à croire à la diffusion de la donnée, par le fait des migrations humaines à cause du reflet religieux qu'on lui trouve partout. Par conséquent, je crois à une antiquité considérable de la première émission de l'explication du phénomène de la végétation par bouture. Quoi qu'il en soit, un fait qui est hors de doute : c'est que l'étonnement de nos premiers parents, en présence de la végétation d'une branche qu'ils croyaient morte, a paru aux clergés de toutes les religions, un filon assez fécond à exploiter.

Une fois lancés dans la voie de ce miracle végétal, les féticheurs ont imaginé toutes les variantes possibles : ici, ce sont de simples feuilles qui poussent sur une branche desséchée; là, c'est une graine qui se transforme en arbre séculaire en quelques instants; plus loin, des morceaux séparés se récoltent spontanément pour reconstituer un arbre coupé; ou bien des fleurs poussent d'une manière insolite. — Enfin, il est même des végétaux qui sont animés par des sentiments de vénération, chose à laquelle on était loin de s'attendre de prime abord.

Aussi, depuis la massue d'Hercule ou la lance d'Amphiaraüs, depuis la verge déposée par Moïse sur
le Tabernacle, jusqu'au roseau de saint Cannat ou
l'arbre miraculeux du père de Mahomet, nous voyons
que la donnée a été utilisée par tous les cultes, quelque
différents et même hostiles les uns aux autres, qu'ils
aient pu être, par ailleurs.

CHAPITRE III

Les Bêtes Dévotes

I

FAITS AFFÉRENTS A LA PROVENCE

Le jour de la Saint-Eloi, les paysans de Provence vont faire bénir leurs animaux de trait et de charge au curé, avec la conviction que cette cérémonie préserve ces bêtes de la maladie et des habitudes vicieuses. Le mulet ou le cheval bénis ainsi, sont moins exposés, disent les bonnes gens, aux chutes et aux indispositions résultant des variations de la température ou de la mauvaise qualité des aliments ; mais surtout, ils sont moins impatients sous les attaques des mouches, moins rétifs, moins entêtés, enfin moins dangereux pour ceux qui les montent ou les conduisent.

Cette coutume de faire bénir les bêtes à certains moments de l'année, se rencontre dans une infinité de pays et sous les formes les plus diverses. En Espagne (COUTANT D'ORVILLE, t. VI, p. 264). En Italie, en

Autriche, en Allemagne, en Russie, dans toute l'Amérique méridionale catholique. Et partout, le populaire est persuadé, comme les habitants des campagnes de France, non seulement que les animaux bénis sont préservés des accidents et des maladies, mais encore qu'ils éprouvent une véritable joie dans cette bénédiction.

Les bonnes femmes de Provence racontent des aventures extraordinaires, dans lesquelles une bête la plus stupide ou la plus sauvage en apparence, a donné des preuves irrécusables de respect vis-à-vis de la divinité, de piété, de dévouement à la religion. Cette bête a souvent montré, d'après elles, aux impies, l'étendue et l'horreur de leur mauvaise conduite, soulignant ainsi cette pensée : que l'homme irréligieux est inférieur à la brute elle-même.

Le Pigeon blanc de la procession. — A l'époque où les processions de la Fête-Dieu étaient autorisées, et où de longues files de fidèles cheminaient à travers les rues de Toulon, en chantant des cantiques pieux, et en portant des images saintes, j'ai vu, nombre de fois, la confrérie des pénitents blancs suivre le porteur d'une grande croix sur laquelle on avait fixé un pigeon blanc, de telle sorte, qu'il avait la tête en bas et les ailes déployées. La pauvre bête placée ainsi, dans une position qui la faisait souffrir, cherchait à échapper à l'asphyxie en agitant sa tête, et en frémissant de tout son corps ; le porteur du Christ la surveillait, inclinant un peu la croix quand il voyait le pigeon près de succomber, afin qu'il pût reprendre ses sens. Celui qui voyait ce spectacle pour la première fois, trouvait barbare qu'on fît souffrir ainsi inutilement pendant de longues heures ce malheureux pigeon ; mais les bonnes femmes ne voyaient, au contraire, dans les mouvements de l'infortuné volatile, que les consolations du Saint-Esprit à Jésus mourant. Quand on leur parlait des souffrances du pigeon, elles hochaient la tête d'un air incrédule, et répondaient : « Mais non, il ne souffre pas d'être attaché ainsi ; au contraire, il cherche à consoler Notre-Seigneur. »

Le mulet de la cathédrale de Toulon. — J'ai entendu raconter pendant mon enfance que, lors de la première révolution, l'église cathédrale, dans laquelle on ne célébrait plus les offices, fût employée comme grenier à fourrage, et qu'on voulut même en faire une écurie. Mais, disait-on, les chevaux et mulets qu'on y mena ne voulurent jamais entrer dans l'édifice. Un palefrenier ayant parié avec ses camarades qu'il parviendrait à y faire entrer sa bête, reçut un coup de pied qui le tua roide, de sorte que l'on renonça à transformer l'église en écurie. Cette légende est racontée pour dix, peut-être vingt églises du département, avec des variantes, mais toujours dans le même sens.

La chèvre de la montagne de Sicié. — La vierge noire qui est dans la niche de gauche de la petite église de Notre-Dame-de-la-Garde, sur la montagne du Mai, était, dit la légende, enfouie dans un champ ; elle fut trouvée par un berger qui cherchait une de ses chèvres qu'il croyait égarée. Ce berger vit que cette chèvre était à genoux, dans une attitude pieuse ; et ayant constaté que la bête venait tous les jours en cet endroit pour y prier, il eut l'idée de creuser la terre, sous laquelle il trouva la statue précitée.

La Provence n'a certes pas le monopole de ces aventures merveilleuses dans lesquelles la dévotion, le dévouement, un sentiment élevé, en un mot, est mis à l'actif d'un animal quelconque. Je dois ajouter qu'il n'y a pas que les populations de l'Europe qui possèdent dans leur arsenal du surnaturel et du légendaire, des faits touchant l'intervention merveilleuse des animaux les plus divers ; on pourrait même dire qu'à l'heure actuelle ces populations sont les plus pauvres, sous ce rapport. Les peuplades de l'Asie, de l'Afrique, de l'Amérique, de l'Océanie croient à ces aventures merveilleuses d'une manière bien plus robuste encore ; elles racontent des faits extrêmement variés dans cet ordre d'idées.

II

CLASSIFICATION

Quand on jette un coup d'œil synthétique sur les diverses aventures plus ou moins invraisemblables, dans lesquelles les animaux se sont conduits d'une manière édifiante pour les âmes pieuses, on voit qu'elles peuvent être rangées sous cinq catégories suffisamment distinctes.

C'est ainsi que dans quelques cas, c'est surtout la

piété de la bête qui est le caractère dominant du récit. Un mulet, un cheval, un ours, un lion, ont eu pour la divinité le respect et l'amour qu'on ne trouve d'ordinaire que chez un homme dévot.

Dans une seconde catégorie, entrent les cas d'une bête féroce qui a respecté le saint qu'on lui avait jeté en pâture.

Dans la troisième, on voit cette bête féroce, non seulement ne pas dévorer le saint, mais encore le défendre contre les attaques des autres.

Dans une quatrième, nous citerons le cas où un animal conduit miraculeusement un saint, à travers des dangers, vers un but désiré.

Enfin, je rangerai dans une cinquième, les faits où la scène merveilleuse se passe dans l'eau, soit de la mer, soit d'un fleuve ou d'un étang.

Je pourrais ajouter à ces catégories, celle où les animaux viennent assurer la nourriture des êtres débiles ou pieux, c'est-à-dire élever miraculeusement des enfants ou fournir le garde-manger de quelque saint anachorète. Mais pour ne pas étendre outre mesure le cadre de mon étude actuelle, je réserve pour l'appendice qui se placera à la fin de ce chapitre, l'examen de cette série de faits surnaturels.

III

BÊTES PIEUSES

Dans les récits des commères d'une infinité de provinces de France, d'Espagne, d'Italie, d'Allemagne, etc., il est parlé de bêtes pieuses, avec un accent de conviction très remarquable. La piété de la bête présente des variétés, des nuances, des détails vraiment touchants ; ici c'est le dévouement, là, c'est l'adoration : plus loin, c'est même la colère ou la haine contre les impies, en un mot la piété de l'animal est aussi étendue et aussi complète que celle du dévot humain le mieux caractérisé.

En France, les bœufs de N.-D. de Buglose, les moutons de N.-D. de Brebières, et dix autres espèces d'animaux peuvent être cités comme des exemples de piété, dignes de l'admiration des bonnes âmes.

En Italie, les ânes qui font l'ascension de la *Sancta Casa*, à N.-D. de Lorette, sont tellement sanctifiés par leur profession, qu'ils ne sont jamais rétifs ; de même qu'ils ne sont exposés à aucun accident (MISSON. *Voy. d'Italie*, t. I, p. 320).

A Corbie et dans plusieurs villages d'Italie (MISSON *Voy. d'Italie*, 1722, t. I, p. 26), il est raconté qu'à une certaine époque, il y avait un chien dévot, çà ou là. J'ai lu, même dans ce livre de Misson, qu'on lui avait parlé d'un dévot de cette catégorie, qui allait tous les matins entendre la messe avec recueillement, dès la première heure, qui chassait ses semblables, lorsque d'aventure ils entraient dans la maison de Dieu, par pure curiosité ; enfin qu'il les mordait cruellement lorsqu'ils se permettaient de lever la patte irrévérencieusement contre les murs de l'édifice.

Le P. Gagée parle d'une brebis dévote, qui allait à la messe avec les moines, se mettait à genoux au moment de l'élévation, etc., etc. (D'ARGENS. *Phil. du Bon Sens*, t. i, p. 104).

Un jour saint François prêchait dans l'église de Trèves. lorsqu'un âne en rut vint semer le désordre dans l'église, personne ne pouvait s'en rendre maître. Saint François s'approcha de lui et lui dit : « Frère âne, reste en repos, je te prie et laisse-moi prêcher ». Aussitôt l'âne s'arrêta et écouta le sermon avec un grand recueillement (*Encyclopédie Monastique* de CHABOT, p. 13).

Saint Antoine de Padoue paria avec un hérétique que sa mule, après avoir jeûné trois jours, et étant mise en présence d'une ration d'avoine et d'une hostie consacrée commencerait par adorer l'hostie, et ne mangerait, qu'après avoir accompli son devoir religieux ; il est dit que le saint gagna son pari (*Martyr. Rom.* de 1669, 13 juin.)

Ailleurs, nous trouvons que les loups sortaient de la forêt, pour venir entendre dévotement la messe de saint François le Séraphique. (*Martyr. Rom.*, 4 octobre.)

Dans quelques cas, la piété des bêtes est citée comme

preuve de la grande sainteté d'un personnage. C'est ainsi qu'il est dit dans le martyrologe romain de Simon Martin du 13 juin, qu'un jour que saint Antoine de Padoue prêchait sur le bord de la mer, une multitude de poissons s'approcha du rivage, et leva la tête hors de l'eau pour mieux l'entendre.

Quelquefois, la piété de l'animal est le résultat de la reconnaissance pour la divinité qui l'a sauvée d'un danger imminent. Un ours poursuivi par des chasseurs, alla se jeter dans l'église du monastère de Sainte-Gudule; il y fut touché de la grâce, de sorte qu'il resta désormais dans le couvent, vivant au milieu des religieux, doux comme un agneau. (*Martyr. Rom..* 8 janvier.) Les chasseurs qu'un fonctionnaire romain envoyait dans les forêts pour capturer les bêtes féroces qui devaient dévorer les chrétiens, trouvèrent dans une grotte saint Blaise de Sebaste, entouré de lions, de tigres, de loups et d'ours qui vivaient en sa compagnie. (*Martyr. Rom.,* 3 février).

Saint Marcel de Paris arrêta, on le sait, un taureau furieux qui semait la terreur dans les rues de la capitale. L'ayant attaché avec son étole, il le conduisit à l'abattoir sans qu'il fît la moindre résistance (DULAURE, *hist. de Paris.*)

La légende disait que le corps de sainte Ursule fut distingué des onze mille vierges, parce qu'un pigeon venait régulièrement se reposer sur son tombeau. (MISSON. *Voy. d'Italie,* t. 1, p. 48).

La piété des bêtes prend parfois le caractère du repentir et de l'expiation d'une faute. La légende du loup de sainte Austreberte en est un exemple frappant, voici cette aventure dans ses détails.

Le loup de sainte Austreberthe. — La première abbesse du monastère de Savilly, près Jumiège, dans les environs de Rouen, était sainte Austreberthe. Les religieuses étaient chargées de laver le linge de la sacristie de l'église de Jumiéges, et elles avaient un âne qui allait tout seul porter et reporter ce linge, sans être accompagné d'un conducteur. Un jour, un loup se jeta sur cet âne et le dévora; de sorte qu'à l'heure habituelle, sainte Austreberthe ne vit pas arriver le linge qu'elle attendait. Pressentant quelque évènement, elle se met à la recherche de l'âne, et trouva le loup qui était en train d'achever de le dévorer. « Malheureux, n'a tu pas honte d'avoir ruiné de pauvres filles de Dieu, car nous ne sommes pas assez riches pour acheter un autre âne », dit la sainte femme au loup. Celui-ci, fut tellement touché de la douleur de sainte Austreberthe, qu'il se glissa sous le bat de l'âne ; et à partir de ce jour jusqu'à sa mort, il fit le service de l'humble porteur qu'il avait dévoré.

Cette aventure se retrouve dans vingt endroits différents et tellement semblable, au fond, qu'on ne peut s'empêcher de penser que c'est la même pensée, rééditée çà et là. A Ournaimp, dans le département de l'Oise, saint Eloy, évêque de Noyon, voulant édifier une chapelle faisait charrier les pierres par un bœuf. Mais voilà qu'un ours mangea le bœuf. Saint Eloy alla à la bête, lui en fit des reproches qui l'émurent tellement qu'elle se mit à remplacer désormais le bœuf dans son travail.

Au mont Saint-Michel la même aventure survint, absolument dans les mêmes conditions, et se termina absolument de la même manière.

Dans les Ardennes, saint Remacle avait un âne qui fut dévoré par un loup; le saint obligea ce loup à porter les paniers pendant deux ans (*Martyr. Rom.*, p. 370). Dans le même pays, saint Eustorge attela à sa voiture un loup qui avait mangé sa jument (*Martyr. Roman.*, p. 371.)

Enfin, la piété bestiale est signalée parfois, sous le jour de la douleur assez grande pour causer la mort. C'est ainsi, qu'au moment de la mort de saint Thomas d'Aquin, le mulet qui le portait d'habitude, fut si triste, qu'il vint se coucher sur sa tombe et y resta, sans boire ni manger, jusqu'à ce qu'il mourut. (MISSON. *Voy. d'Italie*, t. II, p. 10.)

Les santons arabes ne le cèdent en rien aux Saints chrétiens. sous le rapport des bêtes qui ont manifesté, sous leur influence, un sentiment de piété et de dévotion vis-à-vis de la divinité. C'est ainsi que Sidi Mohamed-Ben-Aouda avait apprivoisé des lions, comme saint Jérôme, et mieux encore (TRUMELET, *Saints de l'Islam*, p. 390-399, etc., etc.). Les Algériens disent aussi qu'un jour, sidi Bou-Media vit un lion qui dévorait l'âne d'un pauvre homme; il lui fit des reproches; et le lion en fut tellement touché, qu'il servit désormais de bête de somme à ce pauvre (*Alg.*, *trad.*, t. I, p. 119).

Dans mon livre sur les légendes de la Provence (p. 279), j'ai raconté la légende du lion de Sidi-Abderhaman qui a cours en Algérie. Cent autres aventures plus ou moins extraordinaires sont rapportées dans ce pays, touchant les animaux qui obéissaient aux santons musulmans (Voir TRUMELET, les *Saints de l'Islam*).

IV

SAINTS ÉPARGNÉS PAR LES BÊTES

Les martyrologes chrétiens sont remplis de mille faits dans cet ordre d'idées. C'est, par exemple. saint Guy (15 juin). sainte Frisque (18 janvier). saint Mamas de Paphlagonie (17 août), saint Dominique de Tropoa en Calabre (6 juillet). saint Prime et saint Félicien (9 juin). saint Eleuthère (18 avril), saint Janvier (MISSON, *Voy. d'Italie*, t. II, p. 68). J'en pourrais citer cent autres sans grande peine, mais ce serait inutile, car c'est toujours la même donnée qui est en jeu. Je me contenterai donc de rapporter seulement les suivants qui constituent une légère variante :

Un magicien ayant fait venir un serpent pour dévorer sainte Anatolie de la Marche d'Ancône. la bête resta au pied de la sainte. sans lui faire de mal (9 juillet. *Martyr. romain*). Saint Pons fut exposé à Cimiès dans une arène pour être dévoré par deux ours qui. au contraire, après avoir tué leurs gardiens. vinrent se prosterner à ses pieds (BOUCHE. t. I. p. 154).

Je rapprocherai aussi des faits précédents, celui-ci,

qui constitue aussi une variante de la donnée primitive.
Un loup ravit un enfant qu'il allait dévorer, mais la mère
invoquant saint Robert, l'animal lui rendit l'enfant sans
aucun dommage (*Martyr. romain*, 29 avril).

V

BÊTES QUI PROTEGENT LE SAINT

A côté de la catégorie précédente, se range celle où la
bête féroce, au lieu de dévorer le saint, le protège, au
contraire, contre l'agression des autres. Saint Stanislas
de Cracovie ayant été martyrisé, son corps, jeté dans un
champ, fut gardé par quatre aigles qui le défendirent
contre la rapacité des bêtes dévorantes (*Martyr. romain*,
7 mai). — Le corps martyrisé de sainte Martine ayant
été exposé sur la place de Rome, deux aigles vinrent
pour la protéger contre les attaques des bêtes, jusqu'à
ce qu'on l'enterrât (*Martyr. romain*, 30 janvier).

Le corps de saint Vincent, patron de Valence, en
Espagne, ayant été jeté dans un champ pour servir de
pâture aux bêtes, un corbeau vint le garder, et chassa
un loup qui venait pour le dévorer (*Martyr. romain*,
22 janvier).

Saint Edmond, roi d'Angleterre, ayant été martyrisé
par les Danois, son corps fut gardé par un loup qui
empêcha les autres bêtes de le dévorer (*Martyr. romain*, 20 novembre).

Les corps de saint Vincent et de sainte Sabine, jetés à la voirie, furent gardés par un serpent (*Martyr. romain*, 28 octobre).

Voici une variante de la donnée fondamentale, qui a son cachet de curiosité, comme on va le voir :

Sainte Darie, conduite dans un lieu de débauche, fut défendue par un lion miraculeux qui terrassa celui qui voulait la souiller (*Martyr. romain*, 25 octobre).

Sainte Colombe ayant été condamnée à être violée en plein cirque, fut défendue par une ourse qui s'échappa de sa cage (*Martyr. romain*, 31 décembre).

Ici, encore, nous pourrions citer, pour de saints Arabes, des faits au moins aussi extraordinaires que ceux dont parlent les dévots chrétiens. Qu'il me suffise de signaler entre mille exemples : que dans le djebel Bou-Kahil, en Algérie, il y a une caverne où Lala Kodra après avoir été très mondaine passa onze ans à méditer les paroles de la religion. Comme la sainte Magdeleine de Provence, Dieu lui envoyait la nourriture par des mouflons sauvages du voisinage. (*Alg. trad.*, t. 1, p. 68).

VI

BÊTES QUI CONDUISENT

Dans une infinité de pays, non seulement de la chrétienté mais du monde entier, peut-on dire, on trouve des récits plus ou moins compliqués, brodés

sur ce canevas ; c'est ainsi qu'il est raconté en
Auvergne : qu'un groupe de païens désolait le bourg
de Brioude et pillait les églises, lorsque Hilledius
vint du Velay guidé par une colombe, et tomba à l'im-
proviste sur les mécréants qu'il tailla en pièces. (Grégoire de Tours, t. ii, p. 329).

La ville de San-Juliano, en Sicile, étant assiégée
par les normands, d'après les uns, les sarrasins d'après
les autres; elle allait succomber, lorsque saint Julien
arriva, précédé par une meute de chiens qui chargea les
infidèles comme du gibier.

Mummolus voulant empêcher l'impie Rhodan de ra-
vager le territoire de Grenoble, ne savait comment
passer l'Isère, lorsqu'un animal lui montra miraculeusement le gué (Grégoire de Tours, t. i, p. 197); même
chose arriva à Clovis sur les bords du Rhin (t. i, p. 101).

Les musulmans, ici encore, ne sont pas en arrière
des chrétiens, vis-à-vis de ces crédulités.

La mule de Sidi-Mohamed-el-Réribi. — Lorsque Sidi-
Mohamed-el-Réribi sentit qu'il allait mourir, il dit aux
fidèles qui étaient venu l'invoquer dans sa grotte, qu'il
désirait que son corps reposa dans la tombe des Saouba,
où vivait sa famille. Le lendemain, lorsque ces fidèles
vinrent dans la grotte pour l'emporter, ils virent une
mule blanche, qui s'acroupit d'elle-même pour recevoir
le corps ; dès qu'elle fut chargée de son saint fardeau,
elle prit d'elle-même le chemin des Saouda, où elle
arriva sans avoir été guidée par personne. (Trumelet.
p. 31).

Lorsque Sidi-Mohamed-Ben-Aliya fut près de mourir,

il désigna pour sa sépulture l'endroit nommé Rerizem-el-Hotob ; mais la chamelle qui portait son corps, prit le chemin de Temad sans que personne put jamais la faire dévier de sa route. (*Alg. trad.* p. 110).

VII

AVENTURES AQUATIQUES

Une grande variété de légendes viennent se ranger dans la présente catégorie ; j'ai déjà parlé des poissons qui venaient écouter dévotement les prédications de saint Antoine de Padoue. Ajoutons que lorsque saint Pacôme avait besoin de traverser le Nil, les crocodiles le prenaient sur leur dos. (*Martyr. de Simon Martin*, 14 Mai).

Saint Lucien avait été tué par les païens, et son corps avait été jeté à la mer attaché à une grosse pierre ; un de ses disciples étant endormi, quinze jours après, vit apparaître le saint qui lui dit : d'aller sur le rivage voisin. Ce disciple ayant obéi, vit un dauphin qui portait le corps du martyr sur son dos, et qui vint le déposer à ses pieds, afin qu'il put l'ensevelir chrétiennement. (*Marty. rom.* 1660, t. II, p. 127). La légende ajoute même : que la main du saint à laquelle avait été attachée la pierre, avait été arrachée du corps dans l'intervalle ; mais que peu après, elle vint miraculeusement de la même manière sur la plage, afin que le corps tout entier du martyr pût reposer dans son sépulcre.

Enfin; voici une variante curieuse de la donnée fondamentale : saint Martinien de Césarée, en Palestine, se retira dans une île déserte pour éviter les séductions du diable. Un jour, un vaisseau vint se briser dans son voisinage, et une femme qui était en danger de se noyer fut sauvée par lui. Quelques jours après, au moment où il allait succomber à la tentation de cette femme, qui n'était autre chose que le diable, il se souvint de son devoir; il se jeta à l'eau, préférant mourir que pécher. Mais Dieu le fit recueillir par deux dauphins, qui le portèrent sur leur dos jusqu'à la terre ferme. (*Martyr. rom.* 13 février).

Le roi Marc ayant refusé à saint Paul de Léon, une petite clochette d'argent pour sa messe, il arriva qu'un pêcheur vint offrir un poisson au saint homme. En l'ouvrant pour le faire cuire, saint Paul trouva cette petite clochette dans son estomac. (*Martyr. Rom.* 12 mars).

Le P. Labat, dans son voyage en Espagne et en Italie (t. v, p. 95), dit avoir vu à Pouzzoles, une statue de saint Janvier à la quelle se rattache une légende curieuse qui peut trouver place ici : saint Janvier ayant été martyrisé à Pouzzoles, fut adopté plus tard comme patron du pays, et on lui fit élever une statue de marbre qui était l'objet de la vénération des fidèles. Or, un jour, les sarrasins envahirent la contrée ; et dans leur rage contre la religion, ils voulurent détruire cette statue. Pressés par le temps, ou dérangés par un retour offensif des habitants, ils se contentèrent de lui couper le nez, qu'ils jetèrent dans la mer. Les chrétiens ayant repris possésion de leur ville, essayèrent de refaire un nez à saint Janvier ; mais ce fut en vain, et pendant plusieurs siècles on se livra à ce travail, sans jamais pouvoir réussir. Un jour, un pêcheur apporta sur la place un poisson extraordinaire, d'une espèce inconnue dans le pays. La foule attirée par l'étrangeté de la bête, voulut voir sa conformation intérieure. Or, on trouva dans l'estomac du poisson, un morceau de marbre dont personne ne pouvait deviner l'usage, lorsqu'un enfant de naissance se mit à crier du sein de sa mère : « C'est le nez de Saint-Janvier. » On approcha ce morceau de marbre du nez de la statue, et il s'adapta si bien à la cassure, aussitôt, qu'on fut émerveillé. Le recollement se fit immédiatement, d'une manière tellement parfaite, qu'il fut impossible, désormais, de voir la trace de la soudure.

Pour cette catégorie de prodiges, nous ferons encore remarquer que les hagiographes chrétiens n'ont pas le monopole de l'invention, car dans les autres religions on cite des faits aussi extraordinaires que dans la nôtre. C'est ainsi, par exemple, que les indiens racontent : que lorsque Ramo voulut aller de la terre ferme à Ceylan, pour y convertir les habitants, tous les poissons à écailles s'approchèrent de la plage ; et firent un pont vivant, qui lui permit de passer le détroit à pied sec. (DELLA VALLE, t. III, p. 2).

VIII

LES RELIQUES DES BÊTES DÉVOTES

Dans quelques cas, les bêtes dévotes ont laissé des reliques qui ont pendant longtemps excité le respect des fidèles. Je ne sais si ces reliques ont résisté à la dureté des temps actuels, mais jusqu'au commencement du siècle, on pouvait encore les voir dans les églises de Gênes et de Rome.

Nous citerons dans cette catégorie : l'âne de Balaam, qui a mérité qu'on gardât sa queue dans l'église de Sainte-Croix de Jérusalem à Rome (MISSON, *Voy. d'Italie*, t. II, p. 148). Celui qui porta Jésus-Christ, lors de sa rentrée à Jérusalem, a mené une vie exemplaire qui lui a valu l'immortalité; et qui, au dire de la légende, a donné naissance à une cérémonie qui s'est faite pendant longtemps à Vérone. En effet, jusqu'au siècle dernier on portait en procession, dans cette ville, à certains jours de l'année, la statue d'un âne, dans l'intérieur de laquelle se trouvaient les reliques de celui qui avait porté Jésus-Christ à Jérusalem. La légende affirmait : que lorsque cet âne eût porté le Seigneur, celui-ci lui octroya, en récompense, la faveur de ne plus rien faire de sa vie. A partir de ce moment, la bête se mit à voyager pour son plaisir, à travers le monde, marchant sur la mer, traversant les rivières à pied sec, et trouvant chaque jour la nourriture à son gré. Cet âne, qui visita ainsi toutes les îles de l'Archipel et la Sicile, remonta en Italie jusqu'à Vérone, où il se fixa. Il mourut enfin, après avoir mené une vie tellement édifiante, que ses reliques furent conservées. (MISSON. *Voy. d'Italie*, t. I, p. 165).

Millin, dans son voyage en Savoie et en Piémont (*Paris, 1816*, t. II, p. 186), dit : « J'ignore ce que sera devenue la singulière relique de la *queue de l'ânesse* sur laquelle Jésus-Christ avait fait son entrée dans Jérusalem, et que les Dominicains de Gênes, montraient avec une extrême vénération ». Ajoutons que Millin continue en disant : « Misson et d'autres écrivains protestants : Lalande, Roland et les auteurs dits philosophes, en ont fait un sujet de moquerie. C'est un genre de plaisanterie qu'il faudrait répéter jusqu'à la satiété dans les relations de voyage; et Pausanias, en décrivant les *Trésors des Temples*, parle de reliques qui ne méritent pas plus de confiance. Il ne faut pas une bien grande philosophie, une bien haute raison, dans ce siècle de lumières, pour se mettre à l'abri des pieux mensonges qui sont dus à un faux zèle ou à l'ignorante crédulité; et il n'y a rien de si facile que d'en faire le sujet de vaines déclamations. A l'exemple du voyageur grec, je me contente seulement d'indiquer les objets d'une antique vénération; et si quelquefois j'en trace l'histoire, je laisse au bon sens et à la foi le soin de les juger ».

Cette fois, encore, les prêtres catholiques ont été dépassés, dans le champ du merveilleux, par les ministres

des autres religions. Les cingalais avaient une relique
qui consistait en une dent de singe; le gouverneur Portugais de Ceylan, la fit prendre et jeter au feu ; mais la
dent miraculeuse s'éleva dans les airs, et alla se poser
sur une rose où les fidèles purent aller la recueillir
pour l'adorer (COUTANT D'ORVILLE, t. II. p. 248).

IX

LÉGENDES DE L'ANTIQUITÉ

Toutes les aventures merveilleuses que contiennent
les livres modernes de piété, ne sont, en réalité, que
des adaptations à la religion chrétienne de faits de la
mythologie des Romains et des Grecs. La preuve n'est
pas difficile à fournir. En effet, nous trouvons dans
les auteurs de l'antiquité, les récits suivants qui procèdent bien évidemment de la même pensée; et qui
ont sur les récits pieux de nos jours et du moyen âge, le
bénéfice de l'antériorité.

Pour ce qui est des bêtes féroces qui avaient un respect religieux, et qui obéissaient aux ordres de la Divinité: les lions et les tigres de Bacchus, l'aigle de Jupiter,
etc., etc., peuvent être évoqués.

A Athènes, il y avait un mulet qui était extrêmement
âgé, et auquel on donna la liberté, pour lui permettre
de vivre, désormais, sans travailler; mais, mû par un
sentiment de piété, l'animal continua à marcher en

tête de ses semblables employés à porter les matériaux pour la construction du temple de Minerve, les excitant par sa présence et son entrain. (ARISTOT. *Hist. Animal*, lib. VI, ch. 24).

Les mythologues Juifs avaient aussi la notion de la bête féroce qui respecte le saint homme jeté à sa pâture, l'aventure de Daniel dans la fosse aux lions nous le prouve.

Les anciens grecs, racontaient qu'Athamas étant sur le point d'immoler Phrixus et Hellé, sur la montagne Libethride, Jupiter leur envoya le bélier à la toison d'or, sur lequel ils se sauvèrent (PAUSANIAS, liv. IX, ch. 34).

Les anciens affirmaient que les milans respectaient les viandes qu'on déposait sur l'autel de Jupiter, à Olympie en Elide (PAUSAN, liv. V, ch. 14).

Pendant les sept jours où l'on célébrait la naissance du dieu Apis, les crocodiles n'attaquaient personne dans le Nil, au dire d'Ammien Marcelin.

Dans l'antique Rome, les chiens n'entraient jamais dans le temple d'Hercule, parceque la massue du héros y avait répandu une odeur qui les éloignait (SOLIN, chap. II). Dans les auteurs précités on voit nombre d'exemples analogues.

Dans quelques cas, une bête féroce s'est chargée de punir l'impie qui a fait du tort à la divinité. C'est ainsi qu'à Delphes, un scélérat ayant dérobé l'argent du temple et étant allé le cacher dans une grotte, fut dévoré par un loup. Ce loup s'en vint ensuite prévenir, par des hurlements, les prêtres; il les conduisit jusqu'à l'endroit où ils trouvèrent le trésor caché (PAUSAN, liv. X, chap. 14).

L'influence de la divinité, sur les bêtes, se traduisait d'une manière assez curieuse dans certains pays ; c'est ainsi qu'en Phocide on choisissait, au commencement de l'année, les bêtes qu'on devait immoler à Diane. Or, on constatait que ces futures victimes engraissaient mieux que les autres (PAUSAN, liv. x., chap. 35). A Hermioné, les animaux qu'on destinait au sacrifice, s'approchaient d'eux-mêmes de l'autel, pour y recevoir la mort.

Les habitants de Patra disposaient tous les ans, pour la fête de Minerve, un bûcher sur lequel ils mettaient les animaux les plus divers. On affirmait : que lorsque des loups, des ours, des sangliers parvenaient à se sauver, ils ne faisaient aucun mal aux dévots qui cherchaient à les jeter dans le feu (PAUSAN, liv. VII, ch. 18).

Quant à ce qui est de la bête sauvage venant défendre, à un moment donné, le protégé de la divinité contre ses ennemis, les exemples ne faisaient pas défaut non plus chez les anciens. Au moment où les Eléens se disposaient à résister à une invasion Arcadienne, une femme s'approcha du chef et lui dit : qu'elle avait été avertie en songe, que l'enfant qu'elle nourrissait terrasserait les ennemis. Cet enfant fut alors placé au premier rang des combattants, et il se transforma tout à coup en serpent. Ce prodige frappa tellement les Arcadiens de terreur qu'ils prirent la fuite (PAUSAN).

Les faits d'animaux conduisant miraculeusement un individu vers un but éloigné, se rencontrent aussi dans les auteurs de l'antiquité : Le consul romain Marius Valérius fut conduit miraculeusement par un corbeau (GRÉG. DE TOURS, t. II. p. 329).

Lorsque Antinoë, obéissant à un oracle, transporta les habitants de Mantinée dans une autre localité, un serpent lui servit de guide. C'est pour cette raison qu'il appela la nouvelle ville du nom d'Ophis (PAUSAN, liv. VIII., ch. 8).

On sait que la ville d'Épidaure fut fondée par une colonie partie d'Argos, qui avait un serpent sacré à bord. Arrivés sur la plage, les Argiens pensaient ne s'arrêter qu'un moment, lorsqu'ils virent le serpent sortir du navire et aller se cacher dans une caverne voisine ; ils se décidèrent à rester dans cet endroit, pour obéir aux prescriptions de l'oracle de Cos. C. PAUSAN, liv. III, chap. 23). Lorsque ce serpent fut apporté à Rome, pour y être adoré, sous l'invocation du serpent d'Esculape, on sait aussi qu'il fit des choses prodigieuses (TITE LIVE).

Pausanias raconte : que Minos irrité contre Thésée, lui dit : qu'il n'était pas le fils de Neptune, et le défia de lui rapporter une bague qu'il jeta dans l'eau. Mais Thésée se jetant aussitôt dans l'eau, rapporta la bague : et même il revint sur le rivage avec une couronne qu'Amphitrite lui avait mis sur la tête. (PAUSAN, *Allég.* t. I, p. 99).

Enfin, pour en finir, je rapporterai l'aventure citée par Pausanias, et dans laquelle, un dauphin joue le rôle des oiseaux ou des animaux terrestres qui conduisent miraculeusement les protégés de la divinité, vers le but qu'il leur faut atteindre. — Une colonie de Crétois cherchant de nouvelles terres à habiter, Appollon lui envoya un dauphin qui la conduisit jusqu'à

Cirrha, qui fut le port de Delphes (Pausanias. *Att.*, t. i, p. 110).

X

FAITS RÉELS QU'ON VOIT DE NOS JOURS

Les aventures que je viens de rapporter sont bien extraordinaires ; elles frappent l'esprit des dévots de nos jours, comme elles ont frappé l'esprit des dévots de l'antiquité, d'un saint respect pour la puissance surnaturelle qu'ils leur paraissent révéler. Et cependant, laissant de côté les choses de la religion, si nous ne nous occupons : que de l'étrangeté et de la complexité des actes que nous voyons accomplir à certains animaux de nos jours et dont le passé a été témoin, nous constatons que ces actes sont parfois aussi surprenants, sinon plus extraordinaires, même, que les faits miraculeux que j'ai énumérés ci-dessus.

En effet, on voit par exemple, à chaque instant, dans les cirques, chez les bateleurs des foires, dans les rues des villes et des villages même, des animaux accomplissant des actes qu'on peut, à bon droit, être étonné de leur voir faire. Ici, ce sont des singes qui se mettent à table et mangent avec des fourchettes et des couteaux, comme les hommes les plus civilisés. Là, ce sont des chevaux qui marchent sur deux pattes ou montent des escaliers. Des éléphants font l'arbre droit ou jouent au cerceau et à la toupie, comptent, calculent, servent à

table, dansent, même, ou font tel tour d'agilité, que
leur volume et leur stature semblaient leur interdire
de prime abord.

J'ai vu cent fois, pendant ma jeunesse, des arabes du
sud algérien venir dans les villes du littoral, depuis
Tunis jusqu'à Tanger, menant avec eux un superbe
lion parfaitement apprivoisé ; l'autorité les obligeait
quelques fois à le tenir en laisse, mais ils l'attachaient,
alors, avec une petite corde minuscule qui eût été
absolument incapable de le maîtriser, s'il avait été
de méchante humeur. Jamais, à ma connaissance,
le moindre accident n'a été enregistré.

Les planteurs du nouveau monde employaient des
chiens pour rattrapper les esclaves fuyards ; et il était de
notoriété que, dans mille circonstances, ces chiens
avaient ramené à la plantation des nègres qu'ils avaient
capturé. Ils les avaient pris, parfois, dans des conditions
si extraordinaires, qu'on était tenté, à priori, d'expliquer
cette capture par des raisonnements et des habiletés
vraiment remarquables.

Dans les jardins publics de Paris, on voit à chaque
instant des individus, qui sont entourés par les moineaux et même les pigeons, dès qu'ils s'arrêtent ; ils
ont bientôt sur leurs épaules, sur leurs doigts même,
nombre de ces oiseaux. — Le nombre de fois où l'on a
vu des chiens, des chats, des souris, des serpents, des
oiseaux, etc., etc., en un mot les animaux les plus ennemis, vivre en parfaite intelligence, dans une même
cage, n'est plus à signaler — les faits de ce genre sont
devenus chose extrêmement vulgaire.

On voit, de nos jours, des bateleurs faire sortir en plein jour, des souris de leur trou et entrer dans la souricière, avec un empressement capable d'étonner ceux qui ne connaissent pas le secret employé. J'en ai vu, qui font *travailler* ces souris, et même de gros rats, de la manière la plus extraordinaire;

Le nombre d'individus qui montrent des petits oiseaux faisant des tours de passe-passe, montant au mât de cocagne, promenant en voiture, s'attelant d'eux-même à des pièces miniscules d'artillerie, qu'ils manœuvrent et font tirer comme de véritables guerriers, est considérable.

Les pigeons messagers qui traversent des espaces très grands, parfois, ont souvent frappé d'admiration le contemporain qui les voyait transmettre des nouvelles, d'un lieu dans un autre, en très peu de temps. Le fait est considéré comme très naturel par nous, qui savons le mobile de leur voyage ; mais on comprend que les anciens qui l'ignoraient, ont pu en être émerveillés quelquefois.

Les animaux inférieurs n'ont pas échappé, non plus, à l'action des hommes ; on connaît les faits les plus extraordinaires dans cet ordre d'idées. Laing (*Voy. dans le Timani*, etc., etc., p. 353.) a vu, chez le roi des Soulimas, un crocodile apprivoisé, docile comme un chien. J'ai vu moi-même, en 1853, au poste de Grand-Bassam, sur la côte occidentale d'Afrique un caïman élevé en domesticité par les nègres du poste français.

Anderson (*Nouv. ann. des voy.*, t. xxx, p. 260.) raconte : qu'il a vu à Sumatra, un crocodile de grande taille, qui s'était établi à l'embouchure de la rivière de Beaujang ; et qui, après avoir chassé ses semblables des environs, vivait adoré par les habitants, sans jamais faire du mal à personne. Cet animal, effrayant au premier abord pour les étrangers, était approché par des hommes, des femmes, des enfants, des animaux domestiques, sans qu'on eût jamais à craindre son agression.

Les charmeurs de serpents sont extrêmement communs dans tous les pays : depuis la vieille Europe jusqu'à l'Extrême-Orient ou l'Amérique. On leur voit faire accomplir, parfois, des actes extraordinaires aux ophidiens les plus redoutables et les plus effrayants. Il y aurait des volumes à écrire, si on voulait consigner toutes les choses extraordinaires que l'on voit faire à ces psylles.

Bruce (*Voy. aux sources du Nil*); Hassequist (*Voy. dans le Levant)* affirment avoir vu en Arabie, dans le Levant, en Égypte, dans le Sennaar, des individus qui s'exposaient sans aucune crainte à la colère des serpents les plus vénimeux et des scorpions. Ces animaux étaient rendus impuissants contre eux, par l'emploi de certaines pratiques ou par un bénéfice de naissance.

Laing a vu dans le Timani (*loc. cit.*, p. 241) un serpent qui, sous le commandement de son maître, sautait, dansait et faisait des contorsions très extraordinaires.

Au Dahomey, on voit d'énormes serpents vivant côte à côte des hommes et des animaux, sans jamais faire du mal à qui que ce soit.

Dans la Guyane, il y a des femmes demi-sorcières

qui appellent les serpents, les font descendre des arbres ou sortir des fourrés, pour venir se rouler devant elles et obéir à leurs moindres commandements.

Tous les officiers de l'armée d'Afrique, ont connu, vers 1860, un interprète supérieur du corps d'ocupation qui avait apprivoisé une vipère cornue (CERASTE) du désert. Il portait constamment cette horrible bête sur sa poitrine, d'où il la tirait, pour lui faire faire des tours de gentillesse, devant ses camarades étonnés.

Il y a dans nombre de pays, des individus qui prétendent n'avoir rien à craindre des abeilles; et on a vu plusieurs fois des hommes manier des essaims, qui venaient de se poser sur eux, sans leur faire jamais aucun mal.

Enfin, terminons cette longue énumération en disant : que les matelots racontent, dans leurs récits d'aventures extraordinaires, qui défrayent les soirées du gaillard d'avant, à bord des navires que : les *pédiculi capitis* sont de remarquables pilotes, sachant parfaitement où il faut passer, et ce quil faut éviter pour entrer dans tous les ports du monde. Il est de fait, que lorsqu'un loustic entreprend de donner la preuve de la réalité de son assertion, on voit ces *pédiculi* évoluer sur les cartes marines, avec une précision extraordinaire, pour ceux qui ne connaissent pas le procédé capable de les faire agir ainsi.

Tout ce qui est vu de nos jours, touchant les agissements extraordinaires de certains animaux, sous la pression de sa volonté et de l'habileté des hommes, se rencontre dans les récits de l'antiquité; et, avec une telle surabondance de détails, une telle variété de faits, qu'il est impossible de nier la chose d'un bloc. Que l'exagération se soit mise de la partie dans la transmission de ces aventures par la tradition ou les auteurs, c'est incontestable; mais, cependant, il est impossible de nier que la plupart de ces faits prétendus merveilleux, ont un fond de réalité — quelques indications, que nous possédons, nous montrent que l'habileté y a joué le rôle du surnaturel.

Tertullien (*Apologetic*, cap. 16) raconte : qu'un jongleur de son temps s'exposait aux bêtes féroces, sans être blessé par leurs assauts. Dans les livres de Pline, d'Elien, d'Aristote, etc, etc., on trouve des faits aussi extraordinaires, que ceux qu'on voit, de nos jours, dans les cirques et les ménageries les plus savamment organisés.

Elien (*De nat. animal*, lib. XII, cap. 44) dit: qu'en Lydie, des musiciens apprivoisaient les cavales au son de leurs instruments.

Bacchus voyageait, nous dit la légende antique, dans un char traîné par des tigres ; et on connaît nombre de héros, de demi-dieux, de dieux même qui avaient à leur service les animaux les plus divers : depuis l'aigle de Jupiter, jusqu'aux serpents de Laocoon.

Myron avait fait, on le sait, une génisse en bronze qui avait la propriété mettre en rut tous les taureaux qui la voyaient.

Dans le temple de Jupiter, à Olympie, on montrait une cavale de bronze, à l'aspect de laquelle les étalons hennissaient amoureusement.

Philostrate (*Vit. Appoll. de thyane.* Liv. III, chap.
IV), raconte que les chèvres du Caucase suivent avec
empressement certains individus; qu'elles leur obéissent
avec une attention admirable, les aiment tendrement,
et accomplissent leurs moindres désirs.

Orphée savait charmer par les sons de sa lyre, les
animaux les plus sauvages, et les plus féroces, qui le
suivaient avec amour et respect.

Firmus, qui fut empereur romain au troisième
siècle de notre ère, nageait impunément au milieu des
crocodiles du Nil, sans jamais avoir à craindre leurs
agressions.

Dans certains pays, il y avait, pendant l'antiquité, des
groupes d'hommes : Marses, en Italie ; Ophiogènes, en
Chypre ; Psylles, en Afrique et dans l'Inde, qui char-
maient les serpents les plus redoutables, sans rien
avoir à craindre de leurs morsures ; ce qui frappait
d'admiration les populations effrayées. Ces Marses,
qui avaient la prétention de charmer les serpents
les plus venimeux, disaient tenir cette propriété de ce
qu'ils étaient les enfants d'une vierge de Phrygie
qui s'était unie avec un des dragons de Circé. Ils
montraient, bien évidemment, des serpents véritablement dangereux, car on se souvient : que l'empereur
Héliogabale (*Lamprid in Ant-Heliogab*) ayant fait
jeter ces serpents dans le cirque, au moment où le
peuple y était en foule, nombre de personnes mou-
rurent des morsures que les marses avaient bravées.

Nous savons que dans l'antiquité, Ajax, fils d'Oilée,
avait apprivoisé un serpent de plus de cinq mètres de

long, qui le suivait comme un chien (PHILOSTRATE IN HEROII).

Les soldats de Prolémée Aulétès, prirent un serpent énorme qui devint (TZETÉZÈS, *Chiliad*, III, p. 113), bientôt si familier, qu'on pouvait le considérer comme un animal domestique.

Ce n'est pas seulement les animaux terrestres et les mammifères qui accomplissaient des actes extraordinaires, dans l'antiquité; les oiseaux et les poissons ne restaient pas en arrière. Qu'il me suffise de citer les quelques faits suivants, pour prouver l'exactitude de ma proposition.

Le transport miraculeux d'Arion. — Arion de Tarente s'étant embarqué sur un navire corinthien, fut dépouillé de ses biens par les matelots qui, pour cacher leur crime, résolurent de le jeter à la mer. Voyant qu'il ne pouvait fléchir ces pirates, Arion leur demanda la permission de chanter une dernière fois; il se mit sur la poupe du vaisseau, avec sa lyre. Quand il eût terminé son chant, il se jeta à la mer, mais un dauphin qui avait été charmé par sa musique, le prit sur son dos et le porta à terre, dans le lieu où devait arriver le vaisseau; de sorte que les coupables furent punis. (*Herodote*, lib. I, chap. 24).

Le transport miraculeux de Taras. — Taras, fils de Neptune, et célèbre musicien aussi, ayant fait naufrage, fut transporté miraculeusement par un dauphin jusqu'au rivage, dans l'endroit où il fonda, dans la suite, la ville de Tarente, (ARISTOT AP. POLL. lib. 9, cap. VI, § 80). C'est pour évoquer ce souvenir, que les Tarentins avaient sur leurs pièces de monnaie : le dessin de Taras porté par un dauphin, et tenant une lyre à la main.

A côté de cette aventure d'Arion, il me faut rapporter celle de Mélicerte. Lorsque Ino se précipita de la roche Moluris dans la mer avec son fils Mélicerte, un dauphin reçut cet enfant sur son dos, et le transporta miraculeusement jusqu'à Corinthe. (PAUSANIAS ATTIQUE, ch. XXXXIV). Plutarque, dans son banquet des sept sages, rapporte l'aventure d'Hésiode, qui est en tout semblable aux précédentes (PLUTARQUE ŒUVRES MORALES. BANQUET DES SEPT SAGES. *Edit Betolaud*, t. I p. 387).

Pline, le naturaliste, raconte : qu'un écolier qui allait chaque jour de Bahia à Pouzzoles, fit la connaissance d'un dauphin qui était dans le lac Lucrin, en lui donnant du pain ; il finit par être si familier avec lui, que le poisson le portait sur son dos, pour lui abréger le chemin. Quatre siècles avant Pline, Aristote avait raconté la même aventure d'un dauphin complaisant (MISSON, t. II p. 74.)

Polycrate de Samos, était tellement protégé, qu'ayant jeté un jour une bague de grand prix dans la mer, il vit, peu de temps après, des pêcheurs lui apporter un poisson, dans le ventre duquel il retrouva cette bague (STRABON, liv. XIV, ch. I t. III p. 107

Cette aventure de Polycrate de Samos, qui jeta une bague de grand prix dans la mer, et qui retrouva cette bague dans le corps du poisson, a joui dans l'antiquité d'un crédit notable ; elle a été rééditée de maintes façons depuis. Je rappellerai que je l'ai trouvée dans les légendes des nègres du Haut-Sénégal. (CONTES POPUL. DE LA SÉNÉGAMBIE).

Une des plus curieuses aventures, qui montre la reconnaissance des poissons, est celle de Coranus. Ce Coranus fils d'Abas et natif de l'île de Paros, vit un jour à Constantinople, des pêcheurs qui venaient de prendre plusieurs dauphins; il leur acheta ces poissons qu'il rendit aussitôt à la liberté. Quelque temps après, il fit naufrage, et un dauphin le prit sur son dos pour le porter à terre.

Lorsqu'il mourut, plus tard, son corps fut brûlé près de la mer; or, pendant la cérémonie, les dauphins vinrent assister à ses funérailles.

L'aventure de Hermias est encore plus sentimentale, car le poisson y meurt de douleur de n'avoir pu empêcher la mort de son ami. Hermias porté sur un dauphin périt dans une tempête, et le dauphin mourut de douleur sur le sable.

Le tour amoureux ne pouvait faire défaut dans les histoires merveilleuses de cette nature, Neptune, s'étant épris de Melanthe, se changea en dauphin, sur lequel la jeune fille monta pour jouer, pendant qu'elle se baignait, et qui l'enleva.

XI

ORIGINE DE LA CRÉDULITÉ

Nous pourrions entrer dans bien d'autres détails, et citer un bien grand nombre d'aventures merveilleuses, touchant les agissements des animaux. Mais ce serait

une longueur inutile ; je crois qu'il est préférable,
maintenant, d'étudier la donnée initiale qui a engendré
et régi toutes les aventures merveilleuses des bêtes
dévotes, dévouées, serviables, bienveillantes, etc., etc.;
aventures que la crédulité de tous les peuples se plaît à
rééditer perpétuellement, en les agrémentant de péripéties incroyables, depuis l'antiquité la plus reculée.

Or, disons-le d'un mot : cette donnée initiale, c'est
l'apprivoisement des animaux qui vivaient originaire-
ment à l'état de liberté ; et que l'homme, a peu à peu
domestiqués pour servir à ses besoins, à mesure que
son intelligence s'est développée ; c'est-à-dire, que la
civilisation a progressé dans les groupes ethniques.

On comprend, sans difficulté, que tout à fait au début
de l'humanité, nos premiers parents, faibles et isolés au
milieu de la nature ; vivant du produit de leur chasse
et de leur trouvailles en feuilles, tiges, racines et fruits,
n'avaient, pour garnir leur garde-manger ni poulailler,
ni bergeries, ni troupeaux, pas plus qu'ils n'avaient des
champs cultivés. Mais leur intelligence devait, avec le
temps, leur faire acquérir toutes ces richesses.

Plus habile, plus observateur, ou plus favorisé par le
hasard, un homme commença donc, un jour, à apprivoiser quelque bête vivant dans son voisinage ; un petit
oiseau, une volaille, une souris, un chien : en un mot,
un de ces animaux qui sont devenus les commensaux
des habitations humaines. Le début de l'évolution, qui a
abouti à l'état actuel, commença alors.

Ce fut, certainement, un grand et merveilleux événement pour ses contemporains ; et, pendant longtemps,

probablement, le spectacle des familiarités d'un mammifère, d'un oiseau qu'on était habitué à voir fuir, fut de nature à frapper très vivement l'esprit de ceux, qui ne savaient pas par quel moyen, leur voisin était arrivé à un pareil résultat.

La chose devait, par le fait de la tendance animiste de nos premiers parents, être bientôt rattachée à la pensée d'une intervention surnaturelle. Nous sommes facilement persuadés, aussi, que lorsque les féticheurs virent pareilles merveilles, il ne tardèrent pas à comprendre toute l'importance qu'il y avait, pour eux, à exploiter ce filon productif de la crédulité humaine. On peut être certain que ces féticheurs se hâtèrent de se servir de l'appoint des faits, qui pouvaient montrer, au crédule, la puissance du fétiche sur les animaux. Il n'est donc pas imposible, que le premier chien, le premier cheval, le premier bœuf, réduit en esclavage par un homme habile, ait servi de base à cette pensée : que quelques êtres supérieurs, c'est-à-dire protégés par la divinité, exerçaient sur ces animaux un pouvoir véritablement surnaturel.

On peut admettre, par la pensée, qu'un jour : un féticheur trouva un lionceau assez jeune et assez débile pour pouvoir l'apprivoiser, en le nourrissant avec sollicitude. Ce lionceau, devenu adulte, n'était pas farouche avec lui ; il lui obéissait comme un animal domestique obéit à son maître. Or, se figure-t-on l'effet que ce spectacle produisit sur un étranger, qui, n'ayant pas assisté à l'élevage, ne constata que le fait brutal : d'une bête féroce obéissant à un individu plus faible qu'elle.

Certes, le vulgaire crédule, ignorant la possibilité de

l'apprivoisement d'un animal qui, jusque là, avait fait
sa terreur, rattacha la douceur de la bête à une
influence surnaturelle; et on comprend que le féticheur
put, ainsi, tirer bon parti de cette aubaine.

Avec le temps, probablement, le nombre de mammifères féroces apprivoisés fut assez grand pour que la
chose devint quelque peu banale ; les féticheurs
auraient couru le risque de ne plus frapper l'esprit de
ceux, qui apportaient l'obole pour l'entretien du culte,
s'ils s'en étaient tenus là ; aussi, se mirent-ils en quête
d'animaux qu'on n'avait pas vu jusque là présenter des
sentiments de bienveillance vis-à-vis des humains. Ici,
ce furent des serpents ; là des crocodiles ; plus loin des
oiseaux ; parfois, même, des poissons.

Ces apprivoisements d'animaux féroces, ou du moins,
habituellement sauvages, n'étaient pas chose facile ; ils
nécessitaient l'emploi de moyens spéciaux, et les féticheurs se mirent en mesure de connaître ces moyens,
dans leur désir de frapper l'esprit des masses. Or,
comme dans les temps passés, les corporations qui
étaient en possession d'une pratique. d'une recette, en
un mot d'un moyen d'agir, avaient grand soin de le
tenir aussi secret que possible ; la masse du peuple, qui
voyait les résultats, sans savoir comment on pouvait
l'obtenir, se contentait généralement, et le plus souvent, d'admirer et de croire.

Mais, cependant, dans cette masse, il y avait ça et là
quelques investigateurs, quelques curieux, quelques
sceptiques, qui cherchaient à pénétrer le secret ; et, pour
conserver leur prépondérance, les féticheurs conti-

nuaient à chercher des moyens de plus en plus cachés, afin de ne pas laisser diminuer le champ de leur action sur le *vulgum pecus*. Ils essayaient donc, à mesure que les vieux moyens étaient tombés dans le domaine vulgaire, de faire faire aux animaux quelque chose de plus extraordinaire que par le passé. Pour cela, ils se servaient, quand ils pouvaient, d'un animal considéré jusque là comme réfractaire à l'influence des hommes.

Les livres anciens sont remplis d'explications et de formules, touchant les moyens de rendre dociles les animaux les plus rebelles à la volonté humaine Nous ne faisons, en général, que hausser les épaules, en les lisant, croyant qu'il n'y a là qu'un pur tissu de mensonges ou d'illusions ; mais, il est probable que jadis, certains individus étudiaient avec plus de soin qu'aujourd'hui, ces moyens. On peut admettre, sans peine, qu'ils étaient arrivés à des résultats, vraiment extraordinaires, pour nous qui ne les recherchons plus avec la même attention.

Certaines plantes exercent incontestablement une action plus ou moins puissante sur divers animaux, soit par leur odeur, soit par d'autres qualités : la cataire, la valériane, etc., font accourir les chats, et les font se livrer à des gambades et des actes, bien faits pour étonner celui qui voit l'excitation de ces animaux pour la première fois. Philostrate, nous explique la puissance des bergers du Caucase sur les chèvres, par l'action *Cimamomum* qu'ils employaient. C'est, à l'aide de l'huile de cumin et celle d'anis, que les prétendus charmeurs de souris agissent sur ces animaux. Eusèbe Salverte, qui s'est occupé avec tant de succès de cette question, dans son livre sur les sciences occultes, fait une citation que je vais lui emprunter, et qui nous explique certains faits merveilleux en apparence, dont les hagiographes ont su tirer grand parti.

« Comme on avait lâché sur Thecle d'autres bêtes redoutables, toutes les femmes ayant jeté sur elle : l'une du nard, l'autre de la cassia, celle-ci des aromates, celle-là des huiles parfumées, les bêtes furent comme accablées de sommeil, et ne touchèrent point Thecle (*Actes* de Thecle et de Paul, apôtre, *cit.* par EUSÈBE SALVESTRE, t. I. p. 353). Les malheureux chrétiens qu'on exposait aux bêtes, n'avaient pas tous de pareils moyens à leur disposition ; mais, ne pouvons-nous pas penser : que dans un certain nombre de cas, où le thaumaturge a offert, lui-même, d'entrer dans une fosse à bêtes féroces, pour montrer la prétendue mission divine qui lui était confiée, il a pu, grâce à des moyens de ce genre, empêcher ces bêtes de l'attaquer.

Sans avoir besoin d'insister bien longuement, on comprend, avec cette indication, tout le parti que les habiles de l'antiquité ont pu tirer : de la connaissance de l'action de certaines plantes sur les animaux.

On a dit que certains dompteurs, et certains individus qui allaient chasser dans les bois, pouvaient, en se frottant le corps avec des substances odorantes, approcher des bêtes féroces, sans avoir rien à craindre d'elles; la chose ne paraît pas impossible. C'est, paraît-il, par ce qu'il se frottait le corps avec certaines substances odorantes que Firmus, dont nous avons parlé précédemment, n'était pas attaqué par les crocodiles.

Ce moyen des onctions odorantes paraît avoir été connu dans un grand nombre de pays, pendant l'antiquité. On raconte, aussi, que c'est grâce à des onctions de cette nature, que les prêtres mexicains pouvaient aller dans les forêts, pendant la nuit, sans rien avoir à craindre des bêtes féroces. On voit, donc, que dans le continent du nouveau monde, comme dans l'ancien, les mêmes moyens produisaient les mêmes résultats; les féticheurs antiques frappaient l'imagination du public crédule par des agissements semblables. Il est infiniment probable, que c'est par l'effet d'une odeur, que les chiens de Rome étaient éloignés du temple d'Hercule ; et que dans une infinité de cas, on a pu faire de véritables merveilles en employant les odeurs qu'émettent les plantes, les minéraux et les animaux mêmes.

Nous pouvons, en parlant de l'action des odeurs, signaler l'action des effluves animales ; elles ont certainement joué un rôle considérable dans mille actes extraordinaires que les habiles ont fait jouer aux animaux. Nous savons : que c'est en maniant des chiennes en chaleur, que quelques individus attirent les chiens qu'ils veulent dérober ou capturer. On a expliqué, par des moyens semblables, l'influence de certains dompteurs de bêtes féroces. Dans l'antiquité, nous savons que c'est par un artifice de ce genre, que l'écuyer de Darius fit hennir le cheval de son maître, le jour où il avait été décidé que la couronne serait donnée au Satrappe dont le cheval hennirait le premier (HÉRODOTE, t. I, p. 295.)

La cavale de bronze d'Olympie ; la génisse de Myron n'attiraient les mâles que par cet artifice. Et si on lit, dans certains livres antiques que c'était une plante : l'hypomanée qui avait cette vertu, nous pouvons penser : que, peut-être, les féticheurs intéressés l'avaient désignée au vulgaire crédule, pour l'abuser, et cacher, ainsi, la véritable formule de leur préparation.

Après avoir parlé de l'action des odeurs, il faut dire un mot de celle des sons. Il est de notoriété que nombre d'animaux y sont très sensibles. On dit que les éléphants, les chevaux, les hippopotames, les chats, les chiens, les reptiles, les poissons même, peuvent être attirés ou chassés, charmés ou effrayés par la musique ; les charmeurs de serpents américains et indiens, de nos jours, paraissent y attacher une grande importance. Dans l'antiquité, la légende d'Orphée a la même tendance.

Il est donc probable, que la musique a été un des moyens mis en œuvre, pour faire faire aux animaux certains actes extraordinaires ; et que quelques féticheurs en ont tiré un grand parti ; mais il est certain que le procédé a été tenu secret. Ce que nous raconte Lucien, à propos de l'ignorant qui achetait beaucoup de livres, quand il dit: qu'un amateur ayant acheté la lyre d'Orphée, fut dévoré par les bêtes féroces qu'il avait essayé de charmer, nous en donne la preuve. Orphée, thaumaturge et féticheur, avait probablement plusieurs moyens, autrement plus efficaces que les cordes de sa lyre, pour charmer les fauves ; et le naïf qui essaya de cette lyre, sans les mettre en usage, réussit moins bien que lui.

L'action de la lumière n'est pas moins puissante sur les bêtes. Les actes de nombre d'animaux supérieurs ont pu être influencés par elle, selon la volonté des prétendus charmeurs ; les animaux inférieurs ne sont pas moins vivement impressionnés : on sait que les mouches, par exemple, fuient l'obscurité, et lorsqu'on fait sombre dans un appartement, en laissant un point éclairé, on arrive facilement à les attirer de ce côté. D'autres animaux fuient au contraire la lumière : les *pediculi capitis* sont de ce nombre.

J'ai parlé précédemment de l'habileté de navigation que les matelots leur attribuaient. Voici l'explication de cette crédulité : Quand on place un pediculus au milieu d'une carte marine étalée sur une table, dans une chambre éclairée par une seule bougie, on voit la la bête tourner le dos à la lumière, et marcher de telle sorte : que l'ombre de son corps abrite sa tête. On comprend alors, qu'en portant la bougie, plus à droite ou plus à gauche, on fait dévier la marche de l'animal dans telle ou telle direction ; et c'est-là, tout le secret du prodige. Celui qui a annoncé qu'il savait commander au *pédiculus,* place la bougie en bonne position ; puis, quand la bête marche, par de légers changements de cette bougie, il lui fait éviter tel écueil, passer dans tel détroit, côtoyer tel promontoire, ou couper court à travers telle baie. Quand aux spectateurs : les naïfs, ébahis, constatent le résultat avec admiration, ignorant le mécanisme ; les autres sourient, seulement, lorsqu'ils connaissent l'artifice du prétendu charmeur de l'animal.

Le mécanisme à l'aide duquel les chiens des planteurs

américains arrêtaient les esclaves fuyards, était extrêmement simple : ils habituaient ces animaux à courir sur
tous les individus qu'ils ne connaissaient pas ; et, comme
ils les tenaient avec soin hors de portée des esclaves,
on comprend que dès qu'il s'agissait de rattrapper un
déserteur, c'était une simple chasse à courre qui avait
lieu. La chose est si vraie, que voici un fait qui le montre
surabondamment. Un nègre assez madré, qui avait été
déjà capturé par ces chiens, s'arrangea de telle sorte,
qu'il pût leur donner à manger, dans la plantation
sur laquelle il vivait ; pendant plusieurs mois, il déroba
des vivres à ses maîtres pour les porter à ces chiens ;
aussi le jour où il déserta de nouveau, c'est en vain
qu'on se mit à sa poursuite — lorsqu'un chien arrivait
dans le fourré où il était caché, il le caressait, sans mot
dire, et poursuivait sa course à l'appel des chasseurs.
Plus tard, le nègre repris par un autre procédé, dévoila
le subterfuge à son maître qui me l'a raconté.

Le mobile auquel obéissent les pigeons voyageurs est
si connu aujourd'hui qu'il n'étonne plus personne ; mais
on comprend, sans peine, l'ébahissement de ceux qui,
ne le connaissant pas, virent, pour la première fois, ces
animaux franchir des espaces considérables.

Chez les animaux, habituellement voraces, l'abondance de la nourriture peut produire un apprivoisement
qui paraît miraculeux aux ignorants. Les crocodiles de
l'embouchure de la rivière de Beaujang, dont parle Anderson (*Nouv. ann. des Voy.*, t. xxx, p. 260) les serpents
du Dahomey, les crocodiles sacrés de l'ancienne Egypte,
ne devaient, peut-être, leur mansuétude qu'à cet artifice.

On a dit, que les prétendus charmeurs de serpents arrivaient à braver leurs morsures, soit par l'arrachement préalable des dents à venin, soit par l'expulsion de ce venin, provoqué par l'excitation de l'animal contre un morceau de feutre ou de drap. Nous ne savons pas, en réalité, le mot de l'énigme; mais il est infiniment probable que c'est un de ces moyens, ou un moyen analogue, qui rend ces terribles animaux inoffensifs vis-à-vis des jongleurs.

J'arrêterai là, cette longue énumération des moyens capables d'agir sur les animaux domestiques et sauvages; car, avec tout ce que je viens de dire, on comprend sans peine, que certains féticheurs aient pû, en employant de pareils moyens, obtenir des résultats qui étonnaient le vulgaire ignorant. Et, si nous ajoutons que, dans le but de ne pas livrer leur secret au vulgaire, ces féticheurs ont, très soigneusement caché leurs recettes, ou même, ont eu soin d'en donner de fausses, afin d'égarer les indiscrets investigateurs, nous trouvons, sans peine, l'explication des mille faits qui paraissent merveilleux au crédule populaire.

A mesure que les cultes se transformèrent, et que les clergés se succédèrent, la donnée initiale fut brodée de diverses façons, se modifia, se transforma de mille manières; et, grâce à la tendance, à l'exagération que la tradition a produite dans tous les pays, et à toutes les époques, des détails merveilleux sont venus s'enter sur la réalité pour donner aux légendes des proportions parfois aussi extraordinaires qu'invraisemblables. C'est ainsi qu'elle est venue jusqu'à nous à travers les âges :

en servant, tour à tour, à édifier les fidèles ; et à les entretenir dans le respect : de tous les fétiches, de tous les
dieux païens, de tous les santons musulmans et de tous
saints chrétiens, qui ont eu besoin de son secours pour
frapper l'esprit des masses populaires.

Voilà, en quelques mots, l'idée qu'on peut se faire,
quand on entend parler des aventures merveilleuses,
dans lesquelles : la crédulité prête aux animaux des sentiments de piété de dévouement, de douceur, de respect, qui ne sont pas attribués à leur espèce. Si on
cherche à appuyer cette pensée de preuves et de raisonnement, on arrive bientôt à être convaincu qu'elle a un
fond minime de réalité, qui a été exploité habilement
par les *féticheurs* de toutes les époques ; et qui a été
accepté par le public émerveillé. Ces faits sont venus
jusqu'à nous, grâce à une crédulité enfantine des masses, dont nous trouvons des exemples nombreux, depuis
les temps les plus reculés jusqu'à l'époque contemporaine. Ajoutons, même, pour terminer : que pendant
bien longtemps, encore, cette crédulité donnera créance
aux fables des bêtes pieuses, que nous venons d'étudier
sans avoir recours à l'hypothèse du surnaturel.

APPENDICE

LES ANIMAUX QUI APPORTENT MIRACULEUSEMENT LA NOURRITURE

Dans les légendes de la Provence, il y a des faits merveilleux de nourriture fournie par les animaux, qui sont de nature à frapper très vivement l'imagination des gens crédules. Ces faits ont dû, certainement, donner aux héros de ces aventures une auréole de pouvoir capable de commander le respect du vulgaire à leur égard. Ces légendes sont assez différentes dans leur teneur ; c'est-à-dire que : tantôt, c'est un enfant qui est, ainsi, miraculeusement nourri par les animaux ; tantôt c'est une grande personne ; les besoins du récit ont réclamé ces variétés, mais au fond la donnée initiale est la même, quand on y regarde de près.

L'origine de la maison de Sault. — La maison de Sault, dont les comtes ont joué un rôle si important en Provence, avait la légende suivante pour son origine : Huges de Trie proche parent de l'empereur Othon III, séduisit la fille de Waldung, roi de Poméranie. Le père la fit enfermer dans une tour, pour faire mourir l'enfant qu'elle portait. Aussitôt après son accouchement, la jeune fille fit descendre l'enfant par la fenêtre ; et un paysan devait l'emporter, quand une louve passa et l'emporta dans sa tanière pour le donner en pâture à ses louveteaux ; mais, l'enfant se mettant à

téter, elle le prit en pitié et l'éleva avec ses petits. Waldung, allant un jour à la chasse, trouva l'enfant, qui
reçut le nom de Wolph (loup), il le prit et l'éleva. Plus
tard, ayant appris que c'était son petit-fils, il pardonna à
sa mère. De là est venue la lignée des Sault. (FRANÇOIS
BOUCHE, t. I p. 231).

La nourriture de saint Gilles. — Saint Gilles, qui a
évangélisé la partie méridionale du département
actuel du Gard, fut recherché par les païens pour être
mis à mort ; il fut obligé de se sauver dans le bois qui
porte son nom, près de la Camargue. Or, il n'avait
absolument rien à manger dans sa solitude, et il était
exposé à mourir de faim, mais une chèvre sauvage
vint lui apporter, chaque jour, son lait ; lui permettant,
ainsi, de rester à l'abri de ses persécuteurs, pendant
tout le temps nécessaire à sa sécurité.

Comme je l'ai dit tantôt ces légendes sont différentes
dans leur teneur, et il est nécessaire de les partager en
deux catégories, quand on veut en étudier la portée et
la signification.

1re CATÉGORIE. — *Enfants nourris miraculeusement.* — Les faits de cette catégorie appartiennent
plus au paganisme qu'à l'hagiographie chrétienne. Je
ne trouve, en effet, dans les légendes pieuses que le fait
de l'élevage surnaturel de saint Jean-Baptiste, dans le
martyrologe Simon Martin de 1669, qui fourmille de
miracles et d'aventures surnaturelles. Voici ce qu'il est
dit à ce sujet : Sainte Élisabeth poursuivie par des
païens, se retira dans une caverne avec son fils saint
Jean-Baptiste alors âgé de 18 mois, mais elle mourut.

peu après, et les anges élevèrent le saint jusqu'à ce qu'il put pourvoir à sa nourriture (*Martyr. Rom.*, 24 juin.)

En revanche, dans la mythologie latine, grecque, syrienne, etc., etc., nous trouvons un grand nombre de faits d'enfants nourris ainsi miraculeusement. Je vais en fournir quelques-uns, et n'ai certes pas la prétention de les connaître tous. Chez les Romains, la légende de Romulus et Rémus est tellement connue que nous n'avons pas besoin de la rapporter en détail ; dans cette légende, on le sait, non seulement la louve allaite les enfants, mais encore un pivert, en leur apportant la becquée, les fait découvrir par Faustulus.

Chez les Grecs, nous n'avons que l'embarras du choix, pour ainsi dire. C'est ainsi que tout d'abord Jupiter fut nourri par la chèvre Amalthée. D'autres dieux avaient été aussi nourris miraculeusement : Esculape par exemple. Pausanias (liv. 2, chap. 26), nous raconte que Phlegyas qui ravageait le Péloponèse, avait avec lui sa fille Caronis qu'il croyait sage, tandis qu'elle avait eu secrètement commerce avec Appollon. Lorsqu'elle accoucha, elle exposa son enfant sur le mont Pithion, pour cacher sa faute. Or, le berger Aristée qui demeurait sur le mont Pithion, près d'Epidame, et qui avait perdu une chèvre, étant à parcourir la montagne avec son chien, la trouva dans une caverne, occupée à allaiter un enfant resplendissant de lumière ; il emporta ce nourrisson de sa chèvre et l'éleva. Cet enfant était Esculape qui, dès le premier jour, guérit miraculeusement tous ceux qui venaient l'implorer.

Parmi les simples mortels nourris miraculeusement, citons: Méliteus, fils de Jupiter et d'Oréïs qui fut exposé dans une forêt et nourri par des abeilles. Son aventure rappelle celles de Platon et de Pindare. Miletus roi de Carie fils d'Appollon et d'Arée fille de Minos, fut exposé dans les champs et nourri par les loups, Télèphe, fils d'Hercule et d'Augé, abandonné dans les bois, fut allaité par une biche, puis recueilli par Teuthras, roi des Missiens, qui en fit son successeur. (PAUSANIAS, liv. VIIII., chap. v.) Paris, qui devait être la cause de la destruction de Troie, fut exposé dans un bois, au moment de sa naissance, et fut allaité par une ourse. Hippotoüs, fils d'Alope et de Neptune, fut nourri, de son côté, par une jument. Son aventure est encore plus merveilleuse que celle des précédents, car le berger qui le recueillit, le montra à son grand-père Cercyon qui, reconnaissant la robe de sa fille Alope dans les langes du nouveau-né, le fit exposer de nouveau. Ce hasard fut l'occasion d'une seconde intervention surnaturelle de la cavale.

Tartessus roi de Betique, ayant appris que son petit-fils le détrônerait, chercha à le faire mourir et le fit jeter à la mer ; l'enfant fut transporté miraculeusement sur un rivage, où une biche l'allaita.

Enfin la légende de Lycaste et de Parrhasius est absolument identique à celle de Romulus et Rémus. » Phytonomé fille de Nychmus, roi d'Arcadie, et d'Arcadia, chassait en compagnie de Diane. Mars, selon les uns, Appolon d'après les autres, sous le costume d'un berger, la rendit mère de deux jumeaux ; elle les

jeta dans les profondeurs de l'Erymante par crainte de
son père. La Providence voulut que leur chute fut
sans danger : ils tombèrent dans le creux d'un chêne,
et une louve qui y avait sa tanière jeta ses propres petits
dans le courant du fleuve pour présenter sa mamelle
aux deux enfants. Le berger Téléphus, témoin de ce
fait les recueillit, les éleva comme siens ; il les appela
Lycaste et Parrhasius. Ils occupèrent, à titre de successeurs, de petits fils de Nychmus le trône d'Arcadie.
(PLUTARQUE, *histoires morales*, t. II., p. 134.)

Nous devons rapprocher des précédentes aventures
celle du fils d'Aerope et de Mars qui, menacé de mourir de faim, parceque sa mère était morte en le mettant au monde, trouva miraculeusement, par la puissance du dieu son père, dans le sein inanimé, sa nourriture, jusqu'au moment où on put lui trouver une
autre nourrice (PAUSAN, liv. VIII, chap. XXXXIV).

La donnée, qui a trouvé tant d'écho dans l'imagination grecque, se rencontre aussi dans les légendes
syriennes. Celle de Sémiramis, que voici, en est la
preuve.

Légende de la naissance de Sémiramis (DIODORE DE
SICILE, t. Ⅰ⁰ʳ, p. 118, livre II et IV). — Après la fonda-
tion de cette ville (Ninive) Ninus se mit en marche
contre la Bactriane où il épousa Sémiramis. Comme la
plus célèbre des femmes que nous connaissions il est
nécessaire de nous y arrêter un moment et de raconter
comment, d'une condition humble, elle arriva au faite
de la gloire. Il existe dans la Syrie une ville nom-
mée Ascalon, dans son voisinage est un vaste lac pro-

fond et abondant en poissons. Sur les bords de ce lac
se trouve un temple d'une déesse célèbre, que les
Syriens appellent Derceto ; elle a le visage d'une femme et tout le reste du corps a la forme d'un poisson.
Voici les motifs de cette représentation : Les hommes
les plus savants du pays racontent : que Vénus, pour se
venger d'une offense que cette déesse lui avait faite,
lui inspira un violent amour pour un beau jeune homme qui allait lui offrir un sacrifice ; que Derceto, cédant
à sa passion pour ce Syrien, donna naissance à une fille,
mais que, honteuse de sa faiblesse, elle fit disparaître
le jeune homme et exposa l'enfant dans un endroit
désert et rocailleux, enfin, qu'elle-même, accablée de
honte et de tristesse, se jeta dans le lac et fut transformée en un poisson. C'est pourquoi les Syriens s'abs-
tiennent, encore aujourd'hui, de manger des poissons
qu'ils vénèrent comme des divinités.

Cependant la petite fille fut élevée miraculeusement
par des colombes, qui avaient niché, en grand nombre,
dans l'endroit où elle avait été exposée ; les unes
réchauffaient dans leurs ailes le corps de l'enfant, les
autres, épiant le moment où les bouviers et les autres
bergers quittaient leurs cabanes, venaient prendre du
lait dans leur bec et l'introduisaient goutte à goutte à
travers les lèvres de l'enfant qu'elles élevaient ainsi.
Quand leur élève eut atteint l'âge d'un an, et qu'il eût
besoin d'aliments plus solides, les colombes lui appor-
tèrent des parcelles de fromage qui constituaient une
nourriture suffisante. Les bergers furent fort étonnés, à
leur retour, de voir les fromages becquetés à l'entour.

Après quelques recherches, ils en trouvèrent la cause et découvrirent une petite fille d'une beauté remarquable; l'emportant avec eux dans une cabane, ils la donnèrent au chef des bergeries royales nommé Simma; celui-ci, n'ayant point d'enfants, l'éleva comme sa fille, avec beaucoup de soins et lui donna le nom de Sémiramis, qui signifie colombe dans la langue syrienne. Depuis lors, les Syriens accordent à ces oiseaux, les honneurs divins (selon Bochart, Sémiramis serait une corruption du mot Seri-Hamis de *Sera*, montagne, et de *Hema*, colombe.

2ᵉ CATÉGORIE. — *Hommes nourris miraculeusement par les animaux.* — Dans le martyrologe de Simon Martin on trouve un nombre considérable d'aventures de ce genre. Je citerai les suivantes, sans avoir la prétention de les avoir toutes recueillies.

Saint Paul ayant pris la résolution de vivre dans un endroit désert, un corbeau vint lui apporter quotidiennement un morceau de pain (*Martyr. romain*, 15 janvier).

Dans son oratoire de la petite île de Farne, saint Luthbert était nourri par des corbeaux, comme le fut jadis le prophète Elie (*Martyr. romain*, 20 mars). Un jour que des amis étaient venus voir ce même saint Luthbert dans son oratoire de la petite île de Farne, une tempête survint; or, comme ils étaient menacés de mourir de faim, un aigle leur apporta un poisson. Une autre fois ils trouvèrent, pendant trois jours consécutifs, un morceau de viande de dauphin, sur la plage (*Martyr. romain*, 20 mars).

Saint Ermelaire, se promenant avec ses religieux, sur les bords de la Loire, entendait vanter le bon goût du poisson appelé la lamproie; il dit : que Dieu lui en ferait peut-être goûter quelque jour. Au même moment, une lamproie superbe sauta hors de l'eau et tomba à ses pieds (*Martyr. romain*, 23 mars).

Saint Eleuthère ayant été enfermé dans une prison, où les païens voulaient le faire mourir de faim, un pigeon alla lui apporter quotidiennement sa nourriture (*Martyr. romain*, 18 avril).

Un jour que saint Etienne de Moleino n'avait rien à manger, un aigle lui apporta un poisson superbe (*Martyr. romain*, 29 avril).

Saint Boniface n'ayant un jour rien à manger, vit planer au-dessus de sa tête un aigle qui laissa tomber devant lui un superbe poisson (*Matyr. romain* 5 juin).

Saint Onuphre, anachorète de la Thébaïde, recevait chaque jour un peu d'eau apporté par un ange, et possédait un palmier miraculeux qui lui fournissait douze grappes de dattes par an (*Martyr. romain*, 12 juin).

Sainte Monegonde de Chartres, s'étant enfermée dans une cellule d'où elle ne sortait pas, manqua un jour de pain, parce qu'on avait oublié de lui en porter; mais, ouvrant sa fenêtre qui donnait sur les toits du monastère, elle vit qu'il avait neigé ; elle ramassa un peu de cette neige qui se transforma en pain dans ses doigts (*Matyr. romain*, 3 juillet).

Le pape Léon IX venant visiter saint Jean Galbert dans son monastère, n'avait rien à manger; mais, sous l'influence des prières du saint, on trouva deux gros poissons dans un vivier où on en avait jamais vu (*Martyr. romain*, 11 juillet).

Nous pourrions sans grande difficulté augmenter cette longue liste d'aventures merveilleuses dans lesquelles un animal apporte la nourriture à un individu aimé par la divinité; mais nous n'y trouverions toujours que la répétition des mêmes prodiges. Aussi il vaut mieux chercher à se rendre compte de la signification de la donnée fondamentale qui leur a donné naissance, plutôt que de chercher à accumuler de nouveaux faits. Or, si je ne me trompe, nous sommes ici encore, comme pour les bêtes dévotes, en présence de la pensée animiste des premiers hommes, qui prêtaient aux animaux, non seulement une pensée aussi précise et aussi perfectionnée que la leur; mais encore qui avaient, pour quelques-uns de ces animaux, un sentiment de respect et d'affection, se liant à la pensée du *totem*, dont un grand nombre de peuplades primitives ont été dominées comme plusieurs peuples sauvages de l'époque contemporaine.

Cette pensée animiste a été utilisée par les féticheurs primitifs, lorsqu'ils étaient en veine de récits extraordinaires destinés à frapper l'esprit de leurs auditeurs. Ces féticheurs imaginèrent cette intervention des animaux nourrisseurs, pour répondre à l'objection très naturelle que ne manquaient probablement pas de leur faire parfois quelques sceptiques, peu disposés à croire aveuglément l'aventure prodigieuse qui frappait d'admiration les crédules : « Comment le favorisé dont vous parlez, a-t-il pu vivre dans des conditions où nous serions morts de faim ? »

Une fois la donnée créée elle s'est transmise d'âge en âge, suivant les besoins du moment ; elle a été adaptée successivement à tous les cultes qui se sont succédés. Enfin, elle a été transportée, ça et là, avec le bagage mythique de ceux qui s'occupaient du surnaturel, pendant les imigrations des diverses peuplades qui, depuis les temps les plus reculés, ont cheminé d'un point à un autre sur notre globe.

CHAPITRE IV

Les Dragons et les Serpents

I

LÉGENDES DE LA PROVENCE

Au cours de mes recherches sur les superstitions et les survivances de la Provence, j'ai rencontré un certain nombre de faits, montrant que la croyance à cette catégorie de monstres se rencontre dans ce pays, comme dans une infinité d'autres. Si toutes les variétés des histoires de ce genre ne s'y trouvent pas, aujourd'hui, quelques-unes de ces légendes locales sont remarquables, en revanche, par certains détails spéciaux et intéressants.

Voici d'abord le sommaire des diverses crédulités provençales qui ont trait aux dragons et aux serpents. Dans un autre chapitre je m'occuperai des monstres à formes d'hommes, de mammifères ou d'oiseaux.

La Tarasque. — Raban Maur, dit : qu'entre Arles et Avignon, près des bords du Rhône, parmi les bosquets infructueux et les graviers du fleuve, vivait la tarasque, au milieu des bêtes féroces et des reptiles venimeux ; ce lieu s'appelait, dit-il, Nerluc, ou bois noir (comparer avec *ara luci* autel de la lumière). La tarasque dévorait les troupeaux, et aussi leurs gardiens ; et elle avait fait mourir une si grande multitude de victimes, qu'elle était le sujet de conversation de tout le monde.

Un jour que Marthe prêchait la nouvelle foi, on lui dit : « Nous croirions à la puissance du Messie dont vous parlez, s'il vous donnait la force de nous débarrasser de la tarasque ». Marthe s'en alla, aussitôt, dans le quartier où était le monstre, dont elle appaisa la férocité par un signe de croix ; elle lia le col du dragon avec sa ceinture (une variante très répandue de la légende dit : avec les brides de sa coiffe) et le mena, en laisse, jusqu'au lieu où était la foule à laquelle elle dit : qu'on pouvait désormais tuer la tarasque sans courir aucun d'anger ; le peuple de Tarascon s'arma aussitôt de lances et de glaives ; et, pendant que la sainte tenait l'animal, impuissant, à l'aide de son frêle lien, on le transperça de mille coups. Quand la tarasque eut succombé, le peuple de Tarascon se convertit au christianisme.

Variante de la Tarasque. — Une variante de la légende dit : que la tarasque ravageait le pays quand une colonie d'étrangers vint pour s'y établir. Quatre guerriers entreprirent de lui livrer combat, deux d'entre eux furent tués ; et des deux vainqueurs du monstre, l'un devint le chef de la ville de Beaucaire ; l'autre, le chef de la ville de Tarascon.

Le Dragon de la Sainte-Baume. — Au moment où sainte Magdeleine résolut de faire pénitence à la Sainte-Baume, saint Michel chassa de la grotte un monstre, qui s'en alla dans les marais du Rhône, et qui n'était autre chose que la fameuse tarasque.

Le Dragon d'Arles. — Un dragon désolait les environs d'Arles ; le chevalier Arlatan, accompagné de son fils, en délivra la contrée (De MAGNIER. — *Hist. de la noblesse de Provence*, p. 58). Voici les détails de cette aventure : « Jadis un monstre, sortant de la mer par intervalles, faisait des ravages extraordinaires dans le terroir, jusqu'aux portes de la ville d'Arles, dévorant hommes, femmes et enfants ; il ravageait avec plus d'attache le vermillon, où il se tapissait lorsqu'il été poursuivi par des hommes armés. Ce ravage avait duré plus de trois années, sans qu'on put se défaire de ce monstre dont les écailles résistaient à toute sorte de fer de flèches, et personne n'était si hardi de l'attaquer avec la lance et l'épée. Le premier des Arlatans dont on a des mémoires, sortit de la ville, armé de pied en cap, avec la lance et le sabre, après s'être confessé et avoir communié. Il attaqua ce monstre dans son fort, sur un tas de vermillon ; lui enfonça sa lance dans la gueule qu'il tenait ouverte pour le dévorer, en s'élançant sur lui ; mais il la lui enfonça si avant dans le gosier, qu'il fut couvert du sang que ce monstre vomissait. Lorsqu'il le vit affaibli, il remit la lance à son fils, qui l'avait suivi pour la tenir toujours ferme au fond du gosier, et il enjamba le monstre, auquel, après plusieurs coups redoublés de son sabre il trancha la tête. Il fût le libérateur de la ville d'Arles qui, pour éterniser la mémoire de ce haut fait, lui donna le droit du vermillon ; et le nom de la ville, duquel ses descendants nommés dans les chartes Arlatain d'Arelates, d'Arlatan, chefs de la ville, dans le xi° et xii° siècles » (*loc. cit.*)

Le Dragon du Bas-Rhône. — Dans la Camargue, il y avait un dragon qui était le fléau du pays. Un condamné à mort s'offrit pour le tuer, si on lui faisait grâce ; il en triompha (*Acad. celt.* t. v, p. 111).

Le Dragon de Marseille. — Ruffi (*Hist. de Marseille*, t. ii. p. 243) rapporte, que saint Victor tua un épouvantable dragon, qui avait son repaire à l'endroit où fut bâtie, dans la suite, son abbaye à Marseille (*Réminisc. pop. de la Provence*, p. 43). C'est à cette aventure que se rattacheraient certains détails de la fête de saint Victor, qui se faisait avec tant de pompe, à un certain moment de l'année, dans les siècles passés.

Le Dragon d'Aix. — Pitton (*Annales de l'église d'Aix*), signale : qu'il y avait, près d'Aix, un horrible dragon que saint Jacques tua ; et que c'est pour rappeler cet évènement, qu'on portait un dragon de carton pendant les processions des Rogations.

Le Dragon de Draguignan. — Saint Armentaire délivra, on le sait, le pays de Draguignan d'un horrible dragon qui a donné son nom à la ville.

Le Dragon de Cavaillon. — Bouche, l'ancien, dans sa chorographie et histoire de la Provence, signale que : saint Véran délivra les habitants de Cavaillon, d'un dragon qui mangeait bêtes et gens. Cette légende est peut-être la même que la suivante :

Le Dragon de Vaucluse. — A la fontaine de Vaucluse, il y avait un dragon qui dévorait les enfants du voisinage ; saint Véran, évêque de Cavaillon, qui naquit à Vaucluse, au commencement du sixième siècle, s'avança vers son antre et lui dit : Je t'ordonne, au nom de Jésus-Christ, fils du vrai Dieu, d'abandonner cet endroit sur le champ. L'animal tomba sans force. saint Véran lui passa une chaîne au cou, et le conduisit jusqu'au Suberon, où il ajouta : Je t'ordonne, par le Dieu vivant, de ne plus faire de mal à personne, puisque je ne t'en ai pas fait à toi-même, et le dragon s'en alla pour ne plus reparaître. La chaîne qui avait servi à attacher le monstre est consacrée, dit-on, dans une église de Gergean.

Le Dragon de Pétrarque. — Il y a une variante pour le dragon de la fontaine de Vaucluse, elle dit : que la bête attaqua Laure, dans un but libidineux ; et que Pétrarque, se jetant sur lui, le tua d'un coup de poignard.

Les Serpents de l'île de Lérins. — Le troubadour Raymond Feraud raconte, dans sa vie de saint Honorat, que le saint homme purgea l'île de Lérins des horribles serpents qui l'infestaient.

Les Serpents d'Avignon. — Saint Agricol, délivra les habitants d'Avignon d'une infinité de serpents qui désolaient la contrée, lorsqu'il vint évangéliser ce pays.

Le Dragon de Lurs. — Le village de Lurs dans les Basses-Alpes, a, dans son voisinage, un rocher dans lequel se tenait jadis un horrible dragon, dévastant le pays, chaque nuit. L'évêque, seigneur du pays, l'exorcisa ; et, ce dragon, en mourant, laissa une trace représentant ces mots : « *Hic Domum jacet servorum Domini.* » C'est à cause de cela, qu'un Séminaire fut construit à Lurs (*Pet. Ann. de Prov.*, 21 avril 1895).

Le Monstre de Montdragon. — Le village de Montdragon, près de Bollène, aux environs d'Orange, doit son nom à un dragon qui fut tué par le chef de la famile des Montdragon.

La donnée d'un dragon ou d'un serpent redouté se trouve dans une infinité de pays, et remonte à la plus haute antiquité. En cherchant à colliger les légendes de ce genre, j'en ai recueilli 154 — et n'ai certes pas la prétention de les connaître toutes. — Je vais les rapporter ; seulement, pour ne pas alourdir mon exposition, j'ai fait composer ces histoires merveilleuses en petits caractères ; de cette manière, le lecteur qui ne voudra pas les examiner en détail, n'aura qu'à tourner les feuillets jusqu'à ce qu'il retrouve les caractères ordinaires de l'impression, tandis que celui qui aurait le désir de les consulter, les aura sous la main.

Après avoir cherché vainement un mode de classification pour ces légendes, je me suis arrêté à l'exposition par lettre alphabétique, en prenant autant que possible le nom du pays pour base. — Cependant il m'a fallu quelques fois me servir du nom du héros, ou de celui du monstre :

II

CRÉDULITÉS DES AUTRES PAYS

No 1. LE DRAGON D'AARHUUS. — Dans la cathédrale d'Aarhuus, en Danemark, il arrivait souvent qu'on trouvait le lendemain d'une inhumation : que le cadavre avait disparu — On constata, que c'était un dragon qui dévorait, ainsi, les morts. — Un vitrier ambulant offrit, moyennant récompense, de tuer le monstre. Il fit construire un cercueil en glaces, dans lesquelles il avait ménagé une ouverture, suffisante à peine, pour faire passer une épée. On porta le cercueil dans l'église, et on plaça quatre cierges autour de lui.

Quand la nuit fut venue, le Dragon arriva ; voyant son image réfléchie par les glaces, il crut que c'était sa femelle ; il s'approcha tendrement du cercueil. A ce moment, le vitrier, passant son épée par le trou, le tua. La bête mourut, mais son sang et son venin empoisonnèrent l'ingénieux vitrier, qui ne put jouir de sa victoire. (*Revue des Traditions*, 1892. p. 590).

No 2. LE DRAGON D'ACHAIE (*Patras-Cométo*). PAUSANIAS. *Elide*. Liv. VII. Chap. XIX). — Il y avait en Achaïe, un temple de Diane Laphria ou Triclaria, dont la prêtresse devait rester chaste. Une de ces prêtresses, du nom de Cometo, souilla le temple en compagnie de Mélanippus. La déesse irritée, donna des marques terribles de sa colère : inondations, sècheresses, maladies, etc., etc. ; surtout, elle fit apparaître un dragon auquel il fallait, chaque année, donner un jeune homme et une jeune fille, en pâture. — Eurypile, fils d'Evemon, qui était devenu fou, pour avoir ouvert un coffre divin, après la guerre de Troie ; et qui, ayant consulté l'oracle de Delphes, avait appris : qu'il lui fallait empêcher un sacrifice barbare pour recouvrer la raison; il arriva à Patras en Achaïe, au moment où on allait porter au dragon son tribut ordinaire ; il tua le monstre, délivra les victimes, et devint roi du pays.

N° 3. LE DRAGON D'AIX-EN-PROVENCE. — (Voir ci-dessus, p. 210).

N° 4. LE DRAGON D'ALPENACH EN SUISSE. — Près d'Alpenach, dans le canton d'Underwald il y avait, en 1250, un dragon qui désolait la contrée. Struth de Winkelried, qui avait été condamné au bannissement pour s'être battu en duel, demanda à le combattre, afin de pouvoir rentrer au pays. Il le tua, mais mourut le lendemain de la victoire. (MAYER. *Voy. en Suisse.* t. I. p. 251).

N° 5. LE MONSTRE D'ANUBIS. — Les anciens égyptiens avaient certainement une légende semblable à celle de notre saint Michel, car Lenoir (*Acad. celt.*, t. II, p. 11) dit : que sur un monument de Thèbes, on voit Anubis armé comme saint Michel, frappant un dragon absolument semblable. D'ailleurs, il est à remarquer, que dans la mythologie égyptienne, Anubis remplit le rôle du Mercure grec et du saint Michel chrétien.

N° 6. LE DRAGON D'ARLES. — (Voir ci-dessus, p. 209).

N° 7. LE MONSTRE D'ASTI EN PIÉMONT. — Les environs de la ville d'Asti, en Piémont, étaient désolés par un dragon. saint Segond, couvert d'une armure comme saint Georges, et monté sur un cheval, le perça de sa lance (MILLIN, *voy. en Savoie et en Piémont*, t. I, p. 121).

N° 8. LE SERPENT D'AVIGNON. — Saint-Agricol. (Voir ci-dessus. p. 211).

N° 9. LE MONSTRE D'AUCH. — Un monstre horrible désolait le pays d'Auch. Les détails sur la délivrance du pays d'Auch sont très analogues à ceux de la légende de Rouen.

N° 10. LE SERPENT DE BACCHUS. — Bacchus fuyant devant la colère de Junon, s'endormit dans une grotte ; la déesse envoya un serpent à deux têtes pour le dévorer ; mais le dieu le tua d'un coup de sarment de vigne.

N° 11. LE SERPENT DE BAGRADA. — Pendant la première

guerre punique, (255 ans av. J.-C.) l'armée romaine, campée entre Utique et Carthage, eut à combattre un serpent énorme. Voici le passage d'Aulu Gelle qui a trait à cet avènement. « Tubiron rapporte que dans la première punique, le consul Attilius Regulus, ayant assis son camp en Afrique sur les bords du fleuve Bagrada, fut obligé de livrer un combat très vif, et très opiniâtre, contre un monstre d'une grandeur énorme, qui avait son repaire dans ces quartiers.

Pour vaincre cet horrible serpent, il fallut mettre toutes les troupes sous les armes, le combattre longtemps ; et l'on n'en vint à bout, qu'en dressant contre lui des machines de guerre qu'on emploie pour combattre les places. Regulus envoya sa dépouille à Rome, elle avait 120 pieds de long. » (AULU GELLE, *trad.* de l'abbé VERTEUIL, t. I, p. 113).

Nº 12. LE DRAGON DE L'ILE DE BATZ. — Un dragon dévorait les habitants de l'île de Batz, saint Pol de Léon qui mourut en 594, résolut de le tuer. Après avoir dit la messe, il se rendit vers la grotte du monstre, commanda à la bête de sortir ; et entourant son cou avec son étole, il l'entraîna jusqu'au Nord de l'île, où il lui ordonna de se précipiter dans l'endroit qu'on appelle aujourd'hui encore : *Le Trou du Dragon*. (*Martyr. de Martin Simon*, 12 mars).

Cambry (*Voy. dans le dép. du Finistère* t. I, p. 147), donne une variante, dans laquelle : le bâton de saint Pol joue le rôle de la verge de saint Martial.

Une autre variante dit : que saint Pol se fit accompagner par un jeune noble du pays, pour combattre le monstre.

Nº 13. LE DRAGON DE LA SAINTE-BAUME. — Voir ci-dessus, p. 209)

Nº 14. LE MONSTRE DE BAYONNE. — Un guerrier du nom de Belzunce, délivra la ville de Bayonne d'un dragon à trois têtes ; mais il mourut trois jours après, suffoqué par le venin, la flamme et la fumée, que vomit le monstre en mourant (*Mercure de France* 1817, 29 mars, rapporté par SALVERTE, t. II., p. 320.

N° 15. LE DRAGON DE BERYTHE. — (Saint Georges). A une demi-lieue de Beyrouth (l'ancienne Berythe), on voit une caverne, dans laquelle vivait un dragon, qui fut tué par saint Georges, au moment où il allait dévorer la fille du roi du pays (PIETRO DELLA VALLE. THÉVENOT. *Voyages dans le Levant*).

Pour combattre ce dragon, saint Georges prit l'armure d'un guerrier; dans les images qui le représentent, il ressemble souvent à Orion des païens : portant le même casque, la même cuirasse, le même bouclier et la même épée brandie contre le monstre. D'autres fois, il est représenté : monté sur un cheval, perçant de sa lance un dragon ailé, près d'une caverne, d'où s'échappe une femme. (RUBENS).

N° 16. LE DRAGON DE SAINT-BERTRAND DE COMMINGES. (Saint-Bernard). Chaudrue (*Acad. Celt.* t. IV p. 313) dit : qu'à Saint-Bertrand de Comminges, il y avait jadis un dragon qui dévorait les bêtes et les gens. Saint Bernard, évêque de l'endroit en 1076, tua la bête dont le corps fut suspendu dans l'église du pays, et y est resté pendant plusieurs siècles ; sur le reliquaire du saint, on grava l'épisode.

N° 17. LE DRAGON DE BORDEAUX. — Caïla (*Acad. celt.* t. IV p. 272) raconte qu'il y avait jadis, d'après la tradition, un dragon qui s'était emparé d'une tour de Bordeaux — il exigeait qu'on lui envoyât, tous les jours, une jeune fille dont il faisait sa pâture. — Or, un jour, le dragon devint amoureux d'une de ses victimes et l'épargna ; elle apprit de lui : qu'on pourrait parvenir à le tuer, si on pouvait le combattre avec la verge de saint Martial. Cette pauvre fille écrivit cette révélation, avec son propre sang, sur une ardoise qu'elle jeta par dessus la tour. Les Jurats de Bordeaux empruntèrent la précieuse relique à Limoges ; et, lorsqu'ils la présentèrent au dragon il disparut à tout jamais.

N° 18. LE DRAGON DE BYSANCE. — (Harald). Harald exilé de Norwège se refugia à Bysance, où il commit un homicide. Pour sa punition, il fut exposé dans une caverne, aux atteintes d'un dragon ; mais, il tua le monstre et revint en Norwège, où il fut élu roi. (E. SALVERTE, t. II p. 328).

No 19. LE MONSTRE DE CIMIÈS. — Dans l'église de Cimiès, près Nice, il y a la dépouille d'un crocodile, qui a été appendue à la voute comme « ex-voto » par un pélerin venant d'Orient ; malgré cette provenance bien établie, il y a une légende, que j'ai entendue raconter dans mon enfance. et dont voici la teneur: L'abattoir de Nice était situé près de la mer, et un conduit couvert permettait d'évacuer facilement le sang et les viscères inutiles des animaux de boucherie. Un jour, on constata la disparition de quartiers de bœuf, on crut d'abord à un vol, mais une surveillance bien établie fit découvrir qu'un crocodile venait nuitamment dévorer de la bonne viande, quand les issues ne lui suffisaient pas ; on organisa une battue, et après bien des dangers courus, la bête fut tuée. Celui qui la tua était natif de Cimiès, et il obtint la dépouille du monstre, qu'il alla suspendre dans l'église de ce village.

No 20. LA VOUIVRE DE JACQUES CŒUR. — La légende raconte : que Jacques Cœur, eut le bonheur de dérober, à une vouivre, sa pierre précieuse ; et que c'est pour cela : qu'il devint si riche.

No 21. LE DRAGON DE CAUMONT. — Le seigneur Nompar de Caumont délivra sa terre d'un dragon (E. SALVERTE t. II p. 335). Ce nom de Nompar est un jeu de mots (non pareil), analogue à celui de Némausus (Nemo-ausus).

No 22. LE DRAGON DE CAVAILLON. — (Voir ci-dessus, p. 210).

No 23. LA VOUIVRE DU CHATEAU DE MONTROND. — Un villageois de Montrond, près Poligny, dans le Jura ayant découvert qu'une vouivre vivait dans le château ruiné, qui domine le village, voulut lui ravir la pierre, pendant qu'elle irait boire. Mais le monstre se mit à lui courir après; et il en eut une telle frayeur, qu'il fit vœu d'élever un oratoire à la Vierge, s'il en réchappait (MONNIER, tradit. comp.).

No 24. LE MONSTRE DE CLAGENFURTH. — A Clagenfurth, il y a sur une fontaine publique, un groupe antique représentant la victoire d'Hercule sur l'Hydre de Lerne. Ce groupe a été trouvé à Saal ou Zolfeld, l'antique colonia solvensis.

Néanmoins, la croyance populaire affirme que c'est la représentation d'un fait d'histoire locale (E. SALVERTE, t. II, p. 332).

Nº 25. LA TOISON D'OR DE COLCHILDE. — Jason ayant excité la jalousie de Pélias, fut sollicité par lui, à faire la conquête de la toison d'or. Cette toison d'or était pendue à un arbre, dans un jardin gardé par un dragon, fils de Typho et d'Echidna.

Pour enlever la toison d'or, Jason devait tuer le dragon et recueillir ses dents ; puis vaincre deux taureaux aux cornes et aux pieds d'airain, les atteler à une charrue, labourer un champ dans lequel il sèmerait les dents du dragon. De ces dents, devaient naître des guerriers que Jason devait vaincre ; et ce n'est qu'après les avoir tués, qu'il pourrait se rendre maître de la Toison d'or.

Les forces humaines étaient impuissantes pour un tel labeur, si elles n'étaient pas aidées par un secours surnaturel. Aussi, Jason se mit en mesure d'exciter l'amour de Médée, qui était magicienne.

Médée donna à Jason un onguent dont il oignit tout son corps, pour être à l'abri du venin du dragon, et le feu des taureaux ; une substance somnifère pour endormir le dragon ; une eau limpide pour éteindre le feu des taureaux. Une médaille sur laquelle le soleil et la lune était représentés.

Jason, muni de ces objets, se présente devant le dragon, lui jette la substance enchantée ; la bête s'endort et meurt. Jason lui coupe la tête, lui arrache les dents ; et après avoir vaincu les taureaux, il sème ces dents d'où sortent des guerriers : Jason s'éloigne un peu de ces hommes ; il jette entre eux une pierre qui les met en fureur les uns contre les autres, si bien, qu'ils s'entretuent.

Nº 26. LA VOUIVRE DE CONDES. — D. MONNIER (tradit. comp, p. 108) dit qu'un paysan du village de Condes, ayant eu l'occasion de voir une vouivre venir se désaltérer à une fontaine, saisit sa pierre précieuse, et se blottit sous un cuvier, qu'il avait garni de clous acérés ; de sorte que la bête se blessait cruellement en voulant ravoir son bijou. Mais, le paysan ne profita guère de sa richesse, car il mourut le lendemain.

N° 27. LE DRAGON DE CORINTHE. — (Saint-Donat). Dans la chronique de Sigebert (*Ann.*399), il est dit : que saint Donat, évêque de Corinthe, tua un serpent tellement gros, que huit paires de bœufs avaient de la peine à traîner son corps privé de vie.

N° 28. LE MONSTRE DE CORBEIL. — (Saint-Spire). A Corbeil, il y a un égout qui va d'une rue à la rivière d'Etampes. La légende dit : qu'il y avait là, un dragon à deux têtes qui dévorait les habitants. Le comte Aymon tua ce dragon.

Millin en parle dans ses antiquités nationales, article saint Spire (SALVERTE, t. II, p. 337).

N° 29. LE MONSTRE DU DANEMARCK (Frotho). — Frotho, roi du Danemarck, alla combattre, dans une île déserte, un dragon, gardien d'un trésor, et le tua. (E. SALVERTE, t. II, p. 328).

N° 30. LE DRAGON DE DIOMÈDE. — En revenant de la guerre de Troie, Diomède délivra les habitants de l'île de Corcyre, aujourd'hui Corfou, d'un dragon qui les décimait.

N° 31. LE DRAGON DE LA DORDOUN (Finistère). — CAMBRY (*Voy. dans le Finistère*, t. I. p. 57, cité par SALVERTE. t. II, p. 282), dit : que près du château de la Roche-Maurice et de l'ancienne rivière la Dordoun, il y avait un dragon qui dévorait les hommes et les animaux.

N° 32. Le DRAGON DE DOMFRONT. — Dans l'Orne, près de Domfront, il y a un endroit appelé la fosse au Dragon, où la légende dit : qu'il y avait un monstre. (*R. d. T.* 1892, p. 664).

N° 33. LE DRAGON DE DOUAI. — Pendant la procession des Rogations, on promenait, à Douai, l'image d'un dragon, qui faisait aussi partie de la procession de la fête patronale du pays. Cette image était, disait-on, l'emblème du démon qui, sous cette forme, avait jadis dévoré les récoltes de la contrée, pour punir les cultivateurs qui avaient refusé de payer la dîme au clergé.

N° 34. LES SERPENTS DE GOUDWANA. — Le pays de Goudwana, dans l'Inde, était infecté de serpents qui rendaient les habitants de la contrée malheureux par leurs agressions. Siva résolut d'en débarrasser le pays. Il frappa de son trident la montagne de Mahades, qui fut pulvérisée du coup, et qui ensevelit sous ses fragments tous les serpents. C'est à cause de ce coup de trident, que la montagne de Mahades présente un nombre si grand de profondes fissures dans les rochers.

No 35. LE DRAGON DE DRAGUIGNAN. — (Voir ci-dessus, p. 210.)

No 36. LE MONSTRE D'ELAATE. — Un terrible dragon dévastait le pays. Elaate entreprit de le combattre. Le combat fut long, le monstre fut tué, mais quelques jours après, Elaate succomba à ses blessures.

No 37. LE DRAGON DE SAINT EFFLAM. — Saint Efflam fit absolument comme saint Arnel, c'est-à-dire : vainquit un dragon, et l'attacha avec son étole (E. SALVERTE. t. II, p. 308). La légende raconte : que saint Efflam ayant résolu de vivre en ermite, quitta sa maison, pour s'établir dans une caverne, sur le bord de la mer, entre Plestin et Saint-Michel, en Grève. C'est là qu'il trouva le dragon qu'il vainquit. La légende de ce saint contient d'autres détails fabuleux : celui, par exemple, de sa femme, qui se fait coudre dans une outre, qui vient s'échouer miraculeusement près de l'endroit où le saint s'était retiré, mais nous ne retiendrons ici : que la victoire sur le dragon, qui est relatée sur un tableau dans l'église de Plestin, dans les côtes du Nord.

No 38. LE DRAGON D'EUCHAITE, EN THRACE. (SAINT THÉODORE). — Saint Théodore, qui était né à Euchaïte, en Thrace, près de la mer Noire, délivra son pays d'un dragon qui dévorait les habitants. Pour vaincre la bête, il prit une épée, monta à cheval, et foula le monstre aux pieds de sa monture. (*Martyr. de Simon Martin*, 7 février).

No 39. LE SERPENT D'EPIDAURE (ESCULAPE). — On adorait à Epidaure, Esculape, sous la forme d'un serpent, et l'on prétendait : que le Dieu se faisait voir sous cette forme à ses suppliants. On sait que Rome envoya chercher le serpent d'Epidaure, en grande pompe. On se trouve évidemment, ici, en présence du fameux culte du serpent, qui date de la plus haute antiquité, et s'est continué jusqu'à nos jours, dans certains pays.

N° 40. LE DRAGON D'ÉPIDAURE (Saint-Hilarion). — Saint Jérôme raconte : que saint Hilarion triompha d'un serpent qui se cachait dans une caverne d'Epidaure (POUQUEVILLE. — *Voyage en Grèce*, t. 1er, p. 24). Il est à remarquer, que : c'est dans cette caverne, que les anciens grecs disaient : que Cadmus, transformé en serpent, s'était retiré. C'est là, aussi, que vivait le serpent d'Esculape, d'après la légende. Enfin, ajoutons que, quoique saint Jérôme ait seulement rapporté l'aventure de saint Hilarion, la crédulité publique a souvent attribué, à lui-même, cet exploit, dont il n'a été que l'historien.

N° 41 LE SERPENT D'ÈVE. — Tout le monde connaît la légende de la faute commise par Eve, notre première mère, à l'instigation du serpent. Mille explications les plus diverses ont été données de sa teneur ; une des plus originales est, assurément, celle de Lenoir (*Mém. acad. celt.*, t. II, p. 10). D'après lui, cette légende ne serait qu'une description incomprise de la fin de l'été, qui finit lorsque les pommes arrivent à maturité, et que la grande couleuvre du Zodiaque, qui accompagne la vierge, apparaît dans le ciel.

N° 42. LE DRAGON DE L'ABBAYE DE FLEURY. — Ducange, dans son glossaire (*Draco*, t. II, p. 1.645), dit : qu'il y avait un dragon ailé dans l'abbaye de Fleury.

N° 43. LES SERPENTS DE GRENOBLE. — Dans l'église Saint-Laurent, de Grenoble, il y a une sculpture représentant deux énormes serpents à tête humaine, que Champollion (*Mag. encyclop.*, 9e année, t. V, p. 442) dit, signifier les deux rivières : le Drac et l'Isère.

N° 44. LE MONSTRE DE LA GUYANE. — Noël (*Dict. de la fable*, art. *cosmog. amer.*) dit : que les caraïbes de la Guyane assurent, que Dieu fit descendre sur la terre son fils, pour tuer un serpent gigantesque, du cadavre duquel ils sont nés.

N° 45. LE DRAGON DE GUELDRE. — Un dragon désolait le pays de Hollande. Deux braves : Richard et Lappold parvinrent à le tuer. En expirant, la bête poussa un cri qui peut se traduire par : *yebre* ou *guebre* ; et pour rappeler leur heureuse délivrance, les habitants résolurent d'appeler, désormais, leur pays Guébria d'où est dérivé le nom de Gueldre.

N° 46. LE DRAGON DE GÊNES (Saint-Cyr). — A Gênes, il y avait dans un puits, un dragon dont le souffle tuait les hommes et les bêtes. Saint Cyr conjura le monstre, le força de sortir du puits, et d'aller se jeter dans la mer (MILLIN. — *Voy. en Savoie etc.*, etc., t. II, p. 239).

N° 47. LE DRAGON DE SAINT GERMAIN D'AMIENS. — Pendant qu'il était en Angleterre, saint Germain d'Amiens vit un dragon monstrueux, qui venait d'étouffer un enfant. Il ressuscita l'enfant, puis alla au dragon, lui entoura le cou avec son étole, et le conduisit jusqu'à une citerne, où il lui commanda de se jeter, et qu'il fit aussitôt combler de grosses pierres (*Martyr. de Simon Martin*, 2 mai).

N° 48. LE MONSTRE DE SAINT GERMAIN D'AMIENS. — En revenant d'Angleterre, sur une barque, saint Germain d'Amiens s'était endormi, lorsqu'un horrible dragon sortit de la mer pour engloutir le navire. Saint Germain, réveillé par les cris de terreur de l'équipage, fit le signe de la croix, et délivra, ainsi, la barque de cette agression (*Martyr. de Sim. Mart.* 2 mai).

N° 49. LES SERPENTS DU BERCEAU D'HERCULE. — Amphitryon, mari d'Alcmène, voulant savoir lequel des deux enfants, qui venaient d'être mis au monde par sa femme, était son fils, envoya près du berceau des deux jumeaux, deux serpents. Iphiclus fut effrayé par leur vue, tandis qu'Hercule les étrangla (APPOLODORE).

Une variante de la légende dit : que Junon envoya deux horribles dragons, pour dévorer Hercule au berceau ; mais que celui-ci les étrangla, sans peine.

N° 50. HERCULE ET HÉSIONE. — Laomedon, roi de Troie, avait employé Neptune pour la construction des remparts de la ville ; et, comme il ne l'avait pas payé le prix convenu, le dieu se mit en colère, il envoya entre autres contre le pays un horrible dragon qui le ravageait. — La population désolée, demanda à l'oracle : comment elle pourrait être délivrée de ce fléau ; l'oracle répondit : que ce serait en donnant au monstre, une jeune fille que le sort désignerait. — Le sort désigna Hésione, fille de Laomedon ; elle fut attachée sur un rocher où le dragon devait venir la prendre, lorsque Hercule passant par là avec les Argonautes, la délivra. — Pour cela faire, il livra combat au dragon et le tua. (*Diodore de Sicile*). Une variante de la légende, racontée par Lycophron, dit: que lorsque Hercule se mesura avec le monstre, celui-ci le dévora, et qu'il passa trois jours dans son ventre. Seulement, le héros lui déchira les entrailles, et parvint à vaincre, ainsi, le dragon, alors qu'on pouvait croire, d'abord, qu'il avait été vaincu par lui.

N° 51. LE MONSTRE D'HIPPOLYTE. — Hippolyte, fils de Thésée, ayant résisté aux sollicitations de Phèdre, sa belle-mère, celle-ci le calomnia auprès de Thésée qui le maudit, et demanda à Neptune de faire mourir cet infortuné jeune homme.

Un jour qu'Hippolyte se promenait sur les bords de la mer, près de Trézène, sur son char, un monstre épouvantable sortit de la mer. Hippolyte courut à lui et le perça de son épée, mais les chevaux effrayés le renversèrent de sur son char. Aussi, pendant que le monstre mourait, Hippolyte succombait, de son côté, piétiné et traîné à terre, par ses chevaux affolés.

N° 52. LE MONSTRE D'ISSEFIORD. (SAINT LUCIEN). — Dans la baie d'Issefiord, en Norwège, il y avait jadis un monstre, qui exigeait une victime humaine toutes les années. Lorsque la ville de Boerkilde se convertit au christianisme, elle envoya deux chanoines à Rome, pour demander au pape, des reliques capables de les délivrer de cet impôt. Pendant la nuit, un de ces chanoines vit, en songe, saint Lucien, qui promit de devenir le patron de la ville. La tête du saint fut apportée à Boerkilde, et le jour où il fallait, d'ordinaire, fournir la victime au monstre on mit cette tête dans la barque. Le monstre approcha, mais

voyant la relique il disparut pour toujours, aussitôt. (X. MAR-
MIER. *Lettres sur le Nord*).

No 53. LE DRAGON DU JARDIN DES HESPÉRIDES. — Le
jardin des Hespérides était sous la garde d'un dragon, fils de
Typhon et d'Echidné. Ce dragon avait cent têtes, et poussait, à
la fois, trois cents sortes de sifflements. Hercule tua ce monstre,
et rapporta les pommes d'or.

No 54. LE DRAGON DE LURS. — (Voir ci dessus, p. 211).

No 55. LES DRAGONS DE LYNGBY (Danemarck). — Deux
dragons avaient leur repaire dans le cimetière de Lyngby en
Seelande. Un jour ils se mirent à se battre, et un soldat qui
était dans l'église sortit pour les tuer, mais les deux monstres
lui lancèrent tant de venin qu'il en mourut. Un de ces dragons
vint se mettre devant la porte de l'église, pour dévorer les habitants lorsqu'ils sortiraient. — On fit un trou dans le mur, pour
sortir ; mais, comme on ne pouvait plus venir prier dans le
temple, on s'avisa de nourrir un taureau avec du pain et du lait,
afin de le rendre très fort. Quand il fut très vigoureux, on le
lança contre le dragon ; le combat fut très dur, le dragon fut
tué, mais il couvrit tellement le taureau de venin qu'il en
mourut. Cette légende se raconte, avec de légères différences,
dans plusieurs provinces du Danemark. (*R. des T.* 1892, p. 590).

No 56. LES SERPENTS DES ILES DE LÉRINS. (SAINT
HONORAT). — (Voir ci-dessus, p. 211).

No 57. LE MONSTRE DE LYON. (SAINT PAUL).— Saint Paul
délivra les habitants de Lyon d'un grand nombre de serpents, et
de scorpions, qui désolaient le pays.

No 58. LE DRAGON DE L'HOPITAL DE LYON. — A l'Hôtel-
Dieu de Lyon, on montrait un crocodile empaillé, pendu à la
voûte de la chapelle. La légende disait : que ce monstre s'était
établi sous une des arches du pont en pierre, voisin ; et faisait
chavirer les barques, puis dévorait ceux qui les montaient.
Un jour, un criminel fut condamné à mort par le tribunal ;
il offrit de détruire le monstre, si on lui promettait sa grâce ; il
construisit, dans le voisinage du repaire du monstre, un réduit

formé d'un tonneau percé de plusieurs trous : puis, quand la bête passa à sa portée, il la tua à coups de flèches ou de fusil suivant le dire des divers conteurs.

N° 59. LE MONSTRE DU LIRIS. — Le pays arrosé par le fleuve Liris, dans le Latium, était ravagé par un monstre, auquel il fallait qu'on livrât une jeune fille, en pâture, tous les ans. Le sort étant tombé sur Phorloé, fille du roi du pays, son fiancé Elaate résolut de la sauver ; il s'embusqua dans le voisinage, et lorsque le monstre se présenta, il le combattit, et le tua, mais il mourut lui-même de ses blessures. La jeune Phorloé, désolée, versa tant de larmes, qu'elle fut changée en fontaine.

N° 60. L'HYDRE DE LERNE. — Hercule ayant reçu d'Eurysthée l'ordre de tuer l'Hydre de Lerne, se dirigea vers le monstre, conduit par Iolas, qui lui servait de cocher, et le tua après un combat terrible, pendant lequel, Iolas cautérisait les plaies, aussitôt qu'Hercule avait coupé une tête, afin qu'il n'en repoussât pas d'autres.

N° 61. LA VIVRE DE LARRÉ. — A Larré, en Bourgogne, près du Prieuré de saint Benoît, il y avait une Vivre qui faisait l'effroi de la population, et qui fut vaincue par la puissance de la religion. (E. SALVERTE, t. II, p. 313).

N° 62. LE MONSTRE DE GEOFFROY DE LUSIGNAN. — Millin, dans son voyage au Midi de la France (t. IV, p. 707), raconte : que Geoffroy de Lusignan s'apprêtait à combattre un monstre qui avait dévoré un chevalier anglais, quand il mourut de maladie. Une variante de la légende dit : qu'il tua le monstre et puis mourut.

N° 63. LE MONSTRE DE MONTREUIL. — A Montreuil, dans le Pas-de-Calais, sur la rivière la Canche, il y avait jadis un horrible dragon qui dévorait les habitants de la contrée ; il se cachait dans les oseraies de la rivière pour guetter sa proie. Saint Saulve, qui évangélisait cette partie de la Picardie, résolut de la délivrer de ce monstre; il alla vers lui et le tua.

N° 64. LE MONSTRE DE MADAR. — Mahomet ordonna à Madar d'aller vivre dans un endroit désolé, près de Macan-Pour dans l'Inde, parce qu'il y avait là un mauvais génie, du nom de Macandéo, qui y faisait toutes sortes de mauvaises actions. Madar obéit, et se trouvant en face de ce mauvais génie, il le combattit, le vainquit et le fit mourir. Le pays, ainsi délivré, devint heureux désormais; et depuis, la population vient chaque année en pèlerinage au tombeau de Madar, pour le remercier de ses bienfaits.

N° 65. LE MATWOT DE LA MEUSE. — Dans la vallée de la Meuse, il y a un esprit des eaux appelé *Matwot*, qui est amphibie, gros comme un veau et ayant l'apparence d'un lézard. On le voit, parfois, entre Revin et Liége, et il dévore souvent des enfants. (MEYRAC, p. 353).

N° 66. LE DRAGON DE L'ILE DEL MOSTAFIM. — (près de Gibraltar). Iskender, arrivant dans l'île *d'el Mostafin*, apprit qu'un affreux dragon dévorait les bêtes et les gens. Il fit écorcher deux taureaux, emplit leur peau de résine, de soufre et d'arsenic; et les fit placer près de la grotte, où le monstre se retirait; le dragon en s'éveillant voit ces peaux; il les dévore, croyant dévorer deux véritables bœufs. Il voulut les vomir, quand il s'aperçut de son erreur, mais des crochets de fer habilement disposés autour de ces peaux, ne le lui permirent pas. Pendant ce temps, Iskender fit rougir des morceaux de fer qu'il jeta dans la gueule du dragon, de sorte que le soufre et la résine prirent feu et le consumèrent. (*R. d. t.* 1887, p. 441).

N° 67. LES DRAGONS DES MILLE ET UNE NUITS. — E. SALVERTE (t. II, p. 294) dit : quedans les contes indiens rapportés par les Mille et une Nuits (*Edit. en 7 vol.* t. V, p. 423, 25, t. VI, p. 303). Il y a trois exemples de dragons qui succombent sous les coups d'un guerrier, aidé par une puissance surnaturelle, au moment où ils vont dévorer la fille d'un roi.

N° 68. LE MONSTRE DE MONTDRAGON. — (Voir ci-dessus, p. 212).

N° 69. LE DRAGON DE SAINT MICHEL. — La légende raconte : que saint Michel a vaincu un horrible dragon.

Souvent, saint Michel est représenté, absolument comme

saint Georges, perçant de la lance ou de l'épée un monstre qui sort d'une caverne. Dans quelques cas, il a une balance ; et comme sa fête arrive au mois de septembre, il est facile de voir là : l'allégorie de l'égalité du jour et de la nuit. Dans nombre de peintures, saint Michel est coiffé de la dépouille d'une tête de lion, ce qui fait allusion à l'hercule païen. La balance et la fonction de peser les âmes, le faisaient déjà ressembler à Minos.

LENOIR (*acad. celt.* t. II., p. 11) dit que sur un monument de Thèbes en Egypte, Anubis est représenté, déjà, comme on a, depuis, représenté saint Michel. (Voir ce que j'ai dit déjà à propos d'Anubis).

No 70. LE SERPENT DE MILAN. — (Visconti). CARLO-TORRE dans sa description de Milan. (*Ritrato di Milano,* p. 273) rapporte aussi la légende du dragon de Milan tué par le premier des Visconti. « Hubert fut premier qui remplit dans le Milanais les fonctions déléguées aux comtes du Bas-Empire et de l'empire de Charlemagne. Il adopta en vainqueur le surnom de vicomte qu'il transmit à ses descendants. Au lieu, ou s'est élevé, à Milan, la très ancienne église de Saint-Denis, était alors une profonde caverne, séjour d'un dragon toujours affamé, et dont le souffle donnait la mort, Hubert le combattit, le tua et voulut que son image figurât dans les armoiries des Visconti.

No 71. LE DRAGON DE MARSEILLE. — (Saint Victor). (Voir ci-dessus, p. 210)

No 72. LE BASILIC DU GRAND PUITS DE MARSEILLE. — (Voir plus loin ce qui regarde ce basilic).

No 73. LES SERPENTS DE MYCONE, (Neptune). — L'île de Mycone, entre Ténos et Délos, dans les cyclades de la mèr Egée, était infestée par un si grand nombre de serpents, qu'elle était devenue inhabitable. Neptune réussit à les chasser, si complètement, que les habitants lui dressèrent un temple, pour témoigner de leur reconnaissance. (PLINE. Liv. IV. Ch. 22).

No 74. LE MONSTRE DE SAINTE MARGUERITE. — La légende raconte : que sainte Marguerite alla vers un dragon. Elle l'enchaîna avec sa ceinture merveilleuse. Lorsque la bête eut été tuée, sainte Marguerite prit la pierre précieuse qu'elle portait sur la tête, et la consacra à Dieu.

La légende chrétienne de sainte Marguerite ne date que du onzième siècle; elle est la christianisation d'une légende païenne infiniment plus ancienne que le christianisme. Le nom de la sainte, vient de la pierre précieuse (*Margarita*) qu'elle enleva au monstre après l'avoir tué, c'est encore une allégorie astronomique (LENOIR. *Acad. Celt.* t. II. p. 12).

Nº 75. LE DRAGON DE METZ. (Saint Clément). — Pendant la procession des Rogations et celle de saint Marc, on a promené, longtemps, à Metz, un grand mannequin représentant un monstre, nommé le Graouilli, dans la gueule duquel, on jetait des gâteaux et diverses friandises. Ce Graouilli s'arrêtait volontiers devant les boulangers et les pâtissiers, recueillant une ample provision de petits pains et de gâteaux, dont les hommes qui le faisaient mouvoir se régalaient. La légende disait : que jadis ce Graouilli avait habité dans les marais de la Moselle, d'après les uns, dans les ruines d'un ancien amphithéâtre, disent les autres, dévorant les habitants et les troupeaux, jusqu'à ce que saint Clément l'eût vaincu et tué, en l'enchaînant avec son étole. On disait : que le saint l'avait tué dans la rue Taison de cette ville, où était son principal repaire. Pendant les processions précitées, le Graouilli était porté par le Maire du village de Woipy ; et on disait : que ce privilège lui avait été donné, parce que les habitants de cette commune avaient aidé saint Clément dans son combat. (*Acad. Celt.* t. III. p. 481).

Nº 76. LE MONSTRE DE NICOMÉDIE. (Saint Arsan). — Lorsque saint Arsan de Nicomédie voulut se retirer dans le désert, il rencontra un dragon qu'il chassa par ses prières. (*Martyrol. de Simon Martin.* 16 août).

Nº 77. LE DRAGON DE NEUILLY. (Saint Front). — Un dragon désolait le territoire de Neuilly-Saint-Front près Château-Thierry ; il fut vaincu par un saint homme du nom de Front. (*Mém. Sac. Antiq.* t. I. p. 426. Cité par E. SALVERT).

Nº 78. LE DRAGON DE NATTERS (Suisse). — Au pied du

Simplon, le village de Natters était désolé par un dragon qui dévorait bêtes et gens. Un forgeron s'offrit pour le combattre, si on lui accordait sa grâce (car il venait d'être condamné à mort). Le combat dura une heure, et quand on arriva à l'endroit de la lutte, on trouva le dragon mort et son vainqueur évanoui. (*R. d. t.* 1888, p. 482).

N° 79. — LE MONSTRE DE NIORT. — Jouyneau Desloges (*Acad. Celt.* t. v. p. 51), dit qu'en 1788, on découvrit dans le cimetière de l'hôpital général de Niort, la tombe d'un soldat nommé Jacob Allonneau (*Al-Lou* bête en celtique) ou Guillaume de Beauchamp — que la tradition disait : avoir été tué par un dragon, qu'il avait voulu combattre.

La légende disait : qu'un dragon ravageait les environs de Niort en 1589 ou 1592. Un soldat déserteur, qui avait été condamné à mort, accepta de le combattre. Il se couvrit d'une cuirasse et mit un masque en verre, pour éviter de respirer le souffle empoisonné de la bête. — Le commencement du combat fut tout en sa faveur ; et croyant que le monstre était mort, il ôta son masque, mais le dernier souffle du dragon l'asphyxia. Les habitants reconnaissants lui élevèrent un mausolée, sur lequel le combat fut sculpté.

N° 80. LE DRAGON DE NIMES (*Nemausus*). — Pour immortaliser le souvenir de la conquête de l'Egypte, Auguste donna pour type, aux médailles de la colonie qu'il fonda à Nîmes, un crocodile attaché à un palmier, — Ce fait a été tranformé par la crédulité populaire ; et est devenu l'origine d'une légende dans laquelle : un certain Nemausus (*Nemo-Ausus*) triomphe d'un monstre qui désolait la contrée (E. SALVERTE, t. II, p. 333).

N° 81. LE MONSTRE D'ORLÉANS. -- (SERVIN *Hist. de Rouen* 1775 t. II, p. 147) raconte qu'à Orléans il y a une légende de dragon vaincu, semblable à celle de Rouen.

N° 82. LE SERPENT D'ORION. — Orion était fils de Neptune et d'Euryale. Il fut célèbre par son amour pour l'astronomie et la chasse. Cette dernière passion lui valut la haine de Diane, qui le tua d'un coup de flèche. Il fut placé, après sa mort, dans le ciel, où il lui fut permis de se livrer à sa passion pour la destruction des bêtes féroces. Aussi, passe-t-il son temps à poursuivre, revêtu d'une armure de guerrier et armé d'une épée, un serpent monstrueux.

N° 83. LE SERPENT PITHON. — On a donné ce nom à un dragon ou serpent monstrueux qui fait l'objet de diverses légendes. Appollodore dit : qu'il gardait l'antre de Thémis, et qu'Apollon étant venu pour consulter l'oracle, le tua à coup de flèches, parce qu'il voulait lui défendre l'entrée de cette grotte. D'autres disent : qu'il fut engendré par la terre, après le déluge de Deucalion; et que Junon le chargea d'empêcher l'accouchement de Latone, grosse d'Apollon et de Diane; mais que Latone ayant accouché dans l'île Delos, Apollon tua le monstre dans son berceau. (NOEL. *Dict. de la Fable*).

N° 84. LE MONSTRE DE PUY-EN-VELAY. — Un monstre horrible désolait la contrée de Puy-en-Velay, il fut tué par un héros.

N° 85. LE DRAGON DE POITIERS. — Pendant la procession du troisième jour des Rogations, on a promené, longtemps, à Poitiers (jusqu'à 1789), la grand'gueule, sainte Vermine, etc.,etc.; — qui avait la forme d'un dragon ailé — C'était une fête sollennelle, et on venait de quinze lieues à la ronde pour voir le monstre. Les dévotes l'imploraient et le touchaient de leur chapelet, pour obtenir d'être exemptes, elles et leurs enfants, de maintes maladies.

La légende disait que ce dragon habitait une caverne qu'on a appelée plus tard la grotte à Calvin, d'où elle sortait pour dévorer des habitants et des religieux du couvent de Saint-Radegonde. Un prisonnier condamné à mort, accepta de la combattre, il s'arma comme saint Georges et saint Michel, et parvint à tuer le monstre. La crédulité des dévots admet, en outre, que l'interception de saint Radegonde a servi au succès du prisonnier.

N° 86. LE MONSTRE DE POO. — (Himalaya). Dans la partie septentrionale de la vallée de Satluj sur la rive gauche du Pen-

jab, se trouve une montagne, sur les flancs de laquelle, vivait
dans une grotte, un monstre, démon, mauvais génie, etc., etc.
prenant la forme d'un scorpion gros comme une chèvre, et dévorait les enfants ou les animaux domestiques des habitants du
village de Poo; un lama (religieux boudhiste), parvint à contrain-
dre le monstre à rester dans son antre ; à la condition qu'on lui
fournirait tous les ans, à jour fixé, un petit garçon de 8 ans et
un veau. Un autre lama parvint, plus tard, à détruire le monstre.
(*R. d. t.* 1888 f. 431.)

N° 87 LE SERPENT DE SAINT-PATRICK. — (Irlande). Saint
Patrick, parvint à décider le dernier serpent qui vivait en Irlande,
à entrer dans un coffre, en lui promettant de lui rendre la liberté le lendemain ; mais une fois le coffre fermé, il le fit jeter
dans le lac Neagh où il est encore ; chaque matin le serpent
dit « Ne sommes-nous pas encore à demain ? » il lui est répondu
«Non» par le saint et la captivité continue. (*Rev. d. Trad.* 1887,
p. 296.)

N° 88. LE SERPENT DE SAINT PHOCAS. — (GREG. DE TOURS,
DES MIRACLES liv. I, ch. LXXXXIX). Grégoire de Tours dit:
que saint Phocas, martyr de Syrie guérit des morsures de
serpents. La légende voulant expliquer pourquoi, ce saint a
cette propriété, a imaginé que saint Phocas avait lutté contre un
serpent, et l'avait tué.

N° 89. PERSÉE ET ANDROMÈDE. — Andromède, fille de Ce-
phée, roi d'Ethiopie, ayant osé se croire plus belle que Vénus et
les Néréïdes, fut condamnée, sur le dire de l'oracle de Jupiter
Ammon, à servir de pâture à un monstre suscité par Neptune. Elle fut attachée sur un rocher par les Néréïdes ; et elle
allait succomber, lorsque Persée, monté sur Pégase, livra combat
au monstre et délivra la jeune fille. Pausanias raconte, que tous
les ans, il y avait près de Joppé, en Palestine, une fontaine qui
devenait toute rouge, et la légende disait: que c'était en souvenir
du jour où Persée tout couvert du sang du monstre était venu
s'y laver.

N° 90. LE MONSTRE DE PHRYGIE. — (Minos et Egyès). La

terre enfanta, un jour, un dragon qui vomissait des flammes et de la fumée empoisonnée. Ce monstre qui s'appelait Egyès, fit de grands ravages en Phrygie, en Lybie, en Phénicie et en Egypte; mettant le feu aux moissons et aux forêts, dévorant les habitants, etc., etc. Jupiter, touché de tant de malheurs, ordonna à Minerve d'aller le tuer ; la déesse mit la peau du monstre sur son bouclier (comparer cette légende avec celle de la Gorgone.) (Noël, dict. de la fable).

Nº 91. LE MONSTRE DE PISE. — (Nino Orlandi). A Pise on raconte qu'en 1109, Nino-Orlandi enferma dans une cage un énorme serpent qui désolait la contrée. (E. SALVERTE t. II p. 334).

Nº 92. LES MONSTRES DE PROVINS. — A Provins, on disait que deux monstres avaient jadis désolé le pays. Le premier était un dragon ailé, le second une espèce de crocodile. (OPOIT *hist. et description de Provins* 1822, p. 435.) Le sonneur de Saint-Quiriace portait jadis à la procession des Rogations un manequin représentant le dragon ; et le sonneur de Notre-Dame portait un autre animal fantastique du nom de la *Lézarde.* Lorsque les deux paroisses se rencontraient, les deux animaux ouvraient la bouche et cherchaient, avec leurs dents acérées, à s'arracher mutuellement les guirlandes de fleurs dont ils étaient ornés, ce qui intéressait vivement la foule. En 1760, le sonneur de Saint-Quiriace imagina de mettre des pétards et des fusées dans la gueule de son dragon ; et, comme il en résulta des accidents, le dragon et la lézarde cessèrent de figurer à cette procession.

Nº 93. LE DRAGON DE PARIS. — (Saint Marcel). Pendant longtemps on a porté pendant la procession des Rogations, à Paris, l'image d'un dragon, et on voyait suspendu sous forme d'*ex-voto*, dans l'église Saint-Marceau, une dépouille de crocodille. La légende disait que saint Marcel avait délivré Paris d'un dragon qui le désolait (*Greg. de Tours, gloire des confess.* ch. LXXXIX).

Le saint alla vers le monstre, le bénit, le rendit doux

comme un agneau ; et ayant entouré son cou avec son étole, il le conduisit dans un abîme, situé à une lieue de là, où il le précipita afin qu'il disparut à tout jamais. (*Martyrol.* de SIMON MARTIN, 39 an).

N° 94. LE MONSTRE DE RAGUSE. — A Raguse, en Dalmatie, on voit dans une église, la dépouille d'un crocodile qui a été apportée par des matelots venant d'Egypte ou de l'Inde. Malgré cette origine parfaitement authentique, une légende s'est créée, prétendant : que c'est le cadavre d'un monstre qui ravageait le pays, et avait été tué miraculeusement par un héros. (POUQUE-VILLE, *Voyage en Grèce*, t. I, p. 24).

N° 95. LE MONSTRE DE RHODES. — (PHORBAS). Phorbas, petit-fils du roi d'Argos, et protégé d'Apollon, délivra les habitants de l'île de Rhodes d'une grande quantité de serpents ; et surtout d'un dragon qui avait déjà dévoré beaucoup d'individus. Après sa mort, Apollon le plaça dans le ciel ; avec le dragon qu'il avait tué. Les rhodiens conservèrent pendant plusieurs siècles la coutume de faire des sacrifices en l'honneur de Phorbas. Quelques dix siècles après, Théodat de Gozon renouvella le même exploit que Phorbas, dans la même île.

N° 96. LE MONSTRE DE LA ROCHE TURPIN, près Montoire, appellé aussi le Dragon d'Artins. Dans un lieu nommé la Roche Turpin, près de Montoire, il y avait un horrible dragon qui dévorait les bêtes et les gens. Saint Julien, évèque du Mans, alla vers la bête, lui entoura le cou avec son étole, et serra si fort qu'il l'étrangla. (DUCHEMIN DE LA CHENAYE, *acad. celt.* t. IV, p. 311). On appelle aussi ce monstre : le *Dragon d'Artins*.

N° 97. LE ROLLIROCK. — Jadis, il y avait dans le lac de Marjelen, dans le Valais, un monstre horrible à forme de bouc, à poils en chandelles de glace etc., etc., qui tuait les imprudents qui l'affrontaient ; et qui ravageait la vallée, en faisant sauter les pierres à coup de corne. (*R. d. t.* 1890, p. 250).

N° 98. LE DRAGON A SEPT TÊTES DE ROUMANIE. — Il y avait jadis en Roumanie, un dragon à sept têtes qui désolait le pays. Le Prince promit sa fille en mariage à celui qui le tuerait ;

plusieurs jeunes gens résolurent de tenter l'aventure ; ils allèrent dans l'endroit où était le monstre, et décidèrent que chacun
d'eux irait une nuit à l'affût, plusieurs n'eurent pas le courage
de livrer le combat, mais un d'eux ayant attaqué la bête, la tua ;
il lui coupa ses sept langues, et se hâta de s'en aller, de peur
que ses compagnons ne le tuassent par jalousie, lorsqu'ils se ré-
veilleraient.

Or, pendant la nuit, le cuisinier du Prince, passant par là, vit
le dragon tué ; il se hâta de couper les sept têtes les porta au
palais et réclama la récompense promise ; il allait épouser la
jeune princesse, lorsque le guerrier arriva et fit reconnaître son
imposture, en montrant les sept langues du dragon. (*Rev. des
trad.* 1888, p. 629).

Nᵒ 99. Lᴇ Mᴏɴsᴛʀᴇ ᴅᴇ Rᴏʟʟᴀɴᴅ. — (Oʀᴄᴀ). Dans la
légende du Rolland, il est dit : qu'un monstre marin nommé
Orca fut tué par le héros, au moment où il s'apprêtait à dévorer une femme. (Aʀɪᴏsᴛᴇ).

Nᵒ 100. Lᴇ Dʀᴀɢᴏɴ ᴅᴜ Bᴀs-Rʜᴏɴᴇ. — (Voir ci-dessus,
p. 210).

Nᵒ 101. Lᴇ Dʀᴀɢᴏɴ ᴅᴇ Rᴏᴍᴇ. — (Saint Marc). Saint Grégoire le Grand ordonna au VIᵉ siècle que le 25 avril, jour de
saint Marc, on célébrerait à Rome une fête dans laquelle un
dragon figurerait dans la procession, pour perpétuer le souvenir d'un monstre sorti du Tibre, au moment d'un débordement,
et dont le souffle empoisonnait l'air. (E. Sᴀʟᴠᴇʀᴛᴇ, t. ɪɪ,
p. 299).

Nᵒ 102. Aᴜᴛʀᴇ Dʀᴀɢᴏɴ ᴅᴇ Rᴏᴍᴇ. — (Sᴀɪɴᴛ Sʏʟᴠᴇsᴛʀᴇ).
Les habitants de Rome étaient décimés par un dragon. Saint
Sylvestre revêtit ses habits pontificaux, alla vers la bête, la rendit
douce, l'attacha avec son étole et la conduisit au loin où elle
disparut selon les uns, fut tuée par le saint d'après les autres.
(*Martyr. de Simon Martin*, 31 décembre).

Nᵒ 103. Lᴇ Dʀᴀɢᴏɴ ᴅᴇ Rᴏᴜᴇɴ. — (Sᴀɪɴᴛ Rᴏᴍᴀɪɴ). En
l'an 628 ou 720, le terroir de Rouen était ravagé par un dragon
qui dévorait de temps en temps un habitant. Saint Romain

voulant le détruire, demanda à l'autorité laïque un condamné à mort, qui devait gagner sa grâce en l'aidant à combattre le monstre. Saint Romain attacha le dragon avec son étole et en débarrassa le pays. (SERVIN, *hist. de la ville de Rouen* 1775, t. II, p. 147). Servin dit que cette légende n'est qu'une allégorie ayant trait au fleuve débordé ; et il en donne pour preuve que le monstre s'appelait la *Gargouille*, de gargues, garges, etc., etc.

N° 104. LE DRAGON DE REIMS. — A la procession du jour de Pâques, on promenait, jadis à Reims, l'image d'un dragon appelé le *Bailla*. La légende disait : que c'était le souvenir d'un monstre réel, ou bien une allégorie visant la christianisation de la contrée.

N° 105. LE MONSTRE DE RHODES. — (GOZON). Dans le recueil des contes populaires des Provenceaux de l'antiquité et du Moyen-Age que j'ai publié (p. 169), j'ai raconté l'aventure que voici : Il y avait à Rhodes dans un quartier appelé « le Maupas » une grotte habitée par un dragon qui avait dévoré tous ceux qui avaient essayé de le combattre. C'est au point, que le supérieur de l'ordre défendit, sous peine de mort, aux chevaliers de rien tenter désormais contre le monstre.

Théodat de Gozon, mu par le désir de délivrer le pays de ce fléau demanda un congé, vint en Provence, son pays d'origine, fit construire un dragon de bois, et habitua son cheval et une meute de chiens à combattre ce simulacre. Quand la meute fut bien dressée et le cheval bien habitué à la vue du monstre, Gozon retourna à Rhodes ; et sans faire part de son projet à personne, il alla au Maupas où il tua le dragon.

Le supérieur prononça la peine de mort contre celui qui avait transgressé ses ordres, mais au dernier moment il fit grâce à Gozon qui lui succéda quelques années après.

En tuant le dragon Gozon lui avait dérobé la pierre précieuse qu'il portait sur la tête, et qui resta longtemps la propriété de ses descendants (LYONNEL *ou la Provence au XIIIe siècle* t. II, p. 428).

N° 106. LE DRAGON DE RAMILLIES. — Le sire Jean de

Ramillies tua un dragon qui désolait le pays voisin de l'Escaut, il alla le provoquer dans sa caverne.

Nº 107. Les Serpents de Saumur. — (Saint Florent). Les environs de Saumur étaient désolés par des serpents monstrueux ; et l'un deux, entre autres, faisait des ravages sur les bords de la Vienne. Saint Florent, ayant reçu de Dieu, l'ordre de venir se fixer dans une grotte de ce pays, en chassa tous les monstres. (Bodin, *rech. hist. sur Saumur* t. I, p. 117).

Nº 108. Les Monstres de Suède. (Regner Lodbrog). Un prince Suédois avait fait élever deux serpents avec sa fille Thora, pour garder sa virginité. Regner Lodbrog les tua et épousa la jeune princesse. (E. Salverte, t. II, p. 326).

Nº 109. Le Serpent Sénégambien. — Dans mon livre sur les peuplades de la Sénégambie et dans le recueil que j'ai publié des contes populaires du même pays (p. 185), j'ai rapporté la légende du serpent du bambouk qui exigeait le tribut annuel d'une jeune fille.

Un jour, le fiancé de celle qui devait être dévorée par le monstre, arriva sur un cheval et armé d'un sabre, juste au moment où le serpent se disposait à dévorer sa victime ; il le tua, puis, prenant sa fiancée en croupe, se hâta de quitter le pays.

Dès le lendemain, le pays fut envahi par des étrangers et démembré; les saracolais, qui formaient un état puissant dans le bambouk furent réduits à l'état de petits groupes isolés, vivant maigrement dans les portions des pays dédaignées par les envahisseurs.

Nº 110. Le Dragon de Salamine. — (Cenchréus). Les habitants de Salamine, dans l'île de Chypre, étaient décimés par un horrible serpent ; Cenchréus les en délivra, et fut nommé roi du pays, en récompence de son exploit. (Noel. art. Cenchréus).

Nº 111. La Vouivre de Sulpy. — La légende dit qu'au XVe siècle pour les uns, au XIIIe (1273) pour les autres, les environs du village de Sulpy, près de Neufchatel, étaient désolés par un horrible serpent que Raymond de Sulpy tua, après un combat si rude que lui-même succomba à ses blessures, deux jours après. (E. Salverte, t. II, p. 320).

N° 112. LA VOUIVRE DU MOULIN DE LA SEILLE. — D. Monier (*trad. comp.*), dit que dans le vallon de la Seille, il y a un moulin hanté par un basilic — le meunier n'a jamais pu y faire de bonnes affaires. — Dans beaucoup de quartiers ruraux, les paysans sont toujours déçus de leurs espérances de récoltes, parce qu'un basilic y stérilise leur terre.

N° 113. LE DRAGON DE THOREY. — Dans le bois de Thorey, commune de Donnemarie, près de Lunéville, il y avait un dragon qui fut vaincu ; un monument fut élevé par la population du pays pour perpétuer le souvenir de sa délivrance. (DOM CALMET. *journ. de Verdun*, 1751, juin, p. 150). Dom Calmet dit « village de Trocy » mais c'est une erreur typographique.

N° 114. LE DRAGON DE TOURNAY. — (SAINT AMAND). Dans le pays de Tournay il y avait un dragon qui faisait l'effroi des habitants, saint Amand le chassa. (E. SALVERTE, p. 380).

N° 115. LE DRAGON DE TROYES. — (SAINT LOUP). Jusqu'en 1738 les chanoines de Saint-Loup, à Troyes, portaient à la procession des Rogations, l'image d'un dragon en bronze, dont la légende attribuait la défaite à saint Loup. (E. SALVERTE, t. II, p. 309).

N° 116. LE DRAGON DE TURQUIE. (CHEDERLÈS). — Les Turcs disent que Chederlès était un des lieutenants d'Alexandre ; il tua un dragon monstrueux, et sauva la vie à une jeune fille que ce monstre allait dévorer. Après avoir bu les eaux d'un fleuve qui le rendirent immortel, il parcourut sur son cheval également immortel, le monde, pour être utile aux guerriers qui l'invoquaient. (NOEL. *Dict. de la Fable*).

N° 117. LE DRAGON DE THÈBES. (CADMUS). — Cadmus, fils d'Agénor, envoyé par son père à la recherche d'Europe, enlevée par Jupiter, et ne pouvant la retrouver, résolut de fonder une ville dans l'endroit désigné par l'oracle de Delphes. — Il envoya ses compagnons prendre de l'eau dans une fontaine, mais un dragon les dévora. Cadmus alla alors vers la bête, la combattit et la tua. Sur le conseil de Minerve, il en sema les dents d'où sortirent des hommes, etc., etc.

N° 118. LE DRAGON DU THEIL. (SAINT-ARNEL). Ile-et-
Vilaine). — Un dragon dévastait les environs du Theil, dans
l'Ile-et-Vilaine. — Saint-Arnel alla à lui, l'attacha avec son
étole, le traîna jusqu'au sommet d'une montagne et lui
ordonna de se précipiter de là dans la rivière la Sèche.
(EUSÈBE SALVERT. t. II, p. 308, donne l'indication. Açad. Celt.
t. V, p. 377, qui est inexacte).

N° 119. LA TARASQUE. — (Voir ci-dessus, p. 207).
Variante de la Tarasque. (Voir ci-dessus, p. 208).

N° 120. LA TÉRASQUE DE LIMA. — Le jour de Saint-François-
d'Assises (4 octobre, qui répond dans l'hémisphère sud, au
mois d'avril), on fait à Lima, dans le Pérou, une procession
semblable à celle de la Tarasque de Tarascon ; le monstre
s'appelle la Térasque. (*Annales des Voy. de Malte Brun.* t. I,
p. 92. Cité par SALVERTE t. II, p. 285)

N° 121. LES SERPENTS DE TROIE. (LAOCOON). — Laocoon,
prêtre d'Apollon ou de Neptune, d'après les uns, fils de
Priam, d'après les autres, voulut s'opposer à l'introduction du
fameux cheval de bois dans la ville de Troie. Mais au moment
où il était sur le point de décider ses concitoyens, deux serpents
sortirent de la mer et le tuèrent, ainsi que ses deux fils.

N° 122. LE SERPENT DU LAC TRITIVA (Madagascar). — Il
y avait jadis dans le lac Tritiva, à Madagascar, un serpent à
sept têtes, appelé Fananim-Pito-Boah, qui émigra pour aller se
loger dans le lac voisin de Androikiba. (*R.* t. 1892. p. 760).

N° 123. LE MONSTRE DE TOULOUSE. — Il y a, pour Toulouse,
une légende analogue à celle de Rouen ; et on prête à saint
Cernin ou saint Saturnin, l'aventure que, dans l'ancienne
Normandie, on prête à saint Romain.

N° 124. LE DRAGON DE TROIE. (*La douleur de Crinise*). —
Lorsque Neptune voulut se venger de Laomedon, qui ne lui
avait pas payé le prix de son travail, au sujet des murs de
Troie, il envoya un dragon qui désolait la Phrygie, et auquel il
fallait tous les ans livrer une jeune fille. Le sort étant tombé
sur la fille de Crinise, son père la mit furtivement dans une

barque et l'exposa sur les flots, espérant qu'elle serait ainsi sauvée de la brutalité du monstre. Lorsque le moment du sacrifice annuel fut passé Crinise se mit à la recherche de sa fille pour la ramener à la maison, mais il ne put plus la retrouver et pleura tellement qu'il fut transformé en fleuve (NOEL).

Nº 125. LE BASILIC DE TONNERRE (L'ABBÉ JEAN). — L'abbé Jean vainquit à Tonnerre un basilic qui infectait les eaux d'une fontaine. (GREG., de Tours, *Gloire des Confess.* ch. 87).

Nº 126. LE DRAGON DE TÉNOS. — Aristote (de Mirab anim. rer.) raconte que dans l'île de Ténos, une des cyclades, entre Andros et Mycone, dans la mer Egée, la ville principale était ravagée par un dragon. — Une femme, habile dans l'art des enchantements, sut attirer le monstre hors de sa retraite, et lui donna la mort.

Nº 127. LE TRITON DE TANAGRE. — A Tanagre, en Béotie, on racontait qu'il y avait un triton qui mangeait les bestiaux et même les individus, et auquel la population était obligée de fournir annuellement des victimes. Mais un jour, on mit sur la plage une cruche de vin qui l'enivra, et on put le tuer, alors, pendant son sommeil ébriaque (PAUSANIAS. liv. IX. *Béotie*, t. IV, p. 65, ch. XXI).

Nº 128. LE DRAGON DE THESPIE, EN BÉOTIE. (*Le dévoûment de Cléostrate et de Ménestrale*). — La ville de Thespie, en Béotie, était désolée par un dragon qui dévorait à chaque instant quelqu'un de ses habitants. Jupiter invoqué par les Thespiens, leur ordonna de tirer au sort, chaque année, le nom d'un individu qui serait livré au monstre ; et promit que, grâce à cet impôt régulier, il n'y aurait pas d'autres victimes. Un nommé Cléostrate ayant été désigné, ainsi, un jour. Son ami Ménestrate voulut profiter de l'occasion pour délivrer ses compatriotes de l'horrible monstre. Il lui fit faire une cuirasse armée de clous saillants, et Cléostrate s'offrit, ainsi couvert, en pâture au monstre, qui l'avala et eût les intestins déchirés par les clous acérés, ce qui permit à Menestrate de l'achever. Les habitants de Thespie dressèrent un temple à Cléostrate, qui, d'ailleurs, fut confondu plus tard avec Jupiter Sauveur (NOEL). (PAUSANIAS. *Béotie.* liv. IX).

N° 129. LE MONSTRE DE TIVOLI. — (SAINTE VICTOIRE). Lorsque sainte Victoire résolu d'aller vivre dans une grotte, près de Tivoli, elle y trouva un horrible dragon qu'elle chassa par ses prières (*Martyr de Simon Martin*, 22 décembre).

N° 130. LA TÊTE DU SERPENT. — Sur le chemin de Thèbes à Glisas, il y avait un endroit qu'on appelait la Tête du Serpent, la légende disait qu'il y avait là jadis un énorme serpent que Thyrésias tua d'un coup de sabre. (PAUSAN, liv. IX, ch. XIX).

N° 131. LE MIRACLE DE SAINT-JEAN. — Dans le lac Tibériade, la légende raconte : qu'il y avait un monstre, qui venait de temps en temps dévorer une victime humaine, comme plus tard sur les bords du Rhône, aux environs de Tarascon, au temps de sainte Marthe. Saint Jean en délivra les habitants.

N° 132. LE SERPENT DE TENARE. — Sur le promontoire de Tenare en Laconie, il y avait une grotte qu'on disait avoir été le repaire d'un serpent monstrueux, qui tuait tous ceux qui l'approchaient. La légende dit : qu'un Hercule se saisit du monstre et l'amena à Eurysthée. (PAUSAN, liv. III, chp. XXV).

N° 133. LE DRAGON DE VILLEDIEU. — Mlle Amélie Bosquet, raconte dans son livre sur la Normandie merveilleuse, qu'il y avait jadis à Villedieu un dragon, serpent, hydre à plusieurs têtes qui faisait un mal horrible dans toute la contrée. Les habitants avaient pris l'habitude de tenir près de son antre une cuve remplie de lait pour fournir à sa nourriture, mais néamoins de temps en temps le monstre dévorait un individu ça et là. Un jour qu'il avait mangé, ainsi, le neveu du seigneur de l'endroit, celui-ci résolut de le tuer. Pour cela il fit d'abord remplir la cuve d'eau-de-vie au lieu de lait, et fit placer deux moutons près d'elle. Le monstre dévora les deux moutons puis s'enivra en se désaltérant dans la cuve ; alors, le seigneur de Villedieu revêtit son armure et l'attaqua, pendant son sommeil. La bête, quoique surprise dans ces conditions, résista, vomit des flammes, fit trembler la terre ; toute la nuit on entendit un bruit horrible, et le lendemain matin on trouva le monstre mort, mais aussi le corps du seigneur calciné auprès de lui.

N° 134. LE DRAGON DE VILLERVAL. — Sur la plage de Villerval, près de Cette, dans l'Hérault, la mer jeta, pendant une tempête, un horrible dragon qui dévora des gens en vie, et des cadavres, dans un cimetière. Plus de 250 personnes furent dévorées. Un détachement de soldats de la ligne s'étant égaré dans le bois voisin, pendant une marche ; rencontra le monstre qui fut tué par ces hardis combattants. (*R. d. t.* 1890, p. 629).

Cette légende faisait l'objet d'une complainte, et elle est le fruit de l'imagination de quelque faiseur d'images populaires ; car on n'en trouve aucune trace dans les environs de Cette, où il n'y a pas de plage de Villerval, mais, seulement, un village du nom de Miraval.

N° 135. LE DRAGON DE VIENNE. — Lorsqu'en 469, saint Mammert, évêque de Vienne, établit la fête des Rogations, il décida : que l'image d'un dragon figurerait dans la procession. Ce dragon représentait, dit-on, le paganisme vaincu, ou bien l'esprit du mal. La légende en a fait un dragon véritable qui aurait désolé la contrée, et que le saint évêque aurait vaincu.

N° 136. LE MONSTRE DE VILLIERS, PRÉS VENDOME. — (SAINT ANDRÉ).

A Villiers près de Vendôme, il y avait dans une grotte, un dragon horrible qui dévastait le pays. Saint Julien entreprit de délivrer le pays de ses déprédations ; et pour ne pas échouer dans la tentative, il se fit aider par un condamné à mort, auquel il promit la grâce. La bête fut tuée et le condamné libéré. (DUCHEMIM DE LA CHESNAYE, *acad. celt.* t. IV, p. 312).

N° 137. LE MONSTRE DE VENDOME. — (SAINT BIENHEURÉ).

La légende raconte : que dans une grotte qui est près du château de Vendôme, il y avait un dragon tellement grand, que lorsqu'il allait boire à la rivière, éloignée de 6 à 15 mètres de là, sa queue était encore dans la caverne lorsque la tête touchait l'eau. Saint Bié ou Bienheuré, qui habitait la grotte voisine, entreprit

16

de délivrer les habitants des ravages de ce monstre. Pour cela, il pria et jeûna, puis attaqua la bête, et la frappa d'un grand coup de bâton à la tête qui la tua roide. (DUCHEMEIM *acad. celt.* t. IV, p. 308).

N° 138. LE DRAGON DE VAUCLUSE. — (PÉTRARQUE). (Voir ci-dessus p. 211).

N° 139. AUTRE DRAGON DE VAUCLUSE. — (SAINT VÉRAN). (Voir ci-dessus, p. 211).

N° 140. LE SERPENT DE LA VIERGE. — On sait que l'écriture sainte dit : que le serpent qui tenta Eve, a eu, ou doit avoir la tête écrasée par la Vierge. Comme l'ont fait ressortir Dupin, Lenoir, etc., etc., il est fort probable que nous sommes là, en présence d'une allégorie devenue incompréhensible, et ayant trait primitivement aux cours des saisons de l'année.

N° 141. LE DRAGON DE WASMES. — (SIRE DE CHIN). On dit que dans les environs de Mons, en Hainault, il y avait un horrible dragon; et que le sire Gilles seigneur de Chin le tua. La tête du monstre conservée dans l'église appartient à un crocodile. (E. SALVERTE, t. II, p. 331.) Les détails de la légende sont en tout semblables à ceux de l'aventure Théodat de Gozon, or le sire de Chin mourut en 1137 et Théodat de Gozon en 1357. Donc il semble : que la priorité soit en faveur de la légende de Wasmes. Pendant longtemps, on promena l'image du monstre à la procession du dimanche de la Trinité, à Wasmes. On attribue aussi l'exploit du sire de Chin, à saint Georges. (*Rev. du trad.* t. I.)

N° 142. LE MONSTRE DE VULSINIUM. — PLINE (*Hist. nat.* lib. II, chap. LIII. SALVERTE, t II, p. 157) raconte : que le territoire de Vulsinium (aujourd'hui Bolsena) était ravagé par un monstre horrible; et que Porsenna, roi du pays et thaumaturge, le tua par l'entremise de la foudre.

N° 143. LA VOUIVRE DE VERNON. — (Côte-d'Or). Dans les ruines du château de Vernon, canton de Saulieu dans la Côte-d'Or, il y a un puits comblé par les décombres. La légende dit : qu'il était hanté jadis par une vouivre. Une femme étant allée cueillir de l'herbe près de ce puits, déposa son enfant par terre et trouva tout à coup une grande quantité de pièces d'or ; elle les ramassa et les emporta avec tant de précipitation qu'elle oublia son enfant. Arrivée chez elle elle s'aperçut de son oubli, retourna près du puits, mais ne retrouva plus son petit. Désolée, elle alla trouver le curé qui lui recommanda de serrer les pièces d'or sans en dépenser une seule, et de les rapporter près du puits, un an après, juste jour pour jour. Ce qui fut dit, fut fait, et à peine la paysanne avait-elle remis les pièces d'or par terre, qu'elle retrouva son enfant parfaitement bien portant. (H. MAR-LOT. *R. des trad.* 1895, p. 214).

N° 144. LE DRAGON DE YEROUSLANE. — (Russie). Yerous-lane Lazarewitch est un héros populaire russe, qui, arrivant chez le prince Vakramiey, apprend : que dans un lac voisin il y a un serpent à trois têtes qui chaque jour dévore des habitants. Le prince a promis sa fille, la belle Anasthasie, à celui qui vaincra le monstre. Yerouslane va vers le lac, d'un coup de sabre il coupe deux têtes. Le Dragon, pour avoir la vie sauve, consent à lui servir de cheval désormais, il épouse alors la belle prin-cesse. (*R. t.* 1893, p. 71).

III

Distribution géographique des légendes de dragons et de serpents venues à ma connaissance.

	France.	69
	Espagne	2
	Portugal	0
	Belgique	3
	Hollande	1
	Danemark	3
	Suède et Norwège	2
Europe.	Iles Britanniques	1
	Allemagne	1
	Autriche	1
	Suisse	3
	Italie	10
	Principautés danubiennes	1
	Grèce	23
	Turquie d'Europe	3
	Russie d'Europe	2
	TOTAL	125

Asie	20
Afrique	5
Amérique	2
Océanie	2
ENSEMBLE	154

Je n'ai certes pas la prétention d'avoir eu connais-sance de toutes les légendes des dragons et des serpents qui sont connues dans le monde, leur chiffre est proba-blement cent fois plus élevé que celui de 154 que j'ai trouvé. Dans ces conditions, la distribution géogra-phique qui semble ressortir du présent tableau est toute fantaisiste, je crois ; elle ne peut donner aucune indication bien précise. — Je ne l'ai fournie, d'ailleurs, que pour donner une première idée de la variété des pays dans lesquels la crédulité qui nous occupe, ici, a cours.

IV

ANALYSE DES PARTICULARITÉS DES LÉGENDES

Quand on examine à un point de vue synthétique, les légendes qui parlent des dragons et des serpents, on voit qu'elles présentent certaines particularités dignes d'arrêter, un instant, l'observateur. C'est ainsi : que la forme de la bête, le lieu qu'elle habitait, son origine, son rôle, les dégâts qu'elle produisait, la manière dont elle a été vaincue, sont de nature à faire réfléchir ; et peuvent fournir quelques indications utiles pour l'élucidation du problème qu'elles soulèvent. Nous allons nous occuper sommairement de ces particularités.

La crédulité populaire a donné à la bête les attributs de forme les plus fantastiques et les plus invraisem-

blables. Cependant, à travers ses exagérations, on constate que : tantôt on peut la rapprocher des grands sauriens
qui existent encore de nos jours. Tantôt c'est un véritable ophidien, quelque chose comme un boa. Dans
certains cas, l'adjonction d'ailes sur le corps d'un sau-
rien ou d'un ophidien, nous rappelle les animaux décrits
par les géologues. Si nous laissons de côté, pour le
moment, les monstres à forme humaine ou de mammifères, dont nous aurons à parler dans une autre
chapitre, nous pouvons conclure que : pour ce qui
touche à la forme, les légendes des dragons et des serpents visent des animaux qui font encore de nos jours,
la terreur de quelques peuplades des pays tropicaux ;
et qui firent, assurément, l'effroi des premiers hommes,
de la fin de la période tertiaire et du début de la période
quartenaire de notre planète.

De son côté, le lieu d'habitation des dragons et des
serpents des légendes présente un certain intérêt : le
plus souvent c'est un marais, l'embouchure paludéenne
d'un fleuve, ou une plaine traversée par un cours
d'eau, plaine qui fut jadis un lac ou un terrain marécageux d'une certaine étendue. Dans quelques circonstances, c'est une localité voisine des montagnes d'où
descendent à certains moments des torrents impétueux.
Quelques fois, c'est une source, dont le débit variable,
peut augmenter inopinément, au point de déborder.
Souvent aussi, il est question d'une grotte dans laquelle
il y a des arrières cavités obscures, une source, un
gouffre, etc., etc. Il peut, parfois, être question de
forêts, d'endroits ombreux, de fourrés impénétrables,

c'est-à-dire que la végétation joue, dans ces cas, le rôle
que l'eau ou la caverne a dans les autres.

Mais, néanmoins, il faut reconnaître que dans un certain nombre de faits légendaires, on chercherait, en
vain : un marais, une rivière, une source, une grotte,
une forêt, ayant pu servir de repaire au dragon de la
légende.

L'origine du monstre, est un détail qui ne manque pas
d'un certain intérêt, quand on étudie les légendes des
dragons et des serpents, au point de vue de leur signification réelle. Dans le plus grand nombre de cas, la légende
est muette sur cette origine ; les malheureux qui ont eu
à souffrir de ces déprédations ne paraissent pas avoir
songé que sa présence pouvait être rattachée à une
volonté supérieure, à une punition, une vengeance,
etc., etc. Le dragon vivait dans le pays, au même titre
que les autres animaux. Cette catégorie paraît être la
plus ancienne en date, elle constitue une grande part
des légendes de l'antiquité, et à peu près toutes les
légendes chrétiennes.

Dans quelques cas rares, il est vrai, mais qu'on rencontre sans peine, pour peu qu'on les recherche, l'existence, ou l'apparition de cet hôte incommode, a été une
punition infligée aux humains ; et il est à remarquer, que
cette punition est provoquée ou justifiée par des faits,
d'importance très variable. C'est ainsi, par exemple, que
le dragon de Patras, en Achaïe (n° 2), surgit parce que
Cometo et Melanippe avaient souillé le temple de
Diane Triclaria, ce qui constituait une très grave
injure à la divinité, — que celui d'Hésione et de Crinise

(n°ˢ 50 et 124), fut envoyé en Phrygie par Neptune, furieux de ce que Laomédon ne lui avait pas payé le prix convenu pour la construction des murs de Troie.

Mais, dans quelques cas, il faut convenir que la divinité s'était fâchée pour peu de chose ; en effet, le dragon de Persée (n° 89) ne fut envoyé sur la terre que parce que la coquette Andromède avait prétendu, dans un moment d'orgueil, qu'elle était plus belle que Vénus. Parfois, même, cette divinité semble avoir cédé à un sentiment de jalousie qui serait à peine pardonnable chez les humains : quand Junon, jalouse de la naissance d'Hercule, envoya deux serpents pour le faire mourir (n° 49), quand la même déesse voulut faire mourir Bacchus (n° 10).

D'ailleurs, il faut reconnaître aussi que dans quelques circonstances cette divinité avait obéi à des sentiments que la morale et la sagesse vulgaires réprouveraient sans merci, si les humains le manifestaient ; en effet, lorsque Phèdre essaya de débaucher Hyppolite sans y parvenir, n'eût-il pas fallu que la divinité envoyât le dragon contre elle, plutôt que contre le vertueux jeune homme (n° 51). Lorsqu'elle fît étouffer, sur la plage de Troie, Lacoon et ses deux fils par un serpent, parce qu'il voulait empêcher ses compatriotes d'introduire le cheval de bois dans la ville (n° 121), fît-elle un acte bien avouable ?

Les dégâts que produit le monstre sont très variables ; suivant les légendes ils vont, on peut dire, de tout à rien, car dans certains cas ce sont les déprédations les plus considérables : troupeaux, récoltes, populations qui sont également exposés à ses coups. Dans d'autres, l'animal se borne à attaquer une catégorie d'individus : les femmes et les enfants ; dans quelques circonstances, c'est pour nuire à un seul être humain que le dragon ou le serpent intervient. Enfin, on voit, quelquefois, ce dragon ou ce serpent ne chercher à nuire à personne, si ce n'est au téméraire qui veut essayer de lui dérober un objet ou une personne confiée à sa garde, avons-nous dit.

Le cas où le monstre dévore tout ce qu'il peut atteindre, paraît être la donnée initiale des légendes qui nous occupent. Les aventures racontées par les mythologes antiques, et presque toutes les légendes chrétiennes appartiennent à cette catégorie, avons-nous dit.

Le cas où le monstre dévore surtout les femmes et les enfants, c'est-à-dire les faibles de la population, est si voisin du précédent qu'il peut être confondu avec lui. Il est tout naturel, en effet, de dire ou de penser : que ces faibles sont une proie plus facile, et par conséquent préférée par la bête malfaisante.

Parfois, le monstre paraît n'être entré en scène dans la légende que pour dévorer, ou au moins faire mourir un seul individu. Il s'agit alors d'une catégorie de légendes différentes des précédentes ; on sent qu'elle est postérieure, en date, à la donnée initiale, et on peut y voir déjà l'indice : que le fait des dépradations des dragons et des serpents, a été l'objet des réflexions de personnes qui avaient intérêt à en donner une explication spéciale.

Mais, dans un certain nombre de cas, le monstre

prélève une sorte d'impôt de sang sur une population,
qui est obligée de lui fournir, à des échéances précises,
une ou plusieurs victimes. Ces victimes sont, en général, des jeunes filles, plus rarement une fille et un garçon, quelquefois 'plusieurs individus avec ou sans
désignation de sexe.

Cet impôt de sang, indique certainement que les
légendes dans lesquelles il figure, sont postérieures aux
précédentes, car il met en lumière d'une manière bien
évidente, l'intervention du surnaturel qui domine les
faibles humains. Nous verrons, plus loin, qu'il indique
aussi: la puissance surnaturelle que possèdent quelques
individus, pour venir efficacement en aide aux oppri-
més.

Pour passer en revue toutes les variantes, il nous
faut indiquer, enfin, que dans quelques cas, le dragon
n'est pas aggressif, il se borne à garder un trésor, ou
une personne, contre les entreprises de rapacité ou
d'amour des téméraires. Le dragon des Hespérides
(n° 53), et celui de la Toison-d'Or (n° 25) appartiennent
à cette catégorie. Et il faut convenir : que dans ces
légendes, le rôle odieux n'est pas pour la bête, bien
qu'elle soit vaincue.

La manière dont les pays sont délivrés du monstre,
et les moyens employés à cet effet, méritent de nous
arrêter un instant; car non seulement il y a de notables
différences suivant les légendes, mais encore ces différences peuvent servir de guide à celui qui veut
étudier la signification réelle des histoires plus ou
moins merveilleuses qui nous occupent.

Dans un certain nombre de cas, un simple individu, ne paraissant muni d'aucun pouvoir surnaturel, et mû seulement par le désir de se rendre utile à l'humanité, entreprend de combattre le monstre ; il réussit ou échoue, sans que rien de merveilleux ne soit intervenu dans l'aventure. Dans certains cas, le combat contre le monstre, est imposé à un individu, comme punition ou comme expiation d'une faute.

Pour réussir dans son entreprise, cet individu se présente seul au monstre, ou bien se fait aider par un serviteur, par ses enfants, par ses amis ou ses voisins, par sa maîtresse, par un condamné, par des animaux.

Quelquefois, celui qui va combattre le monstre a recours à la ruse ; la légende du vitrier qui s'enferme dans un coffre dont les parois sont des glaces (n° 1), peut être citée dans cet ordre d'idées.

Mais le plus souvent, le vainqueur du monstre est une émanation de la divinité, sinon la divinité elle-même ; et sa victoire est due à l'appui surnaturel que lui fournit la divinité. Dans ce cas, cette victoire est obtenue par des moyens très divers, c'est ainsi que tantôt la bête meurt ou s'en va au loin, sous l'influence seule d'un signe de croix, ou d'une prière, c'est le cas du monstre dont saint Germain d'Amiens triompha (n° 48).

Parfois, c'est un véritable combat qui est livré à la bête par le mandataire de la divinité ; ce combat présente des variétés, suivant le cas, car dans certaines légendes le saint est seulement armé d'un objet magique, dans d'autres, il a un bâton, quelques fois une épée, enfin, il en est, même, qui revêtent une véritable armure.

Malgré l'intervention de la divinité, la différence entre la force corporelle du monstre et celle des humains était telle, dans l'esprit des premiers hommes, qu'ils ont volontiers admis un concours donné par les voisins à celui qui avait assez de courage pour entreprendre de délivrer le pays des déprédations du serpent ou du dragon. Aussi constatons-nous dans nombre de légendes : que le mandataire de la divinité s'est muni, comme le simple héros mortel, d'un ou de plusieurs aides. C'est ainsi qu'Hercule s'était fait accompagner par Iolas (n° 60), que saint Pol de Léon, s'adjoignit un jeune noble du pays (n° 12); que saint Romain de Rouen (n° 103) se fit aider par un condamné.

Dans un certain nombre de légendes, la bête vaincu par le mandataire de la divinité, est attachée et conduite en laisse, pour être tuée ou bien dépaysée ; et dans ce cas il est à remarquer que, si l'on parle parfois de liens faits de substances assez solides pour retenir le monstre prisonnier, le plus souvent ces liens sont remarquables par leur faiblesse apparente. C'est ainsi que sainte Marthe attacha la Tarasque avec les brides de sa coiffe (n° 119), que saint Pol de Léon (n° 12), saint Germain d'Amiens (n° 47), saint Sylvestre de Rome (n° 102), saint Marcel de Paris (n° 93), se servirent de leur étole. (1)

Enfin, à ces détails, il faut joindre celui d'un vulgaire

(1) Le détail de l'étole qui sert à lier la bête malfaisante d'une manière surnaturelle se retrouve pour une autre action de saint Marcel : Un bœuf échappé de la boucherie parcourait les rues de Paris. On implora saint Marcel, qui l'attacha avec son étole et le reconduisit à l'abattoir. (DULAURE, *hist. de Paris*, t. I, p. 74).

jeu de mots qui est venu se mêler à une des légendes de Hollande : On raconte que lorsque Richard et Sapold tuèrent le dragon qui désolait leur pays, la bête poussa un cri qu'on peut traduire par « yebre » ou « guebre » et que c'est en souvenir de ce cri que la province fut appelée désormais « Guébria » d'où est dérivé le nom actuel de Gueldre (n° 45).

V

LE BASILIC

On croit, en Provence, à l'existence d'un serpent magique qu'on appelle « le Basilic » et qui n'est en réalité pas différent de celui qu'on appelle, dans les Alpes et le Jura : la Vivre, la Vouivre, etc., car les légendes qui ont cours dans notre pays sur le compte de ce monstre ne diffèrent en rien de celles qu'on raconte de la vouivre dans les autres contrées. On va, d'ailleurs, en juger par les indications que je fournis ci-après :

Le Basilic du grand puits de Marseille. — La légende raconte : que, jadis, Marseille était alimenté d'eau par un grand puits qui était dans les environs de l'église de la Major. A une certaine époque, on fit des canalisations pour faire venir l'eau de l'Huveaune et on perdit ainsi l'habitude de se servir du grand puits, dans lequel on laissa jeter les débris de cruches et autres fragments.

de vases de toutes sortes. Mais un jour, la communauté
regretta de s'être privée des services de ce puits, et elle
résolut de le faire curer, pour qu'on pût, venir de nouveau, y puiser l'eau d'alimentation de la ville. Or, un des
puisatiers descend dans ledit puits en bonne santé, et
très dispos, quand tout à coup on l'entend pousser un
grand cri, et on voit qu'il tombe mort. Un de ses camarades lui succéda ; il eut le même sort. Un troisième
succomba d'une façon identique. On suspendit donc
les travaux de curage de ce puits, qui est resté désormais
sans emploi ; mais, préoccupés de ces morts subites, les
marseillais voulurent savoir à quelle cause elles étaient
dues. Ils apprirent qu'il y avait dans ce puits un *basilic*,
c'est-à-dire un serpent redoutable et monstrueux, dont
le regard seul est mortel pour les humains ; les ouvriers
qui étaient descendus dans ce puits, avaient vu ce
regard, et étaient tombés sidérés par sa terrible mali-
gnité.

Le garçon qui voulut dérober le bijou du basilic. —
Un hardi garçon, se mit un jour en tête de posséder la
pierre du basilic, et voici comment il s'y prit — il se
procura un cuvier qu'il hérissa de clous, de telle sorte
que c'était une sorte de hérisson métallique très redoutable ; il alla se poster près de la fontaine ou devait
venir le basilic, en se blotissant au-dessus de lui.
L'animal arriva, et le flairant, vient droit au cuvier pour
le tuer, mais rencontrant partout des pointes de fer, il
finit par se rebuter et se mit en devoir de prendre son
bain. Aussitôt que la vouivre eut déposé sa pierre sur
l'herbe, le paysan s'approcha à pas de loup, portant le

cuvier sur sa tête ; il jeta le cuvier sur le bijou, puis
s'enfuit à toutes jambes, ou bien se hâta de monter sur
un arbre, dans une autre version. Il assista alors à un
spectacle bien effrayant. Le monstre sortant de l'eau
vint pour reprendre son bijou ; il se heurta la tête
contre le cuvier ; il entra dans une colère, terrible
mais impuissante ; et sa rage fut telle, qu'il finit par
se tuer, en se précipitant avec obstination contre les
pointes en fer de l'instrument.

Le lendemain matin, le paysan tout tremblant descendit de son arbre et s'approcha du monstre mort ; il
croyait avoir en sa possession des richesses inestima-
bles, mais il ne trouva sous le cuvier qu'une pierre
ordinaire, n'ayant absolument aucune valeur, ni aucun
caractère particulier.

Variante de la légende du basilic. — La légende
du larcin du bijou a une autre variante. On cite un
individu qui eut la hardiesse de se cacher près de l'endroit où le basilic venait se baigner ; et qui, s'emparant
du bijou se mit à courir à toutes jambes. Le monstre
s'étant aperçu de la manœuvre, se mit à le poursuivre ;
et le hardi voleur fut obligé de faire une course vertigineuse pour lui échapper ; enfin, ayant rencontré
une rivière, il l'a traversa, et se trouva, dès lors, en sûreté, car la vouivre ne peut pas passer l'eau ; mais il
avait couru de si grands dangers, qu'il mourut de fatigue et de frayeur.

Après avoir rapporté les diverses légendes que j'ai
recueillies au sujet du basilic, il me faut fournir quelques
indications sur la naissance, l'habitation, les mœurs, les

attributs, etc., etc., du monstre. Le lecteur verra qu'ils
sont absolument semblables à ceux qu'on a fournis pour
la vouivre dans d'autres pays. Ce qui nous prouve, une
fois de plus, que malgré la différence de nom, c'est du
même être fantastique qu'il est question, dans tous les
cas.

La naissance du Basilic. — Il arrive parfois dans un
poulailler, qu'un vieux coq présente les signes extraordinaire d'agitation pendant quelques jours, puis se met
à pondre un œuf, absolument comme le ferait une
poule ordinaire. Lorsque cet œuf est pondu, le coq se
met à le regarder fixement ; il le couve ainsi des yeux.
Sous l'influence de la chaleur de ce regard, cet œuf
produit un serpent qui dévore son père, aussitôt qu'il
est éclos. Quelquefois, aussitôt que le coq a pondu son
œuf enchanté, il fuit épouvanté au lieu de le regarder ;
et le basilic ne pourrait pas éclore, si un crapaud ne
venait le couver ; en sortant de l'œuf, le basilic ne
dévore pas dans ce cas celui qui l'a fait naître ; à la
place d'un crapaud, c'est un serpent qui vient couver
l'œuf du coq, dans certaines circonstances.

La forme du Basilic. — La forme que la crédulité
populaire prête au basilic, est variable dans certaines
limites. Quelquefois : c'est celle d'un serpent ordinaire, mais le plus souvent c'est un serpent ayant une
crête, comme un coq, sur la tête — dans quelques circonstances, il a la tête, le cou, les ailes et les pattes d'un
coq, mais, la partie postérieure de son corps est celle
d'un serpent. — Nous devons ajouter, cependant, que le
plus souvent les ailes du monstre sont membraneuses,

comme celles de la chauve-souris, au lieu d'avoir des plumes; on a parlé d'ailes de sauterelles, et même d'ailes de papillon.

Le basilic a un œil terrible qui a la propriété de tuer celui qu'il regarde, surtout si c'est le basilic qui a été le premier à voir celui qui s'approche de lui. Cet œil est, parfois, une pierre précieuse que le monstre peu laisser, par terre près de lui ; mais alors il devient momentanément aveugle ; quelquefois, cette pierre précieuse n'est pas l'œil, mais une couronne qu'il porte sur la tête; le basilic dépose cette couronne, pour aller boire ou se baigner.

Le basilic a l'habitude de venir, à certains moments, toujours pendant la nuit, dans un endroit déterminé: un puits, une fontaine, un ruisseau, pour s'y désaltérer et s'y baigner ; il dépose sur le gazon son bijou qui jette des flots merveilleux de lumière tout autour de lui. L'animal se plonge dans l'eau pour prendre ses ébats. En sortant de l'eau il reprend son bijou, et s'en retourne tranquillement dans les endroits mystérieux qui lui servent de repaire.

La possession du bijou admirable que porte le basilic est naturellement le but des désirs d'un grand nombre d'ambitieux; et on parle de plusieurs individus qui ont cherché à s'en rendre maître. Mais malheur aux imprudents, car le basilic, qui a une vue perçante et qui est extrêmement méfiant fond sur l'homme qu'il rencontre, et le tue ou le dévore, même, en un rien de temps.

Le regard du Basilic. — Le regard du basilic est tellement dangereux, que si l'on n'a pas la précaution de lui opposer un miroir, qui le réfléchit sur son auteur même, on est aussitôt foudroyé. Au contraire, le monstre se voyant, par la réflexion de l'image du miroir, en meurt aussitôt. Notons, en passant, que ce détail, que racontent les bonnes femmes d'aujourd'hui, se trouve déjà tout au long dans les œuvres d'Aristote ; et qu'en réalité, c'est purement et simplement la transmission, jusqu'à nous, de l'ancienne crédulité de la puissance du regard de le gorgone.

L'habitation du Basilic. — Le basilic se loge souvent dans des trous de vieux murs ou dans les combles des maisons, portant malheur, par sa présence, aux habitants du voisinage. Les femmes sont, en général, hors de ses atteintes, lorsqu'elles ne sont : ni en quête de se marier, ni en passe de porter ou d'élever des enfants. Les hommes qui ont eu le bonheur de voir le basilic, avant qu'il ne les ai vus, n'ont rien à redouter de lui ; les enfants ont tout à craindre, en revanche.

Nocivité du Basilic. — Même après sa mort, le basilic empêche la vie autour de sa dépouille. En mettant son cadavre dans un endroit, on empêche les oiseaux de nicher, les araignées mêmes d'y tisser leur toile ; c'est souvent parce qu'il y est mort un basilic, qu'une vieille maison s'écroule, que des châteaux, des églises, d'anciens monastères, etc., etc., sont tombés en ruines.

Les ennemis du Basilic. — Le chant du coq est particulièrement nuisible aux maléfices du basilic, et suffit pour l'empêcher de faire du mal ; de sorte que c'est surtout pendant la nuit, et dans les endroits sombres, qu'il est à redouter.

La crédulité populaire dit : que la belette est l'ennemi mortel du basilic. Quand elle veut lui livrer bataille, elle se vautre, au préalable, sur une plante de rue ; alors elle ne craint plus le feu de ses regards. Il est à remarquer qu'on dit la même chose du crapaud vis-à-vis de la vipère, sans que les naturalistes aient vérifié l'exactitude de l'assertion ; au contraire, même, car souvent, en réalité, grenouilles ou crapaux fournissent un appoint sérieux à la nourriture des serpents.

La croyance au basilic, telle que nous l'avons signalée pour le midi de la France, se rencontre dans toute l'Europe septentrionale.

VI

EXPLICATIONS PROPOSÉES TOUCHANT LA CROYANCE

Ce que je viens de dire précédemment, au sujet des dragons et des serpents, y compris le basilic, a, j'espère, suffisamment fixé les idées du lecteur sur les détails de ces crédulités que l'on rencontre de nos jours en Provence, comme dans une infinité de localités ; crédulités qui étaient plus répandues encore dans l'antiquité. Mais, avant d'essayer de déterminer l'idée initiale qui a présidé à ces croyances, j'ai besoin de jeter un coup d'œil préalable sur les explications qui ont été données parfois, touchant les légendes qui nous occupent; et c'est ainsi que nous allons nous demander:

1º Si ces dragons, ces serpents, comme les autres monstres ont jamais existé réellement ;

2º Si l'on peut admettre que les légendes qui en parlent, sont l'expression de quelque réalité, au point de vue de l'histoire positive ;

3º Si ces légendes sont des allégories, visant, soit le débordement d'un cours d'eau, soit les phénomènes astronomiques, soit la victoire d'un saint chrétien sur le paganisme, etc. ?

Nous aurons ainsi déblayé le terrain ; et notre étude des dragons, des serpents comme celle des autres monstres, que nous ferons plus tard, sera, certainement, rendue plus facile.

1º *Les dragons et les serpents dont il est question dans les légendes, ont-ils jamais existé?*

Eusèbe Salverte, dans son intéressant travail (*Sciences occultes*. t. II. p. 275) — se pose la question de savoir: s'il a positivement existé des animaux semblables, ou pouvant être comparés aux dragons et aux serpents dont il est question dans nombre de légendes ; et il conclut à l'affirmation, en invoquant un certain nombre d'exemples. C'est ainsi, qu'il cite le fait d'un crocodile énorme tué à Calcutta, en 1815, et dont la conformation de certaines écailles rappelaient les peintures de la Tarasque de Tarascon. — Il aurait pu ajouter que dans nombre de pays, depuis l'Egypte jusqu'au Soudan

occidental, depuis l'Amérique tropicale jusqu'aux
régions chaudes de l'Inde, il y a, dans les cours d'eau
et dans les marécages des embouchures de fleuves, des
caïmans qui sont, à juste titre, l'effroi des populations,
car ils prélèvent trop souvent un impôt de sang sur les
imprudents ou les ignorants du danger. — Rien n'est
commun, comme les récits des attaques des caïmans, en
Sénégambie : aussi le commerce des *grigris* destinés à
garantir les individus de leurs atteintes y est-il, à
l'heure qu'il est, encore très lucratif pour les féticheurs
nègres.

Eusèbe Salverte rapporte que sous le règne de Claude,
on tua, au vatican, un boa, dans le corps duquel on
trouva le cadavre d'un enfant ; — que du temps de
Solin, il y avait des boas en Calabre ; qu'en 1815
même, c'est-à-dire de nos jours, on a tué, près de
Genève, une couleuvre énorme.— J'ai entendu raconter
par ma mère, que son père en avait tué une, de quatre
mètres de longueur, en 1818, à Gréolières, près de
Vence. En 1856, j'en tuai, en compagnie de mon ami :
M. P. Flamenq, une, qui avait près de deux mètres, dans
la plaine de la Garde, près Toulon, où, d'ailleurs, en
1892, un serpent de très forte taille eût le don d'émouvoir la population, et fut l'objet de plusieurs battues, jusqu'au moment où il fut écrasé par un train de chemin
de fer. Or, si de nos jours, c'est-à-dire après une si
longue période de civilisation, on trouve encore des
serpents de fortes dimensions dans nos pays, on peut
raisonnablement penser : qu'il y a quatre, huit, trente,
mille ans, on en rencontrait d'énormes, qui devaient

constituer un véritable danger pour les enfants, et même les adultes, en certaines circonstances.

Quant aux dragons, ailés ou non, dont les légendes nous peignent l'aspect et la conformation d'une manière si invraisemblable. Nous sommes portés à nier leur existence, aujourd'hui, parce que nous ne voyons aucun animal contemporain qui ait pu donner lieu à ces peintures. — Mais, si nous nous reportons par la pensée, aux débuts de l'humanité, à l'époque dite Chelléenne, par exemple, nous sommes autorisés à penser : que les premiers hommes ont vu les derniers représentants de ces reptiles de la période tertiaire, et du début de la période quaternaire, qui tenaient du serpent et du lézard, sans compter qu'ils avaient en même temps des ailes. Ces animaux, ont pu être un juste sujet d'effroi pour les populations ; et rien ne prouve que les légendes d'aujourd'hui, ne sont pas le récit obscurci de faits survenus, réellement, dans un temps très reculé.

Nous pouvons donc conclure : que si on tient compte des exagérations : que la peur, d'une part, le désir d'étonner, d'effrayer, d'intéresser les auditeurs crédules, d'autre part, ont mis dans la bouche de ceux qui ont raconté, d'âge en âge, les légendes des dragons, des serpents, et des autres monstres ; exagérations qui sont arrivées à donner à ces êtres, des attributs absolument fantastiques, et anatomiquement incompatibles avec la réalité. Nous pouv s conclure, dis-je, qu'il est parfaitement possible : que les hommes primitifs aient eu à souffrir de la voracité ou de la colère de certains animaux, de la classe des reptiles, des oiseaux, des mammifères ; et, même, de quelques-uns de leurs semblables, qui ont passé pour des monstres sous le rapport physique, à force d'être des monstres sous le rapport moral.

2° Peut-on admettre, cependant, au point de vue de l'histoire positive, que les légendes des dragons et des serpents, sont l'expression de quelque réalité ?

Mais en revanche, tout en admettant l'existence de ces êtres monstrueux, dont nous venons de parler, il n'est pas difficile de montrer : que les légendes qui ont trait à leurs méfaits, ne méritent pas une créance aveugle, au point de vue historique. Pour le démontrer, je prendrai comme exemple, celles de ces légendes qui sont relativement assez récentes, et dont le thème s'est déroulé dans un pays suffisamment connu, pour qu'aucun doute ne puisse subsister. C'est donc du dragon de la Sainte-Baume, de la Tarasque de Tarascon, et de celui que vainquit saint Victor à Marseille, que je veux parler.

La légende dit : qu'au moment où le Christ expira sur le Golgotha, il se produisit un tremblement de terre, pendant lequel, la partie de la montagne où se trouve actuellement la Sainte-Baume, s'écroula, donnant naissance à la gigantesque falaise que l'on constate aujourd'hui ; et ouvrant à la lumière la grotte qui, jusque là, était une cavité sans ouverture dans le centre de cette montagne. La géologie répond : que cette origine de la

Sainte-Baume est absolument inexacte; la grotte existait, communiquant avec le dehors, plusieurs centaines
de siècles, sinon plus, avant l'ère chrétienne.

Quant à la Tarasque, la légende ne saurait mieux
préciser le moment où elle fut tuée. Ce ne fut que dans
les dix ans qui suivirent la mort du Christ, c'est-à-dire
en plein siècle d'Auguste, à une des époques les mieux
connues de l'histoire romaine, près de cent ans après
Jules César, c'est-à-dire après l'envoi de la colonie
militaire qui donna une grande impulsion à la ville
d'Arles, et prépara cette ville aux splendeurs que lui
réservait Constantin. Or, représentons-nous ce qu'étaient
les environs de Tarascon, à cette époque. — A cent kilomètres, au sud, Massalie était une grande ville, dans
laquelle tous les raffinements d'une civilisation avancée
existaient, au suprême degré ; et, plus près encore, à
moins de quarante kilomètres, Arles qui, cent ans
auparavant, avait des chantiers de construction assez
bien outillés pour fournir douze galères à César,
en quinze jours, avait une importance de premier
ordre.

A dix kilomètres à peine vers l'ouest, était Ugernum
(Beaucaire), ville assez notable; où déjà, à cette époque,
il y avait tous les ans un marché qui est devenu, avec
le temps, la fameuse foire de Beaucaire.

A trente kilomètres, dans la même direction, Nemausus, était un centre de population assez grand, pour
avoir cirques, théâtres, temples, etc., etc.

Du côté du Nord, Avenio était une ville d'assez belle
importance; et Vienna, grande cité, n'était pas éloignée;

tandis que du côté de l'est, Aquæ Sextiæ, avec ses bains
et ses temples, était le quartier général d'une armée
nombreuse.

Des voies, admirablement entretenues, le long des
quelles étaient de nombreux relais de postes abondamment fournis en hommes, en chevaux et en voitures,
étaient parcourues par un grand nombre de voyageurs.
En un mot, une vie intense, civilisée, comparable à
celle, par exemple, qu'avait cette région il y a cent ans,
à peine, y régnait.

Peut-on raisonnablement penser : que dans un pays
aussi avancé sous tous les rapports ; et où, depuis
plus de cent ans, tant de monde avait vécu, fut
décimé par un monstre horrible, qui jeta, à un moment
donné, l'effroi dans la population, à plusieurs lieues à
la ronde, sans que les historiens de la conquête, de la
campagne de Marius, de celle de César, et du règne
d'Auguste, etc., etc., en aient dit un seul mot ?
Marius, qui avait établi les postes militaires en cent
endroits de la région, qui avait creusé les fosses
mariennes, bâti des ponts, comblé des marais, etc., etc.,
aurait-il laissé subsister cet animal, sans essayer, au
moins, de le combattre ?

Ce que je viens de dire de la Tarasque, me permet
de ne pas insister davantage sur la légende de la
victoire de saint Victor, sur un dragon à Marseille. Le
lecteur est convaincu, je pense, comme moi : que, pas
plus dans cette ville qu'à Tarascon et à Sainte-Baume, on
n'a pu voir, au commencement de l'ère chrétienne,
des animaux monstrueux, dévorant les habitants, et

jetant l'effroi dans les populations. Les aventures
prêtées à saint Victor, à saint Michel archange et à
sainte Marthe, sont absolument légendaires ; elles ne
méritent aucune créance, sous le rapport de la réalité.
J'expliquerai plus tard, d'une manière satisfaisante
j'en suis certain, comment il se fait : que de pareils
récits ont pu avoir cours chez les crédules de l'ère
chrétienne. Ces crédules n'ont fait que continuer à
admettre : ce que leurs ancêtres païens et anté-historiques n'avaient, le plus souvent, pas songé à mettre
en doute, lorsque les conteurs, du moment, leur détail-
laient les méfaits des monstres de diverses formes
qu'ils disaient : avoir trop longtemps ruiné, opprimé ou
décimé même les populations.

*3° Les légendes qui nous occupent sont-elles des
allégories touchant les ravages des cours d'eau, les
phénomènes astronomiques, ou le triomphe de la religion sur le paganisme?*

Il est incontestable que le nombre des légendes ayant
trait aux dragons, aux serpents et aux autres monstres,
sont des allégories; le fait est trop évident pour être mis
en doute. Mais il n'est pas difficile de démontrer, aussi,
que toutes ne peuvent pas être réduites à ce même
dénominateur, qu'on me passe le mot. Et, si l'allégorie
ne peut être révoquée en doute pour beaucoup, pour
beaucoup, aussi, elle ne saurait être invoquée. D'ailleurs,
dans beaucoup de cas, on ne peut en être certain, cette
allégorie n'est venue se mêler à ces légendes, qu'après

qu'elles avaient été usées et répétées déjà depuis un temps plus ou moins long. Par conséquent, toute importante quelle soit, dans l'étude des dragons, des serpents et des autres monstres, elle ne peut rendre compte de toute la donnée; elle doit, en réalité, être considérée : comme appartenant au second plan. Nous allons essayer de le démontrer.

Le dragon ou le serpent des légendes, est l'emblème des ravages produits par le débordement d'un cours d'eau.

Cette opinion a été soutenue par nombre d'écrivains, qui ont fourni, pour l'appuyer, des raisons très plausibles, assurément, mais ne s'appliquant pas à toutes les légendes. En effet, si on peut admettre cette explication pour le combat d'Hercule contre l'Hydre (n° 60), pour les légendes de R uen (n° 103), Orléans (n° 81), Metz (n° 75), Artins (n° 96), Vendôme (n° 137), Poitiers (n° 85), Bordeaux (n° 17), Paris (n° 93), pour Tarascon même (n° 119) il est plus difficile de l'accepter pour celles d'Aix (n° 3) de la Sainte-Baume (n° 13). Du désert de Nicomédie où se retira saint Arsan (n° 76); du temple de Diane Laphria en Achaïe (n° 2); du serpent Pithon (n° 83), que tua Apollon; pour le dragon tué par Persée et, plus tard, par saint Georges (n° 15) et pour celui de Cadmus, pour celui que tua Minerve (n° 117), pour celui de saint Théodore. Enfin on ne saurait l'admettre pour les légendes de la Toison d'Or, du Jardin des Hespérides, de Lacoon, de Corbeil, de sainte Victoire, de Clagenfurt, de Raguse; pour celui que Phorbas puis le sire de Chin enfin Théodat de Gozon tuèrent dans l'île de Rhodes, pour le Minotaure, pour celui de Regner, Lodbrog, de Frotho, de saint Hilarion, de saint Honorat à Lerins et pour les légendes de la vouivre.

Les légendes des dragons et des serpents sont-elles des allégories astronomiques ?

Quelques auteurs, et parmi eux les hommes les plus éminents dans l'étude de la mythologie. (DUPUIS. *Origine de tous les cultes*), (DULAURE), (LENOIR. *Mem. acad. celt.* t. II, p. 1) ont adopté cette hypothèse, et ont fourni les preuves les plus convaincantes de l'exactitude de leur opinion, pour certains cas déterminés. C'est ainsi, que se basant sur ce que : dans un grand nombre de légendes de dragons et de serpents il y a ces trois détails :

1º Un jeune fille exposée aux coups du monstre ;
2º Un rocher ou une caverne ;
3º Une fontaine, un fleuve, la mer, un gouffre.

Ils ont dit : quelles ne sont qu'une allégorie zodiacale, car dans ce zodiaque, le dragon ou la baleine, en un mot le monstre, a pour correspondant la figure de la Vierge ; de telle sorte, que l'une descend, et tend à se cacher, lorsque l'autre monte, et tend à se montrer. D'après eux, c'est ce qui a pu faire naître la pensée : que le dragon poursuit la Vierge pour la dévorer.

Par ailleurs, comme Orion monte sur l'horizon, en même temps que la Vierge ; et qu'Orion est armé comme un guerrier, on a naturellement dit : qu'il est aussi revêtu d'une armure pour combattre ; et comme le dragon est devant lui, l'allégorie a pris la tournure d'un combat, dans lequel le guerrier délivre la Vierge des menaces du dragon.

L'hémisphère placé sous l'horizon, semble séparé de l'autre par un fleuve ou par la mer, de là l'intervention, dans les légendes qui nous occupent, de l'eau sous forme de fleuve, de mer, de fontaine, etc., etc.

Enfin, l'hémisphère placé sous l'horizon, est privé des effets bienfaisants du soleil ; et à ce titre a été représenté comme le tartare, l'enfer, le séjour de Pluton, l'endroit noir par excellence, idée qui est parfaitement rendue par : une grotte, une caverne, un abîme, un gouffre, etc., etc.

Mais il faut reconnaître, que, toute acceptable qu'elle soit, pour un certain nombre de légendes, cette explication : d'une allégorie astronomique, n'est pas admissible pour un grand nombre d'autres. En effet, il n'est pas difficile de citer des exemples où la jeune fille fait défaut, d'autres où il n'est pas question de rocher ou de caverne, d'autres dans lesquels il n'y a ni fontaine ni cours d'eau.

Le dragon et le serpent des légendes est-il l'emblême du vice, et surtout du paganisme, vaincu par un saint chrétien ?

Cette opinion a été formulée, et soutenue avec insistance pour un grand nombre de faits ; mais elle ne supporte pas une minute de discussion ; il suffit d'évoquer une des légendes antiques datant de quatre six ou dix siècles avant l'ère chrétienne ; et qui sont bien évidemment le prototype sur lequel un plus ou moins grand nombre de légendes du moyen âge ont été établies, pour démontrer qu'on ne pourrait s'y arrêter un seul instant. Par conséquent, cette explication n'a pas besoin d'être plus longuement refutée.

Les légendes des dragons et des serpents, ne sont-elles que des allégories se rattachant à l'alchimie et à l'hermétisme.

Dans le courant du siècle dernier, un savant Bénédictin de Saint-Maur : Dom Pernety, a écrit un livre extrêmement curieux (*les fables Egyptiennes et Grecques dévoilées*, Paris, 1786. 2 vol.) dans lequel, il passe en revue un grand nombre de légendes de la mythologie égyptienne et grecque, où il est question de dragons et de serpents : les légendes d'Anubis (n° 5), de Jason (n° 25), d'Hercule (n° 50), de Thèbes (n° 117), etc., etc.; et il explique, à grand renfort de preuves, qu'il ne s'agit, dans tous ces cas, que de formules, et d'opérations d'alchimie hermétique. Ce livre est extrêmement curieux à lire; et le lecteur, qui a la patience de suivre dom Pernety, à travers toutes ses hypothèses, appuyées à chaque pas de citations et d'explications intéressantes, quoique un peu diffuses, est vraiment frappé du mal que le savant bénédictin s'est donné, pour soutenir une thèse aussi peu vraisemblable que la sienne. Que les anciens auteurs se soient servis d'allégories pour cacher leurs découvertes; et que : l'alchimie ait fait de larges emprunts à ces allégories, la chose est incontestable; il ne nous répugne pas de penser: qu'un alchimiste en frais d'imagination, se soit amusé à plier une légende quelconque aux détails d'une opération chimique: appelant le feu, par exemple, du nom de dragon; la fumée étant appelée un serpent; un corps qui se dissout ou qui se calcine, étant comparé à un autre animal, on a un personnage de la vieille mythologie. Il est infiniment, probable, aussi, que cette manière de procéder de quelques auteurs de la fin du moyen âge: Raymond, Lulle, Nicolas Flamel, etc., etc., n'était là qu'une réminiscense, ou la continuation de la manière de faire des anciens prêtres égyptiens, grecs, chaldéens, indiens, etc., qui mirent l'allégorie à contribution dans toutes leurs connaissances, dans le but de mieux les dissimuler aux yeux du vulgaire, qui n'était pas initié à leurs secrets. Mais, on conviendra que : précisément, à cause de cette pensée, nous ne pouvons admettre: que les légendes de dragons et de serpents, ne sont, comme le pensait dom Pernety, que des

allégories — Des allégories se sont entées sur les connaissances des prêtres égyptiens et autres, et les divers
clergés de l'antiquité s'en sont servis pour cacher
certains secrets; mais, c'est précisément parceque ces
légendes existaient déjà en substance, et avaient cours
dans les populations, que les prêtres des anciennes
religions s'en sont emparés, pour leur donner tel ou tel
sens; en insistant un peu plus sur tel détail ou telle
particularité de leur teneur, suivant tel ou tel cas; de
telle sorte, qu'un même canevas de légende a pu: grâce
à des adjonctions qui passaient inaperçues pour ceux
qui n'étaient pas initiés, avoir des significations très
différentes.

La conclusion qu'on peut tirer de l'examen, que je
viens de faire, des différentes explications qui ont été
données, touchant les légendes des dragons et des serpents, c'est que: quoique applicables, chacune, à une
série de récits, aucune d'elles n'est applicable à la tota-
lité de ces récits. Cela nous porte à penser, *a priori:* que
ces explications ne sont applicables qu'à quelques-uns
de ces contes fantastiques qui nous occupent.

VII

ORIGINE DE LA CRÉDULITÉ

Après ces éliminations, nous allons chercher à spécifier: qu'elle est l'origine réelle et primordiale, de ces
légendes qui mettent en action des dragons et des ser-

pents. Or, si je ne me trompe, c'est l'effroi que causaient aux premiers hommes, les reptiles, les oiseaux et les mammifères gigantesques, qui étaient encore assez nombreux, au commencement de la période quarternaire, pour prélever un lourd impôt de sang sur les populations de certaines contrées : soit particulièrement dans les régions marécageuses de l'embouchure de certains fleuves ; soit dans les régions sylvestres et montagneuses où vécurent, un certain nombre, de nos premiers parents.

Plus tard, les méfaits de certains individus de l'espèce humaine, vivant de vol et de brigandage ; les déprédations de certaines peuplades, plus batailleuses et plus entreprenantes que d'autres, sont venues s'enter sur cette crainte des animaux, et ont donné aux monstres des attributs nouveaux pour l'imagination timorée de ceux qui leur servaient habituellement de victimes. Par ailleurs, l'étonnement et l'effroi instinctif que fait naître, en général, la vue des serpents, dont les uns sont redoutables par leur force, les autres terriblement dangereux par leur venin, quelques-uns effrayants, soit par leur agilité, soit par leur inabitude de se loger dans des endroits obscurs, ou de veiller la nuit, se sont greffés sur les crédulités primitives, dont nous venons de parler. Sans compter, que l'allégorie, prenant ces serpents pour symbole de la vie, de la mort, de la science, du mal, etc. vint ensuite accroître l'étendue de la donnée initiale ; et en combiner les divers éléments, de tant de manières diverses, qu'elle présenta bientôt un ensemble diffus paraissant inextricable, de prime abord, à cause de sa complexité et de ses oppositions, ou de ses contradictions nombreuses.

Si nous nous reportons aux conditions dans lesquelles vivaient les premiers hommes, nous voyons : que, pour les uns les lieux humides marécageux, pour les autres les grandes prairies, pour certains, les forêts ; enfin pour plusieurs, les régions montagneuses, étaient les endroits où ils trouvaient d'abondantes et faciles proies pour assouvir leur faim. Mais, en revanche, en outre des maladies de malaria, d'humidité de froidure : depuis la fièvre jusqu'au rhumatisme ; des dangers de noyade et d'enlisage dans le sable ou la vase ; des chutes dans les gouffres. Un grand nombre d'animaux, depuis le crocodile jusqu'à l'éléphant, sans compter les serpents venimeux, et les animaux fantastiques qui vécurent, si nombreux, dans la période géologique antérieure, et dont les derniers spécimens ont prolongé leur existence jusqu'à cette époque, constituaient un danger permanent, très menaçant pour nos premiers parents.

L'homme, courrait donc, du fait de ces divers animaux qui nous occupent en ce moment, de sérieux et fréquents dangers ; et on comprend, que l'esprit de ceux qui étaient souvent les victimes, ne pouvait être que très frappé de cette situation. Les récits des aventures de ce genre, que faisait le père ou la mère à ses enfants, pour les mettre en garde contre le danger, furent d'abord l'expression de l'exacte vérité. Mais la peur ne devait pas tarder à donner aux ennemis, dont il était question, des attributs de férocité, de forme, d'astuce, etc., etc., plus accentués que la réalité.

Cette hypothèse, nous explique d'une manière plus satisfaisante, que celles dont nous avons parlé, tantôt : maints et maints détails de certaines légendes. Et tout d'abord, les caractères physiques qu'elles attribuent aux dragons, serpents et autres monstres dont elles racontent les méfaits. Les grands reptiles, comme le caïman, le crocodile, le boa, certains mammifères l'éléphant le rhinocéros, le buffle, le bœuf, l'ours, le loup, etc., etc.

Si nous appliquons cette hypothèse à la légende de la Tarasque, par exemple, nous pouvons penser : que pendant la période, dite Chelléenne, en anthropologie, c'est-à-dire, il y a environ deux cent mille ans, alors que la Provence avait un climat comparable à celui qu'ont les îles Canaries, aujourd'hui, le Rhône et la Durance débouchaient dans la mer, au fond d'un vaste estuaire. Les limites de cet estuaire étaient : les collines de l'Estaque, à l'ouest et celles de Cette, d'Agde, des environs de Montpellier, et de Nîmes, à l'ouest ; c'était, par conséquent, une vaste région marécageuse, dans laquelle de grands crocodiles, par exemple, trouvaient abondamment leur nourriture, et croquaient, de temps en temps, quelqu'un des malheureux humains qui étaient attirés dans ces localités par l'appat d'une chasse ou d'une pêche fructueuse.

Si, au lieu de la légende de la Tarasque, nous songeons à celle de l'Hydre de Lerne, du dragon des Hespérides, et de cent autres du même genre, nous arrivons à la même conclusion ; seulement il s'agit alors de pays à prairies découvertes, ou : de forêts, de plaines ou de montagnes, pays dans lesquels quelques groupes de nos

premiers parents vivaient, aussi, selon les hasards de
la création, ayant à redouter nombre de mammifères
carnassiers ou seulement farouches.

Enfin, nous n'avons pas besoin d'insister longuement,
pour faire admettre : que les croyances, nées dans l'esprit
humain, par la vue effrayante des serpents, et plus ou
moins profondément modifiées, avec le temps, par des
allégories dont le sens s'est plus d'une fois perdu pour
les initiés, de même qu'il était resté incompréhensible
pour le vulgaire; pour faire admettre, dis-je, que les
croyances dépendant des serpents sont venues s'enter
et compliquer les crédulités précédentes.

Les accidents mortels qui survenaient dans les
populations, du fait de ces animaux féroces vivant
près de leurs habitations, a fourni l'idée du tribut régulier de sang payé au monstre ; et dans ces conditions, des sacrifices humains ont pu, dans plus d'un cas,
devenir la conséquence de cette pensée. Dans d'autres
cas, la donnée du sacrifice humain, s'alliant à celle des
méfaits d'un monstre, a pu aboutir à ces légendes où
nous voyons : qu'on dévouait telle ou telle personne à
la mort, dans une circonstance mémorable.

Voilà, pour ce qui touche l'existence des monstres et
leurs déprédations. Pour ce qui est de leur disparition
ou de leur mort, il n'est pas difficile d'admettre : que
dans certains cas, un homme, plus hardi que ses compatriotes, eût l'idée de chercher à se débarrasser de
l'animal redouté ; et se mît dans telle condition favorable
pour réussir à le tuer, soit en employant la force, soit en
ayant recours à l'adresse. Minerve, Bacchus, Apollon,

Hercule n'ont probablement été dans l'origine que des hommes ordinaires, assez heureux ou assez hardis pour tuer un de ces animaux qui faisaient l'effroi de leurs contemporains.

Parfois, le hardi chasseur qui avait entrepris de tuer la bête, employa tel ou tel moyen de ruse ou de stratégie pour réussir ; et l'esprit, vivement frappé par ce détail, l'a souligné avec insistance, dans les légendes qui ont transmis l'aventure à la postérité. Thésée recourut au fil d'Ariane, Persée au bouclier représentant la Gorgone, Cleostrate à une cuirasse armée de clous, etc., etc., Théodat de Gozon aux chiens qui étaient dressés à combattre un dragon de carton, etc.

La victoire n'a pas toujours souri au combattant, et la mort a pu être la conséquence de sa tentative généreuse ; de sorte qu'on avait là, un autre élément à faire intervenir. Les légendes de Cleostrate, d'Elaate, etc., ont eu leur raison de naître.

Donc, je crois qu'au début, il ne s'est agi que de choses et d'aventures absolument naturelles : animaux nuisibles, chasseurs d'occasion ou de profession, essayant de les combattre, et réussissant ou non dans leur entreprise. En examinant de près les légendes des dragons et des serpents, nous en trouvons quelques unes : celles de Thésée, d'Hercule, etc., etc., qui reflètent cette pensée, presque dans sa simplicité, et nous pouvons penser que ce sont les plus anciennes ; mais la délivrance d'une population ou d'une famille opprimée, jusque là, par une bête ou un ennemi humain était un sujet assez intéressant pour être répété, de bouche en bouche, à travers les âges. — En se transmettant ainsi, il s'amplifiait sous l'influence de l'effroi, du désir de frapper l'esprit des crédules, etc., etc. Aussi, bientôt, il devait arriver à des exagérations touchant les attributs du monstre et les moyens employés par le vainqueur, l'invraisemblance menait par une pente toute naturelle au surnaturel. Et ces faits, d'abord très simples, devenaient un filon assez fructueux à exploiter, pour que les féticheurs s'en emparassent.

Dès lors, on entrait dans une nouvelle phase. Ces féticheurs s'emparant de certains faits, simples jusque là, les enjolivèrent, les exagérèrent dans tels et tels détails; ils arrivèrent à les rendre assez invraisemblables, pour qu'on ne pût plus les attribuer à de simples mortels. C'était un moyen commode pour les faire attribuer à l'influence, ou même à l'action directe de la divinité; de sorte, que ce qui avait été obtenu par la force ou par l'adresse d'un simple chasseur, fut bientôt considéré comme le résultat d'une protection accordée par la divinité, en faveur du vainqueur ; ou bien une faveur accordée par cette divinité, sous l'influence de prières, d'incantations, dont ces féticheurs prétendaient avoir le secret et le monopole.

Faisant, ainsi, partie désormais de l'arsenal du surnaturel, ces légendes des dragons, serpents devaient bientôt prendre des proportions, et une portée qui les éloigneraient considérablement de la simplicité de leur origine. De ce fait, elles subirent assurément des transformations très inattendues. Nous ne pouvons suivre ces transformations pas à pas, car le lecteur sait que l'espèce humaine existe, depuis environ deux cent cinquante mille ans, alors que l'histoire ne remonte guère qu'à six ou huit mille ; c'est-à-dire, que nous avons une lacune d'au moins deux cent mille ans, dans nos connaissances touchant les manifestations de l'esprit et les travaux matériels de nos ancêtres. Cette raison fait, on le comprend, que nous ignorons une infinité de détails touchant l'évolution des croyances et des superstitions ; mais néanmoins, en voyant ce que pensaient les peuplades dont nous connaissons l'histoire réelle ou légendaire, au sujet des dragons ou des serpents, nous sommes autorisés à penser : que sous l'influence des féticheurs, l'opinion publique avait subi de nombreuses modifications et des transformations infinies, à travers les âges.

C'est ainsi, par exemple, qu'en certains moments, on a, sans doute, parlé des déprédations de la Tarasque, comme si elle avait existé cent ans auparavant à peine, alors que plusieurs centaines de siècles s'étaient écoulés depuis la mort de son dernier spécimen. Dans tel pays où il est encore question d'un monstre, pour le moment actuel, il a disparu depuis des centaines de mille années. C'est ainsi, aussi, qu'on attribue des formes anatomiques extraordinaires, invraisemblables, impossibles, à des animaux qui ne présentaient dans le principe aucune anomalie de nombre, de forme, de variété ou de puissance, dans leurs organes.

Quoi qu'il en soit, il arriva un moment où les féticheurs, prenant une importance en rapport avec les progrès de la civilisation, dans les peuplades humaines, codifièrent les croyances du moment et créèrent ainsi les religions, en même temps qu'ils organisaient les clergés et les cultes. Or on sait que ces féticheurs furent, dès l'origine des sociétés, les hommes relativement éclairés de leurs peuplades, ils eurent, de bonne heure, le monopole des choses de l'intelligence ; et pour pouvoir conseiller ou conduire les vulgaires gens qui les entouraient, ils surent ce qui regardait : l'agriculture, la médecine, l'art vétérinaire, l'art de la chasse, de la guerre, de la construction, etc., etc., tout, enfin, ce qui touchait aux efforts de l'intelligence.

En ces temps reculés, les sciences n'étaient pas, comme aujourd'hui : un tout bien coordonné, et basé sur des principes qui permettent, non seulement, de les étudier plus facilement, mais encore de les faire progresser d'une manière simple et assurée ; elles consistaient en quelques faits isolés, sans lien entre eux, révélés par le hasard à quelque observateur, de sorte qu'elles n'étaient qu'une étude très aride et très difficile, qu'une connaissance de détails hétérogènes.

Comme la science était un moyen de domination des masses, puisqu'elle donnait des indications que le vulgaire considéra de bonne heure : comme des révélations surnaturelles émanant de la divinité ; les féticheurs eurent bien soin de ne pas la diffuser dans les masses ; ils en gardèrent le monopole, et cachèrent, autant qu'ils purent, au vulgaire gens les arcanes qui faisaient la plus grande force des clergés. Or, pour dérouter ou rebuter les curieux qui auraient voulu connaître ces arcanes pour leur usage personnel, on organisa des initiations longues, pénibles ; les adeptes choisis reçurent une instruction en rapport avec leur rang hiérarchique, etc., etc.

Pour empêcher, autant que possible, la diffusion de leurs connaissances, ceux qui possédaient des secrets, aussi fructueux que ceux dont nous parlons, adoptèrent des langages, des écritures de convention. Et, par une pente naturelle, on employa des allégories, dont le sens caché n'était connu que de quelques adeptes, tandis que le populaire, vivement frappé par les aventures plus ou moins extraordinaires qu'elles lui racontaient, ne songeait pas, qu'un sens particulier et différent pût leur être attribué.

Cette allégorie qui a tenu une si grande place dans toutes les religions, et dans nombre de pays, à certains moments de la vie de l'humanité, n'avait garde de laisser de côté les images saisissantes que lui fournissaient les dragons, les serpents, etc., mis en scène. C'est ainsi que les anciens Egyptiens, les Assyriens et les Babyloniens, plus tard les Grecs etc., etc., ont eu dans leur arsenal mythique, des aventures où les dragons, les serpents jouaient un rôle remarquable. Ces histoires merveilleuses étaient en rapport : ici avec la météorologie, là, avec l'agriculture, plus loin, avec la médecine ou la zootechnie ; mais, seuls les initiés, savaient leur signification réelle ; le vulgaire ne connaissait que la signification ordinaire, c'est-à-dire croyait : que l'événement indiqué par elles, était purement et simplement arrivé.

L'allégorie étant un moyen assez imparfait, et assez incommode pour transmettre la mémoire des faits, avec quelque précision ; d'autant que les mêmes légendes pouvaient être interprétées de diverses façons, et que le sens caché de telle ou telle d'entre elles, avait été, quelques fois, divulgué ou deviné par le vulgaire, les religions après s'en être longtemps servi, et se les être transmises avec plus ou moins de modifications, employèrent d'autres moyens d'instruire leurs adeptes. Il arriva, ainsi, un jour, où les légendes restèrent dans l'arsenal mythique, comme restent dans les musées : les vieilles choses, qu'on regarde avec curiosité, mais qui n'ont plus d'utilité : elles tombèrent, bientôt, alors dans le domaine exclusif du vulgaire qui, toujours séduit par l'attrait de leurs exagérations même, continua à les répéter, sans comprendre le sens caché qu'elles avaient pu avoir, suivant les lieux, les temps et les cultes, qui lui avaient donné naissance. C'est ainsi : qu'on les a vues se répandre çà et là, dans les pays les plus divers, et venir jusqu'à nous, d'une manière souvent très remarquable.

Dans l'ancienne Grèce, les fleuves, les sources, les marais furent fréquemment symbolisés par la figure des serpents et des dragons. (MAURY. *Hist. de la relig. de la vieille Grèce.* t. I, p. 163) et l'idée : qu'un dragon veille au cours d'eau, se rencontre dans une infinité de contrées. Primitivement, ces symboles avaient été de pures allégories, dont les féticheurs connaissaient seuls le vrai sens, mais lorsque les clergés ne se servirent plus de ce moyen pour instruire leurs adeptes, elles tombèrent dans le domaine du vulgaire, et perdirent leur signification cachée. Dans ces conditions, nombre de légendes des dragons et des serpents devenus seulement le symbole du cours d'eau, de la source, du marais, etc., etc., qu'on considérait comme animés, trouvèrent, dans la crédulité publique, autant que dans les craintes des populations menacées par les inondations, les tremblements de terre, etc., etc., un champ parfaitement bien préparé pour leur propagation, leur perpétuation, et même l'extension de leurs détails invraisemblables. Nous trouvons, en effet, dans la même mythologie grecque, ces aventures en grand nombre et avec une richesse de variétés vraiment très remarquable. Ces légendes, en se mêlant à d'autres, venues d'ailleurs, se sont diffusées avec les relations humaines, dans les contrées de notre vieille Europe et en Amérique, dans l'ouest ; dans les pays les plus divers de l'Asie, et jusqu'à l'Extrême-Orient dans l'Est du globe.

VIII

DÉTAILS SPÉCIAUX AUX SERPENTS

Par ailleurs, dans un certain nombre de pays, la vue du serpent, venimeux ou inoffensif, a vivement frappé l'esprit des premiers hommes, soit par son volume, soit par le danger de ses morsures, soit par ses allures mystérieuses, sa vie nocturne, etc., etc. ; on comprend que, grâce à ce sentiment, la légende venant broder sur le thème de la crainte, a fini par lancer certaines peuplades dans un sillon fécond en détails fantastiques. Le serpent est devenu l'emblème de la vie, de la santé, de l'harmonie du monde, etc., etc., par des raisonnements enfantins qu'il serait trop long de rapporter ici, mais qui ont agité longtemps l'esprit de nos aïeux éloignés. Ce serpent a pris dans la métaphysique de nos ancêtres, une importance qui est venue fournir plus d'une variante à la donnée des dragons et des serpents surnaturels. J'en puis donner pour preuve, entre cent, que dans les hyéroglyphes de l'ancienne Egypte, comme dans le temple de Persepolis, le serpent muni de deux ailes et portant un disque lumineux, était le symbole de la vie éternelle ; que le disque que la vouivre contemporaine porte sur la tête, aurait été, d'après les Chaldéens et les Egyptiens, un œuf, l'œuf primordial du monde.

La vie et le serpent se rendaient par le même mot *hevah* ou *hovah* chez les Hébreux ; le nom actuel de *vouivre* n'est-il pas le même que le mot *vivre* de l'ancien français qui signifiait : serpent, vipère, en même temps que le fait d'être en vie ?

Les liens intimes qui unissent les mots *Hevah* et Eve, Eve et le serpent *evum* la vie, et *ovum* l'œuf, *ave* je vous salue, je vous souhaite : vie et santé ; *Jehovah* le vivant éternel, sont de nature à frapper l'esprit de ceux qui aiment à réfléchir sur ces choses. En outre, on se souvient que les serpents de Cadmus conduisirent en Grèce une colonie de Phéniciens qui venait du pays d'*Hévée* ; et enfin que le serpent d'Esculape, représentait : la vie et la santé, dans l'antiquité.

Les anciens Gaulois, les Germains, les Scythes, croyaient : qu'à des époques éloignées, un coq se mettait, un jour, à pondre un œuf, que cet œuf couvé, soit par un crapaud, soit par l'œil seul du coq, engendrait un serpent, qui commençait par dévorer son père, et commettait ensuite mille méfaits. Par ailleurs, ils croyaient que les *encrinies* (oursins fossiles) étaient des œufs de serpents merveilleux, pouvant favoriser les résultats les plus surnaturels. Le passage suivant de Pline, nous montre, en effet, une variante des nombreuses crédulités que nos ancêtres avaient à ce sujet. « Il est un autre genre d'œuf en grande réputation dans les Gaules, et dont les Grecs n'ont rien dit. Il se rassemble dans l'été, une multitude innombrable de serpents, qui s'entortillent ensemble, et sont comme collés les uns aux autres; tant par une bave qu'ils jettent. que par l'écume qui transpire de leurs corps : d'où provient une sorte de boule qu'on appelle *anguinum, œuf de serpent*. Les druides disent : que cet œuf est lancé en l'air par les sifflements de ces animaux, et qu'il faut le recevoir, à point nommé, dans les pans d'un *sagum*, pour l'empêcher de toucher la terre; on ajoute que celui qui s'en est emparé, s'enfuit aussitôt à cheval et qu'il est poursuivi par les serpents, jusqu'à ce que quelque rivière mette une barrière entre eux. La manière de l'éprouver est, dit-on, d'y attacher de l'or, et de voir s'il reste à flot contre le courant de l'eau, sans enfoncer. De plus, comme les magiciens sont ingénieux à cacher leurs friponneries sous le voile du mystère, ils prétendent qu'il faut choisir une certaine lune pour se procurer cet œuf, comme s'il dépendait de l'homme de faire cadrer l'opération des serpents avec sa commodité. J'ai certainement vu un de ces œufs si fameux parmi les druides ; il était de la grosseur d'une moyenne pomme ronde, sa coque était cartilagineuse et toute percée de trous comme un polypier. On vante beaucoup sa vertu pour faire gagner les procès et donner accès près des souverains; mais propriété si frivole et si fausse, que l'Empereur Claude fit voir toute la fausseté d'une telle vertu, en faisant mourir un chevalier romain du pays des raconteurs, qui en portait un dans son sein, pour un procès qu'il avait ; et ce ne fut pas, que je sache, pour aucun autre sujet » (PLINE LE NATURALISTE, *histoire naturelle* liv. 29.)

De leur côté, les grecs racontaient que lorsque Alexandre fit sa grande campagne dans l'Asie, il arriva devant une ville qui était sous la protection d'un basilic, et que l'animal, ayant insinué sa tête dans une fente du rempart, par où deux cents macédoniens se proposaient de monter à l'assaut, les deux cents hommes furent foudroyés, instantanément, par son regard.

Dans la Bible, nous trouvons cent citations qui ont trait aux serpents plus ou moins merveilleux. Les serpents de Moïse et d'Aaron, qui étaient: tour à tour, bâton ou animal, en sont une preuve. Le culte du serpent d'Airain, tour à tour en faveur et condamné, en est aussi un autre exemple.

Dans les psaumes de David, (ch. xc), nous trouvons

encore la trace de la croyance au basilic chez les Hébreux: lorsque Dieu promet au Juste ses anges conducteurs en lui disant : « A l'abri de leurs ailes tutélaires, tu pourras marcher impunément sur l'aspic, sur le basilic et fouler sans crainte le lion du désert et le dragon. »

Jeremie (PROPH. ch. VIII v. XVII) parle, aussi, de ce basilic dans ce passage « Voilà que je vais vous envoyer les *serpents royaux,* contre lesquels toute incantation est impuissante ».

Isaïe révèle de même la croyance au basilic des Hébreux quand il dit (PROPH. ch. XIV, v, XXIX) « De la race de la couleuvre sortiront le basilic et son fruit, qui est un serpent ailé et de feu ».

Les indiens de l'antiquité croyaient, eux aussi, à l'existence de la vouivre, et aux pierres précieuses provenant de la tête des serpents (APOLL. DE THYANE p. 100 et 101).

Nous voyons, en somme, dans ces divers détails, les données qui ont servi à créer les légendes du Moyen Age et les crédulités contemporaines, touchant la vouivre, le basilic, les œufs de serpent.

Ajoutons que de nos jours, encore, les habitants de la Sologne disent : que pendant la nuit du 13 mai, tous les serpents se réunissent pour fabriquer un diamant, sur les bords de l'étang situé entre Cerdon et Jouy. Nous voyons dans Pline que la même crédulité existait dans l'antiquité. A ce sujet, je crois devoir rapporter textuellement la note que Guettard a mise dans sa traduction de Pline dans l'édition de 1778. « On trouve effectivement en France dans les grandes chaleurs et surtout

parmi les montagnes du Dauphiné de ces globes formés
par un nombre infini de serpents entrelacés entre eux
et réunis par une humeur glutineuse qui sort du corps
de ces animaux. Ils remplissent de cette écume les lieux
où ils se trouvent et si on venait à les frapper ils se
sépareraient bientôt et épouvanteraient les spectateurs
par leur nombre et leurs sifflements. C'est en raison de
leur figure que ces globes sont appelés fort impropre-
ment *œufs de serpents.* » (PLINE, t. x, liv. XXIX, p. 52.)

IX

TRANSFORMATIONS DIVERSES DE LA DONNÉE PRIMITIVE

Je ne puis, on le comprend, passer en revue tout ce
qui pourrait être dit dans l'ordre d'idées que j'ai abordé
ici, d'autant que je pourrais écrire bien des volumes sur
ce sujet, sans avoir l'espérance de le traiter, en entier,
dans tous ses détails ; mais, par le peu que je viens
de spécifier, le lecteur comprend l'ensemble de ce
que j'ai voulu signaler à son attention, sans que j'aie
besoin d'insister d'avantage. Il me suffira d'ajouter : que
dès que le culte a été ébauché, dans l'histoire des religions primitives de l'humanité, les clergés n'ont pas manqué d'utiliser cette donnée extrêmement importante : des
dragons, serpents, etc., dans l'esprit de nos ancêtres.
Ils s'en sont servis pour augmenter leur importance,
pour assurer leur prépondérance et leur autorité. C'est

pourquoi nous voyons chez les hébreux : Moïse, Aaron, etc., etc., exercer une action directe sur ces monstres; dans la mythologie grecque : Minerve, Apollon, Hercule, etc., tuer les monstres Jupiter, Apollon, Bacchus, Junon, Vénus, etc., etc., les faire naître.

A mesure que les féticheurs, devins, prophètes, et autres ministres des cultes de l'antiquité, employèrent plus largement la donnée des monstres envoyés par la colère de la divinité contre les impies, ils parlèrent, de préférence, des méfaits des bêtes monstrueuses ; ceux des hommes étaient chose trop simple et trop connue ; ceux des grands mammifères inspiraient moins d'effroi, depuis, surtout, que l'homme, perfectionnant ses armes de jet, était arrivé à pouvoir les combattre, avec plus de chances, de succès. Dans ces conditions, il arriva que bientôt, les reptiles : sauriens et ophidiens, restèrent seuls dans l'esprit des timorés, comme les types des monstres redoutables, pour les populations et les individus inoffensifs.

Toutes les mythologies de l'antiquité possédèrent la donnée des dragons et des serpents. Nous retrouvons, en effet, cette donnée : dans l'Inde, en Extrême-Orient, dans le centre de l'Asie, en Chaldée, en Assyrie, en Egypte ; comme dans le Nord, chez les peuples d'origins finoise ; et dans la vieille Europe : les grecs, les romains, les celtes, les germains, etc., etc. Les légendes de leurs méfaits, constituant des allégories pour quelques initiés, et servant, ainsi, à la conservation de leurs secrets; ou bien, prises au pied de la lettre et considérées comme des réalités, par l'immense majorité des populations, se transmirent d'âge en âge dans tous les pays. Ces légendes frappaient toujours d'un même effroi les générations qui les entendaient raconter; elles rapportaient toujours les mêmes bénéfices au féticheurs, qui, après avoir fait trembler les timorés par le récit des méfaits du monstre, leur enseignaient: que ces méfaits étaient la punition de leur impiété; et leur assuraient: que par certains sacrifices matériels, aumônes, dons, *ex-voto*, incantations, cérémonies religieuses ou magiques, etc., ils pouvaient se garantir du danger.

Les temps s'écoulèrent ainsi; certaines légendes se compliquèrent de détails nouveaux, ou, perdant leurs particularités démodées, à mesure que les idées humaines se modifiaient sur telle ou telle partie des choses de ce monde. On arriva, de cette manière, au commencement de notre ère, moment où une grande modification se produisit dans les croyances religieuses de plusieurs peuples, sans que leurs crédulités vis-à-vis des serpents et des dragons fut modifiée en rien.

Quand le christianisme naquit, il ne songea pas d'abord à utiliser, pour sa propagation, les légendes de dragons et de serpents, dont les religions qu'il visait à remplacer avaient enrichi leur mythologie; Mais, lorsqu'après des commencements obscurs et difficiles, il eut acquis la prépondérance longtemps désirée, il ne tarda pas à comprendre qu'il était impolitique de négliger ce moyen d'action sur l'esprit des masses; car, comme il avait fait une certaine part de la fortune des cultes précédents, il pouvait craindre de rencontrer des résistances trop obstinées, s'il ne faisait pas cette concession aux superstitions de la multitude. Aussi, au lieu de chercher à détruire ces légendes, il se les appropria, en leur donnant une couleur orthodoxe. C'est ainsi que les divinités et les héros païens passèrent parfois de l'olympe dans le paradis, avec leurs attributs, leurs aventures et même leur nom ; ou bien que ces attributs, ces aventures, ce nom furent appropriés à leurs nouvelles fonctions.

Minerve avait tué le serpent Eygies ; la Vierge écrasa la tête du serpent tentateur ; Hercule avait tué des dragons ; saint Michel transperça de sa lance le dragon infernal.

Il n'est pas nécessaire de faire un grand effort de réflexion pour constater : que les légendes antiques contiennent en substance la plupart, sinon toutes, les données de détail que nous rencontrons dans celles qui sont plus récentes. Il y a, même, dans certaines légendes antiques des données qui n'ont pas été utilisées par les conteurs du Moyen Age ou des temps modernes. C'est ainsi que nous ne trouvons nulle part de nos jours, la semaille des dents du monstre vaincu, pour faire naître des hommes.

Il n'est pas difficile, ai-je dit, de constater que beaucoup de légendes du Moyen Age touchant les dragons et les serpents, soit qu'elles mettent en scène un saint, soit qu'elles glorifient un simple héros, ne sont que des rééditions de légendes antiques : J'ai parlé de la légende de sainte Marthe de Tarascon qui n'est que la christianisation de celle de Marthe la contemporaine de Marius. Celle de saint Georges tuant un dragon, près de Beyrout, n'est-elle pas l'adaptation à la nouvelle religion du vieux mythe de Persée, la grotte est la même; les légendes du sire de Chin et de Théodat de Gozon, ne sont que la reproduction de celle de Phorbas.

Le détail du monstre attaché par un lien invraisemblable, est fait pour étonner, quelque peu, ceux qui ne sont pas émerveillés par le récit, et il peut être utilisé par l'observateur; en effet, nous savons, d'après ce que j'ai dit dans mon livre sur les réminiscences populaires de la Provence et dans celui de la campagne de Marius contre les ambro-teutons, que Marthe la syrienne qui vivait cent ans avant sainte Marthe chrétienne, portait une mitre en poil de chameau qui avait deux longues bandelettes pendant derrière jusqu'à terre. Cette Marthe avait déjà une légende de la Tarasque, si nous en croyons le bas-relief du monument triomphal de Marius. Et nous devons ajouter : que la mitre ornée de longues brides flottantes de la prophétesse avait frappé vivement l'esprit des provençaux contemporains de Marius. Pendant le Moyen Age, lorsque des hagiographes chrétiens imaginèrent de christianiser Marthe la syrienne, ils n'oublièrent pas de parler de cette coiffure; et les longues brides flottantes se présentèrent naturellement à leur esprit pour lier la bête. Plus tard, quand on écrivit les légendes de saint Pôl de Léon, de saint Gervais d'Amiens, de saint Sylvestre, de saint Marcel, etc., on chercha ce qui pourrait bien représenter les brides de la coiffe ; et l'étole de ces religieux les remplaça, dans leurs légendes copiées sur la précédente.

Un évènement considérable dans l'histoire de la croyance aux dragons et aux serpents, se produisit au cinquième siècle de notre ère ; il augmenta bientôt, dans une énorme proportion, le nombre des lieux où cette crédulité était de mise, dans l'Europe occidentale ; je veux parler de l'institution de la fête des Rogations.

On sait que nos ancêtres païens célébraient, au commencement du printemps, la fête des Génies qui avait une grande importance pour eux. Les génies n'étaient pas tous bons, comme on serait assez disposé à le penser, avec nos idées actuelles sur les attributs de la divinité ; au contraire, ils étaient pour la plupart méchants, et étaient considérés par la plèbe comme les auteurs de toutes les calamités, de tous les malheurs, de toutes les maladies qui frappaient les pauvres humains.

La crainte des méfaits de ces génies malfaisants, l'espérance de les attendrir au point de les rendre moins acharnés contre les individus ou les populations, avait donné naissance à cette fête des génies, qui avait, on le comprend sans peine, une importance considérable dans le culte païen des campagnes.

Saint Mamert, évêque de Vienne, poursuivant, avec la méthode, l'habileté et la persistance qui ont fait triompher le culte chrétien sur les pratiques païennes, dans l'Europe occidentale, institua donc la fête des Rogations, qui ne fut, en réalité, que la christianisation de la fête païenne des Génies. Il eût grand soin, en réglant la mise en scène de la fête des Rogations, de faire figurer, dans la procession, l'image des génies si longtemps invoqués, à ce moment de l'année, par les populations. C'est pour cela, que le dragon ou le serpent, souvent les deux,

furent portés par les clercs, à côté des images saintes.
Pendant la première partie de la cérémonie, le dragon
et le serpent paraissaient agités par la fureur et la
colère, leur action malfaisante était à son maximum.
Mais bientôt, sous l'influence de la divinité chrétienne,
cette fureur s'appaisait, le monstre était vaincu, réduit
à l'impuissance, et enfin, succombait, pour reparaître,
plein de vie et de colère, l'année d'après.

Pour les gens éclairés qui voulaient faire des com-
mentaires sur la signification de cette cérémonie, la
présence du serpent et du dragon personnifiaient le
génie du mal, le diable, les croyances réprouvées par
le nouveau culte, — vaincues et détruites par les
prières et la puissance du clergé chrétien. — Mais la
plèbe crédule ne voyait pas si loin. Tout d'abord, la
présence du dragon et du serpent, lui fit suivre la procession des Rogations et s'associer aux prières chrétiennes. Sans qu'elle eût besoin de faire un grand effort
de réflexion; elle s'associa à cette manifestation chrétienne, précisément à cause de sa forme païenne.
Saint Mammert, avait fait, pour les fétiches génies, ce
que d'autres prélats firent pour les arbres, les pierres,
les fontaines, les thermes, etc., quand ils les surmon-
tèrent d'une croix ou d'une image du nouveau culte;
et la foule continuant à s'agenouiller devant les symboles primitifs passa sans transition, peu à peu, du culte
païen au culte chrétien.

Le dragon et le serpent figurèrent, donc désormais,
dans la procession des Rogations ; et, comme dans les
diverses églises, cette procession se faisait à une

époque variable : depuis les premiers jours de l'ascension, jusqu'aux derniers de celle de la Pentecôte, il arriva que, suivant les pays, elle fut célébrée à des moments assez différents, depuis le commencement du printemps jusqu'à la fête de l'été, la Saint-Jean.

En ces temps d'ignorance, on ne recherchait guère la raison et l'explication des spectacles que l'on avait sous les yeux, la plèbe, et même, bon nombre de dignitaires du clergé, oublièrent, avec le temps, l'idée primitive qui avait guidé saint Mammert, et l'allégorie que représentait l'image du serpent et du dragon promenés à côté des saintes images, pendant la procession des Rogations. Il était beaucoup plus simple de croire : que ces monstres étaient le souvenir de la réalité, d'autant que dans une infinité de pays, de vieilles traditions l'affirmaient ; et il arriva un moment, où cette pensée effaça les autres d'une manière absolue.

Quoi qu'il en soit, sous l'influence de la nouvelle voie ouverte à la crédulité populaire par l'image du dragon ou du serpent promenée pendant la procession. On vit bientôt chaque ville, chaque église, posséder son monstre ; car dans une infinité d'endroits, une légende existait déjà : une grotte, une fontaine, un cours d'eau, une prairie, etc., etc., étaient réputés comme ayant été la demeure d'un être nuisible à la population. Cette légende était, probablement dans beaucoup d'endroits, un vestige de la croyance aux esprits de la terre ou des eaux. L'image étant devenue plus précise, la légende le devint aussi. On alla, même, jusqu'à fournir des dates et des noms de victimes, pour mieux en faire ressortir l'horreur.

Bientôt, comme le dit très bien Eusèbe Salverte (*Loc. cit.* p. 303) « chaque église eut son dragon. L'émulation de la piété extérieure fit que dans ces représentations on renchérit, à l'envi, pour inspirer aux spectateurs l'admiration, l'étonnement, l'effroi ». La partie visible du culte devint bientôt la partie la plus importante de la religion pour des hommes uniquement attentifs à ce qui frappe leurs sens. Le dragon de la procession des Rogations était trop remarquable pour ne pas attirer l'attention des peuples et usurper une grande place dans leur croyance. Chaque dragon eût bientôt sa légende, et ces légendes se multiplièrent à l'infini ; se mêlant, se répétant, attribuant à vingt individus différents le même exploit ; en un mot, faisant une confusion, tellement inextricable, des lieux, des individus et des détails des aventures, qu'il n'est vraiment plus possible, aujourd'hui, de discerner, d'une manière assurée, les versions primitives de celles qui en ont dérivé.

Ce qui prouve l'exactitude de cette opinion, touchant un grand nombre de légendes, de serpents et de dragons, c'est que le clergé d'Orient n'ayant pas accepté, dans son rituel, la fête des Rogations de saint Mammert, les aventures de dragons et de serpents sont restées relativement très rares dans ces églises ; les légendes de cette nature ont conservé dans les pays du culte grec d'allure beaucoup plus laïque, qu'on me passe le mot, que dans les pays du culte romain.

J'ai fourni déjà une longue liste des idées qui ont donné naissance à des dragons et des serpents qu'on rencontre dans tous les temps de l'histoire, et dans tous les pays ; mon énumération serait trop incomplète si je n'en signalais pas quelques autres. Et je dois faire remarquer : que, malgré ce complément d'information, mon étude sur ce point est loin d'être complète. Cent autres particularités pourraient être évoquées, sans qu'on pût avoir l'espérance d'avoir épuisé le sujet. Quoi qu'il en soit spécifions celles-ci :

Dans un grand nombre d'armoiries de familles nobles, on voit des images de dragons et de serpents ; la légende raconte souvent : qu'elles sont le souvenir d'une victoire remportée par le chef de la maison, et elle rapporte le fait avec des détails plus ou moins extraordinaires. On se demande : quelle peut être la pensée initiale de pareilles fables et la raison qui a fait placer sur le blason de certains preux ces figures de bêtes monstrueuses.

Eusèbe Salverte nous fournit une explication très plausible de cette particularité (loc. cit. p. 334). Nous pouvons, avec les renseignements qu'il nous donne, penser : que dans un temps très reculé, les guerriers de diverses peuplades firent, ce que nous voyons faire de nos jours encore à certains sauvages de l'ancien et du nouveau monde, se comparèrent à tel ou tel animal redouté, pour bien mettre en relief leur force et leur audace, aux yeux de leurs compatriotes ou de leurs ennemis. Peut-être, aussi, le firent-ils, d'après l'idée du totem, qui toute extraordinaire quelle nous paraisse aujourd'hui, n'en a pas moins hanté l'esprit d'un grand nombre de peuplades des temps passés. Quoi qu'il en soit, tel guerrier prit l'emblème d'un lion ;

tel autre l'image d'un serpent ; un autre celle d'un requin ou d'un crocodile, etc., etc. Une fois la donnée créée, elle s'est perpétuée, en subissant maintes et maintes transformations. Les suivants du guerrier adoptèrent le signe de leur chef ; et bientôt, les enseignes, les drapeaux, étendards, etc., etc., à emblêmes se multiplièrent. Nous en avons de nombreux exemples, tant dans le passé, depuis les assyriens, les mèdes, les perses, les grecs, les romains, que dans les temps modernes, non seulement, en Asie, en Afrique, en Amérique, mais même dans la vieille Europe. Le coq Gaulois, le léopard d'Albion. Une fois l'emblême adopté, la légende destinée à l'expliquer ne tarda pas à naître ; et de ce fait, nombre d'aventures extraordinaires virent le jour, prêtant au chef de telle ou telle famille, les prouesses les plus invraisemblables, et les victoires les plus diversement achetées. Sans compter, que lorsque l'inventeur de la légende était à court d'imagination, il se contentait de reproduire, tout simplement, une histoire déjà connue ; ou bien, la modifiait quelque peu pour mieux l'adapter à la crédulité des ambitieux, et à la vanité de ceux qu'il voulait glorifier. Dans ces conditions, on comprend qu'il a dû en résulter un amalgame qui, dans plus d'un cas, a été une véritable confusion.

Dans un certain nombre de légendes, l'être privilégié qui tue le dragon, se fait aider par quelqu'un. La chose devait se produire quand on songe aux difficultés et aux dangers du combat, il ne répugne pas de penser : que lorsque les premiers chasseurs furent assez hardis pour s'attaquer aux bêtes monstrueuses qui faisaient l'effroi de nos premiers parents, ils eurent recours à l'aide de quelques compagnons, pour mener à bien leur entreprise. Dans l'antiquité, nous voyons déjà Hercule se faire aider par Iolas, Jason par Médée, Persée par la tête terrifiante de la Gorgone, etc., etc. Dans les légendes qui furent imaginées ultérieurement, cette donnée: de l'aide donné au guerrier, était trop naturelle pour être laissée de côté; et l'imagination des conteurs se donna un libre cours pour déterminer les auxiliaires du héros. Ici c'est un ami, là c'est un parent, plus loin c'est un serviteur; quelquefois même ce sont des animaux, cheval, chien, etc., etc. Le danger couru par ces auxiliaires, a fait naître la pensée qu'ils avaient été mus par un sentiment très puissant; et, tout naturellement, alors il s'est agi d'un condamné auquel on a promis la grâce de sa peine, récompense de son dévouement. Ici, encore, les conteurs à court d'imagination ont reproduit des aventures déjà connues, ou bien les ont plus ou moins modifiées, pour les faire accepter comme nouvelles. La confusion a été, de ce fait, un peu plus grande, encore, dans les récits merveilleux qui sont venus jusqu'à nous.

Celui qui tue la bête monstrueuse est, parfois, lui-même, la victime, en même temps que le vainqueur. Dans l'antiquité, déjà, nous voyons : Hercule, Bacchus, Adonis, Attys, succomber dans leur lutte contre des monstres; de sorte que les légendes relativement plus modernes n'ont fait qu'utiliser cette donnée, qui était de nature à augmenter, encore, l'intérêt de l'aventure merveilleuse. Pour ce détail, comme pour les autres, mille variantes ont été imaginées ; et maintes fois, un conteur a attribué à son héros, ce que d'autres avaient déjà dit pour le leur.

Il est une autre cause d'origine des légendes, qui quoique minime, est assez curieuse pour mériter de nous arrêter un instant : on vit longtemps, et on voit, peut-être encore : dans l'église de l'abbaye de Saint-Victor, à Marseille, dans l'église de l'hôpital de Lyon, dans celle de la petite ville de Cimiès, près Nice, dans une église de Raguse en Illyrie, dans un édifice de Rhodes, dans l'église de Mons, en Hainaut, une pièce anatomique : crocodile, serpent, tête d'hippopotame, etc., etc., apportée là, on ne sait souvent plus par qui. Cette dépouille ayant la prétention d'avoir appartenu à un dragon local, a donné naissance, ou a aidé à la perpétuation d'une légende plus ou moins détaillée.

Le prétendu dragon de Raguse est un crocodile apporté par des matelots venant d'Egypte (POUQUEVILLE *Voy. dans la Grèce*, t. I, p. 24), celui de Cimiès, et celui de Mons appartiennent aussi à la même variété, et ont la même origine ; la tête du serpent de Gozon conservée à Rhodes, n'est qu'une tête d'hippopotame. C'est-à-dire, que, très positivement, ces animaux n'ont jamais vécu dans ces villes ; et, cependant, malgré le souvenir précis de l'apport ; et malgré, aussi, cette impossibilité matérielle, la légende s'est créée et perpétuée.

Pour le dragon de l'hôpital de Lyon, c'est encore la même chose : une dépouille de crocodile apportée dans le pays, a d'abord figuré dans la chapelle de l'hôpital, à titre d'*ex-voto*, placée là par reconnaissance ; bientôt, une légende s'est constituée, précisant les méfaits de ce monstre, et les péripéties du combat qui lui fut livré, avec le luxe de détails que nous connaissons.

La légende naît, même parfois, d'une manière encore plus curieuse : à la Cgenfurth, en Carinthie (Autriche), on a placé sur une fontaine un groupe antique, représentant : un dragon tué par Hercule, trouvé à Zoal ou Zolfed (l'ancienne *colonia Solvensis*); le peuple a bientôt dit que c'est l'image d'un pauvre paysan qui délivra, jadis, la contrée de ce monstre.

Auguste, voulant immortaliser le souvenir de la conquête de l'Egypte, donna pour type aux médailles de la colonie qu'il venait de fonder, sur la rive droite du Rhône, dans une contrée où la divinité locale celtique s'appelait Nemausus, un crocodile attaché à un palmier. Bientôt, la crédulité populaire raconta: que ce crocodile était l'image d'un monstre qui désolait la contrée, et qu'il avait été vaincu par un héros qui fonda la ville de Nîmes. Ce héros prit, dès ce moment, le nom de Nemausus (*Nemo* personne, *ausus* osant tenter le combat contre la bête).

Au Campo Santo de Pise, il y a un sarcophage très ancien, en marbre, sur lequel on voit diverses figures. La crédulité publique ne sachant pas leur signification réelle, dit : que c'est le tableau de la victoire de Nino-Orlandi qui, en 1109, parvint à enfermer, dans une cage de fer, un serpent qui désolait la région. — Et, cependant, l'examen minutieux de la sculpture ne montre rien •qui puisse autoriser une pareille explication. (Eusèbe Salverte. t. II, p. 333).

Au VIᵉ siècle, une inondation du Tibre ayant occasionné une grave épidémie, à Rome, le pape saint Grégoire le Grand, fit faire, le jour de Saint-Marc (le 25 avril), une procession dans laquelle figura une image du dragon, symbolisant l'ange du mal. Cette image donna naissance, ou au moins crédit, à la croyance que l'épidémie n'était autre chose, que les dégâts produits par un horrible dragon, né de l'inondation, et décimant la population.

A mesure que le nombre des légendes s'accrut, sous l'influence des causes que je viens d'indiquer, les hagiographes s'emparèrent de cet élément important pour frapper l'esprit des masses crédules, qui lui demandaient le nom du vainqueur du monstre, afin de lui vouer une respectueuse reconnaissance. Tout naturellement le Patron de chaque localité se trouva désigné à leur piété. Or, suivant le cas, c'est-à-dire : la disposition des lieux, les anciennes crédulités locales, les réminiscences de la littérature antique; le désir même d'exalter la puissance du vainqueur de la bête, etc., etc., la légende s'est chargée, çà et là, de détails plus ou moins extraordinaires. Ici, la même trame a servi pour plusieurs villes différentes; de sorte que nous trouvons une version absolument semblable en des endroits très différents et même très éloignés.

Parfois, un détail frappant, invraisemblable même, le plus souvent, se rencontre dans des légendes, plus ou moins différentes, par ailleurs.

Quelquefois même, la légende chrétienne est, purement et simplement, la réédition d'une aventure racontée par les auteurs païens de l'antiquité qui, eux-mêmes, s'étaient copiés ou pillés, on le sait, dans un grand nombre de circonstances.

X

CONCLUSIONS

Terminons cette longue étude de la croyance aux monstres invraisemblables de l'ordre des Sauriens ou des Ophidiens, que l'on rencontre, en mille endroits, de nos jours ; et qui était bien plus répandue encore, jadis. La conclusion de tout ce que j'ai dit jusqu'ici touchant les dragons et les serpents est, en somme : que les crédulités, dont nous voyons encore maints exemples chez nos contemporains, ne sont, en définitive, que des survivances des vieilles croyances des premiers hommes. Aussi, lorsqu'on veut en rechercher l'origine, il faut remonter jusqu'aux premiers temps de l'humanité, pour trouver la donnée fondamentale. Cette donnée fondamentale s'est modifiée et transformée, souvent, d'une manière très extraordinaire, par l'adjonction d'un certain nombre de données secondaires, parfois très différentes, qui sont venues successivement s'enter sur elle, en traversant les âges et en passant d'un pays dans un autre.

Ces légendes sensationnelles, répétées de bouche en bouche, par des conteurs amis du merveilleux, et écoutées par des crédules, dont la logique enfantine a dominé et domine encore les Sociétés humaines, pour ce qui regarde leurs croyances et même leurs raisonnements, sont venues, ainsi, jusqu'à l'époque actuelle, soit en restant à l'état primitif, soit en subissant l'influence des divers cultes qui se sont succédés, depuis l'origine de la civilisation.

Une fois de plus, nous voyons, en étudiant ces aventures de monstres : qu'un fait simple, primitivement, a été défiguré par les transformations que la tradition lui a fait subir. Un évènement très ordinaire est devenu un prodige. Enfin, souvent, le surnaturel a étouffé la réalité, pour accroître les attributs de la divinité.

CHAPITRE V

Le Verre incassable

I

CRÉDULITÉ MODERNE

Pendant l'année 1895, au cours de mes recherches sur les superstitions et survivances, j'ai entendu un brave homme — qu'on aurait pu, à priori, supposer assez intelligent pour ne pas croire aux sornettes racontées par le populaire — me dire, avec l'accent de la conviction, qu'un jour : vers 1880, un chimiste avait découvert le moyen de rendre le verre incassable ; mais que le gouvernement l'avait obligé à garder sa découverte absolument secrète, afin de ne pas réduire à la misère les ouvriers verriers, dont le travail se serait trouvé, dès lors, considérablement diminué.

Cette affirmation, dont je n'ai pas à discuter, ici, la valeur, au point de vue de l'économie sociale, me rappela que, pendant mon enfance, j'avais entendu raconter à peu près la même chose ; et, même, que l'aventure avait été, alors, enjolivée d'un détail qui la rendait très dramatique. — Voici, en effet, ce que me disait ma mère, en 1840, avec l'accent de la conviction la mieux arrêtée :

La Légende de l'ouvrier verrier et de Napoléon 1er

— Pendant le premier empire, un ouvrier verrier demanda un jour la faveur d'être reçu en audience par l'Empereur, disant : qu'il avait à lui faire une communication de la plus haute importance.

Admis en présence de Napoléon, cet ouvrier tira de sous ses vêtements une bouteille qu'il lui présenta, en lui disant : « Sire, veuillez examiner cette bouteille, et me dire : si elle vous paraît en tout semblable à celles qui sont dans le commerce courant. »

L'Empereur, ayant constaté que cette bouteille ne présentait rien d'anormal à la vue la lui rendit ; aussitôt, l'ouvrier la lança avec force sur le parquet, mais la bouteille ne se rompit pas, elle présenta seulement une petite cabossure, à l'endroit où elle avait frappé sur un angle saillant. Sortant, aussitôt, un petit marteau de sa poche, l'ouvrier martella la cabossure, et la bouteille reparut aux yeux de l'Empereur, aussi neuve et aussi intacte que si elle sortait du fourneau de la verrerie.

Napoléon fut, comme on le pense bien, très frappé de cette invention ; il réfléchit un instant, et demanda à l'ouvrier ce qu'il désirait pour sa récompense. — « Je désire : cent mille francs » répondit celui-ci. — « Que voulez-vous faire de cet argent, » lui dit le chef de l'Etat. — « Sire, c'est pour enrichir ma femme et mes enfants, car je suis un pauvre père de famille ». — « Avez-vous confié votre secret à quelqu'un ». — « A personne ; il n'y a, au monde, que vous et moi, qui sachions, en ce moment, que le verre peut être rendu incassable. »

L'Empereur Napoléon donna à cet ouvrier un million, c'est-à-dire dix fois plus qu'il ne demandait ; mais il appela un de ses gardes, et lui dit : « Vous allez accompagner cet homme jusque chez lui. — Lorsqu'il aura remis le million, que je lui donne, à sa femme et à ses enfants, vous le tuerez, sans tarder ».

L'ordre fut exécuté de point en point. — La famille de l'ouvrier verrier fut enrichie, en même temps que plongée dans la douleur. — Le chef de l'Etat, qui n'était cependant pas cruel, s'était décidé à faire mourir cet inventeur, parce que s'il avait permis qu'il dévoilât son secret, de nombreux ouvriers auraient été réduits à la misère par manque de travail ; les objets en verre n'étant plus fragiles, auraient duré éternellement.

II

CRÉDULITÉ ANTIQUE

On devine, sans peine, que je fus très frappé par cette aventure, quand je l'entendis raconter, vers l'an 1840 environ ; j'avais alors huit ans. Et, comme les autres auditeurs de ce récit sensationnel, je ne révoquai pas un instant en doute sa véracité. Mais voilà qu'un jour, devenu homme mûr, presque un vieillard, je constatai : que ce qui avait été rapporté pendant le XIXe siècle de notre ère, à Napoléon Ier, avait été attribué, à divers souverains; jadis, déjà, à Néron.

Pétrone, dans son *Banquet de Trimalcion*, raconte tout au long la même histoire, que voici d'ailleurs :

La légende de Pétrone. — « Il y avait autrefois un ouvrier qui faisait des vases de cristal si solides qu'ils ne se cassaient non plus que ceux d'or et d'argent. Ayant donc fait une bouteille de ce cristal le plus transparent, et qu'il croyait que l'Empereur seul méritait d'avoir, il alla se présenter à lui, pour lui en faire un présent. L'Empereur en loua la beauté, il admira la main de l'ouvrier et agréa la bonne volonté — l'ouvrier voulant changer l'admiration des spectateurs, et faire mieux valoir son présent à l'Empereur, reprit de sa main la bouteille, et la jeta contre le pavé, avec tant de force, qu'il n'y a point de métal si solide et si fort qui n'en eût été endommagé. — L'Empereur en fut si effrayé qu'il ne pouvait l'être davantage, mais l'ouvrier releva de terre la bouteille, qui au lieu d'être cassée ne se trouva qu'un peu enfoncée, comme si elle avait été de métal. Ensuite, tirant un marteau de son sein, il redressa proprement le cristal et le remit à grands coups de marteau comme si c'eût été un vase d'airain. Après quoi, il se crut élevé au ciel de Jupiter, se flattant d'avoir gagné les bonnes grâces de l'Empereur, et de s'être attiré l'admiration de tout le monde. Mais il en arriva tout autrement : car l'Empereur lui ayant demandé : si quelqu'un, autre que lui, savait le secret de préparer ainsi le verre ; et l'ouvrier ayant répondu que non : l'Empereur lui fit couper la tête ; disant que si ce secret était divulgué, l'or et l'argent deviendraient vils comme la boue » (PÉTRONE. *Banquet de Trimalcion*. Traduct. LAVAUR, p. 205).

Pétrone n'a pas eu le mérite de l'invention de cette légende ; car Pline le naturaliste, qui vivait dans le même siècle, mais qui était cependant son aîné d'une vingtaine d'années, l'a consignée dans son histoire naturelle, la rapportant à Tibère. Nous devons ajouter : qu'il la considérait déjà comme apocryphe. — « On raconte que sous l'empire de Tibère, on imagina une température de verre qui le rendait flexible ; et que toute la fabrique de l'article fut enlevée et abolie pour prévenir le décri où seraient tombés le cuivre, l'or et l'argent. Le bruit de ce fait a duré longtemps ; mais le fait lui-même reste à constater ». (PLINE. *Hist. Nat.* Liv. XXXVII, chap. 26).

Il résulte de ce passage que : si Pline ne croyait pas à la réalité de l'aventure, il s'est cru, cependant, obligé de la signaler, parce que le public de son temps en avait connaissance, et probablement, même, y croyait, en général. Quoi qu'il en soit, cette citation prouve que la légende, qui nous occupe, a déjà, on le voit, une respectable ancienneté.

Elle remonte beaucoup plus haut. En effet, Isidore de Charas qui vivait au troisième siècle avant J.-C., c'est-à-dire quatre cents ans avant Pline et Pétrone, l'avait déjà racontée. (*Orig.* Liv. XVI, chap. XV.) — Depuis Isidore, elle était entrée dans le courant des aventures extraordinaires qu'on se plaisait à raconter, ça et là, pour frapper d'étonnement les crédules, amis des récits sen-

sationnels; elle avait été, sans doute, déjà, plus ou moins
enjolivée, suivant le caprice des conteurs.

Jusqu'ici, je n'ai pu trouver d'indication plus ancienne
de cette légende ; mais il est infiniment probable que
si nous possédions les ouvrages de la littérature
égyptienne, syrienne, babylonienne, etc., etc., que le
temps a fait disparaître, nous trouverions que : cette
aventure du verre incassable dont on détruit le secret,
remonte à une antiquité autrement plus reculée.

III

LE VERRE INCASSABLE DANS LES LÉGENDES PIEUSES

Le verre incassable fait l'objet d'une autre catégorie
de légendes ; il se rencontre dans les récits pieux, sous
forme de miracles produits par la puissance divine, en
faveur des individus qu'elle aime ou qu'elle veut honorer d'une manière spéciale. Je ne m'attarderai pas à
citer un plus ou moins grand nombre de ces légendes,
je me bornerai à rapporter celle dont parle Grégoire
de Tours. (*Hist. des Francs*. Liv. IV. ch. XXVIII. Edit.
ʃIDOT, t. I. p. 176.)

« Après sa mort (Galsuinthe, femme de Chilpéric 1ᵉʳ),
Dieu montra sa puissance par un miracle. La lampe
qui, suspendue par une corde brûlait devant son tombeau, étant tombée sur le pavé, par suite de ce que la
corde se rompit, sans que personne y touchât, le pavé
perdit sa dureté devant elle, elle descendit comme
dans une matière molle, et s'enterra, à demi, sans se

briser aucunement : ce qui parut à tous ceux qui en furent témoins, ne pouvoir être fait que par un grand miracle. »

Les martyrologes et les livres de piété, ou autres, du moyen âge, contiennent un si grand nombre d'aventures de ce genre, qu'il me serait facile d'en rapporter beaucoup d'autres, mais mon objectif n'est pas là. Qu'il me suffise d'ajouter que : les musulmans, les indiens, les boudhistes, les sintoïstes de nos jours, etc., etc., racontent exactement les mêmes prodiges ; tandis que les romains, les grecs, les égyptiens, les assyriens affirmaient les mêmes aventures, dans l'antiquité. Cela nous prouve, en fin de compte, que depuis un temps infini, le verre incassable fait partie de l'arsenal du surnaturel.

IV

ORIGINE DE LA CRÉDULITÉ

Fidèle au programme que je me suis imposé en écrivant ce livre, je dois me demander, maintenant : quelle est l'idée fondamentale, la donnée initiale de la légende que je viens de rapporter dans ce chapitre, Or, il ne faut pas faire de grands frais d'imagination pour admettre : que lorsque le verre fut découvert, il y a probablement un très grand nombre de siècles, sa fragilité frappa l'esprit de nos ancêtres, précisément à cause de la transparence et de l'élégance des formes qu'il était susceptible d'acquérir sous les efforts de l'ouvrier.

L'idée que : si ce verre n'était pas exposé à se briser, sous l'influence du moindre choc, il constituerait une acquisition précieuse pour la Société, dût naître bientôt, aussi. Et la verve des conteurs, en quête du merveilleux, parla du verre incassable pour frapper l'imagination des crédules. Seulement, comme on ne voyait pas ce fameux verre incassable dans l'industrie courante, ils inventèrent une raison pour expliquer le fait.

Dans ces conditions, les conteurs créèrent deux sortes de légendes, suivant les besoins de leur débit. — Les uns, ceux qui appartenaient à la classe des féticheurs, et qui avaient en vue l'édification des dévots, firent intervenir le surnaturel, ils éditèrent les divers miracles qui ont eu pour manifestation : le verre non cassé malgré les chocs les plus violents. Les autres, n'ayant pour objectif que l'étonnement du populaire, dans le sens laïque, qu'on me passe le mot, imaginèrent d'attribuer au chef de l'Etat la destruction d'un procédé capable de bouleverser l'industrie. — Voilà comment ces aventures, dont la fragilité du verre a fait la fortune, se sont transmises d'âge en âge depuis l'antiquité la plus reculée jusqu'a nos jours; trouvant perpétuellement crédit auprès des crédules. On peut même prévoir: que ces légendes ne tomberont dans l'oubli, que le jour où le verre incassable se sera substitué au verre ordinaire employé jusqu'ici par l'industrie, c'est-à-dire, que la fragilité ne sera plus un des caractères fondamentaux de cette substance.

CHAPITRE VI

Les Esprits de la terre

———

I

LES CRÉDULITÉS DE LA PROVENCE

On trouve dans les superstitions des Provençaux contemporains les traces de l'antique croyance aux esprits de la terre : champs, forêts, grottes, etc., etc., qui a joué un rôle important, dans les manifestations de la religiosité des premiers hommes, de la plupart des contrées du monde. Ces traces sont assez confuses et assez disparates, pour qu'il ne soit plus possible de les rattacher, toutes, bien exactement, à une idée concrète, et à les comprendre dans une description synthétique. Ce ne sont plus, maintenant, que des chaînons détachés d'une chaîne brisée, dont une bonne partie, peut-être la plus grande, a disparu, déjà, du souvenir des superstitieux de notre pays ; de sorte, qu'il est assez difficile de reconstituer la donnée, tout entière, de cette crédulité des temps passés.

Quoi qu'il en soit, je vais essayer de rapporter les faits que j'ai recueillis, touchant cette croyance de l'esprit de la terre, en Provence ; la rapprochant, ensuite, de ceux qui l'ont signalée dans diverses contrées ; je tâcherai de donner une idée de ce que les premiers hommes pensaient, touchant ces esprits ; et des diverses variations qui se sont entées, avec le temps, sur la donnée fondamentale.

Le chien de La Valette. — Vers la fin de 1856, un paysan, qui habitait dans les environs de Solliès-Farlède, eut besoin d'aller, pendant la nuit, dans un village, voisin de La Ciotat. — Il fit la route, dans un char à bancs qui portait sa femme et sa fille. Peu de temps après leur départ, ils rencontrèrent, près du bourg de La Valette, un gros chien noir, qui était couché en travers de la route. Le paysan fit claquer son fouet pour l'effrayer, mais le chien se leva tranquillement, se mit à le regarder avec des yeux flamboyants et se rangea, tout juste, pour laisser passer le véhicule. Un instant après, la même aventure se reproduisit. Cette fois, le chien, après avoir jeté un coup d'œil sinistre sur les voyageurs, disparut tout à coup, et se montra transformé en lumière brillante, sur le revers du Faron. A partir de ce moment, cette famille de paysans vit, peut-être, vingt fois, pendant la nuit, le chien venir sur la route, tantôt devant, tantôt derrière la voiture, tantôt sur les collines voisines, ou bien à travers champs, ayant toujours les yeux brillants, et se transformant, de temps en temps, en lumière qui se déplaçait avec une vitesse vertigineuse,

La bête de minuit à La Ciotat. — Une jeune fille qui

était employée dans une fabrique, où elle commençait à travailler le matin de très bonne heure, fut éveillée, une nuit, par une voix qui l'appelait. Elle pensa que c'était une amie, plus matinale qu'elle, ce jour là, qui la prévenait qu'elle s'était trop laissée aller au sommeil. Aussi, se leva-t-elle en toute hâte, s'habilla et sortit de la maison, sans plus tarder. Comme la lune était sur l'horizon, elle croyait que le jour commençait à poindre, mais lorsqu'elle fut arrivée sur la place, elle entendit sonner minuit. S'apercevant alors, à peine, de sa méprise, elle s'en retourna vers sa maison ; or voilà que tout à coup, elle constata : qu'elle était suivie par une bête fantastique qui portait une lumière, ou bien, peut-être, dont l'œil était flamboyant.

La pauvre fille terrifiée, toute tremblante, recommanda son âme à tous les saints du Paradis. Grâce à cela, elle put rentrer sans encombre chez elle, mais elle fut très malade du « trouble qu'elle avait pris ».

Le pêcheur de La Ciotat. — Dans la même petite ville de La Ciotat, on raconte qu'un pêcheur, dont on dit même le nom « mesté Pascaou » revenait une fois de la pêche, vers l'heure de minuit ; il portait une corbeille de poisson qu'il allait remettre, comme d'habitude, au messager qui devait l'emporter à Marseille. Après avoir laissé son poisson à ce messager, il rentrait dans sa maison, située rue *dei Campanos* (des Cloches), pour se coucher, ayant à sa main un petit panier dans lequel étaient quelques sardines, destinées à son déjeuner du lendemain. En passant sur la place aux Fruits, il rencontra une troupe de *masques* vêtues de blanc, qui faisaient le rondeau, en poussant de grands cris et de formidables éclats de rire. « Mesté Pascaou », tout brave qu'il fût devant les dangers maritimes, se prit de peur, et se mit à courir dans la direction de sa maison. Il le fit avec une telle précipitation, qu'en arrivant chez lui, il n'avait plus une seule sardine dans son panier. Il fut très malade du trouble qu'il avait pris, à la vue de ce *brandi* de masques.

Le paysan de Ceyreste.— Dans une bastide voisine du petit village de Ceyreste, près de La Ciotat, il y avait un paysan, veuf, qui vivait avec sa fille, du produit de quelques petits lopins de terre. Il habitait le rez-de-chaussée de la maison, tandis que le premier étage servait de grenier et de fruitier. Là, étaient pendus au plafond des paquets d'oignons, des grappes de raisin, et il y avait, soit par terre, soit sur des étagères, diverses provisions pour l'hiver. Une nuit, le père et la fille sont réveillés par un bruit insolite, ils auraient juré qu'il y avait quelqu'un dans le grenier. Ils se lèvent, la fille prend une lumière, le père s'arme d'un manche de pioche; et ils montent, tout doucement, pour surprendre l'intrus; mais ils ne trouvent personne, les fenêtres étaient parfaitement closes, il n'y avait pas trace d'être humain dans le grenier; en revanche les oignons, les raisins, tout, en un mot, ce qui était pendu précédemment, avait été jeté par terre.

Nos braves gens, se mettent à rependre leurs provisions au plafond, et redescendent ensuite se coucher. Or voilà que, de nouveau, le bruit se reproduit, et que les oignons sont jetés, encore, par terre. Ce phénomène se renouvela, ainsi, trois fois, et continua pendant plusieurs nuits. Le paysan ne savait que penser à ce sujet, lorsqu'une nuit, étant monté dans le grenier, pour la dixième fois, peut-être, sans rencontrer personne, il eut l'idée de regarder, à travers une petite lucarne, ce qui se passait dehors. Or, il vit dans son jardin : un spectre habillé de blanc, portant une gaule, au bout de laquelle était un fanal allumé. Ce spectre, semblait sortir du tuyau de la cheminée. Il fut rejoint, bientôt, par d'autres semblables, qui se mirent à errer dans le jardin ; puis tout à coup, commencèrent à faire la farandole, à travers les carrés de légumes, qu'ils dévastèrent, comme le premier spectre avait dévasté le grenier. La scène dura un long moment ; puis, tout à coup, tout disparut aux yeux du paysan ébahi, autant que terrifié.

Le crieur de Gréolières. — J'ai entendu raconter, dans mon enfance, qu'il y avait dans les environs du village de Gréolières, un esprit des bois qui manifestait, pendant la nuit, sa présence, par des cris capables de terrifier les imprudents qui s'attardaient dans les champs. On disait : que le téméraire, qui aurait osé passer dans certains quartiers reculés, à une heure avancée de la soirée, était exposé à entendre à chaque instant le cri Ah ! Ah ! Ah ! Ah ! Ah ! poussé par un esprit qui s'acharnait à le poursuivre ; sans compter, ajoutait-on, que quelquefois ces cris étaient accompagnés d'apparitions lugubres. On racontait : qu'un paysan qui prétendait être un esprit fort, et qui voulut, un soir, s'amuser à aller dans un carrefour, avec une poule noire à la main, pour se moquer de la fameuse cérémonie qui évoque le diable, fut poursuivi par ces cris ; de telle sorte, qu'il se mit à courir effrayé, et rentra chez lui : *plus mort que vif*, de tout ce qu'il avait vu et entendu, pendant sa démarche imprudente.

Les Appelants du Plan de La Garde. — On raconte dans le Plan de La Garde, près Toulon, que : lorsqu'on passe dans certains quartiers, particulièrement près du carrefour des Quatre-Chemins, aux environs de la chapelle Farnoux, — pendant la nuit, — on entend des cris et des coups de sifflet, comme si on était appelé par quelqu'un. Malheur, dit-on, à l'imprudent qui répondrait à ces invitations des *masques*; il serait saisi par elles, entraîné dans une bastide abandonnée, où on le ferait danser jusqu'à la mort. Une croyance semblable se rencontre dans un grand nombre de localités de la Provence.

Les Masques de La Garde.— Une nuit, un paysan du village de La Garde, près Toulon, qui s'était laissé attarder dans une bastide, à boire avec joyeuse compagnie, regagnait sa maison, située au milieu du village. Au moment où il passait près des ruines du vieux château, à l'endroit qu'on appelle le Pigeonnier, il entendit des claquements de fouet, des cris, et bientôt des chants. Il était un peu gris, et n'avait pas ses idées parfaitement claires. Cependant, à ces bruits insolites, son attention fut vivement appelée, dit-il, sur ce qui se passait autour de lui, et il fut dégrisé aussitôt. Or, voilà, qu'il aperçut, tout à coup, des *masques* qui, sous la forme de spectres blancs, s'en allaient, dansant et chantant, çà et là, dans le voisinage. Tout à coup, ces masques l'aperçoivent, et se mettent à faire un *brandi* (rondeau), en s'approchant graduellement de lui. Le paysan affolé, se hâte de fuir, mais les *masques* le suivent, gagnant du terrain de minute en minute; il allait être atteint, et être placé au milieu du *brandi*, lorsqu'il eut l'idée de faire le signe de la croix. Aussitôt, les *masques* disparurent instantanément; mais le *trouble* pris par le pauvre homme fut si grand, qu'il fut malade en rentrant chez lui.

Les Matagots de Grasse. — Dans les environs de Grasse, au-dessus de l'endroit où se séparent les chemins du Tinet et de la cascade des Ribes, se trouvent les ruines d'un temple, qui fut le *fanum Jovis* du temps des romains, et qui est devenue depuis la chapelle de Saint-Hilaire. Dans le voisinage de ce temple, on a fait jusqu'au siècle dernier, l'étrange fête des Jouvines, qui était incontestablement un vestige des fêtes de la Nature. Ce temple était à l'intersection de plusieurs chemins; et le quartier avait une réputation de surnaturel, avec lequel la superstition locale a compté longtemps; elle compte, même, encore, quelque peu, avec ce surnaturel, aujourd'hui. Les bonnes femmes disaient : qu'à la fin du siècle dernier, l'autorité locale, ayant voulu faire rectifier la route en cet endroit, ne put trouver des ouvriers dans la localité; car, celui qui aurait osé faire un pareil travail, aurait été considéré : comme commettant une action aussi sacrilège que le déplacement illicite de la borne d'une propriété.

Dans les environs de la chapelle de Saint-Hilaire, on rencontre pendant la nuit des matagots ou matagons, qui sont en réalité des esprits des champs, — la crédulité locale croit que ces matagots ne sont ni assez parfaits pour être des anges, ni assez dépravés pour être des démons. Jadis, ces esprits étaient en général bienveillants et inoffensifs ; mais avec le progrès du temps, et surtout depuis que des travaux sont venus détruire le pré où ils avaient l'habitude de venir danser en rond sur l'herbe fraîche, au clair de la lune, pendant les nuits calmes, ils sont devenus malfaisants. — Aussi, malheur à celui qui tombe maintenant entre leurs mains, à l'heure de minuit, il est certain de mourir, soit de suite, soit dans un temps peu éloigné.

Voici comment Louis Levry raconte ce qui arrive à l'imprudent (*Mosaïgne du Midi*, t. I, p. 166), je vais le rapporter textuellement, car il y a dans cette description des détails typiques au sujet de la crédulité :

« Aussitôt que le vent a porté aux oreilles délicates des matagots le bruit des pas d'un étranger, ils interrompent leurs jeux, leurs femelles disparaissent ; et du pré qui, comme un drap de lit s'étend au pied de la chapelle, ils s'avancent en silence sur le bord du mur, pour reconnaître leur ennemi, et lui tendre des embûches. Dès qu'ils l'ont aperçu, ils se suspendent le long de ce mur, et se laissent couler doucement à terre. Ils marchent sur leur ventre, en s'allongeant et se rétrécissant comme des reptiles ; et ils commencent une série d'évolutions dont ils comprennent le dénoûment.

« Quand l'imprudent approche, leurs dents se serrent, leurs membres s'agitent comme ceux d'un nageur ; et la rage produit un tel effet sur eux, que des étincelles

électriques courent et titillent sur leur corps. Elles
jaillissent de leurs yeux, qui paraissent comme de petits
globes de métal rouge; de leur bouche, dont les gen-
cives verdissent et suppurent : et quand l'une de ces
étincelles, au lieu de se perdre dans l'air, vient à toucher
la terre, on la voit rebondir et claquer comme la pluie
graisseuse qui, tombant d'un morceau de lard
enflammé, frappe et cautérise une pièce de gibier. Le
lendemain, il n'est pas rare de trouver les pierres noir-
cies comme si l'on y avait brûlé de la poudre ».

« Cependant, la victime, à ces signes non équivoques,
a reconnu le danger qu'elle court et... fatalité ! quand elle
veut reculer, il n'est plus temps, la horde matagone a
reconnu son intention. Un cri immense, indéfinissable
sort à l'unisson, et instantanément, d'une centaine de
gosiers différents; les rangs s'éclaircissent, la courbe se
déploie, va en obliquant, prend la forme d'un entonnoir dont le fond est occupé par le chef de la bande.
Alors, il s'accroupissent comme des singes dont ils ont
la laideur, et ils enflent leurs poumons, de telle sorte :
que tous leurs membres disparaissent sous l'immense
volume donné à leur ventre. Avec une puissante force
d'aspiration régulière, bruyante, comme des soufflets de
forge, perfide, comme celle du serpent qui fascine un
petit oiseau, ils pompent l'air autour du voyageur qui
d'abord veut résister, mais perd l'équilibre au milieu
de ses impuissants efforts, tourbillonne ensuite comme
une feuille détachée de l'arbre, et finit par arriver
en roulant inégalement devant les matagons dont la
bande s'est rapprochée peu à peu, de manière à former

un cercle autour de lui. Alors, ils l'étourdissent complètement, en lui jetant une bave acrimonieuse dans
laquelle ils le tournent et le pétrissent, pour ainsi dire,
jusqu'à ce qu'ils puissent l'emporter, ainsi emmaillotté,
dans une couche de glaire, sur le Pré de l'Église. »

« Quand au lendemain, les paysans matineux passent
par là, pour porter leurs denrées au marché, on les voit
devenir roides comme s'ils étaient couchés en joue par
le fusil d'un brigand ; car ils ont aperçu une certaine
place, à eux bien connue, légèrement visqueuse et aussi
nette que si elle avait été balayée par un vent violent.
Ils ne cessent de faire des signes de la croix que lorsqu'ils ont dépassé Saint-Hilaire, mais ils continuent à
se regarder tristement, presque avec terreur, et d'un air
qui signifie: encore un ! »

« Même parmi les vieillards dont la mémoire est la
plus riche en évenements de cette sorte, et dont l'habileté à en expliquer et à en commenter les détails est le
plus généralement reconnue, nul n'a pu, ou n'a voulu,
jusqu'à présent, dévoiler ce que la victime devient quand
elle a été transportée sur le pré ; mais juste : quatre
jeudis et un dimanche, après le matin où l'on a vu la
place salie et les pierres noirâtres, on est sûr d'entendre
dire : que le rentier Monsieur tel ou tel a perdu l'appétit ;
que son teint est devenu parcheminé ; que ses bras et
ses jambes se fondent jusqu'à l'os ; que ses yeux se ren-
versent de bas en haut ; que son ventre bouffît ; et enfin,
un beau jour, ordinairement un vendredi, entre neuf et
onze (toujours un nombre impair), les habitants des campagnes s'abordent avec mystère. Leurs paroles sont

brèves ; et si malgré leurs précautions, vous parvenez à
saisir la partie essentielle de leur conversation, il est
sûr qu'elle sera une variante plus ou moins amplifiée
de « — il est mort — de quoi donc ? — Chut ! — Il a
passé à Saint-Hilaire après minuit. — Encore un sort !
s'écrie une femme qui écoute. Sainte Vierge de Lorette
et bon saint Roch de l'Hôpital, délivrez-nous des
matagons !

Les vougnettos de La Cadière. — Voici une
variante de la croyance aux esprits de la terre que j'ai
recueillie à peu de distance de Toulon, dans le village
de La Cadière, entre Saint-Cyr et le Beausset. Un soir
de fête, pendant l'hiver, une maisonnée de paysans était
en liesse et faisait des beignets, appelés dans le pays :
leis vougnettos. Ces beignets étaient mangés sans retard,
arrosés de plus ou moins de vin cuit, comme c'est l'habitude. Tout à coup — c'était au moment précis de minuit
— le maître de la maison entend du bruit au dehors ; il
se figure que ce sont des voisins qui arrivent ; et, pressé
d'aller leur souhaiter la bienvenue, il sort de la bastide,
sans prévenir sa nombreuse compagnie, qui d'ailleurs
paraissait n'avoir pas entendu les bruits du dehors.

Mal en prit à ce pauvre maître Barthoumiou ; car, à
peine était-il sorti, qu'il se trouva au milieu d'une troupe
de *masques* qui faisaient le *brandi* (le rondeau). C'é-
taient ces masques, qui avaient fait le bruit qui l'avait
abusé. Avant qu'il eût le temps de se reconnaître, il
est saisi par les masques qui se mettent à lui faire faire
le brandi. Il s'y prête, d'abord, de bonne grâce ; mais
bientôt, essoufflé et fatigué, il veut se reposer. Hélas !

ce n'était pas possible, les masques l'entraînaient avec
une ardeur et une vitesse de plus en plus excessives.
Vaincu, enfin, et trahi par ses forces, autant que paralysé par la frayeur, maître Barthoumiou se laissa tomber par terre, espérant être débarrassé ainsi des masques. Vain espoir, celles-ci se mettent à le piétiner, et
à le bourrer de coups, tellement violents, qu'il eut
bientôt la figure en sang.

Après avoir été ainsi battu, il fut abandonné par les
masques, et il rentra chez lui, clopin-clopant, pleurant
et saignant. Il raconta, entre deux sanglots, à sa famille
terrifiée, l'étrange aventure dont il venait d'être la victime. Les femmes et les enfants tremblèrent longtemps
de peur, les esprits forts de la maisonnée se saisirent de bâtons, de fourches et de râteaux pour aller
infliger de rudes représailles aux masques. Mais celles-
ci avaient déjà décampé; et personne ne vit rien d'anormal, à l'endroit où s'était accomplie la scène racontée
par maître Barthoumiou.

La bastide des Quatre-Chemins de La Garde. —
Dans les environs du quartier des Quatre-Chemins,
dans la plaine voisine du village de La Garde, près
Toulon, il y a une bastide — celle dont je viens de parler il y a un instant — que la crédulité publique affirme
être hantée par les masques ; souvent, dans la nuit, on
entend de la musique dans cette bastide ; on voit des
lumières à travers les fenêtres, et on perçoit le bruit de
maints éclats de rire ; en un mot, on constate, dit-on,
toutes les apparences d'une fête où les participants s'a-
musent beaucoup.

Mais malheur, disent les bonnes gens, à l'imprudent alléché par ces apparences trompeuses, qui se laisserait aller à pénétrer dans cette bastide, avec l'espérance d'y prendre du plaisir ; il y trouverait des masques, en passe d'y faire leur sabbat, s'amusant à faire le *brandi*. Il serait saisi par elles, et forcé de danser jusqu'à ce qu'il mourût, épuisé de fatigue. Aussi, dans la contrée, cette bastide n'est-elle regardée que de loin et avec terreur.

Les bêtes du plan de La Garde. — Pendant l'été de l'année 1858, je fus obligé d'aller, à diverses reprises, pendant la nuit, des Salins-d'Hyères à Toulon.

Un jour, pendant la vendange, dans une propriété de ma famille, située au plan de La Garde ; je parlais de ces courses au gendre du fermier, et je lui racontai : qu'une fois, en passant près du lieu dit des Quatres-Chemins, j'avais entendu quelqu'un qui avait l'air d'appeler par des coups de sifflet répétés. J'ajoutai qu'un moment après, j'avais rencontré un troupeau de moutons. Cet homme, très effrayé, me dit gravement : que je m'étais exposé à de grands dangers, car j'avais été certainement en présence d'esprits malfaisants ; qu'au lieu d'un inoffensif troupeau de moutons, j'avais rencontré des masques. Comme il me trouvait incrédule, cet homme, qui cependant avait été soldat pendant sept années, qui avait fait la guerre de Crimée, me dit « tenez, Monsieur, moi qui vous parle, j'ai vu une fois ces esprits malfaisants, et je me suis bien promis de ne plus m'exposer à les rencontrer ». Je lui demandai les détails de l'aventure ; et voici ce qu'il me raconta : « Un soir de l'hiver passé ;

— je n'étais pas encore marié ; — je m'étais attardé
chez ma fiancée, de telle sorte que j'arrivai au quartier
dit des Quatre-Chemins, près de la chapelle Farnoux,
vers minuit. Or, à peine étais-je engagé dans le chemin
qui va de la route d'Hyères vers Solliès-Farlède, que
j'entendis une musique de mauvais augure. Je vis, à
travers les arbres, la lumière d'une bastide où l'on dansait bruyamment. Comme vous le pensez bien, je ne
me détournai pas de mon chemin, parce que je savais
le danger que j'aurais couru. Bientôt, je vis autour de
moi, gambadant dans les haies, venant me frôler à chaque pas, des animaux étranges, moitié boucs, moitié
chats, moitié chiens. C'étaient des espèces de bêtes qui
avaient presque la figure humaine, parfois, et qui étaient
noires comme le péché. Si j'avais fait un faux pas, si
je m'étais arrêté, si j'avais eu l'air de faire attention à
ces esprits malfaisants, j'étais perdu. Aussi, je marchai
droit au milieu de la chaussée, sans détourner la tête.
Cet horrible cortège m'accompagna jusqu'à la grande
route ; et, juste au moment où j'y arrivai, toutes ces
bêtes disparurent subitement.

Les deux bossus d'Hyères. — Il y avait jadis, à
Hyères, deux bossus ; ils étaient, l'un et l'autre, horri-
blement contrefaits ; mais là s'arrêtait leur ressemblance, car l'un, avait bon caractère et faisait de son
mieux pour être agréable à ses voisins ; tandis que
l'autre, était acariâtre, envieux, mauvaise langue, et
cherchait à faire des niches à ses compatriotes, toutes
les fois qu'il en trouvait l'occasion.

Une nuit, le bon bossu ayant besoin d'aller faire une

commission, dans un quartier éloigné de sa demeure, se mit en route. Il se trouva, par hasard, dans une prairie qu'on appelle la *ferrage*, juste au moment où minuit sonnait. Or, il faut savoir que c'est là que les masques se réunissent, à cette heure, pour faire le *brandi* (le rondeau); et le bossu se trouva au milieu d'elles, tout à coup, sans l'avoir cherché.

Ces masques, qui étaient de joyeuse humeur, s'écrièrent en chœur « *té! vaqui lou gibous* » — tiens! voilà le bossu —. Notre bonhomme ne se fâcha pas de l'appellation et leur répondit « *es verai* » — c'est vrai — ajoutant, aussitôt: bonsoir, «bonsoir la compagnie», comme cela convient, et d'un air aimable. Alors, les fées le mettent au milieu de leur *brandi* et s'amusent à le faire sauter de ci de là, le faisant tourner, danser, lui tapant sur la bosse, lui tirant les pans de la veste, lui dérobant le chapeau, lui faisant la *figue* sur le nez, bref, s'amusant à le taquiner. Mais le bossu avait bon caractère ; il prenait la chose en riant, sachant que c'était seulement pour plaisanter qu'elles agissaient ainsi. Lorsque les masques eurent fini leur brandi, et après avoir fait passer le bossu de main en main, elles dirent — « que lui faisons-nous encore ? — tiens, dit l'une : enlevons lui la bosse. — Ce qui est dit est fait aussitôt, et voilà le bossu devenu droit comme un i. — Après cet exploit, les masques lâchent le bonhomme qui s'en va radieux de bonheur, et qui, dès le lendemain matin, alla se promener dans les rues d'Hyères pour montrer à tout le monde sa prestance désormais avantageuse. Bientôt il rencontra son ami, le mauvais bossu, qui fut sur le point de crever de jalousie en le voyant. » Comment as-tu donc fait pour te débarrrasser, ainsi, de ta bosse ? » se hâta de dire celui-ci. Comme il n'avait aucune raison pour cacher son aventure, le bon bossu lui raconta qu'il devait la chose à l'intervention des fées.

Seulement, comme les plaisanteries des masques lui avaient paru très naturelles et n'avaient pas blessé son amour-propre, elles n'avaient pas frappé sensiblement son esprit; aussi il n'insista pas sur les quolibets qu'il avait dû subir. Dès la nuit suivante, voilà le second bossu qui se trouve, juste au moment de minuit, à l'endroit que son camarade lui avait indiqué. Il voit les fées qui dansaient leur brandi comme de coutume, et celles-ci le voyant, s'écrient : « Tiens, voilà le bossu qui passe » — Qu'est-ce à dire, affreuses masques », répond-il d'un air acariâtre et furieux, il ajoute : « Tâchez de ne pas me dire, ni me faire des choses désagréables ; sinon, la première qui passe à ma portée fera connaissance de mon bâton ». Mais les fées ne tenant aucun compte de sa mauvaise humeur, l'entourent, se mettent à faire le brandi, puis s'emparent du bâton avec lequel il voulait les battre, et elles commencent par le rouer de coups. Quand elles furent fatiguées de le frapper, une d'elles dit : « Que faisons-nous encore à cet horrible bossu ? » Une autre répondit: « Mettons-lui la bosse que nous avons enlevée, à l'autre, hier soir ». — Ce qui était dit, fut fait aussitôt ; et voilà le mauvais bossu qui se trouve avoir, non seulement sa vieille bosse sur le dos, mais une nouvelle, au moins aussi grosse, sur la poi-

trine. Transformé ainsi en polichinelle, il s'en retourna
très penaud ; il fut obligé de garder désormais la nouvelle difformité que son mauvais caractère lui avait
fait décerner par les fées.

L'Ane masque de La Ciotat. — Un soir de dimanche, après avoir longuement godaillé en compagnie, six
jeunes gens de La Ciotat rentraient chez eux, vers
minuit, lorsqu'en jouant, près de l'abattoir communal,
ils voient, dans un pré, un âne qui avait l'air d'être
abandonné, et les regardait avec curiosité. Ils s'approchèrent de lui en riant ; et l'un d'eux, voulant plaisanter,
lui saute sur le dos. Un camarade imite le premier ;
un troisième en fait autant, si bien que tous finissent par se
trouver sur la bête dont l'échine s'allongeait à mesure.
Mais voilà que bientôt, l'âne se met à marcher, puis à
courir, d'abord en trottinant, puis d'une allure plus
relevée, enfin, allant comme le vent, dans la direction
du Bec-de-l'Aigle. Arrivés sur le bord de la falaise, les
jeunes gens qui avaient cessé de rire, et qui peu à peu
avaient pris peur, eurent, d'un commun accord, l'idée
de faire le signe de la croix. Ils furent aussitôt jetés par
terre ; et l'âne fantastique disparut en leur criant :
« Vous avez bien fait de vous signer, car sans cela,
j'allais vous *débaousser* (précipiter) du haut du Bec-
de-l'Aigle, dans la mer. »

L'animal fantastique de la Toussaint. — Pendant
mon enfance, j'ai entendu raconter : que mon grand-père
qui, paraît-il, était un passionné chasseur, voulut aller
tuer un lapin le jour de la Toussaint. Le temps était
mauvais, sombre ; il marcha longtemps sans rencon-

trer aucun gibier ; il arriva ainsi dans un endroit écarté et solitaire. Tout à coup il vit un superbe lapin, et au moment où il allait lui envoyer un coup de fusil, l'animal se déroba. Mon grand-père lui courut derrière ; et voilà le lapin qui s'en allait de place en place, s'arrêtant dès qu'il était hors de portée du fusil pour reprendre sa course aussitôt qu'il se trouvait dans la zône dangereuse. Enfin, ils arrivent, chasseur et gibier, sur le bord d'un précipice ; la bête s'arrêtant là, mon grand-père lui tira un coup de fusil. Le lapin resta à sa place, assis sur ses deux pattes de derrière et se frottant le museau avec celles de devant. Le chasseur qui s'était déjà mis à courir pour saisir ce qu'il considérait comme sa proie, s'arrêta stupéfait à mi-chemin. Mais le lapin lui cria en ricanant et d'une voix parfaitement intelligible : « *Veni ! veni ! mi cercar,* » Viens ! Viens ! me chercher (me prendre). On comprend que le chasseur terrifié ne demanda pas son reste ; il rentra en courant chez lui ; et tant qu'il se trouva dans les champs déserts, le lapin lui courait derrière en lui disant d'un ton goguenard : *Veni-maï ! veni ! mi cercar !*

Ceci se passait, me disait-on, entre Vence et Gréolières, près du Var. Et voilà que : dans la famille de ma femme, à Solliès-Toucas, dans le voisinage de Toulon, le même fait était raconté, comme se rapportant, aussi, à un grand-père. Au lieu d'un lapin, c'était une grive qui avait parlé au chasseur terrifié; celui-ci, à partir de cette rencontre là, avait renoncé à aller chasser les jours de fête.

La Chèvre d'or. — Dans toute la Provence littorale, on parle, à la veillée, de la Chèvre d'Or; et dans une infinité de localités on montre la grotte, la colline, la vallée, la pierre, la source etc., etc., où elle se voit parfois. La légende qui s'y rattache est souvent confuse, et comporte de nombreuses variantes. Une des plus poétiques est racontée par Paul Arène (*La Chèvre d'Or*, Paris, 1888). Cette chèvre fantastique connaît la place où se trouve un trésor. On la voit, sans pouvoir jamais l'atteindre. Celui qui parviendrait à s'en emparer, posséderait tous les biens de la terre, suivant les uns ; tout pouvoir sur le pays, suivant les autres, tel trésor immense caché par les rois maures, ou les romains, au dire de plusieurs.

La femme blanche des environs de Grasse. — Un homme qui habitait dans le village de Bar, près de Grasse, eut son premier né très malade, pendant l'hiver de 1831. Le médecin ayant prescrit un médicament qu'il fallait administrer sans retard ; il partit, aussitôt, pour aller le quérir. C'était la nuit, la lune éclairait l'espace comme s'il avait fait jour. Notre homme était très préoccupé, car il craignait de perdre son enfant. Et voilà que tout à coup, il voit, à une centaine de mètres de lui, une forme de femme vêtue de blanc. Cette femme le précéda jusqu'à l'officine du pharmacien, se tenant tantôt sur la chaussée, tantôt coupant à travers champs, ou se transportant d'arbre en arbre, comme un être aérien. Le pauvre père était bien quelque peu effrayé de cette apparition, mais son désir de voir guérir l'enfant, fut plus grand que sa peur, de sorte qu'il revint chez lui, au milieu de la nuit, sans se laisser arrêter par le phénomène insolite qu'il constatait.

Autre femme blanche. — Un soir, à la tombée de la nuit, un homme, qui habitait les environs de Vence, passait dans un chemin solitaire, lorsqu'il vit tout à coup devant lui une forme de femme blanche qui le précéda pendant quelques instants. A quelque jours de là, il apprit que sa mère, qu'il croyait être en bonne santé, était morte presque subitement.

II

CLASSIFICATION

Si, après avoir pris connaissance des diverses manifestations de la croyance aux esprits de la terre que j'ai recueillies en Provence, nous jetons un coup d'œil comparatif sur elles, nous voyons qu'elles peuvent se partager en catégories, distinctes les unes des autres, bien que souvent il y ait entre elles des points d'analogie qui font, que les transitions sont peu accentuées, en général, parfois même insensibles. Je vais essayer d'établir une classification de ces légendes ; et, si je ne me trompe, on peut les partager de la manière suivante :

1° L'idée est formulée d'une manière fruste, qu'on me passe le mot, dans quelques unes de ces histoires. C'est ainsi, par exemple, que dans l'aventure du chien de La Valette et de la bête de minuit à La Ciotat, l'esprit des champs, tout en ayant une apparence sinistre, n'a rien fait, en définitive, qui pût nuire à ceux qui le rencontraient ;

2° Dans quelques cas, il y a, dans ces récits superstitieux des détails qui établissent : une transition entre l'esprit de la maison et ceux des champs, des airs ou des eaux ; l'aventure du paysan de Ceyreste peut être classée dans cette catégorie ;

Je n'ai trouvé, il est vrai, jusqu'ici, que les faits du crieur de Gréolières et des appelants du plan de La Garde, c'est-à-dire un détail qui touche à l'esprit de l'air, dans les crédulités de la Provence ; mais je suis certain que d'autres investigateurs, plus heureux que moi, trouveront la transition qui touche à l'esprit des eaux.

3° Souvent, l'esprit de la terre manifeste, par une agression nuisible, à ceux qui ont la malechance de les rencontrer ; les matagots de Grasse, les vougnettos de La Cadière, la bastide des Quatre-Chemins de La Garde nous en fournissent des exemples variés ;

4° Cette donnée de la malveillance des esprits de la terre se présente d'une manière différente et assez curieuse, dans quelques circonstances ; elle a été mise au service soit de la morale, soit de la religion. Les deux bossus d'Hyères, l'âne masque de La Ciotat qui se trouve sur le chemin des intempérants pour les punir, l'animal de la Toussaint qui menace les irreligieux oublieux de la sanctification des fêtes solennelles en sont des manifestations ;

5° Il est une catégorie très intéressante des esprits de

la terre dont je n'ai pas trouvé, il est vrai, jusqu'ici des manifestations en Provence, mais qui doit y exister certainement, je veux parler des esprits de la mine. Je suis convaincu que si j'avais pu pousser mes investigations d'une manière plus suivie, soit du côté de Fuveau, Gardanne, etc., etc., où il y a des mines de charbon en exploitation ; soit du côté de la Colle-Noire, aux environs du Pradet, près Toulon, où l'on extrait le minerai de cuivre, soit, enfin, dans les lieux où l'on exploite la *bauxite*, j'aurais rencontré la croyance dont je parle, parfaitement spécifiée ;

6° Enfin, nous voyons dans une dernière catégorie l'idée du fantôme apparaître dans les aventures afférentes à la chèvre d'or, à la femme blanche ; ces légendes constituent une transition entre l'esprit des champs et le revenant; comme, d'ailleurs, dans plusieurs des catégories précédentes, on peut démêler la transition entre l'esprit de la terre et le sorcier ou le démon.

Il ne faut pas oublier, que les diverses catégories de ma classification, ont seulement pour but de faciliter l'étude du sujet; et qu'elles sont loin d'être tranchées, et séparées, les unes des autres, d'une manière bien marquée. Au contraire, elles se tiennent par ces transitions si ménagées qu'il est souvent difficile de les séparer l'une de l'autre. Si, à un moment donné, on ne se résolvait pas à faire une coupure artificielle entre elles, il arriverait en définitive, qu'on serait allé, de modifications en modifications presque insensibles, de la première à la dernière ; c'est-à-dire qu'on n'aurait pas pu saisir le moment où la donnée initiale s'est altérée par l'idée du sorcier, du fantôme, du géant ou du nain, du démon, etc., etc.; tant il est vrai que dans les superstitions et les survivances, on rencontre, à chaque instant, un tel enchevêtrement de données différentes, qu'il est souvent impossible de les délimiter d'une manière satisfaisante.

Par conséquent, toute imparfaite qu'elle soit, cette classification peut trouver grâce, j'espère, devant la critique, à cause des difficultés qu'il y a à en établir une meilleure.

La Provence n'a pas le monopole de la croyance aux esprits de la terre, bien au contraire, puis-je dire, ce pays est même relativement pauvre sous ce rapport. Dans nombre d'autres provinces de la France, et dans beaucoup de contrées du monde, on la rencontre, ornée de détails plus variés, plus poétiques ou plus dramatiques. Il sera facile de s'en convaincre par les citations que je serai entraîné à faire au cours de cette étude.

III

Première Catégorie. — Donnée fruste de l'existence de l'esprit de la terre.

On comprend logiquement que cette donnée fruste, dernière étape de la dégradation de la croyance, doit se rencontrer dans un grand nombre de pays. Je suis persuadé qu'on pourrait, sans grande difficulté, recueillir un grand nombre de manifestations de cette catégorie, tant en Provence que dans d'autres contrées.

Qu'il me suffise de dire : que Mlle Amélie Bousquet, dans la *Normandie merveilleuse*, parle du chien de Monthulé, qu'on voyait dans certaines localités, sans pouvoir jamais l'atteindre, si on voulait essayer de le toucher.

Dans les environs de Dieppe, et, même, de la cité de Limes, il y a une fée bienfaisante qui apparaît sous la forme d'une jeune femme; et quand elle dit aux pêcheurs qui partent « bonsoir » ils sont certains de faire une bonne pêche. (*R. d. t.* 1891. p. 416). Mais le plus souvent, on voit, purement et simplement, des formes de femmes blanches qui s'amusent à danser en rond, près des falaises. — Je ne vise pas, en ce moment, celles de ces apparitions qui ont un caractère malveillant, elles font partie d'un autre groupe.

En Bretagne, la même donnée se rencontre : soit à l'état simple, soit avec quelques particularités de plus, telles, par exemple, de l'indication d'un trésor ou de l'annonce d'un événement.

C'est ainsi, que dans la paroisse d'Avessac sur les bords du Don, en Bretagne, il y a un village appelé Rohan que les gens du pays appellent Rolh-Hoaneck (la Roche des Fées) — la légende dit : que jadis les fées se réunissaient en cet endroit pour danser et chanter — les paysans ennuyés de cela, détruisirent leurs maisons de pierres, mais dès ce moment, tous les malheurs s'abattirent sur le pays, qui n'est redevenu heureux, que lorsque le sire de Rohan, qui descendait lui-même des fées, a acquis le pays et l'a fait défricher. (*R. d. t.* 1889. p. 412).

En Bretagne, on dit aussi que les esprits nommés

Boligueandets, hantent les rochers des plages ; poussant des cris sinistres, pendant la nuit, lorsqu'un naufrage doit avoir lieu (*Mahé, Morbihan*, p. 114). Dans ce cas, ces esprits pourraient bien avoir quelques relations avec les fantômes, les revenants, etc., etc.

Dans les ruines du château de Bordage, en Ile-et-Vilaine, on rencontre les traces des petits pieds des esprits des champs qui viennent danser en cet endroit, pendant la nuit. On ne sait pas si ces esprits sont bons ou mauvais, s'ils ont une influence sur les hommes, les bêtes ou les récoltes, la trace seule de leurs petits pieds est consignée par la crédulité des bonnes femmes.

Dans le Jura, Désiré Monnier dit: qu'on rencontre dans le vallon de Vogna, un petit homme rouge monté sur un cheval blanc, et qu'on ne sait s'il est bon ou mauvais. Dans les Ardennes, on parle d'animaux fantastiques, d'un rémouleur, d'un homme décapité qui vous regarde, à l'aide d'un œil placé dans le creux de son estomac.

Sur la montagne de Honek, en Lorraine, il y a des prairies où les fées venaient danser au clair de la lune, et qui ont disparu depuis un certain nombre d'années, parce que les habitants ne sont plus pieux comme jadis. — Dans ce cas, il semble que ces esprits de la terre étaient de nature bienveillante; et on peut voir dans leur disparition, une punition, ou au moins une critique de la dépravation moderne, comparée à la piété d'antan. Mais c'est là, seulement, l'indication qui ressort de la légende.

Dans le Greindelwald, on voit des cercles où l'herbe ne pousse pas, et qu'on appelle la salle de bal des sorciers ; au milieu s'élève, en général, un petit tertre, et on dit : que c'est là-dessus qu'elles déposent leur chandelle. (*Wyss*, t. II, p. 215). La crédulité est très vague, comme on le voit.

La servante de l'esprit de la terre. — Une fille de Torvednak, dans les Cornouailles, partit de chez elle pour aller se placer comme servante. En route, elle rencontra un carrefour de quatre chemins où elle s'arrêta, et se mit, par désœuvrement, à arracher des brins de fougère. Tout à coup, elle vit devant elle un jeune homme, qui lui demanda : si elle voulait élever un enfant chez un homme veuf, pendant un an et un jour. Elle accepta. Cet homme lui fit jurer son engagement sur la fougère qu'elle tenait à la main; et elle fut aussitôt transportée dans un lieu de délices, où elle eût à soigner un adorable baby. L'année écoulée, elle s'éveilla un matin dans un lit, chez sa mère, sans avoir jamais su comment elle y avait été rapportée (*Brueyre*, p. 219).

En Suède, en Danemark, en Allemagne, en Angleterre et dans plusieurs pays de France, on croit qu'à la tombée de la nuit, les esprits des champs se rassemblent au clair de lune, et se mettent à danser à la lumière des vers luisants, à la musique des grillons, des grenouilles. Le lendemain, on trouve l'herbe légèrement foulée en rond en cet endroit.

Ajoutons que les lapons, par exemple, croient à l'existence d'esprits de la terre, qu'ils appellent des Huldelfocks, et dont les troupeaux invisibles paîssent à côté des leurs. Ces Hudelfocks ne font pas de mal ; on ne sait s'il faut les craindre ou non.

La donnée fruste de l'esprit des champs se rencontre dans une infinité de pays des autres parties du monde. Sans avoir besoin de le montrer en détail, je me contenterai de citer entre cent, les faits suivants :

A Calcutta, en Océanie, il y a un esprit des champs bienveillant qu'on appelle la grosse tête, et qui remet en bon chemin les voyageurs égarés. Mais il faut bien se garder de lui adresser la parole, car il disparaîtrait aussitôt, et laisserait le voyageur dans l'embarras. (*R. d. t.* 1889. p. 288).

En Algérie, il y a des esprits des champs qui se complaisent à effrayer les amoureux ou à les rendre impuissants, quand ils comptent prendre leurs ébats, loin de l'habitation, où veillent les parents grincheux ou les maris jaloux.

Quelques esprits de la terre se contentent de jouer au clair de la lune, au milieu d'un champ ou d'une route, pour effrayer les gens attardés dans leurs affaires, sans leur faire mal ou bien, ils s'amusent à courir derrière les pauvres diables, en riant, poussant des cris, contrefaisant divers animaux, soit par leur forme, soit par leur voix.

Quelquefois, en Algérie, les esprits de la terre s'attaquent aux animaux domestiques et les tracassent plus ou moins pendant la nuit, les fatiguent, les rendent malades et même les font mourir.

C'est un esprit de la terre qui s'introduit dans le corps des malheureux et leur donne des attaques d'épilepsie, au dire des arabes. C'est au démon Lazeroun, qui est de la même catégorie, que les arabes attribuent le tournoiement des moutons atteints du tournis : affection qui est, on le sait, le résultat du développement de la larve du tænia dans le cerveau de ces pauvres bêtes. Ce démon Lazeroun accourt, disent les arabes, dès qu'un homme est blessé, afin de se repaître de son sang.

IV

Deuxième Catégorie. — Transition entre l'esprit de la maison, des bois, de l'eau, de l'air et celui de la terre.

En parlant des esprits de la maison, nous avons dit, déjà : que dans le canton de Berne on croyait au Bergmaenlein, qui serait une espèce de nain se mettant au service des bergers. Ce Bergmaenlein, se complaît aux travaux de l'habitation comme à ceux des champs ; il s'amuse parfois à faire, pendant la nuit, le travail que le paysan comptait faire le lendemain, et se complaît à rire de son étonnement. La légende dit: que quelquefois, le paysan suisse trouve son blé moissonné, et qu'il est porté tout d'abord à s'en plaindre, quand il constate, par l'arrivée d'un orage imprévu que le Bergmaenlein était mieux au courant, que lui, de la connaissance de l'avenir.

Cette donnée se rencontre dans une infinité de pays; dans le Tarn, les *armaciés* (les âmes) quittent, à certains moments, les champs pour hanter la maison et vice-versa; en Auvergne, la même crédulité se rencontre; dans les Iles Britanniques; en Allemagne; en Russie, etc., etc., on la trouve aussi.

Les Bergmaenlein de l'Oberland Bernois sont, en somme, la transition entre l'esprit de la maison et l'esprit des champs; ils se voient dans les habitations, depuis le jour de l'Annonciation jusqu'à celui de la Toussaint; et sont invisibles, au contraire, pendant l'hiver, habitant, à ce moment, leurs palais souterrains, dans les profondeurs de la terre, où ils ont de grandes richesses et des provisions inépuisables. Ils aiment le laitage, et s'amusent, parfois, à dérober une vache à un propriétaire, mais la bête n'en souffre pas, car quelques jours après elle est rendue à son maître, plus grasse et mieux portante qu'auparavant. Quand des neiges viennent à tomber inopinément, ils soignent le troupeau des étables éloignées, que les bergers sont obligés de délaisser, pendant quelques jours; parfois, aussi, ils ramènent au bercail des bêtes égarées. Le Bergmaenlein est bon, aussi, pour les enfants, il a soin de ramasser le bois mort et de le disposer en fagots sur le bord du chemin, pour leur éviter de la fatigue. Lorsqu'on les voit danser au clair de la lune, pendant le printemps, on peut compter sur une bonne année; pendant les mauvaises, ils paraissent, au contraire, tristes.

On raconte: que, dans les environs du château de Rumlingen, dans l'Oberland bernois, ils venaient souvent le soir aider les paysans à préparer le lin, et qu'ils jetaient un peloton de fil par la fenêtre quand ils voulaient s'en aller, se servant de ce fil comme d'une corde, pour franchir l'espace. Dans ce pays, on raconte aussi l'aventure d'une sage-femme appelée, la nuit, pour faire un accouchement chez une naine, et recevant, en paiement, son plein tablier de morceaux de charbons ; mécontente d'un pareil salaire, elle en laissa tomber beaucoup, en chemin, quoique les nains lui criassent : « Plus tu en perdras, plus tu le regretteras. » Arrivée à la maison, elle déposa dans un coin ce qui lui restait dans son tablier ; et ne fut pas peu surprise, le lendemain matin, de constater que c'étaient des morceaux d'or.

Les Bergmaenlein ont disparu de presque partout, dans l'Oberland ; c'est la malice des hommes qui en est cause : Ici, c'est parce qu'un mauvais plaisant s'est amusé à chauffer, avec des charbons ardents, le rocher sur lequel ils aimaient à venir s'asseoir, afin qu'ils se brûlassent le derrière ; là c'est un paysan dont ils faisaient la récolte des cerises, qui plaça des cendres au dessous de l'arbre pour voir les traces de leurs pieds, qui ressemblent aux pattes des oies ; plus loin, c'est quelques mauvais tours qui leur ont été joués, soit pour les faire souffrir, soit pour les blesser dans leur petit amour-propre; quoi qu'il en soit, ils sont partis, et avec eux la richesse d'antan du pays.

Dans le village de Tourgueilles, département du Gard, on dit qu'on voit souvent, pendant les nuits d'automne, des esprits, qu'on croit être les mêmes que ceux qui hantent les maisons, occupés à ramasser des haricots. Quand on les arrête, croyant avoir à faire à des voleurs, ils disent : « *Laïsso mèn ana, què ma mero mi sonno* » (Laisse-moi partir, car ma mère m'appelle). Ces paroles produisent un effet magique, tous ces esprits disparaissent aussitôt. (H. RONA, *R. d. t.* 1887, p. 488).

Il est une particularité que nous devons souligner dans les aventures rapportées aux esprits des champs, c'est que souvent leur petite taille est indiquée. En Provence, nous ne voyons cette taille signalée que dans la superstition des *armettos* et des *matagots* de Grasse; mais dans certains pays, ou dans certaines légendes, elle est indiquée, d'une manière assez accentuée et assez précise, pour constituer un des caractères distinctifs d'une variété de ces esprits.

Ce caractère de la petitesse de la taille se combine avec celui de leur habileté vis-à-vis des imprudents, dans un certain nombre d'anecdotes. C'est ainsi, par exemple, qu'on raconte, dans certains pays des Iles Britanniques, du Danemarck, de la Suède ou de la Norwège, qu'un vieil avare ayant entendu parler des richesses que possèdent les fairies, s'en alla, une nuit, dans une prairie des Cornouailles pour les dévaliser; il vit, en effet, un spectacle magique et un dîner de noces, dans lequel il y avait des richesses immenses, mais au moment où il voulut s'en emparer, il se trouva réduit à l'impuissance, les petits *gnomes* l'avaient attaché par des fils innombrables; de sorte, qu'il resta paralysé jusqu'au lever du soleil (BRUYERE, p. 204).

En 1668, dans le pays de Willshire, un prêtre qui entendit un bruit d'instruments dans les champs, eut la curiosité d'aller voir ce que c'était. Il rencontra une multitude de pygmées qui dansaient et chantaient. Aussitôt que ces petits êtres l'eurent vu, ils accoururent vers lui ; et, comme dans son effroi il était tombé par terre, ils se mirent à le piétiner et à le pincer sur tout le corps jusqu'au lever du soleil, moment où il put rentrer, tout meurtri, dans sa demeure (BRUEYRE, p. 104).

Un habitant de Merbegh, de l'île de Man, passant dans une clairière, vit un banquet de *petites gens*. Ces fairies lui firent bon accueil et lui offrirent à boire ; mais un individu qui était avec eux, lui dit, à voix basse, de n'en rien faire, afin de ne pas être condamné à rester prisonnier, comme lui, des nains. Aussi, quand on lui eut présenté une coupe pleine, il se hâta d'en jeter le contenu à terre. Aussitôt tout disparut ; et il lui resta à la main cette coupe, comme preuve de l'aventure. Le lendemain, il alla conter l'aventure à son ministre, qui lui conseilla d'offrir la coupe pour le service de l'église, afin de pas être exposé à la vengeance des fairies (BRUEYRE, p. 214). Cette coupe sert encore, dit-on, au vin consacré, dans l'église de Merbegh.

J'ai dit, précédemment, que dans les Cornouailles, l'esprit familier s'appelait Spriggan, quelquefois. Il est à remarquer que ce Spriggan constitue, aussi, la transition entre l'esprit de la maison et l'esprit des champs ; et on peut penser qu'il y a là un amalgame de deux catégories d'attributs. Ce qui semble le prouver, c'est que pour empêcher les Spriggans de faire du mal, on dit qu'il faut mettre sa chemise à l'envers, détails que nous verrons apparaître lorsque nous parlerons d'autres catégories d'esprits franchement malfaisants, cette fois.

Voici une anecdote qui se rapporte aux Spriggans, et qui va nous montrer les attributs que la crédulité vulgaire leur assigne. Dans les Cornouailles, une fermière avait une superbe vache qui avait beaucoup de lait, mais elle ne pouvait jamais parvenir qu'à en obtenir un seau. Un soir d'été, après avoir trait la bête, la servante prit une poignée d'herbe pour s'en faire un coussinet, mais aussitôt qu'elle eut placé le seau sur la tête elle vit une infinité de lutins qui tétaient la vache, ce qui lui expliqua pourquoi celle-ci ne voulait jamais se laisser traire complètement. La maitresse qui était une avare, ayant entendu le récit de l'aventure, de la bouche de la servante, frotta le pis de la vache avec de la saumure de poisson, afin de dégouter les fairies de son lait ; mais bientôt la vache dépérit, et il fallut l'envoyer à l'abattoir, pour ne pas la voir mourir étique.

En descendant dans le Sud-Est ou le Sud de l'Allemagne, nous trouvons des traces de la croyance aux esprits, qui, quoique différentes, constituent, néanmoins, encore, une transition entre celui de la maison et celui des champs ; c'est ainsi, par exemple, qu'en Bohême, la crédulité publique était persuadée : qu'il y avait de nombreux esprits familiers dans les mines de Kuttemberg. Ces esprits étaient considérés comme étant de petits êtres de 30 à 40 centimètres de hauteur, ayant la figure d'un vieillard à grande barbe; et cependant d'une humeur espiègle qui jure un peu avec leur apparence.

Ces esprits étaient vêtus comme de véritables mineurs, portaient comme eux une lanterne et un marteau, ils parcouraient les galeries désertes, s'amusant à lancer des petites pierres sur les mineurs qu'ils voyaient passer dans leur voisinage.

Pendant l'absence des travailleurs, ces esprits se répandaient dans les galeries en exploitation ; et y faisaient un bruit considérable, sans que, cependant, on trouvât au retour, un grand changement dans l'état des lieux. Ces esprits étaient parfois entrevus par les mineurs, ce qui était considéré comme un signe favorable. Lorsque quelqu'un devait mourir, les esprits allaient frapper, à diverses reprises, trois coups à l'entrée de la mine.

Dans la province d'Idria, en Illyrie, les mineurs avaient l'habitude de mettre à part, à l'intention des esprits follets, un peu de nourriture ; et leur faisaient, chaque année, hommage d'un costume de mineur, fait pour la taille d'un enfant. Ces esprits des mines sont si intéressants que j'en parlerai spécialement plus loin.

J'en finirai avec la catégorie des esprits de la terre qui établit la transition entre l'esprit des champs et celui de la maison, en rapportant une aventure, qui constitue bien évidemment une réminiscence de l'odysée, adaptée à l'idée des champs, et montrant une fois de plus les transformations innombrables que les contes populaires ont subi, à travers les âges par l'enchevêtrement des idées fondamentales qu'ils ont servi à conserver, dans la mémoire des générations.

Dans une petite île, voisine de Rhyrns d'Islay, en Ecosse, il y avait une femme qui gardait les bestiaux avec son mari. Un jour qu'elle était seule, par un grand mauvais temps, elle entendit des bruits étranges, et vit tout à coup entrer dans sa cabane un monstre, moitié homme, moitié cheval ou bœuf, qui lui demanda comment elle s'appelait, sans se déconcerter cette femme lui répondit, je m'appelle « moi-même ». Tout à coup l'animal veut l'emporter, mais elle lui jeta à la face une cuvette d'eau chaude ; de sorte que le monstre se sauva en hurlant. Une fois dehors ses camarades lui disaient, qui donc t'a brûlé ? C'est moi-même, répondit-il ; et chacun se mettait à se moquer de lui. Néanmoins, comme le mauvais temps augmentait, et que les bruits sinistres se rapprochaient, la femme eut grand peur ; d'autant qu'une de ses vaches affolée s'échappa, elle courut après elle, et au moment où elle était sur le point de tomber au pouvoir des monstres, elle traça un cercle magique, et se plaça au milieu. Grâce à cette précaution, elle n'eut rien à craindre, mais au jour elle s'aperçut que la vache qui était restée dehors était morte.. (BRUYÈRE, p. 255).

Nous avons vu précédemment, à propos du crieur de Gréolières et des appelants du plan de La Garde, deux exemples de la transition entre l'esprit des champs et celui de l'air. Je n'insisterai pas plus longuement sur cette variété, en ce moment, car j'aurai à entrer dans de plus amples développements, à ce sujet, lorsque je m'occuperai de l'esprit des airs. Je ne m'attarderai pas, non plus, et pour la même raison, sur la donnée de l'esprit des champs pourvu des attributs du chasseur surnaturel, qui pourrait trouver sa place ici.

Cependant, je citerai dans la catégorie actuelle, la croyance au *Louis Courtois* de la Loire-Inférieure ; on croit, en effet, dans les campagnes de cette région, qu'il y a un esprit de ce nom, qui s'en va, à travers champs, poussant des cris pendant la nuit, et que celui qui a le malheur d'y répondre, est certain d'être étranglé par lui. Ne sommes-nous pas autorisés à penser : que c'est, par le fait d'une réminiscence obscure de la donnée, que le paysan de La Garde, dont j'ai parlé précédemment, évoqua, quand il me dit que j'avais couru un grand danger, en répondant aux sifflets d'appel, que j'avais entendus, en venant des Salins-d'Hyères à Toulon, lorsque je me trouvai aux environs des Quatre-Chemins. Cette donnée des esprits crieurs, est très connue dans le Nord-Est de la France ; et il s'y rattache les légendes les plus variées ; ici, c'est un moine, là un seigneur, plus loin c'est un assassin, qui sont condamnés à errer et crier, ainsi, dans les bois, à perpétuité. Parfois, c'est simplement l'idée fruste qui a cours, c'est-à-dire un esprit qu'on ne spécifie que par son habitude de crier ah ! ah ! ah ! au milieu de la nuit, ou bien le fantôme : *point parle*, qui se contente de soupirer (MEYRAC, p. 194).

Dans d'autres cas, comme le rapporte Meyrac (p. 193), on entend le bruit de batteurs en grange fantastiques, qu'on ne peut jamais atteindre, quand on cherche à les rejoindre.

Les siamois croient à l'existence d'un esprit malin des champs, qui a la forme d'un petit coléoptère, et qui se cache dans les branches des arbres, il chante pour attirer les imprudents, et les égare, puis les fait, même, mourir quelquefois.

J'ai dit : que je n'ai pas rencontré encore en Provence la transition entre l'esprit de champs et celui de l'air. Mais, de même que nous avons vu la crédulité populaire admettre des aventures, qui constituent la transition entre l'esprit des champs et le fantôme, ou le sorcier, de même nous pouvons penser : que la transition entre l'esprit des champs et celui de l'eau existe. La preuve, c'est que pendant le Moyen Age il existait manifestement. C'est ainsi que Gervais de Tilbury (*otia imperiala*) disait que dans les plaines du Bas-Rhône il y a un lutin qui approche des voyageurs isolés, au crépuscule, qui bientôt prend les rênes de son cheval, sans qu'il s'en aperçoive : et le mène ainsi dans une fondrière, où il le laisse patauger, au risque d'une noyade.

Dans certaines vallées des Pyrénées, il y a des esprits des champs qui hantent les prairies et les fontaines, ils ont la curieuse propriété d'exciter ou d'apaiser les orages à leur gré, ils s'amusent, parfois, à faire pousser des fleurs d'une manière inopinée, ou à dessécher des plantes, sans qu'on puisse deviner la cause de ces phénomènes ; ils se transforment en feu follet, en animal fantastique etc., etc., et se complaisent souvent à égarer le voyageur attardé, pour le mener, généralement, vers une mare, un étang ou une rivière, où ils le font tomber, au risque de le noyer.

V

Troisième Catégorie. — Esprits des champs qui sont hostiles vis-à-vis des individus qu'ils rencontrent.

Dans les deux catégories précédentes, j'ai eu surtout en vue d'établir les analogies transitionnelles qui relient les esprits des champs aux autres sortes d'esprits, mais le lecteur a déjà constaté : qu'un des caractères les plus saillants de ces esprits, est la malveillance. Cette malveillance est plus ou moins dangereuse, pour les malheureux qui se trouvent exposés à leurs atteintes ; et elle se rencontre, dans la plupart des cas, quelle que soit la forme donnée à l'esprit des champs, par la superstition locale.

La preuve en est, que dans le conte de Tambourinet, par exemple, qu'on raconte dans les montagnes du Tarn, le fond du canevas est cette malveillance d'un esprit qui habite les champs. Dans les environs de Pont-Audemer, pour donner un corps à cette malveillance, on dit : que pendant la nuit il y a des fourolles qui sont, soit des *esprits* ou des sorciers, apparaissant sous forme de feux follets pour égarer les voyageurs. Ces fourolles se transforment, parfois, en femme ou en animal fantastique qui saute en croupe des cavaliers, ou sur les épaules des piétons, leur fait des méchancetés et les conduit vers les précipices. En Normandie, la donnée se traduit de diverses manières : tantôt, c'est dans la forêt Rouvray, une femme blanche assise au pied d'un chêne qui offre une chaise au voyageur attardé, afin qu'il se repose un instant, et qui profite de l'occasion pour le tuer. (A. Bousquet).

Le chat de Saint-Malo. — A Saint-Malo, la donnée est formulée de la manière suivante : Un matelot devait partir le lendemain sur son navire — le capitaine lui dit de tâcher de prendre un chat pour le débarrasser des rats qui infestaient le bateau — le soir, en passant sur un pont, le matelot voit un chat qui ne lui semblait pas farouche, il le prend et l'emporte. Peu à peu, le chat devient de plus en plus lourd et grossit, le matelot s'effraie veut jeter loin la bête, mais celle-ci se cramponne à lui jusqu'à la porte de son logis, où elle l'abandonne, en poussant un éclat de rire satanique. Le malheureux fut si effrayé qu'il mourut quelques jours après (*R. d. t.* 1891 — 210).

Dans les environs de Carnac et de Quibéron, on parle d'un esprit assez malveillant, qui hante les eaux et la plage, c'est-à-dire qui peut être considéré, suivant le cas, comme un esprit des champs ou un esprit des eaux ; et dont les paysans comme les pêcheurs ont souvent à se plaindre. Voici quelques-uns de ces méfaits :

Collé transformé en bœuf. — Un paysan de la presqu'île de Quiberon rentrait à sa chaumière, une nuit, lorsqu'il se trouve en face d'un taureau menaçant, il fait un détour pour l'éviter, mais la bête va encore se poster devant lui pour l'empêcher de passer. Voulant en finir, le paysan brandit son bâton, et marchant vers la bête il lui en assène un vigoureux coup sur le dos.

Mais voilà que le taureau se transforme en homme, et se met à rire, en disparaissant. C'était Collé, qui avait voulu effrayer le bonhomme.

Collé qui se change en vache. — Un soir, une vache manqua à l'appel des paysans, dans une ferme, près de Baume, un des fils de la maison se met à sa recherche, et croit la trouver, car il la ramène à l'écurie, — on va se coucher, mais tout à coup, on entend un tapage infernal, tout le monde se lève, et on constate que la vache a encore disparu, on se met à sa recherche, on la trouve encore, mais au moment de la ramener, voilà qu'elle se change en homme, c'était Collé qui faisait ses farces. Le lendemain, on constata que la vraie vache était restée tranquillement dans la prairie.

En Bretagne, on appelle ankeu ou ancou, un spectre qui renverse et tue les individus qu'il rencontre. (*Mahé, Morbihan*, p. 114).

La crédulité qui nous occupe, se rencontre dans les environs même de Paris. Un soir d'automne, un paysan allant de l'Isle-Adam à Maffliers (Seine-et-Oise), rencontra des fées qui se mirent à danser en rond autour de sa voiture et l'égarèrent dans la forêt, pendant toute la nuit (*R. d. t.* 1891. p. 538).

En Auvergne, on rencontre la légende du joueur de musette qui revenait pendant la nuit de faire danser une noce; et qui, dans un carrefour fut saisi par des fées qui dansaient en rond. — Il se mit à jouer de la musette; bientôt les fées l'entourèrent; une lui prit son chapeau, l'autre sa rosette, etc., etc. Une d'elles était si jolie que le musicien voulut la saisir, mais elle se mit à courir et l'entraîna dans le *Gour de Marmito*, où il tomba. On le retrouva mourant le lendemain, et à peine eût-il le temps de se confesser (*R. d. t.* 1891, p. 183).

Mlle Amélie Bousquet raconte, dans sa *Normandie Merveilleuse*, que près de Dieppe, on voit un ancien oppidum qu'on appelle : la cité de Limes, où le camp de César. La crédulité locale dit : que les fées se montrent, dans cet endroit, offrant aux imprudents les objets les plus tentants. Mais, malheur à celui qui se laisse aller à la convoitise, car au moment où il étend la main pour saisir quelque chose, il est précipité du haut de la falaise.

Dans les Ardennes, ce sont des pigeons, une poule avec ses poussins ou des génisses blanches, qu'on croit pouvoir atteindre avec la main, mais qui s'échappent en vous disant des sottises (*Meyrac*, p. 192), ou bien vous conduisent vers un précipice, sans qu'on s'en aperçoive (*Meyrac*, p. 202) ou bien, encore, sautent de colline en colline comme de gigantesques sauterelles (*Meyrac*, p. 42). Dans les environs du château de Liart, c'est une fileuse nocturne qui poursuit les passants (*Meyrac*, p. 196) ; ailleurs, ce sont des sorciers qui font leur sabbat, et qu'on ne rencontre pas sans danger), (*Meyrac*, p. 204).

Dans les Vosges, en Alsace, en Lorraine, on rencontre les mêmes variétés d'esprits des champs, aux intentions malfaisantes.

Dans l'ancien comté de Vaudemont, en Lorraine, on parle d'un esprit des champs qu'on appelle *Culâ*. Il se plaît à égarer les voyageurs, les conduit près des rivières ou des mares, pour les embourber, et même les noyer, lorsqu'il le peut. Souvent, *Culâ* trompe ses victimes en les appelant, ou bien en leur répondant comme une voix amie, quand ils demandent de l'aide ; et il se sert de leur illusion pour mieux les égarer. Lorsque les torrents sont débordés, *Culâ* se montre sous la forme d'un bouc, d'un mulet ou d'un cheval paissant très débonnairement dans le voisinage. Malheur à l'imprudent qui essaie de lui monter sur le dos pour traverser le cours d'eau, car, arrivé au beau milieu, *Culâ* le jette bas, et s'en va en ricanant, pendant que le pauvre diable patauge ou même se noie. (RICHARD. *Tradit. Lorr.*)

Dans plusieurs pays, on parle d'un esprit des champs qu'on appelle *forte épaule ;* et qui vient, sans qu'on le voie tout d'abord, heurter brutalement les pauvres diables qui sortent pendant la nuit. D'autres fois, c'est, comme par exemple, auprès du manoir Fauvel, un monument mégalythique, auprès duquel on trouve un animal fantastique, chat, bœuf, mouton, etc., etc., qui saute en croupe derrière les cavaliers, ou sur les épaules des piétons, pour les faire courir toute la nuit à travers champs, au grand risque de tomber dans une fondrière. A Etten, dans la Prusse Rhénane, on parle d'un écureuil fantastique qui joue des mauvais tours aux bêtes et aux gens, les égare, embourbe les charriots, casse les essieux, etc., etc. Dans cent endroits de l'Allemagne, il y a des esprits qui sautent sur les épaules et se font porter.

Un paysan saxon attardé au pied de la montagne le Schlossberg, fut obligé d'en faire l'ascension avec un esprit sur le dos ; il en fut tellement fatigué qu'il en mourut.

Le garçon de ferme du Roc'h-Troel. — Ce garçon de ferme était mal vu par les lutins de l'endroit. Or, un soir qu'il revenait avec sa charrette chargée pesamment de goemon vert, ces lutins se mirent à danser devant lui, de manière à lui faire perdre son sang-froid; de sorte que les chevaux mal conduits s'arrêtèrent, le poids de la charrette les entraîna et tout l'attelage fut précipité au bas de la falaise (*R. d. t.* 1886. p. 145).

Il est très dangereux aux humains de se laisser aller à danser avec les esprits des champs, nous l'avons vu dans les aventures du paysan de La Garde, de celui de La Ciotat, des matagots, de la bastide des Quatre-Chemins du Plan de La Garde. Nous en retrouvons mille exemples dans d'autres pays. Dans les environs de Montbeliard, on raconte que des jeunes gens revenant de la foire, un peu gris, avaient été rencontrés par des dames vertes, qui leur avaient joué mille tours facétieux, en leur faisant danser le rondeau avec elles jusqu'à ce qu'ils fussent épuisés de fatigue.

En Normandie, on croit que le téméraire qui se laisserait aller à danser avec les fées qu'il rencontre, serait entraîné par elles, et forcé de les imiter jusqu'à en perdre la vie ; ou bien, serait jeté en l'air, au risque d'être tué, s'il voulait se reposer.

La même pensée se retrouve en Bretagne, l'aventure du joueur de biniou de Ploujean, dans le Morbihan, en est une preuve.

Le joueur de biniou de Ploujean. — Un soir de la

fête de l'Armor, une bande de paysans et de paysannes revenait joyeusement au village de Ploujean, d'où ils étaient partis le matin. Arrivés au carrefour de l'*Avertissement*, où s'élevait une croix moussue de granit, les femmes cessèrent leurs chants joyeux et dirent, toutes, d'un commun accord : prenons le sentier qui passe près de la mer, au lieu de prendre au travers de la lande, où nous rencontrerions des korrigans.

Lao, le joueur de biniou qui avait, comme d'habitude, bu à outrance tout le jour, répartit : « Je me moque des korrigans, au lieu de suivre le chemin le plus long, je couperai au plus court, et ma foi, si je rencontre des korrigans, eh ! bien je les ferai danser. » Le voilà parti seul, en jouant de son instrument, et bientôt, il fit la funeste rencontre des korrigans, qui lui dirent ; « Tu as promis de nous faire danser, exécute ta promesse. »

Lao se mit à entonner un air de danse, pendant que les korrigans se gaudissaient, mais il arriva un moment où la fatigue le gagna. « Continue à jouer sans t'arrêter » lui crièrent les korrigans, et le malheureux fut obligé de continuer. Ils le forcèrent à jouer, tant et si fort, qu'il finit par tomber épuisé, et qu'on le trouva mort le lendemain matin.

Rhys et Leowelyn. Deux garçons de ferme du nom de Rhys et de Leowelyn revenant un soir de l'ouvrage dans le pays de Galles, entendirent dans une petite plaine une musique de danse. Rhys se laissa tenter malgré les remontrances de son camarade et se détourna de son chemin. Le lendemain matin on n'avait pas des nouvelles de lui ; on crut que Leowelyn l'avait tué et celui-ci fut mis en prison. Mais sur le récit qu'il fit de l'aventure de la veille, le juge consentit à aller dans la petite plaine, où la musique avait été entendue, à la tombée de la nuit. Arrivés à cet endroit, Leowelyn entendit encore la musique ; et comme le juge ne l'entendait pas il le pria de mettre son pied sur le sien. Aussitôt ils virent les petits êtres, grands comme des enfants de trois ou quatre ans, qui faisaient le rondeau au son de la musique. Rhys était avec eux, quand le danseur passa à portée de Leowelyn, celui-ci le tira par la blouse et l'obligea à revenir à la ferme. Rhys croyait n'avoir dansé que pendant cinq minutes, alors qu'il s'était écoulé plus de vingt-quatres heures. Dès le lendemain Rhys devint mélancolique, maigrit, dépérit et finit par mourir. Le lendemain de sa mort, le gazon sur lequel avait dansé les fairies était teint de sang, et on voyait l'empreinte de talons gros comme l'ongle du pouce (BRUYERE, p. 202.)

Cette donnée se rencontre encore, parfois avec sa modification transitionnelle ; car je ne saurais trop le répéter : on se heurte à chaque pas dans ces histoires d'esprits des champs, à des variantes qui nous éloignent de l'idée primitive, au point de vous égarer complètement, à tout instant.

En Ecosse, on donne le nom de Daoine-Ghi (gens de paix) à des esprits qui se complaisent à donner de fausses indications aux voyageurs. Dans cette contrée, comme d'ailleurs dans toutes les îles Britanniques, il y a des esprits qui font du mal à ceux qu'ils rencontrent. C'est ainsi, par exemple, que dans l'île de Man, on

raconte (*Brueyre*, p. 205), qu'une petite fille ayant été
envoyée par ses parents, pendant la nuit, au village
voisin, pour acheter du tabac, fut rencontrée par des
fairies qui voulurent l'enlever ; et, comme parmi ces
fairies il y en avait qui opinaient pour la laisser tranquille, il s'en suivit une dispute, pendant laquelle ce fut
la petite fille qui reçut les horions, et fut fouettée
jusqu'au sang.

Glanville (*salducinus triomphatus edimbtg.* 1700,
p. 131, cité par WALTER SCOTT), raconte que le som-
melier d'un gentilhomme, qui allait acheter des cartes
pour son maître, vit dans un champ pendant la nuit,
des tables dressées et des individus qui y faisaient
bonne chère. Ces individus l'invitèrent à boire, mais
heureusement une voix amie lui murmura à l'oreille,
« Refusez ». Ce qu'il se hâta de faire. Aussitôt la table
disparut et ces individus se mirent à danser, l'invitant
à se joindre à eux. Il refusa de nouveau ; et cette fois, il
fut enlevé dans les airs, et rejeté lourdement sur le sol
par ces êtres malfaisants.

En Norwège, et notamment dans les environs de
Bergen, on parle d'esprits des champs, qui sont quelques rares fois bons, mais le plus souvent mauvais.
Ces esprits sont de petits nains. Un paysan les guetta
une nuit, parvint à dérober un soulier à l'un d'eux,
qui, pour rentrer en possession de sa chaussure, lui promit de satisfaire ses désirs. Le paysan demanda de
trouver une pièce d'or dans chaque sillon de sa charrue ;
il fut exaucé, mais l'appât du gain le poussa à travailler
tellement, qu'il finit par mourir à la peine.

Le fond de l'idée de l'action nuisible des esprits des champs se traduit de mille manières dans les innombrables aventures qu'on raconte çà et là sur leur compte. Dans la contrée de Limérick, en Irlande, on dit, pour montrer leur méchanceté : que des esprits habitaient un gouffre voisin, et qu'un jour, un jeune incrédule s'étant amusé à jeter une pierre dans ce gouffre, cette pierre remonta et le blessa cruellement à la tête, ce qui prouve bien qu'il ne faut rien attendre de bon de leur part.

Bridel (*conserv. Suisse.* t., IV, p. 264), parle d'un esprit de la montagne qui, dans le canton de Vaud, fait naître les orages ou les dissippe à son gré ; il fait souvent, aussi, du mal aux individus qui passent à sa portée.

Sur la montagne de la Furca, au glacier du Rhône, on voit, de temps en temps, des places où la neige est rouge. La crédulité publique dit : que ce sont des traces des âmes des muletiers infidèles qui ont bu du vin pendant leur voyage entre l'Italie et la Suisse. (Wyss, t. II, p. 16) et qui ont été condamnés à rester là jusqu'à la fin des siècles, sous forme d'esprits malfaisants.

Dans le glacier du Rhône, on entend des bruits, pendant la nuit, on dit : que ce sont les âmes des prodigues et des dissippés condamnés à travailler sous terre (Wyss, t. II, p. 17) et qui égarent les voyageurs qui se fient à leurs indications.

Dans tout l'Oberland, on rencontre des grottes appelées *Zivergleiülocher* (cavernes des nains) ou Heideulocher (cavernes des païens), la crédulité publique attribue aux habitants de ces grottes des sentiments de malveillance vis-à-vis des humains.

Dans les Flandres, on croit beaucoup aux esprits des champs qu'on confond avec les fantômes ; ils sont méchants, on les appelle *Kluden osschaert*, etc., etc., ils traînent des chaînes, ou bien se font porter par les voyageurs attardés, et les font errer dans les champs jusqu'à ce qu'ils soient parvenus à les jeter dans une mare (*R. d. t.* 1887, p. 156).

En Danemarck, on croit que les feux follets sont des âmes méchantes qui s'amusent à égarer les voyageurs. Malheur à celui qui les regarde où les montre du doigt. Dans ce cas, les esprits des champs sont quelque peu démoniaques, en même temps qu'ils ont des relations de parenté avec les fantômes et les revenants de mauvais augure.

En Danemarck, on parle de l'aventure d'un jeune homme, qui s'égare pendant la nuit et qui rencontre des elfes qui dansent dans une prairie. Une de ces créatures veut le faire danser, mais lui, plein de terreur s'y refuse s'échappe et rentre chez lui en courant, mais tombe mort en arrivant.

La croyance qui nous occupe ici touchant les esprits des champs se rencontre, ai-je eu l'occasion de le dire déjà, dans une infinité de contrées. En Russie il y a des *léchies* qui ont la propriété de se rappetisser ou de s'aggrandir à volonté, suivant qu'ils passent dans les prairies ou dans les bois. Ils attirent les voyageurs par des chants, des paroles engageantes, etc., etc., puis l'égarent dans les bois et enfin, le font mourir en le chatouillant.

Les arabes de la grande péninsule qui sépare la mer

rouge du golfe persique, croient aux *Gaïlans* qui tuent les hommes et les animaux qu'ils rencontrent dans la nuit. Les Hindous, redoutent les *Azoors* qui égarent les voyageurs pour les faire tomber dans les fondrières et les précipices. En Afrique, les mêmes crédulités se rencontrent dans tous les pays depuis Alger jusqu'au Cap ; depuis Tanger jusqu'à Zanzibar. Enfin, dans le Nouveau-Monde, les mêmes crédulités se rencontrent aussi car au Brésil, les *Agnans* s'amusent à égarer et tourmenter les pauvres diables qui tombent sous leur coup.

A Tahiti dans l'Océan Pacifique, aux îles Gilbert (Micronesie) dans le Pacifique, les naturels craignent de rencontrer pendant la nuit des esprits malfaisants, qui tiennent du démon, des fantômes, de l'esprit des champs, et de l'esprit des airs.

Dans la revue des traditions (1889, p. 288) M. Hercoet raconte l'aventure d'un pasteur protestant de Tahiti, qui fut obligé de lutter avec un esprit des champs, une nuit qu'il traversait leur endroit écarté ; et qui ne fut débarrassé de lui, qu'au point du jour.

VI

Quatrième Catégorie. — Esprits des champs qui sont utiles aux bons et nuisibles aux méchants.

J'ai dit précédemment : que le fond de malveillance attribué par la superstition à l'esprit des champs, a été exploitée quelquefois pour maintenir les crédules dans les pratiques de la morale ou de la religion. Les intempérants, les impies, les gens de mauvais caractère, même, seulement, ont eu à souffrir de cette malveillance ; tandis que par une extension logique de l'idée, ces esprits étaient regardés comme capables de récompenser les sages, ceux qui accomplissaient leurs devoirs ; enfin ceux qui ne se fâchaient pas des innocentes plaisanteries dont ils étaient l'objet.

Nous avons vu, précédemment, l'aventure des deux bossus d'Hyères, dans la quelle, ces esprits furent aimables vis-à-vis de celui qui avait été de bonne composition, tandis qu'ils nuisirent à celui qui leur avait répondu sans amabilité. Cette aventure se rencontre dans d'autres pays, en Bretagne, dans les Ardennes, en Allemagne, dans les îles Britanniques. Je dois, même, avouer : que dans ces contrées, elle est plus étudiée et plus mouvementée qu'en Provence, ce qui porte à penser qu'elle a été apportée chez nous ; où la donnée fondamentale, seule, est restée, dépouillée de tous les enjolivements secondaires qu'on lui trouve, soit en Bretagne soit en Allemagne. Le lecteur va pouvoir en juger d'ailleurs.

Les bossus de Plaudren, en Bretagne. — Dans le pays de Plaudren près l'Armor il y avait un bossu, qui était pauvre, mais parfait brave homme ; il cherchait par tous les moyens honnêtes à gagner sa vie, il n'avait jamais fait tort à personne d'un liard ; et il était toujours, malgré sa misère, d'excellente humeur, prêt à rendre service à chacun ; surtout ne se fâchant jamais quand on le plaisantait sur son infirmité.

Une nuit, Bénéad, car s'était son nom, passait d'aventure dans la lande de Loqueltas lorsqu'il fut rencontré par les Kourils, qui vinrent sauter autour de lui et lui dirent : qu'il fallait qu'il dansât avec eux. Le brave homme, sans se fâcher, leur dit : Vous voyez bien, mes amis, qu'un pauvre infirme comme moi ne peut guère danser ; d'autant que je suis très ennuyé par ailleurs. Laissez-moi m'en aller, je vous en prie. Les Kourils insistèrent, Bénéad continua à les prier honnêtement de le laisser aller ; enfin il fut convenu : que le rondeau s'arrêterait dès que le danseur serait fatigué. Voilà donc qu'on se met à danser, et la bande des Kourils entonne le refrain suivant : Lundi, mardi mercredi. Elle n'en savait pas plus long, de sorte qu'elle répétait toujours ces trois mots. Or, à un moment donné, Bénéad leur dit : Mais, mes amis nous pourrions en dire d'avantage. Ecoutez. — Et il ajouta : jeudi, vendredi, samedi. Charmant ! charmant ! s'écrièrent les Kourils enchantés de la poésie. Les Kourils transportés de joie, et cessant de danser dirent à Bénéad : Voyons, nous voulons te récompenser, que désires-tu ? Richesse ou beauté ? — Ma foi, répondit Bénéad, ce que je désire, il n'est probablement pas en votre pouvoir de me l'accorder, de sorte qu'il vaut mieux que je me taise. — Non, parle, lui dirent en chœur les Kourils désireux de lui faire plaisir.

Eh bien ! ajouta Bénéad, la richesse ne m'a jamais tenté, je voudrais seulement être débarrassé de ma bosse.

A peine avait-il parlé, que les Kourils le saisissent, le font passer de mains en mains, le font sauter, se l'en-

voyant de l'un à l'autre, comme une balle, et, lorsque
Bénéad retomba sur ses pieds, sa bosse avait parfaitement disparu ; il était droit comme un i ; et n'avait, ma
foi, pas mauvaise tournure. Bénéad pris congé d'eux
en les remerciant, et le lendemain, tout le bourg fut
émerveillé de voir l'ex-bossu devenu un fort gentil
garçon, bien découplé, et de tournure avenante. Or, il
faut savoir que Bénéad avait été obligé d'emprunter
trois écus à un nommé Balibousik, qui était louche,
et avait les cheveux rouges, les yeux chassieux et
les jambes cagneuses. Balibousik, jaloux de voir son
débiteur si embelli, vint aussitôt le trouver, et lui réclama son argent sans retard.

Bénéad, tout beau qu'il fut devenu, n'avait pas le sou,
il pria son créancier d'attendre encore un peu. Celui-
ci ne voulait pas, d'abord, entendre raison ; bref lui
dit : qu'il le tiendrait quitte, s'il voulait lui dire par
quel secret il avait si bien transformé sa personne.
Bénéad lui raconta son aventure, sans rien lui cacher, et
lui laissa entrevoir : que si, au lieu de demander l'enlè-
vement de sa bosse, il avait voulu de l'argent, il en
aurait obtenu à satiété.

Voilà donc que la nuit venue, Balibousik s'en va vers
la lande ; il trouva sans tarder les Kourils, qui l'entourent en chantant le refrain complet des jours de la
semaine.

Balibousik leur dit : « Mais, tas de niais que vous
êtes, achevez donc le refrain » et il leur dit en se
moquant d'eux : « Et puis le dimanche aussi. » Sans
plus tarder il ajouta : « Et maintenant payez-moi, de

suite, car je ne suis pas d'humeur à faire la promenade actuelle, sans en tirer profit. Récompensez-moi, comme vous avez récompensé Bénéad.

— Voyons, dit le chef des Kourils, nous avons offert à Bénéad : richesse ou beauté, que désires-tu à ton tour ?

Balibousik reparti : donnez-moi ce qu'a laissé Bénéad. A peine avait-il dit cela, que les Kourils le saisirent, se le passent de main en main comme une balle ; et lorsqu'il retomba sur ses pieds, il avait entre les deux épaules la bosse de Bénéad, ce qui était loin de l'embellir, étant donnés déjà ses cheveux rouges, ses yeux chassieux et ses jambes torses (Emile SOUVESTRE. — *Le Pays breton*).

La Villemarqué dans son *Bargz, Bresz* ; et Du Laurens dans ses *Veillées de Larmor*, rapportent une aventure semblable

Le Bossu de Knochgraf. n en Irlande. — Dans la vallée d'Aherlow, un pauvre bossu du nom de Lurmore, passait, un soir, sur le bord d'une prairie lorsqu'il vit, au clair de la lune, des lutins qui dansaient en chantant : Lundi, mardi, lundi, mardi, etc., etc. Trouvant que la chanson était monotone, Lurmore se mit à ajouter sur le même ton : « Et mercredi ». Les fairies, entendant cela, furent transportées de joie, se précipitèrent vers lui, le remercièrent de leur avoir suggéré cet agréable complément ; et pour le récompenser firent disparaître sa bosse, puis le revêtirent d'habits neufs.

La nouvelle de cet évènement se répandit bien vite, et une vieille femme, dont le fils : Jack, était bossu, vint

demander à Lurmore le secret de sa transformation.
Celui-ci le lui confia sans hésitation. La vieille se
hâta de porter Jack à l'endroit voulu, et l'y laissa seul,
en lui conseillant de faire comme Lurmore. En effet,
bientôt, celui-ci entend les chants : Lundi, mardi, mercredi et se met à crier sur un ton discordant et de
mauvaise humeur : « Jeudi et vendredi ». Mais voilà
que les lutins se mirent en colère d'avoir été troublés,
ainsi, dans leur amusement; aussi au lieu de lui enlever
sa bosse, ils lui mirent celle de Lurmore par devant.
(BRUYERE, p. 206.) Le conte des deux bossus se retrouve dans l'Ariège. M. Martial Lévi l'a inséré dans
la *Revue des Traditions* de 1893, p. 549. Il ne serait
pas difficile, j'en suis persuadé, de le trouver dans un
grand nombre de contrées très diverses. A Hautfays,
dans le Luxembourg belge, on retrouve, aussi, cette
aventure des deux bossus.

On raconte maintes histoires touchant les esprits des
champs, à Guernesey. Ils ont apparu à des laboureurs
et les ont très grassement récompensés pour quelques
services qui leur étaient rendus ; au contraire ils leur
ont joué de mauvais tours, lorsqu'ils n'avaient pas été
aimables ou respectueux à leur égard.

Les présents des gnomes. — Les frères Grimm racontent l'aventure suivante : Un tailleur, honnête et
bien fait, et un forgeron cupide et bossu, voyageaient
ensemble pendant la nuit, lorsqu'ils entendent une musique. Ils voient bientôt une foule de nains qui dansaient
en rond, dans une prairie. Un petit vieillard, qui paraissait être leur chef, engagea les voyageurs à entrer

dans le cercle des danseurs. Ils se laissèrent aller à accepter son invitation ; les nains redoublèrent le pas de leur danse, et pendant ce temps le vieillard sortit un grand couteau qu'il se mit à affiler. Lorsque la danse fut terminée, voilà que les nains s'emparent des deux téméraires. Avec son grand couteau le petit vieillard se met gravement à les raser et à leur couper les cheveux ; les deux voyageurs avaient bien peur, mais ils n'osèrent rien dire. Lorsque l'opération fut finie, le vieillard leur dit : Pour vous récompenser de n'avoir pas été récalcitrants, je vais vous faire un cadeau. Remplissez votre poche à ce tas de charbon, et continuez votre route. A peine les deux ouvriers avaient-ils obéi, que minuit sonna, et que les nains disparurent tout à coup. Nos hommes continuèrent leur route. Ils allèrent se coucher dans la grange d'une auberge voisine. En s'éveillant, le matin, ils sentent leurs poches pesantes, et constatent avec joie que le charbon s'est changé en or. Le forgeron, qui en avait pris plus que le tailleur, était plus riche du double. Mais, comme il était cupide au fond, au lieu de se contenter de son lot, il voulut accroître ses richesses. Aussi, tandis que son compagnon s'en retournait tranquillement chez lui, pour se marier et jouir modestement de son petit pécule, si heureusement gagné, le forgeron attendit la nuit, se munit de deux grands sacs, et retourna à l'endroit où ils avaient vu les gnomes, la nuit précédente. Il les retrouva à la même place, subit la même opération, remplit non seulement ses poches, mais aussi ses deux sacs de charbon, et s'en revint à la grange.

Mais le lendemain matin, il constata, avec désespoir, que le charbon ne s'était pas changé en or ; bien plus, que l'or de la veille était redevenu charbon. Le rasoir du nain l'avait rendu chauve, et à sa bosse du dos s'en était joint une autre sur la poitrine. Il comprit, mais un peu tard, qu'il avait eu tort d'être trop cupide, et fut encore bien heureux, que le tailleur compatissant voulût bien lui donner un peu d'argent, sur la fortune de bon aloi qu'il possédait.

Voici une autre variante de la donnée fondamentale de cette catégorie. Une vieille femme de Devonshire avait dans son jardin une corbeille de tulipes où les fairies déposaient leurs petits, dans la nuit, pendant qu'elles allaient danser dans la prairie. On ne les voyait pas, mais on les entendait très bien, et la bonne vieille n'aurait, pour rien au monde, permis qu'on coupât une de ces tulipes. Quand elle mourut, ses héritiers firent arracher les fleurs, et les remplacèrent par du persil. Mais, de trois ans, la place resta stérile ; et, au contraire, la tombe de la vieille femme fut merveilleusement ornée de fleurs, et entretenue avec un soin admirable, sans que jamais personne parut y toucher (BRUEYRE, p. 221).

La pensée dominante de cette variété des manifestations de l'esprit des champs, n'est pas toujours aussi complète que ce que nous venons de voir, elle est, souvent même, assez incomplète, pour qu'on puisse n'en saisir que vaguement la portée : C'est ainsi, par exemple : que dans le département du Tarn, il y a des fassilières, ou fossillières, qui sont bonnes ou mauvaises suivant que les individus, avec lesquels elles se trouvent en relations, se conduisent bien ou non.

La donnée qui nous occupe dans cette catégorie d'esprits de la terre, a été mise, comme je l'ai dit déjà, au service de la morale et de la religion : Les aventures de l'âne masqué, de la bête de la Toussaint, que j'ai rapportées précédemment en sont la preuve. Nous retrouvons des contes analogues dans un grand nombre de pays.

Tout d'abord, nous devons parler de l'aventure de deux paysans de Loqueltas, qui rencontrèrent des kourils, sans avoir rien à craindre d'eux.

Les Kourils de Loqueltas. — Un soir, un paysan du bourg de Loqueltas, près L'Armor, revenait, avec sa femme, de travailler la terre. C'était un honnête ménage, sobre, craignant Dieu, et gagnant sa vie par le travail seulement. Ces braves gens, qui s'étaient attardés à leur labeur, s'aventurent à travers la lande, espérant qu'il serait encore dame bonne heure pour ne pas faire de mauvaise rencontre. Une fois arrivés au milieu de cette lande, les voilà entourés par une bande de kourils, qui viennent pour les faire danser jusqu'à la mort. Mais, les kourils s'aperçoivent, bientôt, qu'ils ont affaire à un ménage honnête, d'autant que le mari portait avec lui la petite fourche, destinée à nettoyer sa charrue. Aussi, d'un commun accord, ils se mettent à chanter :

> Laissons-le, laissons-là,
> Fourche de charrue il a ;
> Laissons-là, laissons-le
> La fourchette est avec eux ;

Et, ils disparurent comme une volée de moineaux; de sorte que l'honnête couple put arriver sans encombre à sa maison; non sans avoir eu grand peur, et sans se promettre de ne plus traverser la lande, désormais, après le coucher du soleil.

La donnée de l'aventure a, parfois, pour canevas des incorrections amoureuses. C'est ainsi : que dans le village de Veyriac en Franche-Comté, les jeunes filles redoutent, pour leurs amoureux, la rencontre des dames vertes qui les entraînent dans les bois et les tuent, ou bien les font tomber dans la débauche. A Nancuise, près d'Arinthod, on montrait un buisson où se voyait, la nuit, une de ces dames vertes, capable de jouer de vilains tours aux imprudents. Un paysan du Jura racontait à D. Monnier (*loc. cit.* p. 232): que pour avoir voulu être aimable vis-à-vis d'une dame verte, il avait été saisi par elle, et promené toute la nuit sur le bord d'un précipice.

Cette idée se rencontre dans une infinité de pays : en Angleterre, par exemple, on raconte en cent endroits : l'aventure de jeunes gens, qui, croyant rencontrer leurs amoureuses, le soir, furent le jouet de ces esprits, qui se faisant poursuivre par eux, en ayant l'air de les fuir, par espièglerie, furent entraînés vers une tourbière, où ils faillirent se noyer. (BRUEYRE, p. 233.)

Il est un détail de cette catégorie de légendes, touchant de l'esprit de la terre, qui doit m'arrêter un instant, car elle est curieuse à retenir. C'est celle de la jolie fille qui se présente au voyageur, et dont les traits charmants s'altèrent, au point de devenir horribles, à mesure que l'imprudent se laisse aller à ses agaceries.

Dans les environs de Dôle, dans le Jura, c'est l'esprit du flestre qui, à ses moments perdus, s'amuse à contrefaire le cri de divers animaux, et arrête ou égare les voyageurs; qui se complaît à se montrer sour la forme d'une femme, afin de faire des agaceries aux jeunes gens. On raconte : qu'un garçon des environs passant près d'une fontaine isolée, crut reconnaître sa fiancée, assise sur la pelouse, et pleurant, sa figure cachée dans son tablier ; il s'approche, la prend par le bras, lui parle affectueusement, mais voilà que la tête de la jeune fille tombe par terre, en faisant d'effroyables grimaces. Aussitôt, une dizaine d'hommes aux allures sinistres, arrivèrent s'emparèrent du malheureux, et se l'envoyèrent, de main en main, jusqu'à ce qu'ils le laissassent tomber dans un four, où il passa le restant de la nuit. (D. MONNIER). Monnier ajoute : que le héros de l'aventure était un peu gris ce soir-là.

Walter Scott (*Demon.* p. 114) raconte, au sujet de Thomas le rimeur, une longue aventure très complexe, qui débute par l'apparition d'une femme merveilleusement belle, se transformant en une horrible mégère. Par ailleurs, le *Glas-lich* d'Ecosse, me paraît, aussi, appartenir à cette catégorie, car il commence par avoir l'apparence d'une jolie fille, et finit par pendre aux sapins du voisinage, celui qui a eu l'imprudence de lui dire des choses aimables.

Il est à remarquer que dans tout l'Orient, on croit à des esprits femelles, qui entraînent les imprudents dans les endroits écartés, sous prétexte d'amour, et les font mourir, en punition de leur crédulité vicieuse. Les bedouins de Syrie et d'Arabie, ont grand peur de ces esprits (D. Monnier. p. 266).

Cette même croyance se retrouve en Algérie, où, pendant mon enfance, j'ai entendu raconter le fait suivant, par un individu qui croyait fermement en avoir été la victime : Un jeune ouvrier forgeron, de Cherchell, menait une existence déréglée, et se livrait à la boisson quoiqu'il fut mahométan. Son patron, qui était un dévot musulman, avait souvent essayé de le ramener dans la bonne voie, mais ses efforts avaient été inutiles. Un jour, ce patron ayant besoin d'aller dans la montagne, pour acheter du charbon, prévint son ouvrier : qu'ils partiraient ensemble le lendemain matin, de très bonne heure. Au lieu d'aller tranquillement se coucher, aussitôt après son dîner, puisqu'il devait se lever avant le jour, Hamed alla faire une station dans l'arrière-boutique d'un maltais, qui vendait des épices dans un magasin, ouvert ostensiblement sur la rue, et de l'eau-de-vie, dans un bouge dissimulé derrière des sacs de marchandises.

Il rentra fort avant dans la soirée dans sa chambre, ayant bu copieusement, et se mit à dormir. A un moment donné, il entendit la voix de son patron qui l'appelait, il se leva incontinent, pensant que le moment du départ était arrivé. Ne voyant personne à sa porte, il crut que le patron, fatigué d'attendre, était rentré chez lui ; aussi, s'en alla-t-il de ce pas, sans perdre une minute, chez ce patron qui dormait encore ; et qui lui dit : Rentre donc chez toi, il n'est pas encore minuit, nous avons encore plusieurs heures à dormir, avant le moment du départ.

Hamed suivit le conseil de son patron, et il rentrait chez lui, ayant les idées quelque peu obscurcies par l'ivresse, quand il rencontra un chat noir qui vint se frotter contre ses jambes : « Va-t'en chat de malheur, laisse-moi passer tranquillement, je suis un croyant honnête, aimant Dieu et détestant le Diable » dit Hamed, sans s'arrêter à caresser la bête. Le chat disparut aussitôt, sans qu'on sût où il était allé.

Un instant après, ce fut une chèvre, qui vint familièrement se frotter contre notre jeune intempérant; mais il la renvoya, encore, d'une voix brève, en affirmant énergiquement son respect pour la divinité ; la chèvre disparut, instantanément, comme le chat.

Hamed était arrivé à un endroit où le chemin présentait une bifurcation, à un véritable *trivium*, pour nous servir du terme consacré par la langue latine, lorsqu'il vit, accoudée à un débris de colonne antique qui formait l'angle du mur, une charmante jeune fille, qui souriait en le regardant. Cette fois, il n'eût pas l'idée de chasser l'apparition par une formule de piété ; au contraire, il s'approcha d'elle pour lui conter fleurette.

Aux premiers mots qu'il lui dit, la jeune fille se mit à rire, et il put voir, à loisir, au clair de lune, des traits charmants, des dents admirablement jolies, des yeux provoquants, un corps gracieux, tout l'appareil, en un mot, de la séduction féminine. Enflammé de désirs, il se met à lui parler d'amour ; il devient de plus en plus pressant. La jeune fille riait toujours, et Hamed renchérissait sur ses déclarations passionnées, quand il constate, avec quelque étonnement, qu'à mesure que la jeune

fille riait plus fort, son aspect se modifiait : Ses yeux
s'éclairaient d'une manière étrange, ses dents s'allon-
geaient comme des crocs de hyène, ses traits se plis-
saient comme ceux d'une laide mégère ; et bientôt il se
trouvait en présence d'une horrible vieille qui devenait
à son tour provocante de luxure.

Hamed, effrayé, se met à courir pour s'éloigner de son
interlocutrice, mais celle-ci, lui court après, il redouble
de vitesse, elle court plus vite encore, enfin haletant et
plus mort que vif, il entre dans la cour de sa maison.
Dans cette course effrénée, il comprit qu'il n'aurait pas
le temps d'ouvrir la porte de sa chambre, sans être
rejoint par la sorcière ; et, se souvenant qu'il avait laissé
sa fenêtre ouverte, il eût l'idée de passer par là. Il se
précipita donc vers cette ouverture, et s'y jeta à corps
perdu, mais la mégère le suivait de si près, qu'elle eût
le temps de lui envoyer un vigoureux coup de dent au
mollet. Elle l'aurait assurément dévoré tout entier, si le
chien d'Hamed, qui dormait au pied du lit de son maître,
ayant été réveillé en sursaut par le bruit, ne s'était jeté
sur elle, et ne l'avait mise en fuite.

Hamed qui nous racontait cette aventure surpre-
nante, nous montrait une cicatrice très étendue, comme
preuve de la réalité de ce qu'il nous disait ; et il ajoutait :
que le danger couru l'avait tellement impressionné,
qu'il s'était rangé, dès ce moment ; changeant sa
vie de débauches et d'intempérance, pour l'existence
d'un dévot musulman. Celui qui lui aurait dit que toute
cette affaire n'avait été qu'un drame de l'alcoolisme,
chez un homme superstitieux ; et que le chien, qu'il

croyait, avoir mis la sorcière en fuite, pouvait bien lui avoir déchiré le mollet, lorsqu'il fut réveillé en sursaut par sa tentative d'introduction dans sa chambre, à travers la fenêtre, n'aurait fait qu'exciter ses dénégations irritées.

La Djinoun Métidja. — A l'endroit où s'élève aujourd'hui le village de Sainte-Amélie, en Algérie, il y avait, jadis, un génie femelle qui attirait les voyageurs attardés. Elle était merveilleusement belle, habitait un palais magnifique. Elle comblait le voyageur de toutes ses faveurs ; mais le lendemain matin, quand il se réveillait, il se trouvait couché dans la prairie, moulu de fatigue, et chargé de riches présents. (*Alg. tradit.* t. I, p. 85).

En Algérie, il y a, aussi, des esprits des champs qui sautent sur le dos d'un voyageur attardé, et se font porter péniblement, pendant toute la nuit.

Ajoutons pour en finir avec ces démons femelles que les kalmouks redoutent les Schoummes ; et. les indiens craignent la rencontre des génies femelles, qui agissent vis-à-vis des imprudents libidineux absolument de la même manière.

Le coq esprit. — Désiré Monnier, dans son très curieux livre (p. 671), raconte : qu'un bûcheron, de Chaumercenne, aux environs de Permes et de l'abbaye d'Arcey, aperçut un soir, aux dernières lueurs du jour, un superbe coq qu'il tacha de saisir avec ses mains ; mais ne pouvant y parvenir, il lui envoie un coup de hâche sans plus de succès. Il s'échauffa, à ce jeu, toute la nuit, sans pouvoir atteindre ce coq, qui se moquait manifestement de lui, et qui disparut au lever du soleil, laissant le malheureux exténué, avec sa hâche ébréchée dans les mains.

Le lecteur a été certainement frappé, déjà, des analogies qu'il y a entre ce coq esprit et les aventures du lapin des environs de Gréolières, et de la grive des environs de Solliès-Toucas, dont j'ai parlé précédemment. J'ajouterai : qu'à Augerans, dans le Jura, on parlait, dans les siècles précédents, et jusqu'au milieu de celui-ci, d'un lièvre qui semblait provoquer les chasseurs attardés, et que personne ne put jamais tuer. Lorsqu'un imprudent se mettait à sa poursuite, il était conduit de haie en haie jusqu'à la forêt; heureusement, la peur le faisait rétrograder à temps.

Dans l'Herzegovine, on rencontre la donnée de l'animal fantastique qu'un chasseur essaie de tirer, le prenant pour un gibier ordinaire, la *Revue des Traditions* (1892, p. 23), raconte le récit d'un paysan qui, ayant cru tirer un lièvre, vit l'animal se changer en fantôme, et fut entouré, aussitôt, par des farfadets sous forme de chiens et de hérissons.

Dans les aventures de la bête de minuit et de l'âne masque de La Ciotat, nous trouvons la trace d'une crédulité qui est célèbre dans un grand nombre de pays.

C'est ainsi, par exemple, que dans la vallée de la Lône, du département du Jura, les individus qui s'attardent sur les chemins, rencontrent le cheval Gauvin, qui apparaît à l'heure de minuit, et de préférence dans les carrefours, ou aux environs des cimetières, comme un cheval paissant doucement, tout sellé et tout bridé sur le bord du chemin. Malheur à l'imprudent qui ne résiste pas au désir de monter sur la bête, car à peine est-il en selle, que le cheval Gauvin part comme un trait, courant sans s'arrêter jusqu'à ce qu'il l'ait jeté dans une mare, un fossé, ou même dans la boue. En Normandie, le cheval Bayard joue exactement le même rôle.

En Bretagne, la même idée du cheval, dont le dos s'allonge merveilleusement, existe aussi. (E. SOUVESTRE. *Le Pays Breton*).

Dans tout le département du Morbihan, on rencontre la croyance au cheval qui paît dans une prairie et surtout près des carrefours. Ce cheval, d'apparence très douce, se laisse monter par les imprudents qui en approchent, mais il se transforme, ou bien se met à courir d'une manière désordonnée vers les falaises ou les cours d'eau, au grand danger de ceux qui sont sur son dos. (*R. d. t.* 1892, p. 69).

Collé transformé en cheval. — Un soir, un paysan de Quiberon s'aperçoit qu'on a oublié de ramener le cheval à l'écurie, il va pour le chercher; et, quoique la nuit fut très noire, il l'aperçoit bientôt. Mais la bête paraît effrayée; il a beaucoup de peine à l'atteindre. Enfin, y étant parvenu, il monte sur elle; aussitôt, elle se met à galoper, et au lieu de se diriger vers l'écurie, elle va du côté de la plage. Le paysan, voyant qu'il allait être jeté à la mer, fait un signe de croix, il se trouve, aussitôt, projeté par terre sur le sable, et le cheval s'arrêtant se mit à lui rire au nez, puis disparut tout à coup. C'était Collé, qui s'était transformé en cheval, pour lui nuire.

En Angleterre, on croit que l'esprit des champs qu'on appelle : Robin bon enfant, se présente aux libertins, qu'ils rencontre la nuit plus ou moins ivres, sous la forme d'un bœuf ou d'un chien, pour leur faire peur. Parfois, aussi, il se transforme en cheval pour les attirer à monter sur son dos ; et s'ils commettent cette imprudence, il les entraîne, au grand galop, jusqu'à ce qu'il les ait jetés par terre, dans les pierres ou les marais.

Cette aventure du cheval que rencontrent des paysans ivres, dans un champ ou sur le bord d'une rivière, voire même sur la plage, et sur lequel ils montent témérairement au risque d'être jetés à terre ou dans l'eau et qui ne doivent leur salut qu'à la prière, qu'ils adressent pendant leur frayeur, se rencontre en Danemark, en Suède, en Norwège : comme en France, en Angleterre et dans toute l'Allemagne. On la rencontre aussi en Irlande, comme nous l'apprend la *Revue des traditions* (1889, p. 405).

A côté du cheval qui s'allonge pour faire monter les imprudents sur son dos, il nous faut citer le cheval à trois pieds.

Dans les montagnes qui avoisinent Besançon, on rencontre ce fameux cheval qui galope par monts et par vaux. Celui qui parviendrait à le brider, obtiendrait, dit-on, toutes les faveurs qu'il désirerait ; il aurait toute la puissance qu'il voudrait.

Je ferai remarquer, encore, que dans la mythologie scandinave, la mort ou Hela, est représentée comme chevauchant sur un cheval qui n'a que trois pieds. La croyance du cheval à trois pieds, de la mort, se rencontrait dans les siècles passés en Normandie, étant sans doute un vestige des superstitions des premiers Normands de l'invasion.

En Danemark, en Suède et en Norwège on parle du Helhest (cheval de Héla), qui se rencontre la nuit, dans les cimetières, il n'a que trois jambes, et annonce la mort de celui qui le voit.

Après le cheval à trois pieds, il faut signaler le cheval sans tête. Dans les environs de Relans, dans le département du Jura, on voyait, jadis, à un carrefour des bois de Commenailles un cheval sans tête, qui s'approchait sans bruit des paysans attardés, et se complaisait à les effrayer, en plaçant, tout à coup, ses deux pattes de devant sur leurs épaules, et en se faisant, ainsi, porter par eux. Parfois, au contraire, il jetait le malheureux sur son dos, et l'emportait, dans une course folle, à travers champs, jusqu'à ce qu'il l'eut jeté par terre, le plus souvent dans une mare ou un fossé. Le cheval sans tête se rencontre aussi à Olisy, dans les Ardennes, occupé à regarder passer les voyageurs attardés (MEYRAC).

J'en finirai avec ces chevaux mutilés, en parlant du fameux cheval, sans arrière train, qui est entré dans les contes populaires sous une forme bouffonne, après avoir été une croyance terrifiante pour les bonnes gens. Dans les environs du fort de Joux, il y a une fontaine intermittente qui jaillit de six en six minutes, et qui était déjà connue du temps des romains. La crédulité publique expliquait cette intermittence en disant: qu'un cheval fantastique, qui parcourt les champs, vient ainsi la tarir pour étancher sa soif, d'autant plus inextinguible, que, comme il est coupé en deux, cette eau s'échappe, à mesure, de son corps. Ce cheval, n'est autre que le fameux dextrier ramené, dit la légende, par le sire de Joux, au retour des croisades ; et qui, malgré qu'il eut été coupé en deux par la herse du château, continua de courir par monts et par vaux, tant c'était une vaillante bête.

En parlant de chevaux, nous arrivons naturellement à l'idée de la chasse, et l'on sait que les esprits de la terre sont souvent représentés sous cette forme. Je n'en parlerai pas plus longuement en ce moment, voulant m'en occuper, quand j'étudierai une autre catégorie d'esprits : La transition entre l'esprit des champs et celui de l'air. Disons, cependant, que dans les Ardennes, il y a une légende qui ressemble étrangement à celle du lièvre de Provence : Un moine aimait tellement la chasse, qu'il s'y livrait, même le dimanche, avant l'office. Un jour, il rencontra un lièvre fantastique qui le fit courir toute la matinée et qui, au coup de midi, lui dit en ricanant : « Et la messe ? » (MEYRAC, p. 378).

VII

Cinquième Catégorie. — Les esprits des mines

Dans une série d'articles de la *Revue des traditions,* et, ensuite, dans un splendide volume, M. P. Sébillot, a étudié d'une manière très complète la catégorie d'esprits de la terre dont nous nous occupons ici. C'est à cette source, donc, que je renvoie le lecteur qui voudrait de plus amples renseignements, touchant les esprits des mines.

J'ai dit plus haut : que je n'avais pas rencontré cette crédulité en Provence ; ce n'est pas très probablement parce qu'elle n'existe pas, mais seulement parce que mes investigations n'ont pu être suffisamment poussées loin. Dans un pays, où les diverses superstitions sont encore si vivaces, il est impossible, je crois, qu'on ne rencontre pas celle-là, dans les mines de houille, de cuivre, de plomb argentifère, d'alun qui y sont exploitées. D'autant, que, comme certaines de ces mines : celles de cuivre et de plomb argentifère, ont été exploitées dans l'antiquité la plus reculée, il est fortement à présumer que les ouvriers du temps jadis, qui, plus encore que ceux de nos jours, croyaient au surnaturel, ont légué à leurs descendants plus d'un récit, dans lequel le merveilleux tient la très grande place, pour expliquer tels et tels phénomènes naturels, ou tel jeu du hasard.

Les manifestations des esprits souterrains qui habitent les mines, ne sont pas toujours les mêmes, dans les divers pays. — C'est ainsi, qu'en certains endroits, ils sont assez bons diables, se contentant de jouer aux mineurs des farces et des tours de plaisanterie plus ou moins grossiers, mais, en somme, peu dangereux. D'autres fois, ils sont, même, serviables et utiles, surtout quand on a pour eux quelque considération et quelque déférence. — Dans quelques circonstances, au contraire, ils sont vindicatifs et rancuniers — quand

on les a mécontentés, leur vengeance est terrible,
même lorsqu'on ne leur a fait qu'un mal ou qu'une
niche de peu d'importance.

Dans certaines circonstances, enfin, ils se rapprochent
des fantômes, des revenants. Ce sont des natures plus
ou moins démoniaques; et même ils ont franchement
parfois les attributs attribués au diable.

Voici quelques exemples de ces diverses variétés :

Le petit mineur ou vieux garçon. — Dans plusieurs
mines de France, on parle encore du « petit mineur »
ou du « vieux garçon », qui n'est autre chose qu'un
esprit se complaisant à faire des niches aux ouvriers.
Quant on a fini l'ouvrage, on l'entend travailler ou
pousser les wagonnets, il fait du bruit, crie : ta-ta-ta. On
dirait qu'il a tout chaviré, disent les ouvriers ; et on ne
voit rien de dérangé. Ces esprits sont assez souvent
bienveillants, préviennent les intéressés des éboulements qui vont se produire, en faisant tomber du gra-
vier ou crier le boisage. On les a, même, entendus faire
des commandements pour parer à un danger pressant,
sans que personne les ait vus, en ce moment. Enfin,
dans quelques circonstances, ils font retrouver les filons
perdus.

Le blue cap. — Dans certaines mines du nord de
l'Angleterre, on voit des esprits appelés blue cap
(tête-bleue), qui ont les attributs de l'esprit familier de
la maison, c'est-à-dire qui travaillent, moyennant une
légère rétribution ou offrande, qui leur est laissée par les
ouvriers. Ces blue cap se manifestent souvent par de petites flammes bleues, que l'on voit sur les tas de charbon.

Dans les parties occidentales de l'Angleterre, l'esprit de la mine a le plus souvent des allures bienveillantes ; c'est toujours le petit nain qui ricane et se fâche facilement, mais qui rend maintes fois service, indique les bons filons, empêche les accidents, de sorte qu'on lui passe volontiers ses petites espiègleries.

Les Kobolds. — Certains kobolds allemands prennent parfois un mineur en affection et lui rendent des services qui lui font gagner plus d'argent que ses collègues. C'est ainsi : qu'un mineur allemand vit un jour venir à lui un kobolde, qui lui offrit de lui montrer des grandes richesses. Il le suivit, et pénétra, en effet, dans un endroit très beau. L'esprit lui donna une épingle en or, lui disant : que si quelqu'un voulait la lui ravir, il n'avait qu'à l'appeler.

De retour sur le sol, le mineur constata que personne ne le reconnaissait plus, il s'était écoulé trois générations pendant le court moment où il avait été en rapport avec le kobolde. Or, un chef de mine qui vit l'épingle, voulut la ravir, mais l'esprit évoqué par le mineur lui tordit aussitôt le cou (*R. d. t.* 1887, p. 416).

Dans quelques circonstances, l'esprit de la mine punit sévèrement ceux qui transgressent ses ordres. C'est ainsi qu'on raconte : que deux mineurs allemands n'avaient pas assez d'huile pour terminer leur journée, quand ils virent venir à eux l'esprit de la mine sous la forme d'un moine gigantesque. Cet esprit mit de l'huile dans leur lampe, fit d'un seul coup de pioche autant de travail qu'ils auraient pu en faire, à eux deux, pendant une semaine, et s'en alla en leur disant « tant que vous ne direz rien de ce qui vient de se passer, l'huile de votre lampe ne tarira pas ». En effet, les deux ouvriers étaient désormais bien éclairés, sans plus toucher à leur lampe ; mais un soir, étant au cabaret, ils racontèrent l'aventure ; ils trouvèrent leur lampe sèche lorsqu'ils retournèrent dans la mine. (GRIMM. *R. d. t.* 1837, p. 473).

Maître Hemmerlin. — Dans les mines d'Allemagne, on voit souvent un esprit qui est habillé en moine, et qu'on appelle maître Hemmerling (pays des grisons) Bergmouch (*Clausthal* et *Andreasberg*), il est vêtu de bure grise, avec un capuchon sur la tête, il porte assez fréquemment une lampe de mineur ou une chandelle de suif, allumée, à la main.

On dit que c'est un ancien directeur de mine, qui a demandé à ne pas quitter ses filons — ou bien que c'est un mineur qui s'est suicidé — qui est mort par accident — que c'est le diable lui-même, etc., etc., suivant les pays.

Ses attributs sont variables, il est tantôt assez bienveillant, il rend même service aux mineurs, mais plus d'une fois, il fait du mal à ceux qui ont le malheur de lui déplaire, et de faire quelque chose qui lui soit désagréable.

Maître Hemmerling s'amusait un jour à transvaser d'un seau dans un autre, le minerai qui venait d'être extrait dans une mine, occupation qui avait l'inconvénient de faire du bruit et de remplir l'air de poussière. — On supportait, habituellement, sans rien dire, ce petit ennui. Maître Hemmerling ne faisait pas d'autre mal, mais un

ouvrier impatient se mit à le gronder ; l'esprit le saisit, le terrassa si fort, que désormais le malheureux eût
la tête tournée sens devant derrière (*R. d. t.*, 1887 p. 472).

Dans quelques cas, ai-je dit, l'esprit de la mine se
rapproche du fantôme qui rappelle le revenant. Dans
ce cas, il a pour mission, quelquefois, de prévenir les
ouvriers des accidents qui peuvent arriver.

Dans le borinage, les esprits annoncent souvent les
coups de grisou : en ricanant, faisant un bruit insolite,
les ouvriers croient : que ce sont les âmes de ceux qui
ont été tués par des accidents de ce genre, qui viennent
pour les avertir du danger. (A. HARON).

Dans d'autres mines, on voit, parfois, la dame blanche
qui rend des services, ou du moins, présage les accidents. Dans la mine de Polbrein, on dit que c'est le
spectre d'une vieille femme, appelée Dorcas, qui s'est
suicidée jadis ; elle est le plus souvent malveillante ;
mais, cependant, un jour, elle appela un mineur d'une
manière si pressante, qu'il alla voir ce qu'elle voulait,
au même moment, un gros bloc tombait à l'endroit où
il travaillait ; de sorte qu'il fut, ainsi, miraculeusement
préservé de la mort.

Jadis, on disait, dans certaines mines d'Angleterre, la
messe de minuit dans une galerie ; et on entendait,
d'après la légende, des voix surhumaines répondre aux
chants des mineurs (HUNT. t. II. p. 123).

Souvent, l'esprit de la mine présage les accidents, soit
par des cris, des bruits, des mouvements insolites, soit
même en faisant apparaître aux intéressés leur propre
fantôme ou un autre forme surnaturelle.

25

Enfin, dans maintes circonstances, l'esprit de la mine est essentiellement méchant ; et, souvent, sa nature démoniaque est bien caractérisée.

Le Cutty-Soames. — Dans les mines d'Angleterre, on croit encore à l'existence d'un esprit malfaisant appelé « cutty-soames » (coupe cordes). (*R. d. t.* 1887, p. 413.)

La Couronne de Roses. — Dans certaines mines, on voit des esprits dangereux qui maltraitent les ouvriers : les chassent, les tuent quelquefois et font abandonner des mines très riches et très abondantes. Par exemple, à Annsberg, dans une mine appelée la « Couronne de Roses », un esprit à forme de cheval fougueux et ronflant tua douze mineurs, et obligea les entrepreneurs de l'abandonner.

Dans un autre, appelé Saint-Grégoire ou Schuberg, il parut un esprit, ayant la tête couverte d'un chaperon noir, qui saisit un mineur, l'enleva fort haut, puis le laissa tomber et le blessa considérablement, (*R. d. t.* 1887. p. 412).

Le Moine noir. — Dans les mines du Harz, un contre-maître était dur pour les ouvriers. — Un jour le moine noir le guetta, et au moment où il sortait de la mine, il lui écrasa la tête entre ses deux genoux (GRIMM. *Vieill. All. trad. l'Héritier*, t. I. p. 4).

Le moine noir, de la mine de Schnecberg s'amusa, un jour, à précipiter au bas du puits, un ouvrier qui n'avait eu que le tort de lui déplaire, sans lui avoir jamais rien dit.

L'Esprit diabolique. — Dans le nc d du comté d'Ayr,

en Angleterre, un mineur entendait des coups de pic répondre aux siens dans une galerie ; il pensa que c'était un esprit diabolique qui cherchait le filon comme lui, de l'autre côté de la terre ; il craignit tellement de se trouver face à face avec lui, qu'il alla demander conseil. On lui dit : de faire une traînée de morceaux de pain, depuis le fond du couloir, jusqu'à son ouverture ; et, lorsqu'il serait arrivé au dernier coup de pioche, de s'écrier : « le trou est à moi », en se hâtant de courir vers l'ouverture de la galerie, — il fit comme on lui avait dit ; l'esprit s'attarda à ramasser les morceaux de pain, et l'ouvrier put, ainsi, échapper à ses étreintes, gagnant, par ce subterfuge, un gros monceau de minerai (R. d. trad. 1887. p 415).

Ajoutons à tout ce que nous venons de dire, qu'on trouve dans certaines mines d'étain d'Angleterre, des instruments en corne de cerf ou en pierres, qui ont, évidemment, servi à des mineurs préhistoriques ; les ouvriers disent : que ce sont les outils des knochers, juifs qui ont été condamnés à travailler aux mines, après la mort de Jésus-Christ.

Ces knochers, sont les âmes des juifs qui crucifièrent Jésus-Christ, et qui furent conduits à Rome, en esclavage, pour travailler dans les mines, disent les ouvriers du nord de l'Angleterre, — ils donnent, à l'appui de leur opinion, qu'on ne les entend jamais travailler le samedi ni les jours fériés.

Enfin, nous terminerons ce qui a trait aux attributs des esprits des mines, en disant que : la veille de la Sainte-Barbe, les mineurs de Pont-P'an, près de

Rennes, vont consulter l'esprit de la mine, pour savoir s'ils seront heureux pendant l'année. — Chaque mineur allume une chandelle et si elle s'éteint avant d'être consumée, c'est signe qu'il mourra d'accident. (*Mélusine*, t. III. p. 470).

La croyance aux esprits des mines, ne date pas de nos jours; elle remonte très probablement, comme celle des autres variétés d'esprits, à la plus haute antiquité. Quoi qu'il en soit, soulignons, dès à présent, qu'on en trouve des traces dans les écrivains de la fin du moyen âge, ainsi que nous le montre si bien M. Sebillot, dans son livre extrêmement intéressant. (*Traditions et superstitions des Travaux publics et des Mines*. Paris 1894.)

Au XVIe siècle Olaüs Magnus (*de gentibus septentra-nalibus*, t. I, v. 1, c. 9) racontait : que les mines des pays scandinaves sont hantées par des esprits, qui se montrent sous les formes les plus diverses, creusent la terre, brisent les rochers, font courir les charriots, renverser les seaux, etc., etc. C'est eux, encore, qui écrasent les ouvriers sous des éboulements, ou les étouffent par des vapeurs suffocantes.

Ces esprits des mines ne sont, d'après lui, que des démons qui jouent mille mauvais tours aux mineurs, afin de les faire blasphémer et perdre ainsi leur âme. (*R. d. t.* 1887, p. 411).

Dom Calmet, dans sa dissertation sur les apparitions, résumait au milieu du siècle dernier de la manière suivante les crédulités de son temps au sujet des esprits des mines. « Dans les creux des mines les plus profondes, on voit souvent des esprits qui apparaissent, vêtus comme des mineurs, courant çà et là, s'empressant comme pour travailler, chercher le métal ou plutôt le minerai, l'assemblent en monceau, le tirent dehors, tournent la roue de la grue et semblent se donner beaucoup de mal pour aider les ouvriers et toutefois ils ne font rien. Ces esprits ne sont pas malfaisants, à moins qu'on ne les insulte et qu'on ne se moque d'eux, car alors ils se vengent et jettent quelque chose à celui qui les a offensés ; — un de ces génies qui avait été injurié, et envoyé au gibet par un mineur, lui tordit le cou, et le mit sens devant derrière ; le mineur ne mourut pas, toutefois, mais il demeura toute sa vie le cou renversé. »

Georges Agricola qui a savamment traité la matière des mines, reconnaît deux ou trois sortes d'esprits qui y apparaissent ; les uns sont forts petits de structure, comme les nains ; les autres paraissent courbés comme des vieillards, et vêtus comme des mineurs ; ayant la chemise troussée et une peau de cuir autour des reins ; d'autres, font ou semblent faire ce qu'ils voient faire aux hommes, paraissent fort gais, ne font mal à personne ; mais de tous leurs travaux, il ne résulte rien de réel ».

« En d'autres, Bringley (*useful Knowledge*, t. I, p. 220) dit que le nom de Cobalt a été donné au métal que nous connaissons, par ce que dans les mines, où on l'extrait, il y a des esprits gnomes, lutins, etc., etc., bienveillants ou malfaisants suivant le cas, qu'on appelle Kobold.

Del Rio, dans son traité sur la magie, publié à Louvain en 1599, partage les esprits des mines en deux catégories : les uns, essentiellement malfaisants, se manifestent sous forme d'un géant noir, d'un cheval effrayant, d'une chèvre aux cornes d'or, d'un nuage empoisonné qui n'est autre chose que le grisou, ils menacent les jours des ouvriers : soit par l'asphyxie, soit par les éboulements, les chutes, les eaux, etc., etc.

Les autres, sont de petits êtres inoffensifs paraissant sous forme de petits vieillards vêtus à la manière des mineurs, aimant à plaisanter, à rire, rendant souvent des services aux ouvriers, mais de caractère facilement irascible, rendant au centuple les mauvaises manières qu'on leur fait (HARON, *Bull. de l'Institut archéol. Liégeois*, t. V, p. 264.) (*R. d. t.* 1887, p. 412.)

VIII

Sixième Catégorie. — Transition entre l'esprit de la terre et le fantôme

Pour être complet dans cette étude des diverses variétés d'esprits de la terre, il nous reste à parler des cas où les attributs qui lui sont prêtés, constituent une transition entre l'idée primitive et celle du fantôme : La chèvre d'or, la femme blanche des environs de Grasse, rentrent dans cette catégorie.

La donnée de la chèvre d'or se rencontre dans une infinité de contrées, tant en France que dans toute l'Europe, au Nord comme au Sud, à l'Est comme à l'Ouest; elle est liée, à bien des égards, avec les antiques croyances du paganisme grec, romain ou gaulois ; à celles des germains, aux sarrasins, etc., etc. J'aurais de longues pages à écrire, si je voulais enregistrer tous les faits qui sont venus à ma connaissance, touchant cette chèvre d'or, et je donnerais à mon travail une longueur trop grande; aussi ne ferai-je, à son sujet, que citer quelques superstitions prises çà et là.

Sous les remparts de la ville de Beaux, sous le tombeau de Saint-Remy, dans la Grotte des Cordes et dans dix autres endroits de la Provence, il y a, dit-on, une chèvre d'or qui garde un trésor enfoui par les sarrasins.

Pour les Ardennes, M. Meyrac, dans son livre si curieux, nous fournit un grand nombre de crédulités touchant la chèvre d'or. Dans les ruines du Château de l'Échelle, par exemple, il y a une chèvre d'or qui garde un trésor (p. 37). Dans nombre de bois, même chose se passe. A Éteignères et à Hauteroche, l'idée se rencontre aussi : tous les samedis une chèvre aux cornes d'or fait le trajet d'Hermaumont au château de Salm. Dans les bois d'Auchamps, on voyait jadis une chèvre dont les cornes étaient d'or, et que personne ne pouvait attrapper; une nuit cependant un braconnier s'en empara et la tua; depuis lors, les loups, qui jusque là avaient respecté les chèvres, les mangent très souvent (Meyrac p. 392). Enfin, l'idée du diable devait venir se mêler à celle de la chèvre, dans ce pays; et on raconte : qu'une paysanne qui n'avait pour tout bien qu'une chèvre, se trouva si malheureuse qu'elle invoqua le diable, lui vendant son âme pour que la chèvre fut changée en or. La transformation s'opéra, aussitôt, mais

la malheureuse ne put emporter la chèvre d'or à cause
de son poids ; aussi, dans son désespoir, elle invoqua
J.-C. qui, d'un coup de tonnerre, entr'ouvrit la terre et
la précipita dans un gouffre, où elle vivra jusqu'à la fin
des siècles. A certains moments, on entend ses plaintes
et ses soupirs (Meyrac p. 351).

La chèvre d'or se retrouve dans nombre de pays.
En Espagne, par exemple, on dit que sous l'Alhambra,
il y a un trésor gardé par un animal cornu, chèvre,
bouc ou taureau, qu'on aperçoit parfois pendant la nuit.
En Angleterre, des données analogues se rencontrent
dans plus d'un château ; en Écosse, en Irlande les
mêmes crédulités sont signalées.

La donnée du trésor qu'indique l'apparition de l'esprit de la terre, se retrouve dans une infinité de récits.
J'aurai à m'en occuper d'ailleurs lorsque j'étudierai les
fantômes, qu'il me suffise d'ajouter en ce moment : qu'à
Relans, dans le Jura, Monnier avait entendu parler d'une
poule noire, insaisissable, de nature diabolique, et en
relations avec un trésor ; qu'en Bretagne on croit : que
si l'on pouvait creuser la terre, juste à l'endroit où on a
vu certains chiens noirs, on trouverait un trésor.

Si je ne reculais devant l'excès des subdivisions dans
ma classification des divers esprits de la terre, je
dédoublerais cette sixième catégorie en deux, car
dans le fait de la chèvre d'or, c'est un trésor qui est
signalé par l'apparition, tandis que dans celui de la
dame blanche, c'est l'annonce d'un évènement heureux
ou malheureux.

La donnée de l'évènement heureux ou malheureux,

se rencontre aussi maintes fois dans les aventures rapportées aux esprits de la terre ; c'est ainsi, par exemple, pour ne citer qu'un fait entre mille que, dans le canton de Vaud, en Suisse, on dit qu'il y avait au château de Guinoens, une chèvre blanche qui apparaissait sur une tourelle ou une fenêtre, lorsque quelque chose d'heureux devait arriver dans l'endroit.

L'apparition de l'esprit de la terre, qui nous occupe ici, a parfois un caractère conditionnel assez curieux à enregistrer. C'est ainsi que dans la vallée de Vallorbes, du canton de Neuchâtel, la crédulité publique admettait : qu'on voyait parfois une dame surnaturelle, qui faisait brouter des chèvres de même nature. L'année devait être féconde, si les chèvres étaient blanches — au contraire l'année devait être stérile si elles étaient noires.

Il nous faut ajouter, pour essayer d'être complet, que dans un certain nombre de cas, l'apparition ne présage rien du tout, elle ne fait que formuler une pensée triste, lugubre, dans l'esprit des crédules, sans que rien de direct ne justifie, cependant, cette impression.

Dans la commune de Pleudihen, on dit : que Typhaine Raguenet, la femme de Duguesclin, parcourt les environs du château de la Bellière pour chercher s'il y a encore des orphelins à soulager. C'est un esprit des champs de nature bienveillante (*R. d. t.* 1892, p. 448).

IX

COUP D'ŒIL GÉOGRAPHIQUE ET HISTORIQUE

En étudiant les diverses catégories d'esprits des champs qui sont signalées par les auteurs, j'ai montré incidemment, déjà, que cette crédulité se rencontre dans plusieurs contrées de notre Europe. Je dois ajouter maintenant : que, si dans cette portion du monde, qui est assurément la plus avancée en civilisation, on la rencontre, encore, si accusée et si vivace, on ne sera pas étonné d'apprendre : que dans les autres parties du globe, elle existe, et même plus intense encore.

Dans la Russie d'Asie on rencontre la croyance aux esprits de la terre très accentuée. On peut même dire qu'elle est en rapport inverse avec le degré de civilisation des peuplades que l'on examine à ce point de vue.

Dans toute l'Asie Mineure que l'on étudie les crédulités des chrétiens, des juifs, des mahométans, etc., on constate qu'ils croient, tous, à l'existence des esprits de la terre, auxquels ils prêtent les attributs divers, depuis ceux de la bienveillance, jusqu'à ceux qui sont spéciaux aux démons.

Les thibétains, croient aux esprits de la terre *dewatas* qui résident dans toutes les régions éloignées, prairies, montagnes etc., etc., et se gardent bien de les mettre en colère (*Turner, Veresileshaglin*).

Dans l'Inde, on croit, encore fermement, de nos jours, à toutes les catégories des esprits de la terre, y compris les esprits des mines qui gardent jalousement les métaux et les pierres précieuses. On croit qu'il faut leur faire des offrandes, se gardant bien d'exciter leur colère. Les Padans de l'Inde croient à l'esprit des champs qui régit la végétation et leur donne ou leur refuse de bonnes récoltes, ce qui fait qu'ils ont pour lui un grand respect, lui font des offrandes, et lui adressent des supplications.

Dans le Népaul, on croit aux esprits qui habitent les grottes, les vallées, etc., etc. (frazer). On leur fait aussi des offrandes et des invocations, car on leur prête une influence sur le bonheur des individus, comme sur l'abondance des récoltes.

Dans le Karnatik septentrional, les indiens croient aux esprits des champs, et lui font des offrandes de riz et d'eau, pour qu'ils puissent boire en passant, pendant la nuit. (*R. d. t.* 1886. p. 331). Ces esprits dérobent les animaux domestiques, et les entraînent dans les endroits écartés, où, souvent, ils les tuent pour les dévorer.

Les Malais (*Maxwel a journey to the patain frontier*, p. 10) croient fermement, de leur côté, à toutes les catégories d'esprits de la terre, y compris ceux des mines, et ils ont pour eux un respect qui tient beaucoup de la crainte, car ils redoutent leur colère, facile à provoquer, même inconsciemment.

En Chine, la croyance aux esprits des champs se rencontre, vivace et variée de maintes manières, car les esprits constituent, en réalité, le fond du culte, dans ce

pays. On leur prête une influence puissante sur les récoltes, et même sur le temps, tout en ayant une crainte
mal déguisée de leur malveillance, qui perce souvent
dans les attributs que leur prête la crédulité publique.
Les esprits des champs peuvent prendre l'apparence
humaine, et venir vivre de la vie ordinaire, pendant plus
ou moins de temps; seulement, ils ne peuvent se débarrasser, sous cette forme humaine d'emprunt, d'une
queue de renard qui fait partie de leur corps en temps
ordinaire. L'histoire suivante reflète cette croyance
des chinois.

La femme-renard. — Un chinois rencontra, un jour,
dans la campagne, une jolie fille qui lui plut beaucoup;
on ne savait d'où elle venait, ni quels étaient ses
parents, mais l'amoureux ne s'en inquiéta guère, il
l'épousa et fut très heureux pendant trois ans. Un
jour, préoccupé de ce que sa femme avait toujours
voulu coucher habillée, et ne s'était jamais dévêtue
devant lui, il s'arrangea de manière à voir son corps nu
pendant qu'elle dormait. Or, il constata qu'elle portait
une queue de renard; terrifié, il se hâta de quitter sa
demeure pour ne plus y revenir (*R. d. t.* 1886, p. 296.

Dans le pays de Siam on rencontre les mêmes
crédulités qu'en Chine. Bien plus, l'âme des individus tués dans les champs ou morts par accident
devient Phi pour les siamois, et constitue un esprit
malveillant, qu'il faut avoir soin de solliciter par des
prières et des offrandes.

Les japonais, croient aux esprits de la terre autant
que les habitants du continent asiatique; et, de même,

qu'ils ont une grande variété d'esprits de la maison, ils possèdent toutes les variantes d'esprits de la terre que nous connaissons. Les uns, sont inoffensifs, les autres bienveillants au besoin ; mais le plus souvent, ils sont de nature méchante, de sorte qu'ils sont à redouter dans la majorité des cas.

Dans toute l'Afrique, depuis Alger jusqu'au Cap, et depuis Obok jusqu'à Saint-Louis du Sénégal, la croyance aux esprits de la terre se rencontre, aussi vivace qu'étendue ; de même, que les attributs de ces esprits sont très variés.

En Algérie, les Maures, les Juifs, les Kabiles, tous les indigènes, en un mot, y croient fermement et les redoutent. Ces esprits servent de thème à une infinité de contes, de légendes, etc. Sur les ruines du Guern Salem, dans le djebel Dira, il y a l'inscription suivante :

Au génie de la montagne des pasteurs
un sacrifice a été fait suivant la coutume locale
pour obtenir qu'il conjure la force des tempêtes

(*Alg., trad.*, 1885), qui nous montre les attributs que les habitants du pays prêtent à ces esprits de la terre.

Les Touaregs ont la terreur des esprits de la terre, qui sont des revenants toujours méchants. Les Chaamba croient à l'existence des esprits de la terre et de l'air, qui produisent le mirage, égarent les voyageurs. Dans tout le Sahara, on parle de l'esprit idebin, qui n'est autre qu'un revenant ; les femmes qui veulent avoir des nouvelles d'un absent, vont passer la nuit sur certaines tombes, dans l'espérance de le voir ; elles croient qu'il peut les renseigner, mais elles courent, dans ce cas, un grave danger, car, parfois, il les étrangle (DUVEYRIER, p. 415).

A mesure qu'on descend vers les tropiques, la croyance aux esprits est encore plus intense et plus variée, même, dans le grand continent africain. Je n'entreprendrai pas de passer toutes les peuplades en revue pour l'objet qui nous occupe ici. Je me bornerai à dire : que les Saracolais ont un grand respect pour l'esprit des champs, auquel ils font des offrandes. Mungo-Parck, raconte qu'un d'eux, qui avait habité pendant plusieurs années l'Angleterre, faisait des offrandes à cet esprit qui, d'après lui, a une forme humaine, une longue chevelure ondoyante et la peau blanche comme celle des européens. Les Mandingues, les Bambaras, les Peulhs, les Toucouleurs, les Ouolofs, etc., etc., tous les nègres de la Sénégambie, en un mot, croient fermement aux esprits de la terre. Ceux du Bambouk croient fermement à l'existence des esprit des mines ; ils leur font des offrandes, leur adressent des prières, et sont persuadés qu'ils mourraient, si ces esprits des mines leur voulaient du mal. Lorsqu'un bamboukain trouve un gisement de quelque importance, il se hâte de se procurer une vache noire qu'il immole au génie de la mine, persuadé qu'il mourrait dans la semaine s'il oubliait cette pieuse formalité (COSTE D'ARNOBAT. *Voyage au Bambouk*, p. 21 ou 121).

Les habitants de la Côte-d'Or, du Gabon, du Congo du

pays des Zoulous, Caffres, etc., etc., de même que les boschimans de l'Afrique Australe, croient à l'existence d'esprits des champs de nature plus ou moins malveillante. Ces esprits se montreraient sous forme de petits hommes contrefaits, qu'il est urgent d'appaiser par des offrandes et des incantations de sorciers.

Je n'insisterai pas d'avantage sur la croyance aux esprits de la terre en Afrique, me contentant d'ajouter que les malgaches redoutent beaucoup certains esprits des champs : les *loto-razié* et les *ango-dratzy*, qui sont des revenants cherchant à nuire aux vivants — ils ont les attributs des lémures romains. — On le voit, dans tout le grand continent africain, comme dans ses îles, la crédulité qui nous occupe, ici, est très répandue et très vivace.

Les peuplades sauvages des deux Amériques croyaient à l'existence des esprits de la terre, avant l'arrivée des européens. Les américains de nos jours ont conservé les mêmes crédulités. Les algonquins de l'Amérique du Nord, enterraient les enfants le long des routes, afin que leur âme pût entrer dans le sein des femmes enceintes, au lieu de devenir un esprit malfaisant (TYLOR, t. II, p. 3).

Dans les îles du Pacifique, on rencontre la croyance aux esprits de la terre très accusée, et tenant une grande place dans les appréhensions des populations.

Les néo-calédoniens croient aux esprits des champs plus ou moins malveillants. Parmi eux, celui qui porte le nom de *Baou*, poursuit les femmes de ses obsessions génésiques, d'autres se complaisent à détruire les récoltes ou à faire du mal à la végétation.

Les canaques de la Nouvelle-Calédonie redoutent les daunous, esprits des champs de nature diabolique, qui jouent les plus mauvais tours aux voyageurs attardés, leur donnent la fièvre, les égarent, enlèvent les femmes et les enfants qu'on ne retrouve plus, ou qu'on retrouve dans un état pitoyable : dans la mer, dans des marais, etc., etc.

Les papous de Viti et de la Nouvelle-Guinée croient à l'existence d'esprits des champs devenus malveillants.

Les australiens croient à l'existence des esprits de la terre qui errent autour des campements et des habitations.

Il y a en Australie des esprits des champs, de nature méchante, qui égarent les enfants pour les dévorer.

Les tasmaniens, croient que les forêts et les champs sont remplis d'esprits, de nature malveillante, en général, mais plus ou moins puissants pour nuire aux individus. Ces esprits gîtent dans les grottes, les rochers, les creux d'arbres, les fourrés ; et tandis que les uns peuvent tuer, donner une maladie, faire subvenir un accident au malheureux qui les rencontre, d'autres ne font qu'effrayer ou inquiéter celui qui est à leur contact.

X

LA CROYANCE DANS L'ANTIQUITÉ

Si nous cherchons dans le passé, pour voir ce que nos ancêtres, de toutes les parties du monde, ont pensé : au sujet des esprits de la terre, nous voyons : qu'aussi haut qu'on remonte, on rencontre cette crédulité, très fermement accusée.

Les juifs de l'antiquité croyaient aux esprits des champs : Scheïrim; et ils les redoutaient, car ils pensaient qu'ils étaient de nature méchante. La légende de Jacob luttant, pendant la nuit, contre un esprit qui le laisse boîteux, ressemble, à s'y méprendre, à celle de Courtois de forte épaule et autres de même genre, qu'on raconte dans nos pays.

Les arabes anté-islamiques, croyaient à l'existence des esprits de la terre habituellement invisibles, mais pouvant être vus parfois ; ces esprits, redoutables le plus souvent, étaient l'objet d'offrandes et de prières. Dans tout le grand continent asiatique, on avait la croyance qui nous occupe, pendant l'antiquité, aussi haut que nous remontions.

Les grecs de l'antiquité, connaissaient déjà des esprits de la terre, qui portaient le nom de Kobolos, et qui prenaient un malin plaisir à vexer le genre humain, se vengeant cruellement des mauvais tours ou des plaisan-

teries qu'on se permettait vis-à-vis d'eux. Nous savons,
d'ailleurs, que les mêmes croyances existaient chez les
romains, les gaulois, les germains, les scythes, etc , etc.,
qui redoutaient les esprits, car ils pensaient : que, sous
des noms divers, ils égaraient les voyageurs et leur nui-
saient, quand ils ne les tuaient pas. (DAMASCIUS, *in pho-
tius*, n° 242, p. 1063), cité par BERGIER. — *Origine des
dieux*, t. I, p. 92, dit : que de son temps, les paysans
croyaient que les feux follets étaient des esprits des
champs, qui se plaisaient à égarer les voyageurs, pour
les faire périr. Divers géants, êtres malfaisants de l'antiquité, Procuste, Antée, etc., etc., entre autres, ne peut
être : qu'un mélange de l'idée de l'esprit malfaisant des
champs, et du souvenir : soit de quelque brigand ; soit
de quelque peuplade vivant de ses déprédations, ou de
ses luttes contre ses voisins.

Chez les grecs, un esprit follet du nom de Taraxipas,
se complaisait à effrayer les chevaux. (PAUSAN, *élide*).

L'empuse des anciens grecs, n'était en réalité qu'un
esprit des champs. (MAHÉ, 355). Dans les bois voisins de
la ville de Ménale, en Arcadie, on entendait, parfois, le
dieu Pan jouer de la flûte. (PAUSAN, liv. 8, ch. XXXVI).
Le cheval Arion, sur lequel Hercule monta pour faire
la guerre aux Eléens, était sorti de terre. (PAUSAN,
liv. 8, ch. XXV). Toutes ces manifestations se rapportent
donc aux esprits de la terre.

Les romains croyaient à l'existence de lutins qui gar-
daient des trésors, dont on pouvait s'emparer lorsqu'on avait pu leur dérober leur chapeau. — Le passage suivant de Pétrone. — *Sed ut odiumt, ego nihil*

scio, sed audim quomodo incuboni pileum rapuisset et thesorum invenit (*Festin de Trimalcion*, trad. *Lavaur*, p. 89). Dans le prologue de l'Aubularia de Plaute, il est parlé, aussi, d'un de ces lutins, qui gardait, dans la maison, un trésor caché, qui lui avait été confié par l'aïeul du maître.

Les romains, croyaient que les lamies étaient des esprits des champs à figure de femme, habitant l'Afrique, et dévorant les enfants. Cette crédulité leur venait des Grecs. (L'ODYSSÉE en parlant des Lestrigons les décrit).

Ausone (*in Mosello*. v. 178) dit : que pendant les chaleurs de midi, les satyres et les nayades se réunissent pour danser. Nous voyons, par ces diverses indications, que les attributs que nous prêtons aujourd'hui, encore, aux esprits de la terre, remontent à l'antiquité.

XI

COUP D'ŒIL D'ENSEMBLE

Il serait facile d'étendre considérablement la liste, déjà si longue, des détails qui se rattachent à la croyance des esprits de la terre, mais ce serait un travail qui n'ajouterait pas grand chose à ce que l'on peut en penser. Aussi, je crois qu'il vaut mieux arrêter là cette énumération ; et chercher à déterminer : quelle est la pensée initiale, qui a présidé à la conception de l'esprit humain, dont nous nous occupons ici.

Quoi qu'il en soit, il est indiscutable, que la croyance à l'esprit de la terre, comme d'ailleurs, la croyance à l'esprit de la maison, de l'air ou de l'eau se rattache à l'animisme des premiers hommes. Au début de l'humanité, nos ancêtres qui prêtaient: une volonté, des passions, une puissance réelle, une âme enfin, à tout ce qui les entourait, pensaient qu'il y avait des esprits partout : dans la maison comme dans les champs, dans les airs comme dans les eaux, etc., etc. Dans ces conditions, de même que l'esprit de la maison était, en général, bienveillant, parce que la maison était le refuge où l'on était garanti contre le froid, la chaleur, la pluie, le vent, où l'on trouvait la nourriture et le lit de repos, etc., etc. De même, l'esprit des champs, où l'on faisait de mauvaises rencontres, où l'on s'égarait, où l'on était attaqué, où l'on souffrait parfois de froid, de chaud, où l'on tombait, où l'on se blessait ou même on trouvait la mort était, en général, malveillant. La filiation des idées est si simple, si naturelle dans ce cas, que point n'est besoin de longs développements pour le faire comprendre.

Dans la journée, la lumière est un puissant correctif des sensations visuelles, et donne au faible une assurance relative, telle, contre le danger, que la peur est à son minimum d'intensité. Il en résulta : que, très rarement, les esprits des champs se montrèrent à l'imagination des intéressés, dans ces conditions. Aussi, n'est-il, le plus souvent, question de ces esprits, que pendant la nuit ; c'est à peine, si dans les forêts sombres, les cavernes, les gouffres, on en a signalé en plein midi, quelques fois. Mais en revanche, pendant la nuit, on les a vus, dans une infinité de circonstances : tantôt sous des formes humaines, le plus souvent sous celle d'un être fantastique, hors de proportion avec la stature ordinaire. Toutes ces impressions sont bien compréhensibles, lorsqu'on songe à la variété des ennemis, que l'homme pouvait rencontrer, pendant la nuit; et aux illusions visuelles ou auditives, que l'obscurité engendrait.

Si, à côté de ces premières conditions, nous ajoutons l'influence de la peur, de l'ivresse, du délire, de la maladie, etc., nous comprenons les proportions que prenait, l'imagination aidant, la crédulité primitive. Aussi, ne sommes-nous pas étonnés de voir : la variété et l'étrangeté des mille aventures, rapportées à la rencontre des esprits de la terre, par l'homme. D'autre part, enfin, mille idées voisines sont venues se greffer sur le fond primitif, ici, comme en tout ce qui regarde les superstitions; aussi, comprend-t-on : que la croyance à l'esprit de la terre se soit trouvée amalgamée à dix autres, par des transitions insensibles. Les conteurs d'un pays, ont attribué à cet esprit, ce que d'autres rattachaient à une autre catégorie. Et, de superpositions en mélanges, de confusions en quiproquos, on est arrivé : à une trame non interrompue d'erreurs et d'aventures fantastiques ou invraisemblables; de sorte, qu'il en est résulté : la mosaïque la plus étrange, devant laquelle la logique reste souvent stupéfaite.

Nous avons dit précédemment : que la danse en rond est un des caractères les plus généraux des esprits des

champs. On se demande qu'elle est l'origine de cet attribut? Il est probable, que c'est la frayeur éprouvée par les
premiers hommes : entendant, pendant la nuit, des bruits
insolites, produits par les météores ou les animaux, et
voyant, le matin, les foulaisons circulaires que l'on rencontre, dans les prairies dont l'herbe est drue et longue.
Cette frayeur, rapprochant les deux faits, les a attribués
aux esprits de la terre et a imaginé cette danse en rond;
sans compter : que le rondeau, qui est probablement une
des danses les plus anciennes, a pour effet de donner
facilement le vertige à ceux qui le font trop longtemps.
Cette raison, a poussé les premiers conteurs d'aventures
extraordinaires, à donner comme exemple du malaise
éprouvé par le malheureux tombé entre les mains de
ces esprits malfaisants : l'obligation de faire le rondeau
jusqu'à la syncope.

Wyss, qui a publié, au commencement de ce siècle,
un livre très intéressant sur l'Oberland bernois, nous
explique, d'une manière bien simple, certaines particularités, touchant la croyance aux esprits des champs. A
propos, par exemple, des vaches qui s'échappent, et s'en
vont affolées, sans raison apparente, il nous dit: que les
piqûres des Ostres, sont la cause, réelle et fort simple, de
ces aventures, que la tendance au surnaturel de l'esprit,
des bergers a traduit sous forme de contes invraisemblables (t. II. p. 21).

Dans un certain nombre de récits, touchant les esprits
de la terre, il est fait mention de leur petitesse ou de leur
grandeur. Ce caractère, est moins général que la
donnée de la danse en rond, mais très souvent indiqué,

cependant, tient probablement à des causes très diverses. D'une part, l'imagination des premiers hommes, entendant des bruits intenses, et ne voyant pas des êtres de grandeur proportionnée au tapage produit; frappés par des jeux de lumière, donnant aux individus et aux objets inanimés des proportions exagérées, soit en grand, soit en petit, sans compter l'influence de la frayeur, de l'ivresse, etc., etc., sur la vue, a produit de véritables hallucinations chez les timorés. D'autre part, le souvenir obscurci d'évènements historiques a pu, certainement, entrer en ligne de compte, dans quelques circonstances. Ces deux conditions, essentiellement différentes, se sont unies, ainsi, pour donner un caractère spécial, à ces esprits des champs, dans certaines circonstances.

Or, si nous songeons, que : d'après ce qu'on peut penser des indications anté-historiques, les habitants du Nord de l'Europe, gens de petite stature ont été attaqués et poursuivis par des envahisseurs, de taille plus élevée, jusque dans les grottes les plus reculées, les pays les plus sauvages, nous avons l'explication de la petite, taille attribuée aux fairies, aux kobolds, etc., etc.; ainsi que la justification de leur malveillance vis-à-vis des humains ; de même que nous avons l'explication de leurs richesses, qu'ils cherchent à cacher, et qu'on essaie de leur dérober. Waltter-Scott a, déjà, formulé cette pensée, dans la *Démonologie*, p. 104, en disant : que très probablement la petite taille attribuée aux esprits des champs, est due à ce que ce sont, les lapons et les finlandais, peuples fouillant la terre pour en extraire les minérais métalliques. Ce seraient donc ces lapons qui, refoulés par les conquérants de la Scandinavie et de l'Angleterre, ont donné, soit par leur dépossession, soit par leur fuite dans les grottes, naissance à une bonne partie des histoires, touchant les fairies.

Pour appuyer l'idée : que le souvenir obscurci, d'évènements politiques, d'invasions, de guerres, etc., etc., est intervenu, dans cette question de la taille des esprits, je ferai remarquer : que s'est surtout dans le Nord, Iles Britanniques, Danemark, Norwège, en Allemagne septentrionale, etc., etc., qu'on rencontre des faits probants, au milieu d'exagérations et d'aventures fantastiques plus ou moins invraisemblables. C'est ainsi qu'on accuse en Angleterre, les fairies de dérober les enfants, pour les tuer ou les garder, de dérober, même, des femmes, témoin l'aventure dont parle Brueyre, d'un paysan qui arracha une femme des mains des fairies pendant la nuit, et qui recevant, quelques mois après, une compagnie de soldats dans sa ferme, constata que c'était l'épouse de l'officier.

Par ailleurs, dans certains cas, la donnée initiale de l'esprit des champs, passe, par des transitions ménagées et insensibles, à celle du culte de la terre. Beaucoup de faits : les dames blanches, vertes, noires, la reine Berthe (HERTA), etc., en sont une preuve. La croyance qu'on a eue dans les îles britanniques, et dans d'autres contrées, (WALTER-SCOTT, *Démonologie*, p. 79), qu'il fallait redouter, les esprits capables d'exciter des orages, lorsqu'on défrichait un champ, pour la première fois. La fête de Belten en Ecosse, le 1er mai, dans laquelle on faisait des libations et des offrandes d'œufs, de beurre, de lait, etc., etc., puis, on faisait un feu symbolique etc., etc., le démontrent aussi.

On comprend, sans peine, comment, par des transitions plus ou moins ménagées et nombreuses, la donnée, purement animiste du premier jour, a vu se stratifier sur elle des données très différentes, apportées par les diverses modifications de l'idée religieuse, et la direction des crédulités populaires, suivant les temps et les pays, sous l'influence des migrations, des invasions et des révolutions, dont les peuplades primitives ont donné, comme les nations contemporaines, l'éternel spectacle.

J'aurais fort à faire, si je voulais passer en revue toutes ces transitions; et, quelque soin que j'y pûsse apporter, mon exposition serait très incomplète, parce que nous manquons trop de renseignements, à cet égard. Qu'il me suffise, donc, de dire, pour le moment: que lorsque les religions de l'Inde, de l'Asie Centrale, ont pris le corps que nous leur connaissons, les données animistes antérieures s'y sont soudées, comme elles se sont soudées aux religions des Grecs et des Romains. Or, comme ces religions paraissent avoir été les inspiratrices de celles de l'Europe, on comprend que nos ancêtres ont reçu, en même temps que des rites religieux, des superstitions animistes.

La lutte de Jacob contre l'esprit de Dieu (*Genèse*, ch. XXXIII), lors de son passage au gué de Jabbok, dont j'ai parlé précédemment. La pensée formulée par les Rabbins du Moyen Age que Dieu n'avait pas eu le temps de parfaire certains esprits, le vendredi soir, et les avait laissés à l'état d'êtres incomplets, de sorte qu'ils avaient constitué, désormais, cette myriade d'esprits : des airs, des eaux, de la terre ; ces génies, ces démons, ces fantômes, etc., etc., qui apparaissent quelquefois aux humains; et qui ont, en général, des dispositions malveillantes vis-à-vis de l'homme pour lequel ils ont maints sujets de jalousie.

D'autre part, les faunes, les sylvains, les satyres, les dryades, etc., etc., des mythologies grecque et romaine, etc., ne sont que des manifestations de cette croyance animistie primitive, qui s'était transmise de peuples en en peuples; se chargeant à travers les âges de plus ou moins de modifications qui en avaient, parfois, obscurci le sens initial.

Puis, lorsque la crainte des morts, la peur des démons, l'idée du diable, des damnés, etc., etc., toutes les crédulités, en un mot, qui ont eu un cours si général et si intense, depuis la fin de la République romaine jusqu'à la fin du Moyen Age; et, même, pouvons-nous dire, jusqu'au xviie siècle de notre ère, ont pris place dans les préoccupations des hommes l'esprit de la terre s'est enrichi de nouveaux attributs.

Enfin, nous devons ajouter à cette énumération, déjà longue, que des évènements historiques, eux-mêmes, ayant plus ou moins profondément ému les masses, et dont le souvenir s'est obscurci avec le temps, sont venus apporter leur coefficient de complexité à la variété des caractères de ces esprits de la terre.

En envisageant la question à ce point de vue, nous comprenons sans peine : que suivant les pays, on voit la crédulité populaire prêter à ces esprits de la terre, comme d'ailleurs à ceux de l'air, de l'eau, de la maison, etc., etc., une importance variable ; que suivant les pays et les époques, elle leur fait jouer un rôle différent.

Je n'en finirais pas si je voulais entrer dans tous les développements que comporte le sujet; et par des transitions insensibles, je serais entraîné à passer en revue toute la gamme des crédulités humaines. Dailleurs, comme j'aurai, dans d'autres chapitres, à compléter mes recherches sur les crédulités touchant les esprits, par l'examen des fantômes, revenants, apparitions diverses, songes, etc., etc., et qu'il me faudra jeter, alors, un coup d'œil synthétique sur ces croyances qui ont tenu une si grande place dans les préoccupations de l'homme, depuis le commencement de la civilisation jusqu'à nos jours, j'arrête ici mon étude de l'esprit de la terre, en disant, comme conclusion provisoire, après avoir spécifié ses caractères primitifs et les transformations inombrables qu'il a subies : A mesure qu'une adjonction nouvelle venait se greffer sur la donnée fondamentale de cet esprit de la terre, certains de ses attributs se modifiaient. Cette modification n'arrêtait pas les crédules; car, lorsque la dissemblance des caractères prêtés au même esprit était trop considérable, la croyance se dédoublait. Il y avait alors, désormais, deux sortes d'esprits de la terre pour une : d'un côté, l'idée primordiale, plus ou moins défigurée par les adjonctions successives quelle avait pu garder; de l'autre une autre sorte, parfois très différente, d'esprit.

On sait que la logique n'étant pas nécessaire aux superstitions, les confusions ne les ont jamais arrêtées. Aussi, est-il arrivé que, par le fait de toutes ces transformations, la croyance aux esprits de la terre est arrivée à présenter les plus nombreuses variétés, en même temps que les attributs les plus disparates, et, même, les plus discordants.

Pour cette croyance, comme pour les autres, la donnée initiale remonte au passé le plus reculé; elle fut, d'abord, simple; puis, par les adjonctions et les transformations successives, elle est arrivée à faire un tout, tellement complexe, si varié, si confus, même, qu'il est extrêmement difficile, aujourd'hui, de suivre le fil de cet écheveau embrouillé, sans rencontrer, à chaque instant, des divergences, des apparitions, et, même, des contradictions manifestes.

CHAPITRE VII

Saint Sumian de Brignoles

I

DESCRIPTION DES LIEUX

A trois cents mètres environ, dans le Sud de Brignoles, ville de Provence, située, comme on le sait, sur la rive droite de la rivière Caramie, dans la longue plaine qui va de Tourves à Vins ; au pied du coteau de Zéphir, sur lequel est bâtie la chapelle de N.-D. d'Espérance ; sur le trajet probable de la voie aurélienne, près de l'endroit où cette voie, allant de La Celle à Cabasse, fournissait l'embranchement qui se dirigeait vers Aups, en passant au Val, se trouve le quartier Saint-Sumian. Ce quartier est remarquable par une abondante source et une statue en pierre, dignes d'arrêter un instant ceux qui aiment à s'occuper des vieilles crédulités de notre beau pays de France.

La source de Saint-Sumian est très abondante ; elle fournit plus de quinze cents mètres cubes d'eau par jour ; mais c'est surtout sa disposition qui est singulière ; en effet, au pied d'un coteau de grès blanchâtre, aussi aride que dur, il sort de la roche vive deux filons liquides, distants l'un de l'autre d'une dizaine de mètres ; qui, avant que la main des hommes fut intervenue, convergeaient, pour former, presque aussitôt, une belle nappe d'eau, d'une admirable pureté.

Cette source a été enserrée, depuis l'an 1692, dans une galerie longitudinale voûtée, destinée à la protéger contre les souillures de l'air libre ; et elle sort aux extrémités Est et Ouest de cette galerie, par deux conduits qu'on voit incomplètement ; de sorte qu'elle n'a plus aujourd'hui son cachet primitif. Son aspect devait être très pittoresque jadis; lorsque les deux filons liquides sortaient d'une roche saillante, qui faisait, comme un autel naturel, sur le bord de la belle nappe d'eau de Saint-Sumian.

Sur le mur de clôture qui protège la source du côté du Nord ; à 2ᵐ50 de la porte orientale et à 3 mètres de celle qui est dans l'Ouest ; à 6 ou 8 mètres en retrait du chemin qui est probablement sur l'emplacement de l'antique voie romaine, on voit un stèle de 1ᵐ77 de hauteur sur 0ᵐ51 de largeur et 0ᵐ32 d'épaisseur, dont la couleur noire tranche tellement sur le blanc grisâtre des autres pierres, qu'on le dirait en ardoise, quoi qu'en réalité il soit de même nature, c'est-à-dire en grès blanc. Sur ce stèle est grossièrement sculpté, en ronde bosse, un homme de 1ᵐ,02 de hauteur, vêtu d'un *sagum ;* la tête entourée d'une auréole, et les deux mains croisées sur l'abdomen, au niveau du nombril.

Cette statue, faite par un artiste peu habile, a été

tellement dégradée par le temps, qu'il est impossible, aujourd'hui, d'y distinguer les détails du visage et des mains. Quand on l'examine de près, on ne voit que des lignes informes, mais en se plaçant à une dizaine de mètres, on distingue, à peu près, la place des yeux ; on reconnaît que la tête est entourée d'un limbe circulaire ; que les mains sont croisées sur l'abdomen : les deux pouces se touchant par leurs extrémités, de manière à former, par leur rapprochement, les deux côtés supérieurs d'un losange que complètent les bords radieux des deux index.

Autant qu'on peut en juger dans l'état de vétusté où elle se trouve, cette statue est l'image d'un homme, car la poitrine ne présente pas les protubérances des seins féminins. Quant aux deux mains, elles sont tellement dégradées qu'on les devine plutôt qu'on ne les voit réellement, — enfin, ajoutons que le *sagum* s'arrête à la hauteur des genoux.

Sur toute la ligne médiane, depuis la tête jusqu'à la partie inférieure du sagum, la patine est moins intacte et moins noire ; cette place paraît avoir été touchée d'avantage que les autres ; elle ne paraît cependant pas avoir subi des violences ; de sorte qu'on peut penser que la statue n'a pas présenté des attributs génésiques. Cependant, à la partie inférieure du sagum, se trouve une petite cupule circulaire de 0ᵐ02 de diamètre, faite à une époque récente, avec un burin de carrier. La pierre est, en cet endroit, aussi nette que si la cupule avait été burinée hier à peine; elle est entretenue dans cet état par les très fréquents attouchements dont elle est l'objet.

Ces attouchements ne sont autre chose que des bai-
sers ; car il faut dire que la crédulité publique affirme,
dans le pays, que les jeunes gens qui désirent se marier, sont exaucés, lorsqu'ils vont embrasser l'*embou-
rigou* (le nombril) de saint Sumian. De même, que les
femmes stériles deviennent fécondes, quand elles ont
accompli cette pratique.

Le stèle présente, à 29 centimètres au-dessous des
pieds de la statue, un sillon horizontal qui le sépare en
deux portions ; la supérieure bien taillée au ciseau,
l'inférieure fruste, ce qui semble indiquer quelle était
noyée dans un socle en maçonnerie, servant de sou-
bassement à la statue. Ce qui prouve, d'ailleurs, que le
stèle était isolé primitivement, c'est que sur la face postérieure on distingue parfaitement une sculpture représentant des ronds entourés de lignes anguleuses, dans
l'espace de 75 centimètres, qui n'est pas noyé dans la
maçonnerie de la voûte de la source.

La face supérieure du stèle présente un trou rectan-
gulaire, à arêtes vives, de 13 centimètres sur 15 centimètres, qu'on peut considérer, par analogie à ce qui se
voit dans les monuments de ce genre, comme la trace
de l'implantation d'une croix, faite dans les premiers
temps du christianisme.

Quant à ses faces latérales, elles sont actuellement
noyées dans le mur de clôture de la source ; aussi je
n'ai pu constater, si elles portent, ou non, quelque sculpture; mais, d'après la forme arrondie des angles des faces
antérieure et postérieure, on peut penser qu'elles présentent, au moins, une dépression longitudinale médiocre.

En juin et juillet 1895, j'ai visité la source de Saint-Sumian, en compagnie de MM. Poncin et Auzivisier, de Brignoles. Le fontainier Saumier, âgé de plus de 70 ans, et qui a succédé à son grand-père dans ses fonctions, nous a montré la disposition des voûtes de captage ; il nous a aussi renseigné sur les divers travaux, dont le livre de M. Lebrun, sur les eaux de Brignoles, fournit les dates et les détails. Il ressort de ces indications, qu'en 1387 déjà, il existait une chapelle de Saint-Sumian, probablement à l'endroit où se trouve actuellement la bastide Saumier. Cette chapelle fut démolie vers 1590. En 1692, la source fut protégée, pour la première fois, par une voûte. Le mur, dans lequel se voit le stèle qui nous occupe, date de 1754.

II

ÉTYMOLOGIES

Il n'est pas sans intérêt de nous arrêter un instant sur l'étymologie de Saint-Sumian, car elle peut nous fournir quelques indications utiles. Mais d'abord, quel est le véritable nom de la source qui nous occupe ? La population de Brignoles l'appelle Saint-Sumian. J'en ai demandé le nom à plus de vingt personnes qui, toutes, ont été unanimes pour cette appellation. La carte de l'état-major, ne porte pas l'indication de la source ; celle du ministère de l'intérieur, porte le nom de Saint-

Simian. Le dictionnaire de Garcin, signale un faubourg de Saint-Simian, dans ce quartier. Enfin Raynouard (*notice sur Brignoles*) et Lebrun (*les eaux de Brignoles*), nous apprennent : que le nom officiel est Saint-Siméon. Mais l'universalité du vulgaire a adopté, invariablement, celui de Saint-Sumian.

Il n'y a aucun saint du nom de Sumian ou de Simian (*simis* singe), dans les martyrologes que j'ai consultés (Simon Martin du XVIᵉ siècle, dictionnaire moderne d'hagiographie de Migne). Je suis donc porté à penser : que ces deux noms n'appartiennent pas au personnel paradisiaque chrétien.

Les martyrologes parlent de plusieurs saints du nom de Siméon ; mais aucun n'est spécial à la Provence, de sorte qu'on peut penser, en définitive, que Sumian est le nom véritable ; que Simian et Siméon n'ont été proposés, d'ailleurs infructueusement, que pour le faire oublier.

Quant au mot Sumian, il paraît être la francisation de deux mots grecs : συμ ensemble ; Μιαω, mêler, souiller, polluer. Ce serait donc : la source de l'entremêlement, qu'on me passe le mot, la source de l'union génésique, qu'auraient voulu désigner, ainsi, nos ancêtres reculés.

Qu'on me permette une petite digression qui corroborera, j'espère, mon hypothèse : l'étymologie celtique de Brignoles : *Brin-non* : bonnes prunes, ne me paraît guère admissible ; je lui préfère l'étymologie grecque de : βρι, particule agglutinative d'augmentation, de force, et Gναω : fertilité, fécondité, mot qui provient de γίγνομαι ou γίνομαι : Naître, devenir, engendrer, exister, mettre au monde, etc., etc. Dans ces conditions, Brignoles signifierait : quartier très fertile, et mieux, très fécond. En rapprochant cette appellation de celle de : *Urbs puerorum* : et de ce fait : que les comtesses de Provence venaient y faire leurs couches, parce qu'on disait, qu'à Brignoles, elles étaient toujours heureuses. Nous avons tout un horizon, qui se rattache à la crédulité relative à saint Sumian.

III

ORIGINE DE LA CRÉDULITÉ

Si avec les indications que je viens de fournir, nous essayons de déterminer : ce que nous pouvons penser, au sujet de la statue qui nous occupe, je dirai que nous sommes, je crois, en présence d'une des très antiques superstitions de nos ancêtres. On peut, en effet, penser : qu'aux temps reculés, antérieurs à la conquête romaine, et même, probablement, à la domination Massaliote, les celto-lygiens, frappés par cette disposition remarquable de deux sources convergentes, l'avaient, en conséquence de leurs tendances religieuses, considérée comme l'image de l'union de deux êtres, attirés l'un vers l'autre par l'amour. Et, comme à cette époque, déjà, le pays était consommateur de population, c'est-à-dire que les femmes étaient peu fécondes, ils avaient eu la pensée de solliciter la divinité de la source, espérant, qu'elle rendrait les mariages fructueux. Les nombreux vestiges du culte des fontaines, et de celui des forces de la nature, que nous trouvons en Provence, corroborent mes présomptions.

Un sculpteur du pays, donna, un jour, un corps à cette divinité aquatique, en sculptant le stèle que j'ai décrit tantôt; stèle, qui fut alors placé, saillant et isolé, soit sur le rocher qui séparait les deux filons d'eau, soit en avant de la nappe liquide de la source primitive.

Nous ne connaissons plus, aujourd'hui, les noms celto-lygiens de cette source et de cette statue ; mais nous pouvons penser que : lorsque les massaliotes introduisirent, en Provence, le dialecte ionien de la langue grecque, elles prirent le nom de Sumian : source et divinité de l'union du mélange, etc., etc. Et, que les pratiques superstitieuses, qui s'étaient faites jusque-là en cet endroit, continuèrent à y être pratiquées, sous le nouveau vocable.

Lorsque le christianisme s'établit dans la contrée, la qualification de saint fut donnée, ici comme en mille autres endroits. L'image qui personnifiait la source, munie d'une croix, qui la surmonta désormais, prit le nom de : Saint-Sumian ; et la population honora un saint chrétien, en continuant, comme par le passé, à adresser ses vœux à l'idole païenne, dans le but de mariage et de progéniture.

Les attentions pieuses des celto-lygiens et des massaliotes, continuant à être de mise chez les provençaux chrétiens, on construisit une chapelle, qui a eu, pendant le Moyen Age, de riches apanages. Et peut-être que, lorsqu'on fit les premiers travaux de captage de la la source, le stèle, sanctifié par la croix qui le surmontait, fut transporté dans cette chapelle, où les dévots allaient l'invoquer, quand ils désiraient se marier ou avoir des enfants. Puis, en 1587, lorsque cette chapelle, qui s'élevait probablement là où se trouve actuellement la bastide Saumier, à l'est de la source, fut démolie; et qu'on enferma cette source dans une voûte, saint Sumian fut placé à l'endroit, où nous le voyons aujourd'hui, et qui répond, peut-être assez exactement, à celui qu'il occupa primitivement, sur le bord méridional de la nappe d'eau.

Mais, le nom de Sumian était assez mal sonnant pour être conservé ; on essaya de le faire prononcer « Simian », appellation qui ne valait guère mieux : (*Simis*-Singe). Aussi, le nom de Siméon, qui ne prêtait pas à la critique, fut adopté par ceux qui voulaient modifier le cours des idées du populaire. Néanmoins, malgré leurs efforts, le public crédule a continué à appeler son saint de pierre du nom de : Sumian; de même, qu'il a continué à lui embrasser le nombril, comme nos ancêtres les plus éloignés, dans la pensée : que cette étrange pratique pieuse, assurait aux femmes, en quête d'hyménée ou de gésine, la réalisation de leurs désirs.

IV

CONCLUSION

Saint Sumian de Brignolès, est, si je ne me trompe, un vestige christianisé de l'antique culte des forces de la nature. Ce culte de la fécondité, est extrêmement intéressant pour ceux qui aiment à s'occuper : des transformations qu'a subi l'idée du surnaturel, à travers les âges. Ce culte a tenu une place considérable dans l'esprit d'un grand nombre de peuples pendant un temps extrêmement long. A ce titre, il mérite de m'arrêter assez longuement ; aussi dans plusieurs chapitres, des divers volumes que je compte publier sur les superstitions et les survivances, j'aurai plus d'une fois à m'en occuper. Nous verrons dans ces chapitres, que : dans nombre de localités, on rencontre, de nos jours, des vestiges analogues à la singulière coutume des Brignolais : d'aller embrasser le nombril de Saint Sumian, pour se marier, ou pour avoir des enfants. Ces vestiges, dont le symbolisme rappelle des coutumes et des cérémonies absolument effacées, aujourd'hui, du rituel des cultes modernes, nous font volontiers sourire ; mais il y a quelques milliers d'années, elles constituaient des actes importants de la vie de nos ancêtres. Elles ont tenu, dans l'esprit des dévots, une place considérable, réservée, aujourd'hui, à d'autres pensées. Mais, si le sujet de la dévotion s'est considérablement modifié, la ferveur des suppliants est restée la même.

CHAPITRE VIII

L'Immersion pieuse du Fétiche dans l'eau

I

CRÉDULITÉS DE LA PROVENCE

Dans certains villages de Provence : à Callian, de l'arrondissement de Grasse ; à Signes, près de Toulon, etc., on avait, dans les siècles précédents, et jusqu'à ces dernières années, la coutume singulière d'aller tremper processionnellement, à un moment de l'année, la statue du saint, patron du pays, dans une fontaine. Cette coutume était, bien certainement, le vestige atténué d'une pratique religieuse de l'antiquité ; à ce titre, elle mérite de nous arrêter un instant.

Voici quelques détails sommaires, touchant cette cérémonie ; c'est surtout de la procession de Callian que je parlerai, car c'est-là : que l'immersion se faisait, avec le plus grand appareil de solennité.

Le jour de la fête patronale, après avoir fait, à l'église, la cérémonie religieuse d'usage, une procession, composée de presque toute la population, se formait. Les habitants des villages d'alentour avaient, littéralement, émigré, pour venir en voir les magnificences ; et plusieurs, d'entre eux, grossissaient le cortège.

Toutes les confréries et les congrégations d'hommes et de femmes, les enfants aussi, faisaient partie de cette procession. La musique n'y faisait pas défaut, et la compagnie des *Bravadaires*, en armes, capitaine en tête, s'apprêtait à faire parler la poudre, fort et longtemps.

Le clergé, revêtu de ses ornements d'église, et, s'étant adjoint quelques ecclésiastiques des environs, pour ne pas être réduit à la simple expression : du curé et de son vicaire, se mettait en frais d'apparat ; il suivait les processionneurs, qui se déroulaient en ordre, sur la route conduisant du village à la rivière la Camiole, et au quartier, où se trouve la source vive de : Sainte-Maxime.

N'oublions pas de signaler : que les statues des divers saints, qui figuraient à cette procession de sainte Maxime de Callian, présentaient cette particularité curieuse : qu'au lieu d'être ornées de fleurs, elles portaient des fruits frais ou conservés. Dans maintes familles, on conservait, par exemple, des grappes de raisins dans du vinaigre, depuis la vendange précédente, pour les faire figurer à la cérémonie dont nous parlons. Il y a là, une indication qui a son prix, car elle nous montre la survivance des attributs de Cybèle, prévalant cette fois à ceux de Flore, qui dominent, ordinairement, dans les processions de Provence.

Cette procession s'avançait, en chantant des cantiques religieux, dans la direction de l'endroit où la statue de sainte Maxime devait être immergée ; bientôt elle entonnait un cantique provençal, racontant comment cette grande sainte avait fait jaillir une source, d'un rocher aride.

> Maxima dins sa bounta,
> Fè sourtir l'aïgo d'oou roucas,

Arrivés au but de leur promenade, les dévots se plaçaient, de telle sorte : que la statue pouvait approcher de l'eau, et la surexcitation mi-joyeuse, mi-pieuse, allait crescendo ; d'autant, que la bravade faisait un tapage infernal pendant la cérémonie de l'immersion. Puis, une fois la statue bien plongée à trois reprises dans l'eau, cette foule, en délire, rentrait au village, en bon ordre, les chanteurs s'époumonant, et les bravadaires tirant, à jet continu, des coups de fusil, tant qu'il leur restait un grain de poudre ; sans compter, que, depuis le commencement de la fête, le vin et les autres excitants alcooliques, étaient consommés, avec une libéralité et une intempérance du premier brin.

La Cérémonie de Graveson. — A Graveson, dans le département des Bouches-du-Rhône, près de Château-Renard, on allait, il n'y a pas bien longtemps encore, le 27 avril, jour de la fête de saint Antoine, patron du pays, plonger à trois reprises la statue dans l'eau du ruisseau des Lônes. Cette immersion était faite en vue d'avoir de bonnes récoltes, et d'échapper: bêtes et gens, aux maladies épidémiques; de même, qu'on espérait, ainsi, que les accouchements seraient heureux et les enfants exempts d'accidents.

Jusqu'au milieu de ce siècle, on allait, à certain moment de l'année, plonger la statue de saint Agricol dans l'eau, dans les environs d'Avignon. C'était dans une pensée absolument semblable, que cette immersion était pratiquée. La population Avignonnaise était persuadée : que sans cette précaution, on était exposé à tous les mécomptes, comme à tous les dangers.

La Cérémonie de saint Gens, au Beausset (Vaucluse). — Lorsque j'ai communiqué à la Société d'Anthropologie, mon mémoire sur l'immersion du fétiche dans l'eau (mai 1891). M. de Mortillet, a rappelé (*loc. cit.* p. 310), que dans le département de Vaucluse, une cérémonie célèbre d'immersion de la statue de saint Gens, s'est faite, pendant longtemps. Le jour de la fête du saint, on disait une messe solennelle, à la suite de laquelle, une procession était organisée. De vigoureux garçons mettaient la statue sur leurs épaules, et partaient d'un pas, d'abord délibéré, puis de plus en plus rapide, et arrivant, bientôt, à l'allure du pas gymnastique, — les fidèles, le clergé, suivaient les porteurs, en se réglant sur leur allure ; tous franchissaient, ainsi, en courant, une distance de plus de trois kilomètres, au bout de laquelle, le saint était plongé dans l'eau. Nombre de dévots, se plongeaient, aussi, dans cette eau, en même temps que la statue, confiants dans l'assurance donnée par la tradition : que jamais un accident de refroidissement n'avait été à craindre dans ce cas ; tandis, au contraire, qu'on était assuré, de passer une année, exempte de maladies et même d'ennuis ou de chagrins, quand on avait accompli cette cérémonie pieuse.

En recherchant, avec quelque soin, dans les coutumes anciennes de divers villages de la Provence, nous trouverions une infinité d'exemples analogues à ceux que nous venons de citer. J'en ai entendu, pour ma part, citer un grand nombre. Et, dans chacun d'eux, c'est la pensée : d'obtenir de bonnes récoltes, et d'éviter les maladies, les accidents ou les malheurs, qui préside à cette immersion.

Cette étrange cérémonie, est bien faite pour étonner ceux qui en entendent parler pour la première fois ; et, comme dans un certain nombre d'autres pays de Provence, à Collobrières, dans le Var, par exemple, on faisait quelque chose d'analogue, c'est-à-dire on allait plonger, en temps de sécheresse, la statue du saint, patron de la localité, dans l'eau, on se demande si : dans ces cas, comme dans celui qui nous occupe, c'est à la traduction d'une même pensée qu'on a affaire ? Je crois, que non ; et que dans ces derniers pays, la cérémonie religieuse, était un vestige : de la coercition du fétiche, soit à l'état de pureté, soit plus ou moins amalgamée avec celle de la rénovation de la divinité, que nous trouvons dans la cérémonie de Callian. Cette cérémonie de Callian est, si je ne me trompe, une survivance, venue jusqu'à nous, du vieux culte de la terre mère, *dea dii*, mère idéenne, Cybèle, Herta, etc.

II

CRÉDULITÉS DES AUTRES PAYS

Dans divers pays, plus ou moins éloignés de la Provence, cette cérémonie : de l'immersion pieuse du fétiche, se rencontre encore de nos jours. J'aurai à en fournir plusieurs exemples, lorsque je m'occuperai des manœuvres qui font tomber la pluie, c'est-à-dire dans un autre chapitre ; nous verrons, alors, que, parfois, c'est non seulement une idole, mais, même, une personne en vie, (*Dauphiné. Revue des Traditions* 1893. p. 613) qui est immergée, ainsi, dans un sentiment pieux.

A Etonnay, dans la Côte-d'Or, on allait, jadis, prendre la statue de saint Martin ou de sainte Apolline, qui dominaient les fontaines de ce nom, pour les baigner, en temps de sécheresse. Le curé s'est refusé, depuis le milieu de ce siècle, à participer à la cérémonie ; mais les paysans se passent de son ministère, et continuent à faire la chose, sans l'accompagner du reflet des religieux qu'elle avait primitivement (H. MARLOT *R. d.*, *trad.* 1895, p. 214).

A Aurignac, près de Nontron, dans le Périgord (Dordogne), il y a une fontaine, dans laquelle la procession va, en temps de sécheresse, plonger le patron du lieu, qui est saint Martial. Pour que la pluie soit suffisamment abondante, il faut que la statue soit plongée aux quatre coins du bassin. (BOUSCAILLON, *R. d. t.* 1895, p. 230).

En Bretagne, on va, dit Mahé, dans son livre sur le Morbihan (p. 328), plonger, processionnellement, la statue du patron du pays, dans la fontaine voisine, dans un grand nombre de villages. Et, cet excellent auteur, qui était chanoine de la cathédrale de Vannes, c'est-à-dire parfaitement à même de savoir ce que faisait le clergé de son diocèse, nous apprend : que, jadis, les bretons idolâtres faisaient cette cérémonie, et que l'église catholique avait adopté la mesure pour éloigner ses paroissiens des superstitions païennes. En Bretagne, le peuple s'est longtemps lavé en entier, dans certaines fontaines sacrées, le jour d'une grande fête ; il en est resté, dans plusieurs localités, la coutume de se laver les mains, ou bien de se faire couler un peu d'eau dans les manches, pendant la cérémonie de la messe, de certains jours, (MAHÉ *Morbihan*, p. 330).

En Roumanie, d'après M. Haron (*R. d. t.* 1895, p. 192), quand la sécheresse se prolongeait, on allait jeter dans un lac une poupée grossièrement façonnée en terre glaise. Dans ce cas, on ne distinguait pas bien : si la cérémonie était seulement pieuse, ou bien, si quelque pensée de coërcition, contre le patron de la localité, était en germe, dans la pratique accomplie par les dévots.

L'église grecque a conservé, dans maints pays, cette cérémonie de l'immersion pieuse du fétiche dans l'eau ; et elle y tient, parfois, une place considérable.

La bénédiction des eaux de la Néva, par exemple, le jour de l'Epiphanie (6 janvier), à laquelle l'Empereur et tous les grands dignitaires moscovites assitent, en est une preuve. D'ailleurs, toutes les sectes chrétiennes de l'Asie et de l'Afrique pratiquent cette immersion; c'est ainsi, par exemple, qu'en Arménie elle est l'occasion d'une grande fête, à laquelle la population entière prend part. La religion chrétienne n'est pas la seule à posséder cette pratique dans son rituel; les cultes de l'Inde, de la Chine, du Japon, comme ceux des Arabes l'ont aussi.

Dans les diverses sectes religieuses de l'Inde, on rencontre, aussi, cette immersion pieuse. C'est ainsi que les femmes indiennes célèbrent, aujourd'hui encore, le 18 janvier, une fête antique de Parvati, épouse d'Eswasa, qui consiste : à fabriquer une statue de la déesse avec de la farine et des graines pétries ensemble, à l'habiller superbement; et, après l'avoir adorée pendant neuf jours, à aller processionnellement la jeter dans l'eau, dans un étang sacré, pour amener la richesse des récoltes attendues (COUTANT D'ORVILLE, t. II, p. 69). Je décrirai cette fête dans un instant. Les prêtres indiens, de leur côté, lavent périodiquement la statue d'Eswara, avec la pensée : qu'ils augmentent, ainsi, sa puissance divine (COUT. D'ORV. t. II, p. 68).

Les talapoins de Siam, ont l'habitude de laver leur idole, le jour de la pleine lune du cinquième mois de l'année ; jour, d'ailleurs, où les enfants lavent leurs parents, les paroissiens, leurs prêtres; et ceux-ci la divinité, dans une pensée pieuse (COUTANT D'ORVILLE t. Ier,

p. 465). Cette opération du lavage, est complétée par celle : de l'onction, du parfum, de la peinture sacrée ; détails qui montrent, doublement, le lien de parenté qui unit la pratique des indiens, à celles des anciens grecs, romains, hébreux, etc., etc.

Dans une infinité de pays de l'Inde, on voit les dévots, aller jeter, pieusement, leur idole dans l'eau, à certains moments de l'année. Le voyageur Della Valle, qui a visité ce pays à la fin du dix-septième siècle, le raconte en divers endroits, notamment à la page 23 de son troisième volume. Au t. VII, p. 70, il nous dit : qu'à Goa, le peuple va, le 17 août, se baigner, en grande pompe, persuadé qu'en agissant ainsi, et en faisant des offrandes à la divinité de l'eau, on obtient : force, santé, et bonheur dans ses entreprises.

Au Japon, on parle d'un saint qui a nom : Jakuski-Uniraï, qui protège les navigateurs. Un navire était, un jour en perdition : un prêtre japonais, passager à bord, invoqua Jakuski-Uniraï, qui lui apparut, et lui ordonna : de jeter, à la mer, son image, que le pieux dévot portait sur lui. Aussitôt, le temps devint beau, et le navire ne courut plus aucun danger. C'est absolument la légende de : saint François Xavier, jetant son crucifix à la mer.

En Egypte, cette immersion pieuse se fait, encore, de nos jours. Les voyageurs modernes, ou antérieurs à notre siècle, disent l'avoir vue célébrer, avec une grande solemnité, le jour de la fête de l'exaltation de la croix. Les prêtres copthes vont, en effet, en grande pompe, jeter une croix dans le Nil, pour faire diminuer l'inondation. La légende raconte : qu'un jour, un prêtre ayant planté, en ce moment, une branche d'olivier, sur le premier autel qui fut bâti au bord du fleuve, à l'occasion de cette cérémonie, elle prit racine, incontinent ; et se transforma, sur l'heure, en un arbre superbe (COUTANT D'ORVILLE t. IV, p. 126).

En temps de sécheresse, les arabes vont prier les oualis ou marabouts, de faire pleuvoir ; ils les obligent à se jeter à l'eau, pour attirer sur la terre, la pluie bénite (*Alg. trad.*, p. 95).

III

PRATIQUES ANALOGUES DES ANCIENS

Cette immersion pieuse de l'idole dans l'eau, dont nous avons enregistré quelques exemples, pour les temps actuels, est un vestige de cérémonies religieuses, qui avaient leur importance, et même leur célébrité, dans l'antiquité. C'est ainsi, qu'il est possible de constater : que les romains, les grecs, les égyptiens, et même, les barbares, baignaient leur divinité, en grande pompe, à certains moments de l'année.

Fête de Cybèle chez les Romains. — On sait, que le 6 des calendes d'avril, qui répondait au 26 mars de notre année, c'est-à-dire au commencement du Printemps, on allait, à Rome, immerger, en grande pompe, la statue de Cybèle, dans la petite rivière l'Almo, qui se jette dans le Tibre. Voici ce qu'en dit Ovide, dans son poème des *Fastes* (liv. IV. vers. 337 et suiv.) « il est un lieu, où l'Almon capricieux se jette dans le Tibre, et perd son nom dans le grand fleuve. Là, un prêtre, à la tête chauve, à la robe de pourpre, lave la déesse et tous les objets consacrés à son culte, dans les eaux de l'Almon ; ses compagnons poussent des hurlements, la flûte rend des sons perçants, les tambours résonnent sous leurs mains efféminées. » Ovide nous apprend aussi : que les dames romaines lavaient Vénus, et se lavaient ensuite (liv. IV. v. 135) — dans un sentiment de piété. — D'ailleurs, qu'on fît l'opération de la lustration au nom de Cybèle, de Vénus, de Pallas, de Rhée, ou d'une autre divinité, c'était toujours la même opération, dans son essence : le passage dans l'eau, le lavage de l'idole qui recevait, de ce fait, une nouvelle puissance. — Ajoutons : que les dieux lares participaient aussi à cette cérémonie ; et, comme les autres, étaient lavés, parfumés, oints, vernis, etc., etc.

La Fête de Minerve Plyntéria. — Dans un grand nombre de localités de la Grèce antique, on allait, en grande pompe, le jour de la fête de Plyntéria, le 24 du mois de Thargélion, prendre la statue de Minerve Aglaure, qui était dépouillée, peu à peu, de ses ornements et lavée, en grande cérémonie, puis revêtue à nouveau de ses beaux habits. (PLUTARQUE *Alcibiad.* traduct. PIERRON p. 490) ; (ATHÉNÉE (liv. III). CALLIMMAQUE, 2e hymne) ; POLLION (liv. VIII. ch. 12), nous ont parlé de cette cérémonie, avec plus ou moins de détails. Cette fête avait une grande réputation à Argos, et attirait un concours considérable de fidèles.

Fête de Junon Canathienne. — Près de Nauplie, dans la province de Corinthe, il y avait la fontaine Canathos, où, tous les ans, Junon venait se baigner mystérieusement, pour recouvrer sa virginité, au dire des mythologues de l'antiquité (*Pausanias*, liv. II. ch. XXVIII § 2). Les prêtres faisaient, à cette occasion, des cérémonies publiques et secrètes, d'une grande importance.

Fête de la Terre-Mère Syrienne. — LUCIEN (*de dea Syriana 47*, trad. TALBOT, t. II, p. 442), raconte: qu'à Hierapolis, ville sacrée de Phrygie, près de Méandre ; l'ancienne Edesse, ou bambycé de Pline, l'ancien (liv v. ch. XXXIII), la magog des syriens. Il y avait, à côté du temple de la déesse syrienne de la Terre-Mère, un lac sacré dans lequel on descendait, aux jours de grande fête, toutes les statues des dieux; pour leur faire reprendre, dans le sein de la mère universelle, une nouvelle vigueur et un surcroît de puissance. Disons, à titre de digression, que les chrétiens d'Arménie qui plongent, de nos jours, encore, la croix dans l'eau, le jour de l'Epiphanie ; de même, que le 5 juillet, ils se jettent, eux-mêmes, dans l'eau, comme les anciens romains aux fêtes de Maïuma (*Della Valle*, t. IV, p. 375), dans la pensée pieuse: de donner force et santé à ceux qu'ils aiment, ne font, en réalité, que continuer, avec leurs rites chrétiens, cette antique cérémonie de la déesse syrienne. D'ailleurs, on sait que dans toute l'Asie : chrétiens, musulmans, boudhistes, etc., etc., ont des cérémonies analogues, qui ne sont que des vestiges des croyances antiques (*Voyage de della Valle*, t. v. p. 42).

La déesse syrienne dont parle Lucien, a une telle

importance dans la question dont nous nous occupons ici, que je dois entrer dans quelques détails touchant son temple, et les cérémonies qui s'y accomplissaient.

Le temple d'Hiérapolis, avait d'abord été un des centres les plus vénérés du culte de la terre mère, sous la forme chthonique et, à mesure que la religion avait pris la forme antropormorphique, ce chthonisme était devenu : la mère universelle, la grande mère, la mère des dieux, Rhée, Cybèle, etc.

Ce temple, était remarquable par sa position et les attributs qui l'ornaient. Cette position et ces attributs révèlent, d'une manière indéniable, l'idée qui avait présidé à son érection. Idée qui était restée parfaitement appréciable, malgré les transformations du culte, que le temps avait entraînées.

Il était bâti sur une grotte, dans laquelle était un gouffre sans fond ; et le sol était disposé de telle sorte, que l'eau qu'on y jetait, s'en allait disparaître dans un trou, qui, malgré son exiguité apparente, ne regorgeait jamais.

Plusieurs légendes avaient, naturellement, cours sur les origines de ce temple ; chacune d'elles vient apporter son appoint à l'idée du culte chthonique primitif. C'est ainsi, par exemple, qu'une d'elle disait : que le trou du parvis du temple, était le chemin par lequel, les eaux du déluge de Deucalion avaient disparu, au centre de la terre.

Une autre légende prétendait : que ce temple avait été construit par des Sémiramis, en l'honneur de sa mère Derketo, appelée aussi, on le sait, Artergatis.

Enfin, une troisième légende assurait : que le temple
avait été construit par Attys, en l'honneur de Rhea.

On voit, en effet, que l'idée chthonienne se montre
dans chacune d'elles ; et même au cas où d'autres indices ne l'eussent pas démontré, aussi, ces preuves
seraient déjà suffisantes,pour faire admettre la version.

Le temple d'Hiérapolis, avait la forme d'un dôme circulaire qui fut, aussi, un symbole chthonique ; il était
entouré de murs, enserrant l'espace réservé au culte.
Au centre de cet espace, était un pin, emblême pha-
lique incontestable, tandis que des deux côtés de la
porte d'entrée principale, s'élevaient deux gigantesques pylones phalliques, pour affirmer davantage, si
la chose était nécessaire, l'idée dominante de la construction.

A certaines époques, des pélerins innombrables
venaient, de tous les pays d'Orient, implorer la divinité dans ce temple. Ils y faisaient quelques cérémonies
intéressantes à souligner, sous le rapport de leur symbolisme. C'est ainsi, par exemple, qu'ils allaient d'abord
remplir des vases dans la mer, et venaient verser
l'eau sur le pavé du sanctuaire, disposé, avons-nous dit,
de telle sorte : qu'elle s'écoulait dans le trou, où elle
disparaissait, aussitôt, quelle que fut sa quantité.

Les pélerins qui venaient faire leurs dévotions à la
mère divine, dans le temple d'Atergatis, apportaient,
aussi, leurs dieux avec eux ; ils allaient, à un moment
donné, processionnellement, les baigner en grande
pompe, dans le lac sacré, voisin du sanctuaire, pour
leur donner un regain de puissance et de divinité.

Il y avait, au moment des fêtes religieuses données en l'honneur des pèlerins, une surexcitation fanatique extraordinaire, qui allait jusqu'aux sacrifices les plus étranges ; les uns, se labouraient le corps à coups de fouet ou de verges ; les autres, se faisaient des blessures plus ou moins graves, plusieurs, même, se mutilaient, pour se consacrer plus dignement, désormais, au culte de cette mère idéenne ; manière assez imprévue, on le voit, d'honorer l'idée de la reproduction qui dominait dans le symbole de la déesse.

La mère des Dieux de Pessinunte. — Il y avait à Pessinunte, en Galatie, sur le fleuve Sangarin, un autre temple célèbre, où l'on révérait la Mère idéenne, Grande Mère, Mère des Dieux, dont la statue était immergée, aussi, à certaines époques ; ce que j'ai dit de la déesse Syrienne d'Hierapolis, et de la Mère idéenne à Rome, me permet de ne pas insister davantage sur son compte.

Fête de Hertha chez les Germains. — Nous trouvons dans Tacite, l'indication suivante, touchant l'immersion de la statue de Hertha dans l'eau, chez les peuplades de la Germanie, qui habitaient sur les bords de la Baltique et de la mer du Nord, dans les contrées devenues depuis *le Hanovre, le Jutland, le Danemark, etc.* « Viennent ensuite les Rendigues, les Aviones, les Angles, les Varnis, les Endoses, les Suardones, les Nuithones protégés par des fleuves ou des forêts. Ces peuples n'ont rien qui mérite particulièrement d'être remarqué, si ce n'est qu'ils adorent tous Hertha, c'est-à-dire la Terre-Mère, qui intervient, suivant eux, dans les

affaires des hommes et parcourt les nations. Il y a dans
une île de l'Océan, un bois consacré et dans ce bois un
char dédié à Hertha et couvert d'un voile que le prêtre
seul a le droit de toucher. Ce prêtre sait le moment où
la déesse visite le sanctuaire ; et il accompagne, avec un
grand respect, son char traîné par des génisses. C'est
une époque de réjouissances. On célèbre des fêtes dans
les lieux que la déesse visite, et où elle daigne s'arrêter ;
les guerres sont suspendues, on ne porte plus d'armes,
et tout le fer est enfermé. Alors, seulement, ils connaissent la paix. et le repos ; alors seulement ils les
aiment; et les choses se passent ainsi jusqu'au moment
où le même prêtre rend à son temple la déesse fatiguée
du commerce des hommes. Le char, les voiles et, si on
les en croit, la divinité, elle-même, sont lavés dans un
lac mystérieux, par des esclaves que ce lac engloutit
aussitôt. De là une terreur secrète, une religieuse obscurité répandue sur un mystère qui ne se découvre
aux hommes qu'au prix de leur vie ». (TACITE. *Mœurs
des Germains.* § LX.)

Fête de Parvati dans l'Inde. — La fête de Parvati,
qui se fait dans l'Inde, en ce moment encore, remonte
à la plus haute antiquité comme nous l'avons dit. Elle a
été décrite en détail dans cent publications. Elle consistait jadis comme aujourd'hui, dans la promenade d'un
énorme char, magnifiquement orné, portant la déesse
entourée de prêtres, de chanteurs et de chanteuses. Ce
char, très *lourd,* est traîné par une foule immense de
dévots, qui accomplissent, depuis un temps infini l'œuvre
pie, en tirant sur les cordes qui servent à le faire avan-

cer. De toute antiquité, on a vu, de temps en temps, quelque fanatique qui va se faire écraser sous ses roues, pour affirmer sa foi. Cette fête, avait et a encore, mille détails remarquables ; mais ce qui nous intéresse ici, pour le moment, c'est que, pendant la procession, l'idole est lavée dans certains lacs et certaines rivières sacrés. Puis, lorsque la procession est terminée, l'image de la divinité est conduite, en grande pompe, vers le fleuve, mise sur deux bateaux rapprochés l'un de l'autre, et qui en s'écartant à un moment donné font engloutir cette image dans l'eau, aux acclamations de la multitude.

Fête Mexicaine du Cycle de 52 années. — Chose très curieuse, nous retrouvons dans l'antiquité du Mexique, une cérémonie qui, à certains égards, présente quelques points de ressemblance avec celles dont nous venons de parler. En effet, on sait que lors du cycle de cinquante-deux années, qui régissait le monde, au dire des anciens mexicains, tous les dieux domestiques et les objets précieux étaient jetés à l'eau ; et n'étaient repêchés que : lorsque, après minuit, les prêtres constataient que la fin du monde n'était pas arrivée, encore, pour cette fois.

IV

ORIGINE DE LA CRÉDULITÉ

Dans les diverses fêtes dont je viens de parler, il y avait cette particularité spéciale : de l'immersion de l'idole, ou de l'objet de piété dans l'eau.

Pour en apprécier la portée, il nous faut remonter à l'origine, et essayer d'établir : comment, de transformations en transformations, la cérémonie originelle en est arrivée au vestige, que nous signalons, pour les modestes localités provençales de Callian et de Signes.

Un fait a, certainement, frappé le lecteur déjà : c'est que cette immersion se faisait, aussi haut que nous remontions dans le passé, en Galatie, en Phrygie, chez les barbares, dans l'Inde ; et, même, en Amérique. Cette constatation nous porte à formuler cette première conclusion : que la crédulité remonte, probablement, à une époque très reculée ; à un temps antérieur à la grande migration des Aryas ; et que c'est leur migration qui la leur a fait porter : vers l'ouest, chez les Syriens et les Grecs ; vers le nord chez les barbares ; vers le sud, chez les Indiens ; et vers l'est chez les Américains.

Certes ! voilà une ancienneté déjà assez grande ; elle est, cependant, bien plus grande encore, si mon hypothèse est exacte : je crois, en effet, que la coutume de plonger le fétiche dans l'eau, par le fait d'une pensée pieuse, remonte tout à fait à l'aurore de la civilisation ; c'est-à-dire, aurait quelques milliers de siècles d'existence.

Tout à fait au début de l'apparition de l'homme sur la terre, quelqu'un de nos ancêtres constata, par expérience ; si, la vue de ce que font les animaux eux-mêmes, ne le lui avait pas appris, déjà : que lorsqu'il était souillé de poussière, de sueur, de fange, etc., etc., et qu'il se plongeait dans l'eau limpide, il en éprouvait un bien-être notable ; ses membres, roidis par les efforts, s'assouplissaient ; son corps, déprimé par les souillures et la fatigue, semblait récupérer vigueur et bien-être.

Or, lorsque les progrès des cultes tout à fait primitifs l'eurent doté des fétiches, talismans, gris-gris, etc., etc., il pensa, par une logique bien compréhensible, que le fétiche pouvait, comme lui, être fatigué, à certains moments ; et devait, comme lui, trouver agréable et utile une immersion dans l'eau pure. La donnée était créée de ce jour là ; elle devait, dans son évolution, arriver à produire des croyances bien étranges : depuis la légende du déluge jusqu'à la pratique du baptême. Mais, on me permettra de ne pas embrasser tous ces horizons, en ce moment. Je m'en tiendrai, seulement ici, à ce qui touche l'immersion du fétiche.

Je ne puis, on le comprend, entreprendre de passer en revue, d'une manière bien précise, les diverses transformations subies par ce culte : de l'immersion du fétiche dans l'eau, parce que nous manquons de trop de renseignements sur l'histoire, les mœurs, les croyances, etc., etc., des peuplades qui vivaient sur la terre, il y a quelque vingt ou quarante mille ans ; mais, ce que nous savons par l'étude de ce qui s'est fait depuis une trentaine de siècles, nous permet de nous en représenter les grandes lignes : Primitivement, un féticheur en quête des moyens d'accroître son importance vis-à-vis des dévots de son pays, imagina de tremper son fétiche dans l'eau, avec ferveur et respect. La manœuvre réussit à frapper l'esprit du *vulgum pecus ;* ce qui fit abonder les offrandes. Les féticheurs du voisinage, voyant ces fructueux résultats, imitèrent leur collègue, dans le même but. Voilà, donc, une cérémonie créée, elle prit, avec le temps, une importance assez grande pour être propagée de proche en proche. Et, lorsque par la pente toute naturelle des choses de ce monde, le culte s'étendit et prit plus d'importance, dans le pays où elle avait été imaginée, cette immersion fut codifiée ; elle devint un des actes importants du rituel.

Ni les dévots, ni même les officiants ne savaient, souvent, comment la pratique était née ; en vertu de quelle filiation d'idées, elle avait parcouru le chemin qui séparait le bain de propreté d'une cérémonie pieuse de grande importance ; mais, tous, firent la chose avec componction, persuadés que c'était œuvre pie, très profitable au bonheur des suppliants.

En ces temps reculés, les communications entre les divers groupes humains étaient assez restreintes, assez rares, pour que l'évolution de la civilisation se fît par des foyers isolés ; et, par conséquent, eut des allures différentes suivant les endroits. C'est pour cela : que le culte de l'immersion de Phrygie, n'était pas semblable à celui de Galatie ; ce dernier, différait de tel autre, ainsi de suite. C'est pour cette raison, aussi, qu'on a constaté des écarts, parfois considérables, entre tel et tel rituel de la même pratique initiale.

Les collèges de féticheurs qui s'occupaient de l'étude des origines ou, au moins, de la signification des diverses pratiques du culte, que le vulgaire des clergés antiques exécutait, sans trop en savoir la raison fonda-

mentale ; et que les dévots suivaient pieusement, sans
en savoir du tout la signification ; les collèges de féticheurs, dis-je, eurent soin, à certains moments, d'em-
ployer, pour la cérémonie qui nous occupe, comme pour
les autres, l'allégorie. Cette allégorie, qui fut, en son
temps, le moyen adopté pour conserver les traditions
sacrées et profanes, était un système assez imparfait de
transmission des faits ; de sorte, qu'elle engendra des
confusions sans nombre ; elles pouvaient, en effet, être
interprétées de plusieurs façons, et signifiaient, suivant
les pays et les collections de féticheurs, les choses les
plus différentes. Cette allégorie fut, de ce chef, l'origine d'une infinité de variantes dans les cérémonies
religieuses ; à ce titre, elle a exercé son influence, ici
comme ailleurs, pour diversifier les pratiques.

Qu'on me permette une petite digression pour
montrer, en passant, comment les idées les plus diverses sont venues réagir, à certains moments, sur un
canevas initial, et ont abouti aux résultats les plus différents : les grecs allaient plonger, on le sait, tous les
ans, la statue de Junon dans la fontaine de Canathos.
Quand on demandait aux féticheurs de ce pays : pourquoi fait-on cela ? ils répondaient : que Junon récupé-
rait, jadis, toutes les années, sa virginité, en se plon-
geant dans la fontaine ; et que la cérémonie évoquait ce
souvenir.

Or, qu'était Junon, dans certains langages allégori-
ques ? C'était l'air. L'air s'épure par l'eau, par la
pluie ; la saison humide exerce une influence heureuse
sur la végétation du printemps suivant, etc., etc. Ju-

non, c'est-à-dire l'air, sépurait ainsi. Et, pour des gens qui parlaient aussi grossièrement qu'ils pensaient, l'idéal le plus saisissant de l'épuration, pour une femme, c'était la récupération de sa virginité. J'aurais de nombreux volumes à écrire, si je voulais m'arrêter sur tout ce qui pourrait être dit à cette occasion; mais, j'arrêterai là ma digression, et je reviens à l'étude des transformations de la pratique, de l'immersion pieuse du fétiche dans l'eau, que nous connaissons, par les indications des auteurs de l'antiquité.

Comme les plus grands bienfaits de la divinité étaient espérés par les pélerins du culte dont nous parlons ; et comme la réputation de la puissance de la mère Idéenne était extrêmement grande dans les populations asiatiques, les romains voulurent la posséder, dans le désir de domination et d'absorption du monde entier sous leur joug. Aussi, il arriva, comme par hasard, qu'en l'an 205 avant J.-C., pendant qu'Annibal menaçait Rome, et que plusieurs prodiges terrifiants étaient signalés en Italie, c'est-à-dire: au moment où l'opinion publique était surexcitée, qu'on consulta les livres sybillins. Ces livres dirent : que pour chasser l'ennemi, il fallait apporter, à Rome, la mère idéenne de Pessinunte.

On sait que des ambassadeurs furent envoyés près d'Attale, roi de Phrygie ; et qu'après diverses péripéties, la statue de Pessinunte qui, était, soit dit entre parenthèse, une pierre noire qu'on adorait sous les noms de : grande mère, mère des dieux, Rhea, Cybèle, Artémis , Minerve aphrodite, et, même, Vesta , fût portée, en grande pompe, à Rome. Elle donna lieu, pendant son voyage sur le Tibre, au prodige de Claudia, la vestale soupçonnée d'impudicité, qui fit marcher le navire en le tirant avec son voile, alors que les efforts les plus grands avaient été infructueux.

A partir du moment où la Cybèle de Pessinunte fut installée à Rome, on institua des fêtes annuelles en sa faveur. Ces fêtes avaient lieu du 4 au 10 avril ; et nous avons vu : que la déesse était plongée dans l'Almo. Un vieux pontife, vêtu de pourpre, était chargé de baigner la pierre, pendant que des chants, des cris frénétiques retentissaient dans les environs ; que la musique faisait rage ; et que les dévots se donnaient la discipline, à coups de fouet, transportés, qu'ils étaient d'une sainte surexcitation.

Primitivement, on aurait bien voulu établir à Rome le culte de la mère Idéenne, sur le même pied qu'en Phrygie, mais le fanatisme religieux n'était pas poussé chez les latins, au point de leur faire faire les folies des peuplades asiatiques ; les eunuques, en particulier, y étaient trop méprisés. Ce résultat du culte de la fécondité n'y paraissait pas logique, de sorte que la fête se transforma, bientôt, d'une manière plus en rapport avec les mœurs romaines ; il en résulta une cérémonie mixte qui, toute bruyante qu'elle fut, ne ressemblait plus que de loin à celle qui lui avait donné naissance.

L'introduction du culte de la mère Idéenne à Rome, marque le moment de la transformation du culte dans la république. Avant, c'étaient surtout les dieux italiques qui avaient la prépondérance ; tandis qu'après, la porte étant ouverte aux conceptions mystiques étrangères, elle firent irruption dans le monde romain. Ces conceptions étrangères contribuèrent à obscurcir les données primitives, par des adjonctions, des complications, des mélanges de toutes sortes; en même temps, qu'elles élargirent considérablement le champ du culte. Cette expansion était d'autant plus facile que les romains ne proscrivaient, on le sait, aucune religion, et, au contraire, acceptaient toutes les formes qu'ils rencontraient, en leur faisant subir très habilement, par l'apparence même de la bienveillance, les modifications utiles à leur domination.

Nous venons de voir : comment la cérémonie de l'immersion de la divinité s'introduisit à Rome. Nous avons besoin de reprendre la question à un autre point de vue, pour montrer que ce ne fut pas sa seule porte d'entrée dans notre pays. En effet, nous savons que les peuplades qui habitaient sur les bords de la Baltique, près du Danemark, avaient le culte de Herta, qui procédait de la même idée primitive. Ce culte, venant de l'est à l'ouest par la voie du Nord, c'est-à-dire des barbares : Sarmattes Goths, Scythes etc., etc., avait pris des allures sanguinaires, qui faisaient défaut dans le rituel du monde grec, plus policé ; et, trop doux d'aspirations, pour se complaire aux sacrifices humains, trop souvent en honneur, chez les peuples germaniques.

Ce culte de Herta, s'était propagé, de pays en pays, vers les Gaules ; il était arrivé jusqu'à nos contrées méridionales. Nous en avons une preuve entre cent, dans l'importance que les mots Hertha, Berthe, ont conservé dans le domaine des superstitions populaires de maintes provinces françaises, y compris le Jura, le Lyonnais, la

Provence même. Il est donc infiniment probable, que : lorsque les romains envahirent la Provence, et entreprirent d'absorber le pays sous leur domination, ils trouvèrent le culte de Hertha établi chez les celto-lygiens. Selon leur coutume, l'acceptant pour le transformer à leur manière. Ce culte fut bientôt entièrement identifié à celui de Cybèle, et l'immersion dans les fontaines ou les torrents de la Provence, ne fut, bientôt, plus que la réédition de ce qui se faisait sur les bords de l'Almo.

Le lecteur se demandera peut-être, pourquoi ces vestiges de croyances antiques se sont perpétués, dans les pays comme : Callian et comme Signes, alors qu'on ne les retrouve pas dans d'autres localités de bien plus grande importance. La réponse est facile à faire : Callian et Signes furent, dans le passé, des localités plus importantes, alors la plupart des villes actuelles de cette partie de la Provence n'existaient pas encore, ou étaient tout à fait rudimentaires. Callian, était, probablement, l'oppidum principal des ligauni, avant la domination romaine ; elle dût sa création à une position stratégique, qui lui donna, de bonne heure, de l'importance ; elle conserva son rang pendant une longue suite de siècles. Jusqu'en 1038, il y avait un prince de Callian ; et cette ville joua un rôle dans les guerres de Raymond de Turenne, à la fin du quatorzième siècle.

Signes, de son côté, fut probablement le comptoir Massaliote ; elle avait, on s'en souvient, une telle importance, pendant le Moyen Age, que sa *cour d'amour* a conservé une réputation de premier ordre.

Dans ces conditions, on comprend pourquoi il est

resté dans ces localités des traces qu'on chercherait, en vain, ailleurs. Et si la légende prête à Signes, comme à Caillan, la poésie de châtelaines amoureuses, ou pieuses jusqu'à la sainteté, l'analyse des détails de ces traditions nous montre, que, très probablement : c'est à la source vive de la localité, c'est-à-dire au culte primitif de la terre mère, que sont dues la prépondérance et la réputation qu'elles ont conservées, à travers les âges, pour les choses de l'intelligence.

Je ne chercherai pas à établir : quels sont les liens qui rattachent les cérémonies indiennes et mexicaines à celles de Herta et de Cybèle. Pour la première, il y a longtemps qu'on a montré, on le sait : que, parties d'un point commun situé sur les versants de l'Hymalaya, maintes manifestations des conceptions humaines ont cheminé : dans la direction de l'*Ouest*, aussi bien que dans celles de l'*Est* et du *Sud*, avec les migrations ethniques. Pour la seconde, la discussion de, savoir ou bien : si nous sommes en présence d'un fait dû à une migration ethnique, remontant si haut dans le passé que des révolutions géologiques considérables ont pu, depuis, mettre un océan immense à la place où avaient été jadis des continents ; ou bien, si nous avons affaire à deux manifestations spontanées de la même idée dans le cerveau humain ; la question est si obscure encore, qu'il serait téméraire de faire plus : que de se borner à souligner, seulement, les faits observés, sans chercher à les expliquer.

Si je ne reculais devant la crainte de donner à mon étude une trop grande longueur, je pourrais développer ici, comment, par une succession de transformations, il est arrivé : que la fête païenne de Junon, de Minerve, de Cybèle, de Herta, est devenue une cérémonie chrétienne ; comment, au lieu des grandes déesses : mère idéenne, mère des dieux, la divinité de Callian est devenue sainte Maxime (*Sancta Maxima*).

Sans cette crainte : de donner trop de longueur à mon étude, je pourrais aussi montrer que : certaines cérémonies, comme par exemple, celle de l'Épiphanie des grecs, où le prêtre plonge, en grande pompe, une croix dans l'eau ; celle du samedi saint des catholiques, où le cierge pascal est immergé de la même manière, ne sont, en somme, que des survivances, plus ou moins modifiées, des cérémonies antiques, dont nous venons de nous occuper. Mais les détails de ces transformations du paganisme au catholicisme ont assez souvent été mises en lumière, pour que je puisse ne pas insister plus longuement en ce moment. Je puis, donc, m'en tenir à ce que je viens de dire, touchant la curieuse coutume : de l'immersion de la patronne chrétienne de Callian, dans la fontaine voisine du village.

Dans le chapitre suivant j'aurai d'ailleurs, à revenir sur l'immersion du saint, en parlant de ce qu'on fait à Collobrières, à Graveson, au Beausset, etc., etc.

V

CONCLUSION

Quoi qu'il en soit, en envisageant la cérémonie de l'immersion pieuse de l'idole dans l'eau, on peut dire qu'elle n'est, en somme, qu'une transformation du

29

culte des fontaines de l'eau, de la propreté qu'entraîne le lavage, etc., etc.

Pour cette manifestation de la religiosité, comme pour les autres, on voit : que les premiers dévots eurent l'idée élémentaire, vague, incomplète, fruste, qu'on me passe le mot. Puis, à mesure que le culte fut perfectionné, elle prit des formes plus concrètes; mieux arrêtés.

L'anthropomorphisme vint se substituer, ensuite, à l'idée originelle des forces de la nature, etc., etc.

En un mot, nous pouvons dire : qu'en ceci, comme en tout, les religions se stratifiant les unes sur les autres, comme les dépôts à sources incrustantes, ont transmis, d'âge en âge, la donnée initiale, en l'appropriant, au fur et à mesure, à la mode du moment.

C'est ainsi : que de Cybèle, de Rhéa, de Herta, de la Mère Idéenne, de la Grande mère à sainte Maxime (*Sancta Maxima*) ; de la fontaine, la bonne fontaine, (*Sancta Pons*) à Saint-Pons, la transmission paraît simple et naturelle, pour celui qui veut y réfléchir un instant, en se dégageant de toute pensée étrangère à celle de la pure curiosité scientifique. Nous pouvons ajouter, aussi, que de même : entre deux pratiques d'immersion de l'idole, presque semblables, en apparence, on peut distinguer : le fait de l'adoration proprement dite, de celui de la coercition, exercée par le dévot, sur son fétiche récalcitrant.

CHAPITRE IX

La Punition infligée au Fétiche

I

PRATIQUES DE LA PROVENCE

On rencontre chez les provençaux de nos jours, des vestiges de la pratique des hommes primitifs, qui consistait à punir le fétiche, lorsqu'il n'avait pas rendu le service pour lequel on l'avait invoqué. J'ai observé quelques-unes de ces survivances, notamment la mise en pénitence de saint Joseph, l'immersion dans l'eau de l'image d'un saint, l'affection ou l'antipathie d'une population pour celui qui conjure ou provoque les orages, certains jurons des provençaux. Ces réminiscences inconscientes du passé, dans les coutumes, les croyances et les superstitions de nos contemporains, me paraissent mériter de nous arrêter un instant; elles ne manquent pas d'être intéressantes, comme on va le voir.

La mise en pénitence de saint Joseph. — Quelqu'un

que je ne spécifierai pas d'une manière plus précise, pour ne pas lui être désagréable, ayant eu besoin d'aller, dans le courant de l'année 1887, dans une maison religieuse d'une certaine grande ville de Provence, constata : que la statue de saint Joseph, qui ornait le parloir de la Communauté, avait la face tournée contre le mur. Pensant que c'était le résultat de l'inadvertance de quelque domestique, il en fit l'observation, mais il lui fut répondu : que le saint avait été placé, ainsi, intentionnellement, parce qu'il était en pénitence, pour le moment ; n'ayant pas exaucé les prières qu'on lui avait adressées ; n'ayant pas accordé la faveur qu'on lui avait demandée, dans le couvent.

Ce fait étonna profondément le visiteur ; il en parla à diverses personnes, et l'aventure vint jusqu'à moi. On comprend que je n'étais pas d'humeur à négliger de m'informer de ses détails, car il y avait une importance considérable, à mes yeux, dans la constatation, à notre époque, d'une pratique fétichique, dont l'origine remonte aux premiers âges de l'humanité. Je questionnai donc ceux qui étaient à même de me renseigner d'une manière certaine — tous corroborèrent l'indication, avec une précision telle : que le moindre doute ne pouvait subsister dans mon esprit. — Un habitué du couvent, parfaitement au courant des choses de cette maison religieuse, me dit, même, la raison pour laquelle saint Joseph était puni : il n'avait pas voulu jusque là, malgré les prières qui lui avaient été adressées, suggérer à un voisin très pieux, de mettre dans son testament : qu'il laissait à la Communauté un morceau de terrain dont elle avait besoin. On a même fait savoir, ajouta mon informateur, à ce voisin qui en est profondément ému, du reste, que : si saint Joseph continue, ainsi, à rester sourd aux prières de la Communauté, à cet égard ; on le mettra en pénitence dans la cave — et bien plus encore ! qu'on le fustigera d'importance, si besoin est.

Je n'en voulais pas croire mes oreilles, et cependant, il a bien fallu me rendre à l'évidence des faits, devant les affirmations de plus de vingt personnes qui avaient eu parfaitement connaissance de cette punition infligée au saint. Bien plus, j'ai appris, depuis : que dans certaines villes des Bouches-du-Rhône, du Lyonnais, qu'à Paris même, cette pratique avait été constatée dans la communauté dont je parle. Toutes ces indications, très précises du reste, font qu'il n'est pas possible de mettre en doute la punition du fétiche dont je parle, quelque stupéfiante qu'elle paraisse, à priori.

Le Christ jeté par la fenêtre.— J'ai connu à Toulon, vers le milieu de ce siècle, une femme qui, ayant eu un enfant malade, invoqua un superbe christ en ivoire qu'elle possédait, et pour lequel elle avait une dévotion toute particulière. — J'ai lieu de croire que ce christ, qui était vraiment une œuvre d'art, avait appartenu à quelque famille noble, et était tombé dans les mains des parents de cette femme, lors de la vente des biens des émigrés en 1793 ; car il n'était pas en proportion avec l'état de fortune et d'élégance de la maison. — Or, l'enfant de cette femme mourut, malgré les prières, les neuvaines, les cierges brûlés en l'honneur du Christ.

Dans un mouvement de désespoir, elle saisit le crucifix, et lui dit : « Coquin ! puisque c'est ainsi que tu as
répondu à mes supplications, tu verras ce dont je suis
capable » — et, joignant le geste à la parole, elle le jeta
par la fenêtre. — J'aurai à revenir sur ce fait, car le
christ se rompit la jambe en tombant, et, peu de temps
après, cette femme ayant eu la jambe cassée, aussi, on
ne manqua pas de dire dans le pays : que c'était la
punition de cette impiété.

L'Immersion de la statue d'un saint dans l'eau. —
Dans un certain nombre de localités de la Provence,
on a été longtemps persuadé, et l'on croit, quelque peu
encore, en ce moment : que lorsque la pluie fait défaut
dans la contrée, on peut la faire tomber, en allant plonger la statue du patron du pays dans l'eau. Cette coutume est assez complexe ; comme je l'ai fait remarquer
dans le chapitre précédent, en examinant ce qui se fait
dans les divers villages où elle existe, on constate : que
nous sommes en présence de deux vestiges distincts
des pratiques anciennes : dans les unes c'est la coercition, pure et simple, qui est exercée par cette immersion ; dans d'autres, l'immersion est, au contraire, une
manœuvre de simple piété ; enfin, dans un certain
nombre, les deux pratiques se sont confondues : de telle
sorte que l'immersion tient, tour à tour, ou suivant le
cas, à la coercition ou à la prière. Dans le dernier cas,
c'est un vestige du culte de Cybèle, Hertha, etc., etc. ;
dans l'autre c'est la punition du fétiche.

La cérémonie de Collobrières. — A Collobrières,
dans le massif des Maures, entre Hyères, et Saint Tropez,

on a une dévotion spéciale pour saint Pons. Qu'on me permette de souligner la ressemblance qu'il y a, entre : Pons et Fons, et de rappeler : qu'en Provence, il y a une grande quantité de quartiers ruraux placés sous le patronage de ce saint ; tous, ont une fontaine remarquable par son abondance ou sa fraîcheur. Quoi qu'il en soit, à certaines époques de l'année, on faisait à Collobrières, une procession solennelle ; et, lorsque la sécheresse menaçait les récoltes, ce qui arrive fréquemment dans le massif montagneux de la région, on invoquait saint Pons avec ardeur. Si la sécheresse continuait, malgré les prières, ont portait cérémonieusement saint Pons, dans le quartier qui avoisine la rivière, et on le trempait, irrévérencieusement, trois fois, dans l'eau, pour lui exprimer le désir d'avoir de la pluie ; et aussi, le mécontentement qu'on avait contre lui, parce qu'il n'avait pas fait pleuvoir.

Saint Sumian de Brignoles invectivé par les blanchisseuses. — Saint Sumian de Brignoles, qui m'a occupé dans un chapitre précédent, est invoqué ou injurié, à chaque instant, par les blanchisseuses de la localité, lorsqu'il fait trop chaud ou trop froid, qu'il pleut trop ou pas assez ; que la lessive a réussi, ou non, à rendre le linge blanc, etc., etc.

La conjuration des orages. — Dans un grand nombre de villages de la Provence, le curé passe, encore, pour posséder la curieuse propriété d'écarter les orages. La cérémonie de cette conjuration m'occupera dans un autre chapitre, et ne me retiendra pas ici. Je ne veux souligner que ce détail : que tous les curés n'ont pas le même pouvoir, au dire de la crédulité populaire ; ce qui leur nuit, quelquefois beaucoup, dans l'esprit de leurs paroissiens. Un ecclésiastique, me racontait en 1889, que dans certains villages, lorsqu'il y a un changement de pasteur, on est assez préoccupé de savoir si le nouvel arrivant a le *pouder* (pouvoir). De ce *pouder*, en effet, dépendent la sympathie et le respect des ouailles. A la première menace sérieuse d'un orage, on sollicite le nouveau recteur, pour voir s'il réussira à *esconjurer* la nuée. Dans certaines localités, il est arrivé, plus d'une fois, que le vicaire avait meilleure réputation que le curé, sous ce rapport, ce qui a, souvent, créé une situation très difficile au supérieur ; et a, même, obligé, dans plus d'un cas, l'évêque de le changer de résidence.

Il n'y a pas, on le sait, que les prêtres qui ont la propriété d'éloigner les orages, nombre de saints ont la réputation de posséder la même spécialité, comme je le dirai ailleurs, seulement leur réputation est sujette à des variations : lorsqu'il arrive, que, malgré les prières qu'on a adressées à tel ou tel patron d'une localité, la grêle, la foudre, la pluie, la gelée etc., etc., ont fait du mal aux récoltes, on ne se gêne pas pour dire des choses très déplaisantes à son adresse ; on cesse, même, parfois, de l'invoquer, en pareille occurence, pendant plus ou moins de temps.

Il est, enfin, ainsi que je le spécifierai dans le chapitre où je m'occuperai de la conjuration des orages, une troisième catégorie d'individus, qui peuvent *esconjurer* les orages, d'après les croyances des provençaux, ce sont les sorciers. Dans plus d'un village, on connaît tel

vieux ou telle vieille qui a cette spécialité. Et, suivant
que les récoltes sont épargnées ou souffrent des intem-
péries de l'atmosphère, la voix publique est aimable ou
malveillante vis-à-vis d'eux. Même, au cas où l'on n'a
pas à se plaindre du sort, on les regarde avec une certaine crainte répulsive ; mais, si l'on en a à souffrir matériellement de ce qu'on croit être le résultat de leurs
maléfices, on arrive même à leur manifester de la mauvaise humeur, d'une manière, parfois, très brutale. Il y
a, on le sait, plusieurs exemples de sévices graves exercés, par des paysans en colère, contre les individus
accusés de sorcellerie.

Les jurons des provençaux. — Quand on étudie les
jurons que les gens grossiers ont si souvent à la bouche, en Provence comme ailleurs, on est frappé de ce
fait : que les injures les plus blessantes ou les plus
violentes, sont adressées à la divinité, plus directement
dans ce pays que dans bien d'autres : Voleur, coquin,
lâche, débauché, fainéant, telles sont les aménités dont
on gratifie couramment cette divinité, lorsque les choses
ne marchent pas comme on le désire. Sans doute, me
répondra-t-on, les grossiers de tous les pays jurent facilement ; mais je suis convaincu, pour l'avoir observé
comparativement dans les régions les plus diverses de
France, et des autres pays du monde, que chez les provençaux, les injures adressées à la divinité, sont plus
fréquentes et plus corsées, que dans une infinité d'autres agglomérations humaines.

La Provence n'a pas le monopole des vestiges
qui nous occupent en ce moment. Dans une infinité de

contrées du monde, on les retrouve assez remarquables et assez caractéristiques pour ne laisser place à aucune hésitation ; il ne me sera pas difficile de le démontrer, comme on va le voir; mais pour la clarté de mon exposition, j'ai d'abord besoin de dire : que lorsqu'on jette un coup d'œil synthétique sur le sujet, on voit : que les superstitions que nous étudions se partagent en deux groupes bien distincts.

A. — L'animadversion contre le fétiche.

B. — L'animadversion contre le féticheur.

Le lecteur me permettra de suivre cette division dans mon exposition.

II

PREMIÈRE CATÉGORIE. — ANIMADVERSION CONTRE LE FÉTICHE

Les faits qui se rapportent à cette catégorie, sont si nombreux, que celui qui voudrait les colliger tous, aurait vraiment fort à faire ; aussi me bornerai-je à n'en citer que quelques-uns. Celui qui aurait la curiosité d'en augmenter la liste, n'aurait qu'à passer en revue les superstitions connues des divers groupes ethniques du présent et du passé ; la récolte serait facilement abondante.

Ces réserves étant faites, je dirai tout d'abord : que tant dans l'est que dans l'ouest, le nord ou le centre de la France, on voit, à chaque instant, de nos jours encore, un dévot adresser successivement ses prières à tel ou tel saint. Si, au cours de la conversation, on lui demande pourquoi il invoque aujourd'hui celui-ci, qu'il avait délaissé précédemment pour celui-là, et *vice-versa*, il vous répond d'une façon toute naturelle : « Que voulez-vous ? Je m'adressais, jusqu'ici, d'habitude, à saint X... quand j'avais besoin de protection, mais je me suis aperçu qu'il ne s'occupait pas de moi ; alors j'ai pris le parti d'invoquer, désormais, saint Y... qui m'écoute avec plus de bienveillance, et m'exauce plus souvent.

Au XVIII° siècle, on jetait à l'eau ou l'on fouettait, dans le Finistère, les statues des saints qui n'exauçaient pas les vœux qu'on leur avait prié d'exaucer (CAMBRY. *Voy. dans le Finistère*. p. 340).

Sébillot, dans ses *Légendes de la Mer*, cite plusieurs cas de punition du fétiche, se rapportant aux saints invoqués par les matelots bretons, normands, etc., etc. A Dieppe, à Boulogne, à Dunkerque, comme sur la côte bretonne, nantaise, bordelaise et même basque, il arrive souvent, que les matelots ou pêcheurs, invectivent et frappent, même, l'image sainte du patron de leur barque, lorsqu'ils ont rencontré du mauvais temps, ou fait une maigre pêche, malgré leurs invocations et leurs prières.

Au commencement de ce siècle, il n'était pas nécessaire d'aller bien loin, sur nos côtes, pour voir infliger des sévices à une idole, et même à un individu vivant, par les matelots en quête d'un vent favorable. Dans toute la Méditerranée, les vieux matelots étaient persuadés : que rien n'était capable de faire venir le bon vent, comme de prendre le mousse de la barque, et de lui infliger une vigoureuse fessée à coups de corde.

Renan, a raconté une anecdote de sa vie, qui montre
que la punition du fétiche est encore pratiquée, de nos
jours, en Bretagne. « On me conta, dit-il, comment mon
père, dans son enfance, fut guéri de la fièvre. Le matin,
avant le jour, on le conduisit à la chapelle du saint
qui guérissait. Un forgeron vint, en même temps,
avec sa forge, ses clous, ses tenailles, il alluma son
fourneau, rougit ses tenailles ; et mettant le fer rouge
devant la figure du saint : Si tu ne tires pas la fièvre à
cet enfant, je vais te ferrer comme un cheval » lui dit-il.

J. Baissac, dans son curieux livre sur les *Origines de
la Religion* (Paris. DECAUX, éditeur. 1877. p. 52), rapporte le fait suivant, qui vient bien à l'appui de mon
assertion : une dévote lui disait pendant un pèlerinage :
« La vierge noire de Chartres, n'est pas belle, mais elle
est moins grande dame, plus compatissante que Notre-
Dame-des-Victoires : aussi je l'aime davantage. »

On sait que les pêcheurs dieppois ont une grande
dévotion pour le patron de leur barque dont l'image
est dans la cabine du bateau : ce saint reçoit les prières
les plus ardentes pour le beau temps, la pêche fructueuse, etc., etc. ; mais il est exposé aux injures et aux
coups de couteau même, lorsque le pêcheur croit qu'il
ne l'a pas exaucé. D'ailleurs, la formule même de certaines prières adressées aux saints, par les dévots contemporains d'une infinité de pays, nous révèle la pensée
initiale qui a présidé à leur invention. J'en fournirai
pour preuve, l'exemple de ce qu'on dit vulgairement à
saint Antoine de Padoue qui, comme on le sait, a la
réputation de faire retrouver ce qu'on a perdu :

« *Saint Antoine de Padoue, rendez ce qui n'est pas à vous.* » Cette phrase n'est-elle pas, en effet, une objurgation adressée au fétiche ?

Dans le Minervois, lorsqu'un mariage est célébré, les jeunes filles défilent devant la statue de saint Seire, en le menaçant, tour à tour, d'une petite hachette qu'elles se passent, de main en main, en lui disant : « Grand saint Seire, si dans le cours de l'an, tu ne me donnes pas un galant, voici pour t'entailler le flanc. » — (BABOU. *Païens Innocents*. p. 230.)

Lorsque la récolte était mauvaise dans le Quercy, on courait aux églises pour fustiger les saints. (MONTEIL. *Hist. des Français*. t. I, p. 365.)

En 1884 ou 1885, les habitants de Mouzon, jetèrent dans la Meuse la statue de saint Winibrod, qui n'avait pas su arrêter la maladie du raisin. (RÉNÉ STIÉBEL. *R. des Trad.* 1890. p. 576.)

Pour montrer l'exactitude de mon assertion par un autre genre de preuves, je n'ai qu'à ajouter : qu'en Provence, comme ailleurs, et plus peut-être que dans beaucoup de pays, les dévots ont l'habitude de promettre beaucoup à la divinité, au moment de la crainte ; et de lui donner peu, lorsque le danger est passé. Les histoires plaisantes du marin qui avait promis de faire l'ascension de N.-D. de la Garde de Marseille, avec des pois chiches dans ses souliers, et qui, le jour du pèlerinage, eut soin de les faire cuire pour les ramollir ; celle du patron de barque qui promettait à la Vierge, un cierge gros comme le mât du bateau, et qui répondit, à voix basse, à son fils effrayé de la prodigalité de son père :

« Tais-toi ! lorsque le danger sera passé, elle se conten-
tera bien d'un cierge de deux sous, » plaident certainement en faveur de cette opinion, d'une manière élo-
quente.

Si nous trouvons de nombreux exemples de la punition du fétiche, dans diverses régions de la France, à
fortiori, nous en rencontrons dans beaucoup d'autres
pays. M. Defricheux (*Tradition, Mars,* 1890, p. 77)
raconte : que dans une petite commune du Hainaut, en
Belgique, le fils d'un bedeau qui n'avait pas envie
d'être soldat, consulta son curé sur les moyens de tirer
un bon numéro à la conscription. Celui-ci, lui conseilla
de faire dire une messe à la sainte Vierge ; et pour plus
de sûreté, de mettre sur lui, le voile de cette vierge, en
allant à la mairie. Mais, malgré ces précautions, le
jeune homme tira un mauvais numéro. Son père,
furieux du résultat de ses invocations, se mit à injurier
Dieu, la Vierge, les Saints ; il brisa toutes les images
et les statues pieuses qu'il y avait dans la maison, y
compris le Christ qui se trouvait sur la cheminée.

Ce fait, n'est, d'ailleurs, pas isolé ; N. Nimal, (*Tradition,* juillet 1889, p. 200) avait raconté, déjà : qu'en Belgique, saint Joseph est invoqué pour les mariages ; et
qu'une mère qui avait une grande envie de marier sa
fille, lui fit de grandes dévotions ; mais, voyant, au
bout d'une année, que ses vœux n'étaient pas exaucés,
elle se lassa de prier ; elle pendit au cou de la statue
du saint, qu'elle avait dans sa chambre, une grosse
pierre : jurant qu'elle la lui laisserait, jusqu'à ce qu'elle
fut plus contente. Les épouseurs n'arrivant pas, mal-

gré cette punition infligée à saint Joseph, la mère s'avisa, dans son mécontentement, de mettre, la troisième année, la statue en pénitence dans sa table de nuit ! Ce moyen extrême réussit, ajoute le conteur, car on demanda, enfin, la jeune fille en mariage.

En Espagne, en Portugal, divers saints sont invoqués respectueusement par le populaire, et sont injuriés lorsqu'ils n'accordent pas ce qu'on leur demande. Nous pouvons citer: comme se rattachant à cette pensée de la coërcition du fétiche, la coutume qu'on a à Cordoue: d'aller chercher la statue de N.-D. de Villaviciosa, dans la petite chapelle rurale de Saint-Ferdinand, pour la promener autour de la ville, et la garder dans la cathédrale jusqu'à ce que la pluie soit arrivée, lorsqu'on a des craintes de sécheresse. Par exemple, aussitôt après que l'ondée bienfaisante est arrivée, il faut se hâter de rapporter la statue dans sa chapelle, disent le bonnes gens du pays; car, si l'on essayait de prolonger son exil, on verrait, un beau matin, que la statue s'en est retournée, miraculeusement, toute seule, pendant la nuit, ce qui serait un grand malheur pour la contrée.

En Italie, les fameux miracles de saint Janvier, de Naples; de saint Pantaléon, de Lavello; de saint Antoine de Padoue, montrent que ces saints auraient à craindre la vindicte des dévots, s'ils tardaient un peu trop, à se rendre à leurs prières.

Le P. Labat, dans son *Voyage d'Italie* (t. v, p. 377), raconte de la manière suivante les dévotions de la populace de Naples à saint Janvier : « C'est sans contredit saint Janvier qui est le plus importuné, et surtout des femmes. C'est un plaisir de se tenir dans cette chapelle, et d'entendre les compliments qu'elles viennent lui faire quand elles ont besoin de lui ; car elles ne se contentent pas de prier en silence et en remuant les lèvres bien fort, comme faisait la mère de Samuel quand le grand prêtre Héli se trompa sur son sujet. La ferveur les emporte, souvent, jusqu'à parler tout haut, et à dire au saint, les choses les plus tendres qu'elles se puissent imaginer, pour l'engager dans leurs intérêts. Elles l'appellent : beau, charmant, le plus illustre des évêques, le premier des martyrs, elles le font souvenir qu'il a le cœur généreux et bien placé ; elles l'assurent qu'elles seraient infiniment reconnaissantes ; et après que, selon les règles de l'éloquence, elles croient avoir captivé sa bienveillance, elles lui prouvent par les raisonnements les plus pathétiques la justice de leurs demandes, la facilité qu'il a de les leur accorder, la nécessité même où il est de le faire, et de le faire promptement, et de bonne grâce. Les promesses suivent les raisons ; et, quelquefois, on en vient aux menaces.

« On en entend d'autres, qui font des remerciements dans lesquels la plus tendre reconnaissance est exprimée, dans les termes les plus tendres et les plus affectifs.

« Mais, comme tout le monde n'est jamais content, il se trouve un nombre plus considérable d'affligées et de plaignantes. Celles-ci, ne gardent point de mesure, et suivent le naturel mutin, violent et turbulent de la nation ; elles n'en demeurent pas aux simples plaintes, aux invectives, aux reproches, aux injures. Un tempérament vif et trop animé, les porterait plus loin, si on les laissait faire; mais, comme on les connaît, on y met ordre; et de peur de pis, on les fait partir de la chapelle, quand on s'aperçoit qu'elles commencent à pousser trop loin leurs plaintes et leurs reproches. Que faire ? c'est l'image du pays, on est accoutumé à une certaine liberté, dont on ne veut pas se priver, même en parlant avec les personnes les plus respectables de l'autre monde (LABAT, t. v, p. 378). »

Dans son voyage d'Italie (t. v, p. 15), Labat raconte aussi: que le 24 juillet 1710, on fit, dans le couvent de son ordre, à Civita-Vecchia, une cérémonie expiatoire, contre un aubergiste qui, en jouant aux cartes, invoqua sainte Barbe et l'injuria, ensuite, parce qu'il avait perdu. Dans sa fureur, il passa des injures aux menaces, et lacéra l'image de la sainte de plus de vingt coups de couteau. Cet homme fut condamné à quelques mois de prison, à des pèlerinages forcés, à faire faire un autre tableau de sainte Barbe etc., etc. Et Labat dit: qu'il fut encore très heureux de ne pas être brûlé, comme le suisse qui avait lacéré l'image de la Vierge, dans la rue aux Ours, à Paris.

Le baron d'Hausser, dans sa relation d'un voyage qu'il fit en Italie, Raconte avoir entendu la conversation suivante, à Naples :

« Comment va votre enfant ?

— Il a toujours la fièvre.

— Il faut faire brûler un cierge à sainte Gertrude.

— Je l'ai fait sans succès.

— A quelle chapelle l'avez vous invoquée ?

— Dans celle de la rue de Tolède.

— Ah ! ma pauvre femme ! Cette sainte Gertrude est *la plus mauvaise* de tout Naples. On n'obtient rien d'elle; allez donc dans l'église de la place des Carmes ; vous verrez que cette sainte Gertrude là, est plus compatissante pour les pauvres gens. »

C'est toujours, on le voit, le même ordre d'idées, plus ou moins grossièrement traduit, par le dévot.

Les femmes de Naples, insultaient la statue de sainte Françoise, parce qu'elle n'avait pas empêché un tremblement de terre. (BELLE, *voy. en Grèce. Rev des trad.*, t. II, p. 22.)

M. Bagirie raconte dans la *Revue des traditions* de juillet 1894 (p. 383) que l'orsqu'il fait calme, les pêcheurs de Naples prennent leur bonnet, et l'ayant ouvert, ils crient :

San Antonio ou bien *san Gènario,*

ou bien encore, tel ou tel autre saint vénéré par eux, *venite qui.*

Ils font, ensuite, le geste de mettre quelque chose dans le bonnet, qu'ils frappent rudement contre le bordage ou le banc du bateau ; et, après avoir suffisamment cogné le saint, ils ont l'air de le jeter à la mer, en lui disant: *Andate al diavolo.*

A une époque de sécheresse, les paysans Calabrais mirent les statues de leurs saints en prison. (*Tour du monde*, t. III, page 235.)

En Espagne, les jeunes filles descendent la statue de saint Antoine dans le puits, jusqu'à ce qu'elle leur ait fait venir un mari (*Tour du monde*, t. XXIV, p. 406); et quand on a perdu quelque chose, qu'on a éprouvé une déception, qu'on a invoqué, en vain, le saint ou la sainte qu'on a l'habitude de supplier, on n'hésite pas à l'injurier; à mal traiter, et même à porter à la voirie, l'image respectée en temps ordinaire.

En Autriche; en Styrie, en Croatie; dans la vallée du Danube; dans les montagnes des Balkans; en Grèce; en Turquie, les mêmes superstitions se rencontrent couramment : soit que l'on ait affaire à des populations catholiques, romaines, orthodoxes, ou même mahométanes.

En Allemagne (*Grimm. deustch. mythol*), on trouve aussi la même coutume d'injurier et de battre le saint qu'on a invoqué. Et, chose curieuse, cette réminiscence des temps anciens, existe chez les catholiques comme chez les protestants, dans le bas peuple.

En Suède, en Norwège, nous retrouvons les mêmes habitudes, de coercition de l'idole et de sévices infligés, aux images saintes, quand on croit avoir à se plaindre d'elles. Lorsque, chez les lapons, les troupeaux de rennes sont malades, ou que la pêche est infructueuse, les saints qu'on a invoqués sont injuriés, battus et même brûlés.

En Russie, les voleurs supplient saint Nicolas de faire réussir leurs coups de mains; ils l'injurient ou le battent lorsqu'ils ne sont pas contents. Léouzon le Duc (*Revue contemporaine* 1854, p. 207) dit : que dans un couvent du pays de Psokoff, les moines trouvèrent, un jour, dans un souterrain de leur monastère, un cadavre momifié; ils

en firent un saint qui, bientôt, accomplit des miracles,
très fructueux pour la communauté. Or, un jour de sécheresse, il fut invoqué, en vain ; les paysans, furieux
d'avoir fourni des riches offrandes en pure perte, envahirent l'église, enlevèrent les *ex-voto* du saint et ros-
sèrent la momie, pour la punir.

Lorsque les mordves sont contents de saint Nicolas, ils
lui oignent la bouche de beurre ou de crème ; l'orsqu'ils
sont mécontents de ses services, ils l'enferment dans une
grange, ou lui tournent la face du côté de la muraille.
(RECLUS, t. v, p. 240 *Russie*.)

Si d'Europe nous passons en Asie, nous rencontrons
la coutume, à un degré plus intense encore. En Sibérie,
les ostiaks qui font mauvaise pêche, ou qui ont manqué
leur chasse, injurient et battent leurs fétiches. Les samoïèdes, les chamaniens de tout le nord de l'Asie, punissent les idoles qu'ils adorent, lorsque leurs vœux ne
sont pas exaucés. (LEVESQUE, *hist. des peup. soum. à
la Russie*, t. I, p. 212), les kamschadales ne procèdent pas autrement. Les kouriles, invoquent leurs idoles,
pour avoir du beau temps; ils les jettent à l'eau, quand,
malgré leurs prières, le danger devient trop grand.

Par ailleurs, les turcomans, les khirgiss etc., etc.,
toutes les peuplades, plus ou moins arriérées, qui habitent ce vaste pays, s'étendant : depuis la mer Caspienne
jusqu'à l'Extrême-Orient, tant dans la zone tempérée que
dans la zone torride, ont des superstitions qui les poussent à invoquer les idoles, avec une grande confiance ;
quitte à les punir, s'ils ne sont pas contents du résultat.

Pietro della Valle, qui a fait, entre 1615 et 1620, un

voyage en Turquie, en Perse et dans l'Inde, nous apprend : que les matelots portugais avaient, de son temps, la coutume de forcer saint Antoine de Padoue à leur donner un vent favorable, par des sévices, autant que par des prières. Voici, d'ailleurs, ce qu'il dit textuellement à ce sujet : « Le 27 décembre, au matin, le calme ayant toujours continué jusqu'alors sans avoir pu avancer, les portugais selon leur coutume, après avoir récité les litanies, s'être recommandés à Dieu et invoqué saint Antoine de Padoue, auquel et, pour avoir un vent favorable, ils ont une dévotion très particulière, voulaient lier l'image de ce saint, qu'ils portaient dans le vaisseau, et la tenir dans les fers, car ils ne s'en font point de scrupule, par une superstition qui leur est particulière, lorsqu'ils veulent obtenir quelque faveur, comme s'ils la demandaient par force, menaçant même de ne le pas dégager de cette captivité prétendue, qu'elle ne leur eût auparavant accordé ce qu'ils désirent. Ils voulaient, dis-je, lier saint Antoine, afin qu'il nous favorisât d'un vent favorable, mais ils ne le firent pas, à l'instance du pilote qui cautionna le saint, et qui leur dit qu'il était si civil, que, sans être pris ni lié, il ferait assurément ce qu'ils désiraient. J'ai bien voulu rapporter ici cette façon de demander des grâces à saint Antoine de Padoue, parce qu'elle est fort en usage parmi les portugais, au moins parmi ceux de la chiourme, superstitieux et ignorants, et que nous condamnons avec raison ; superstition barbare et extraordinaire, en effet, qui réussit, cependant, selon la pensée de celui qui y ajoute foi avec simplicité. »

« Le 28 de décembre un vent violent et impétueux, et qui nous était entièrement contraire succéda à ce calme qui nous avait arrêtés si longtemps, en sorte que ne pouvant résister en mettant à la bouline, ni donner onds, en serpentant de la sorte, à cause que nous étions en pleine mer, qu'elle semblait fort enflée et agitée, et qu'elle commençait-même d'entrer par dessus la poupe du vaisseau, nous fûmes contraints de déployer les voiles de la poupe, et de nous abandonner au gré du vent; tellement que quittant les côtes d'Arabie que nous cherchions avec beaucoup de soin, quoique nous ne l'eussions pas encore découverte, nous tournâmes la proue en pleine mer du côté du sud...

« Le 29 du même mois, le capitaine avec les autres du vaisseau se résolurent, à la fin, à lier saint Antoine, et il arriva, par hazard, que le vent changea. » (PIETRO DELLA VALLE. t. VII. p. 408 et suiv.) Le voyageur dont nous parlons nous fournit un renseignement bien intéressant pour la question qui nous occupe ici, car il nous apprend (*Loc. cit.* t. VIII. p. 22), que les matelots indiens, mahométans ou idolâtres, ont copié la pratique des portugais, en la modifiant selon les besoins de la situation. En effet, comme ils n'ont pas de statue de saint Antoine de Padoue à leur disposition, ils font une sorte de poupée en chiffons ; et, sans lui donner un nom bien précis, ils se mettent à frapper sur elle, à coups redoublés, jusqu'à ce que le vent change — persuadés que : plus fort ils frappent, plus vite ils obtiennent un vent favorable.

Les chingalais font des reproches à leurs dieux, les

injurient; et même les battent, ou les foulent aux pieds, quand ils sont mécontents d'eux. (PERCIVAL. *Voyage à Ceylan*. t. I. p. 78).

Lorsque les chinois désirent la pluie, ils invoquent leurs idoles, d'une manière humble d'abord, puis impérative; puis ils les injurient, les battent, les brisent même, quitte à les vénérer de nouveau, lorsque la pluie bienfaisante est survenue. Les chinois consultent souvent leurs idoles domestiques, pour connaître l'avenir; et, après leur avoir adressé des prières, ils jettent devant elles de petits bâtons: plats d'un côté et ronds de l'autre, qui indiquent ce qui doit arriver, suivant qu'ils tombent de telle ou telle manière; si la prédiction est désagréable, il arrive, souvent, que le suppliant injurie sa divinité. (COUTANT D'ORVILLE, t. I. p. 120).

Les bonzes chassent, d'ailleurs, du temple, les idoles dont ils sont mécontents, en leur disant : « Comment, chien d'Esprit » nous te logeons dans un temple magnifique, nous te revêtons d'une belle dorure, et tu ne fais rien en notre faveur? puis, ils lui passent une corde au cou, la traînent dans les rues, et la jettent aux ordures, quitte à aller la reprendre pour la laver, la redorer et la placer de nouveau à la place d'honneur, s'ils croient avoir obtenu quelque chose, par son intercession. (COUTANT D'ORVILLE. t. II. p. 248).

Dans l'île de Tzon-Ming, le premier Mandarin fait une cérémonie pieuse, pour obtenir de la pluie ou du beau temps, suivant les besoins des récoltes. On raconte qu'un jour, l'idole invoquée n'ayant pas voulu se rendre à ses prières, ce magistrat lui fit dire : que si, à tel jour qu'il lui désignait, la pluie n'était pas arrivée, il la ferait punir. — La pluie n'arriva pas, et le temple fut fermé; mais bientôt la statue vint à composition, et on recommença à l'adorer. (*Recueil d'observations curieuses*, t. IV. p. 131).

Un marchand de Nankin, ayant perdu sa fille, fit citer, en justice, l'idole à laquelle il l'avait recommandée ; et cette idole, fut condamnée au bannissement perpétuel. (LAHARPE. t. VII. p. 339).

En Afrique, la pratique dont nous nous occupons ici est encore plus répandue qu'en Asie ; car, comme on l'a dit avec raison, cette partie du monde est la patrie, par excellence, du fétichisme, surtout dans la zone torride. (ASTLEY. t. II. p. 668). (AD. BURDO. *Niger et Benué*. p. 261), et une infinité d'autres voyageurs, ont constaté : que dans les régions équatoriales, on méprise, bat, brise, on dédaigne, le fétiche qui n'a pas rendu le service qu'on attendait de lui.

En Sénégambie, j'ai vu, moi-même, cent fois, les nègres et même les mulâtres, injurier, briser leurs idoles, jeter leurs gris-gris, etc., etc. Hecquart dans son *Voyage au Fouta Djallon* (p. 108), raconte : qu'à son passage dans l'île de Carabane, à l'embouchure de la Cazamame, la pluie manquant depuis quelque temps, les riz jaunissaient sur pied, et tout le monde s'inquiétait de la récolte ; les femmes s'assemblèrent, prirent des branches d'arbres dans leurs mains ; puis, séparées en deux bandes qui se croisaient en dansant, elles parcoururent l'île, chantant et priant leur bon génie, de leur envoyer de la pluie. Ces chants continuèrent, deux

jours entiers, mais le temps ne changea pas. De la
prière, elles passèrent aux menaces : les fétiches furent
renversés et traînés dans les champs, au milieu
des cris et des injures qui ne cessèrent, qu'avec
la pluie. « Alors seulement, dit-il, les malheureux
dieux retrouvèrent leur considération accoutumée ».
Les cafres Bechuanas ne procèdent pas d'une manière
différente.

Burton, raconte : que dans la tribu arabe des Eesa, il
entendit une vieille femme s'écrier : Oh Allah! puissent tes dents te faire autant de mal que les miennes.

Les Gabonais battent leur fétiche, pour l'obliger à
leur accorder ce qu'ils leur demandent (TERBBOCK) et
dans toute l'Afrique tropicale, on rencontre, à chaque
pas, des coutumes analogues.

Lorsque la pluie était trop longtemps à venir, les
prêtresses des anciens canariens, frappaient la mer de
verges, pour punir l'esprit des eaux avare de pluie (VER-
NEAU, p. 91). Aujourd'hui, encore, les paysans de cet
archipel, invectivent, et frappent leurs images saintes,
lorsqu'ils en sont mécontents.

Si nous recherchons ce qui se passe en Amérique,
sous ce rapport, nous constatons l'existence des mêmes
errements, chez les peuplades arriérées : depuis le Labrador jusqu'au cap Horn. Les individus de l'Orénoque,
qui ont un respect religieux pour le crapaud, lui prêtent
le pouvoir de faire pleuvoir : ils l'invoquent avec ferveur, jusqu'au moment où, la sécheresse persistant trop,
à leur gré, ils l'injurient, le maltraitent; et même le tuent
sans pitié. (DUPONT, *voy. à la terre ferme*, t. 1, p. 289.)

Les Espagnols et les Portugais ont porté dans leurs
colonies d'Amérique, la superstition qui nous occupe.
Le voyageur anglais Gage, raconte : que dans la nouvelle
Espagne, lorsqu'un particulier donne une statue de saint
à une église, et se fatigue, ensuite, de lui faire des présents, de lui faire brûler des cierges, etc., etc., parce
qu'il considère qu'elle n'exauce pas ses prières, les
prêtres la mettent dehors, sans aucun respect. (LABAT,
voy. d'Esp., t. 1er, p. 353.)

Santa Anna dans son folklore du Brésil 1889, nous
apprend que dans son pays, Saint Antoine de Padoue est
mis, la face au mur, comme saint Joseph ; et, même,
puni plus sévèrement, encore, comme je le dirai tantôt,
quand on est mécontent de lui. En effet, il faut savoir :
qu'au Brésil l'immersion du fétiche dans l'eau, infligée
comme punition, se pratique, pour ainsi dire, sur une
vaste échelle ; c'est surtout saint Antoine de Padoue
qui est la victime habituelle de ce genre d'exécution.
Lorsqu'on a perdu quelque chose dans une maison, on
invoque le saint ; si après l'avoir bien prié, l'objet n'est
pas retrouvé, on commence à lui parler plus vertement ;
puis on le menace. Ensuite, on lui passe une corde au
cou, et on le laisse, ainsi, pendant quelque temps, pour
lui permettre de réfléchir. Si, malgré cela, il n'exauce pas
les dévots, il est saisi et porté à l'embouchure du puits,
où après lui avoir fait un discours pathétique, dans lequel on exprime le regret d'avoir à sévir contre lui, et
lui avoir fait remarquer : combien il vaudrait mieux, à
tous égards, qu'il ne s'entêtât pas, on le descend jusqu'à
fleur d'eau, le laissant suspendu, ainsi, sans le mouiller,

pendant un dernier délai. Enfin, de guerre lasse, on le plonge dans l'eau ; et il restera, ainsi, baignant la corde au cou, jusqu'à ce que l'objet perdu soit retrouvé, ou bien que le dévot, attristé des sévices infligés à son fétiche, lui pardonne son entêtement, et le remette, en bonne place, pour recevoir les prières ordinaires de la famille.

Dans l'Amérique du Sud, on attache, aussi, la statue de saint Jacques au bout d'une ficelle, et on lui fait faire deux ou trois plongeons dans un puits, quand elle n'a pas empêché une maladie de frapper la maison. (*Tour du Monde*, t. XXXVII, p. 318.)

En Océanie, les dieux ont, comme ailleurs, à redouter la colère de leurs dévots. Aux îles Pomotou, par exemple, les objets les plus variés sont adorés, tant qu'on pense qu'ils ont un pouvoir surnaturel, et jetés loin, avec mépris, si les prières qu'on leur adresse restent inexaucées.

Les australiens, crachent en l'air pour faire de la peine aux dieux, lorsque la foudre gronde ; ils les injurient, ainsi, jusqu'à ce que le beau temps soit revenu.

Chez les papouas, les fétiches sont considérés comme très puissants, et sollicités par une adoration très respectueuse ; mais, lorsque ces fétiches n'ont pas rendu le service qu'on attendait d'eux, on les méprise et on les jette, ou on les vend aux étrangers. (GIRARD DE RIALLE, p. 126.)

III

FAITS DU PASSÉ

Les exemples de punition du fétiche que nous trouvons dans le présent, tout nombreux qu'ils soient, ne
sont que peu de chose, relativement à ce qui se passait,
jadis, dans cet ordre d'idées. Cette opinion, se base sur
des preuves qui ne laissent aucun doute dans l'esprit,
et en recherchant les faits indiqués, çà et là, par les auteurs, touchant cette étrange pratique, nous constatons
les deux catégories de punition ; à savoir : les sévices
ordinaires et l'immersion dans l'eau, soit à l'état de
simplicité, soit à celui de complexité ; c'est-à-dire : que,
tantôt, il s'agit de sévices, tantôt d'immersion, tantôt
enfin, les deux réunies.

Pour ce qui est de l'immersion dans l'eau, du saint
dont on est mécontent, voici une série de citations qui
vont appuyer ma proposition. Dans les statuts synodaux
des églises de Rodez et de Cahors, on trouve que les
paysans s'en prenaient jadis aux images saintes, lorsque leurs prières, pour avoir de la pluie ou du beau
temps, n'étaient pas exaucés :

« *Sanctorum imagines seu statuas irreverenti aura
tractantes cum est intemperies aeris vel tempestatis...
in terra protrahent in orticis vel spinis supponunt,*

verberant, dilaniant percutiunt et submergant pe-nitus reprobantes. »

Dans plusieurs villages de la Navarre, on allait jadis demander de la pluie à saint Pierre ; et pour le presser, davantage, on portait processionnellement la statue jusqu'au bord de la rivière, où, après trois sommations, et, souvent malgré les sollicitations du clergé, qui plaidait en faveur du saint, assurant: qu'une simple admonestation suffirait, on plongeait cette statue dans l'eau, avec la persuasion qu'il pleuvrait, alors, dans les vingt-quatre heures (MARTIN DE ARLES *de superstitionibus. Romæ* 1560.)

Dans le courant du seizième siècle, saint Mathieu était en grande vénération dans le village de Neufmaison des Ardennes ; et on l'invoquait, avec grande confiance, toutes les fois que l'orage ou la sécheresse menaçaient les récoltes. Or: il n'empêcha pas la grêle de faire de grands dégâts dans la contrée ; et, les habitants, furieux contre lui, allèrent le jeter dans la Meuse ; Mais voilà : que le courant transporta la statue jusqu'au village de Clavy, dont les habitants, croyant à une arrivée miraculeuse du saint, se hâtèrent de le repêcher, et le placèrent sur un autel, en grande cérémonie. Quelque temps après, les paroissiens de Neufmaison eurent du regret de leur conduite ; ils voulurent ravoir le saint, mais celui-ci, dit la légende, ne se soucia pas de retourner à l'endroit où il avait été maltraité. Depuis cette époque, les habitants de Neufmaison viennent, en pélerinage, pour invoquer sa protection, le 21 septembre. (MEYRAC, p. 92.)

Dans la même province des Ardennes, à Harancourt, il y avait une statue de saint Meen, qui était l'objet de grandes dévotions, et d'un pélerinage très en renom, pour la guérison de certaines maladies. Or, on constata, un jour, que les guérisons étaient moins nombreuses que par le passé ; peu à peu le saint perdit la vogue ; il arriva, même, qu'il fut l'objet de la colère d'un fidèle qui, furieux de n'avoir pas été exaucé, le décapita, lui coupa les bras et le jeta dans un puits voisin (MEYRAC, p. 63).

Pour ce qui est des sévices ordinaires, nous en trouvons aussi une grande quantité d'exemples. Alexis Monteil, dans son *Histoire des Français*, nous raconte que, pendant le moyen âge, lorsque la récolte était mauvaise, les paysans allaient arracher les saints de leurs niches, dans les églises, les fustigeaient, les traînaient à travers champs, et même les brisaient, pour les punir.

Saint-Simon, raconte, dans ses mémoires, que, pendant le siège de Namur, en 1692, la pluie s'étant mise à tomber à verse, le jour de Saint-Médard, les soldats, furieux de cet événement qui leur présageait encore quarante jours de pluie, se mirent en colère contre le saint ; ils détruisirent toutes les images qui tombèrent sous leurs mains.

Duméril, dans son histoire de la *Comédie* (p. 331), nous apprend que, dans les anciens jeux dramatiques, on voyait un dévot irrité contre saint Nicolas, le menacer de battre, et de briser l'image, s'il ne l'exauçait pas.

La chanson de Rolland (*Paris*, 1880, p. 154) nous fournit un renseignement, touchant la pratique dont nous parlons, au cours du moyen âge :

> Vers Apollon, ils courent en sa grotte
> Tous à l'envi, le tancent, l'injurient.
> « Eh ! mauvais dieu qui nous fit telle honte,
> « C'est notre roi que tu laissas confondre !
> « Qui bien te sert, mal tu le récompenses ! »
> Ils ont ôté son sceptre et sa couronne,
> Par les deux mains l'ont au pilier pendu,
> Puis à leurs pieds, par terre, ils l'ont foulé ;
> De leurs bâtons l'on battu, tout brisé ;
> De Tervagant, ils prennent l'escarboucle
> Et Mahomet jettent dans un fossé,
> Où porcs et chiens le mordent et le foulent.

Dans le martyrologe de Simon Martin, imprimé en France avant 1669, j'ai trouvé les deux faits suivants, qui montrent : que la punition du fétiche, était une pratique assez fréquente, pour que l'Eglise se préoccupât d'en éloigner les fidèles. C'est ainsi, raconte-t-il, qu'une demoiselle de qualité, ayant été guérie d'une grave maladie en avalant un peu de poudre de la gouttière du tombeau de saint Leu, de Sens, le curé d'une autre église, plein de jalousie contre le saint, alla fouler aux pieds sa tombe, en lui disant des grossièretés. Mais le saint le punit, aussitôt, en le frappant d'apoplexie (1er septembre).

Un joueur, de Trapani, qui avait perdu son argent, malgré plusieurs invocations à saint Albert, se mit à frapper la statue à coups de poignard ; mais la statue se mit à saigner ; et le coupable put être, ainsi, découvert et puni. (7 août). (1)

Pendant le moyen âge, lorsque les seigneurs avaient dévalisé une église, une abbaye, une propriété appartenant au clergé, on prononçait, contre eux, l'excommunication ; et pour rendre ce qu'on appelait : les cris à Dieu, les cris de tribulation, etc., etc., plus effrayants,

---

(1) Qu'on me permette d'ajouter, pour appuyer ma proposition: que les faits de vierges et autres images saintes ayant saigné sous les coups portés par des impies sont nombreux.

La vierge de la rue aux Ours, par exemple, celle de l'église Saint-Augustin à Lucques, celle de la joue saignante à Moscou, celle de Cambron, en Belgique ; le christ de Messine, celui de saint Laurent des Franciscains, à Naples, celui de l'église sant Agnélo, dans la même ville, et cent autres. Ces faits, tout miraculeux qu'ils soient, montrent combien la coutume de punir le fétiche contre lequel le dévot avait de l'animadversion, a été répandue en Europe, dans les siècles derniers.

A Verceil il y a une vierge dont le marbre porte une grosse tache noire à la joue, la légende attribue ce défaut naturel de la pierre à un coup que lui porta un juif (Millin. t. ii. p. 345).

Dans la chapelle de la famille de Monaco, de l'église de Saint-Agnelo, à Naples, il y a un christ qui saigna, au moment où un impie le frappa avec une pierre à la figure, pour le punir de ce qu'il l'avait convaincu de mensonges (Misson. *Voy. d'Italie.* t. ii. p. 35).

Dans l'église de Saint-Augustin de Lucques, il y a une statue de la vierge qui porte le *bambino* sur le bras gauche. La légende raconte: qu'un soldat furieux d'avoir perdu son argent aux dés, lui jeta une pierre qui allait blesser le petit Jésus, lorsque celui-ci sauta du bras droit sur le bras gauche de sa mère, pour éviter le projectile. Il faut ajouter que la terre s'ouvrit aussitôt et engloutit l'impie (Misson. t. ii. p. 324).

Dans l'église de Saint-Laurent des Franciscains de Naples, il y a une statue de J.-C. qui ayant été frappée d'un coup de poignard

on y ajoutait certaines cérémonies qui appartiennent, en somme, à la catégorie de la punition du fétiche : outre qu'on sonnait la cloche du chœur, qu'on appelait : la *campana irata*, on plaçait les statues des saints ou les reliques sur des épines, on les mettait par terre (DULAURE. *Hist. de Paris*. t. I. p. 181). Dans la suite, on donna plus d'extension encore à cette cérémonie des sévices : on jeta par terre les reliques, les images des saints, de la vierge, le crucifix, le livre des évangiles, les cierges de l'autel même. On alla plus loin, encore : on traîna les statues des saints, de la vierge, le crucifix autour de l'église, on frappa les statues, les reliques, pensant : qu'on exciterait, ainsi, leur colère contre les coupables. Raoul Tortaire (*Ex miraculis sancti benedicti. Recueil des hist. de France*. t. II. p. 484), raconte : qu'un seigneur nommé Adalard, avoué de l'église d'Arvincourt, au lieu de protéger cette église, en pillait tous les biens ; et, qu'une femme de ce lieu, indignée de cette iniquité, alla à l'église, leva les draperies qui couvraient l'autel, et frappa vigoureu-

---

par un homme qui l'avait invoquée en vain, se mit à saigner abondamment (MISSON. *Voy. d'Italie*. t. II. p. 33).

A Messine, on voit un crucifix qui saigna sous les coups que lui portait un impie, (TALBOT. *Voy. d'Italie*. t. V. p. 214).

Je pourrais citer des centaines de faits de ce genre, mais ce serait une longueur inutile, car ceux que je viens de fournir suffisent pour montrer l'exactitude de ma proposition. J'aurai, d'ailleurs, à revenir sur ces faits, dans le chapitre ou je parlerai des statues qui remuent, suent, pleurent, saignent, etc., etc., et j'étudierai alors, l'origine de cette étrange crédulité.

sement, en l'apostrophant, ainsi, le patron saint Benoît:
« Benoît, vieux paresseux, es-tu tombé en léthargie ?
Que fais-tu là ? Tu dors ? Pourquoi souffres-tu que ceux
qui te servent soient accablés d'outrages ? Ce Seigneur,
ajoute l'écrivain, fut bientôt puni de son brigandage
impie. (DULAURE. *Loc. cit.* t. I. p. 181).

Bouche l'Ancien, rapporte, de son côté, pour l'année
576, de l'*Histoire de Provence*, t. I. p. 669, le fait suivant de la punition d'un saint, qui avait trop tardé d'exaucer les invocations d'un de ses fervents adorateurs :

« *Pendant cette guerre contre les Lombards enuiron l'an 576,
dvrant le règne de notre Sigibert et vn peu avparauant sa mort qvi
arriua en 577 (quoy qve Baronivs loge ce fait sviuant, et la mort du
roy l'an 579 arriua en la uille d'Aix vn beau miracle en faueur
de saint Mitre patron de la même uille, qui mérite de n'estre pas
ovblié icy.*

» *Il y avoit en ce temps eu la uille d'Aix, un certain Childéric,
des plus auancez en la faueur de notre roy Sigibert, qvi désirant auoir
vne terre possédée par l'église de la même uille d'Aix, appelle en
ivgement par devant le roy Sigibert l'éuèque Franco, comme injvste
détentevr d'vne terre qui appartenoit (disoit-il) par droit de confisca-
tion au domaine royal, et dont il ne povuoit prétendre avcvne possession légitime. Franco sommé de comparoître en ivgement, assvré de
son bon droit, se confiant à l'assistance de saint Mitre, s'en alla présenter deuant le roy Sigibert (D'uy ou collège que la ville d'Aix
appartenoit à Sigibert) et le svplie très bvmblement de se désister dv
ivgemeut de cette affaire, de pevr que ne réussissant pas à savuevr de
l'Eglise il n'arriuât à sa personne qvelqve fâcheux accident par les
mérites de saint Mitre ; à qvoy le roy condescendant commet les avdi-
tevrs et Ivges exprez pour la décision de cette cavse ; par deuant lesquels ce Childéric avec tant d'insistance et de uébémence, n'épargnant*

point ny les prières ny les prevues ny les menaces, que l'Euêque
Franco est condamné à vider les mains de cette terre et de plus condamné à trois cents écus, tant povr la réstitvtion des frvits que povr
les dépens.

Ce bon Euêque ainsi condamné et dépovillé de son bien, s'en retourne
à la uille d'Aix ov, s'étant prosterné deuant le sépvlchre de saint Mitre,
tovché de zèle animé de la foy, il se prend à dire : il ne s'allvmera
désormais chandelle, n'y brvlera lampe (ô grand Saint) ny se chantera
Pseavme en ce lieu destiné à uôtre honnevr et à la gloire de Dieu ivs-
ques à ce que vous ayez vengé l'infvre faite à vos servitevrs, et ayez
fait restituer à l'Eglise sainte les choses qui lvy ont été injvstement et
par violence ravies. Ayant dit ces paroles auec grande abondance
de larmes, il se lève et met quantité de ronces et d'épines svr le tombeav dv même saint, et sort de l'église, à l'entrée de laqvelle il met
encore qvantité de mêmes épines (uovlant montrer par ces indices qve
cette église seroit désormais vn lieu tout à fait abandonné si la ivstice
de Dieu n'étoit satisfaite). Mais il n'evt pas achevé cette feruente
oraison qve voilà qu'vne fièvre ardente saisit le corps de l'infortuné
Childéric ; mais dans vn tel excez et dégout qv'elle lui ôte le boire et
le manger, qu'on ne pevt lvy continuer povr le sovtien de sa vie
qv'avec de grandes uiolences ; en sorte qv'il fvt rédvit à ne prendre
avtre chose que de l'eav tovte sevle, dont il vécvt miracvlevsement
dvrant tovte l'année, pendant laquelle les cheuevx lvy chevèent de sa
tête, et la barbe dv menton et tovt son corps entièrement desséché,
rédvit en sqvelette ; en façon qu'il ressembloit parfaitement à vn mort
ressvscité dv tombeav. Enfin, accablé de dovlevrs et de misères, se
ressovvenant dv mavuais traitement qv'il avoit fait à l'église d'Aix,
il se prit à dire : i'ay grandement offensé Dieu et son église et ie
mérite ce châtiment parce que i'ay imposé des calomnies à son Euêqne :
et après auoir commandé de restituer à l'église la terre qui lui avoit
esté ravie et de mettre svr le tombeauv de saint Mitre la somme de
six cents écvs et le tovt exécvté, aussitôt il rendoit l'esprit à Dieu en

repos, ayant racheté son âme des iniquités de sa vie passée par la valeur de la justice et de la piété (BOUCHE. t. I, p. 669).

Grégoire de Tours, qui écrivait vers l'époque indiquée par Bouche, raconte : que saint André fut pris à partie par Léon, évêque d'Agde, comme on va le voir.

« Le comte Gomachaire s'étant emparé d'une terre appartenant à l'église de Saint-André, à Agde, fut pris de fièvre, il fit dire à Léon, évêque de ce pays, que s'il était guéri par ses prières, il lui rendrait cette terre : Léon se hâta de prier, et le comte fut guéri. Mais alors, il se mit à railler le saint homme. Léon se mit à briser avec une baguette, qu'il tenait à la main, toutes les lampes de son église, disant : « On n'allumera plus de lampe ici, tant que Dieu n'aura pas fait restituer à sa maison les biens qui lui appartiennent » Gomachaire fut repris de la maladie, et redemanda des prières à Léon, mais cette fois le saint homme s'y refusa et le laissa mourir (GRÉG. DE TOURS, t. II. p. 322).

Chez les romains, lorsqu'un général avait remporté une victoire on plaçait les statues des dieux dans une salle de banquet, et on les entourait de mets recherchés. (TITE LIVE) disons en passant que les romains témoignaient, aussi, leur reconnaissance envers les dieux en embrassant leurs images, témoin la statue d'Hercule dont parle Cicéron. (*In verr.* lib. 14, chap. XXXXIII), dont le menton avait été usé par ces démonstrations de gratitude ; de même, ils manifestaient leur mécontentement par des sévices. Suétone (*Vie de Caligula*), nous apprend, que le jour de la mort de Germanius, on jeta ṛ .r terre les statues des dieux qui ne l'avaient pas protégé. Auguste, furieux de ce qu'une tempête avait brisé quelques-uns de ses vaisseaux défendit qu'on portât la statue de Neptune, avec celle des autres dieux, dans une solennité du cirque. (SUÉTONE AUGUSTE, 16).

Mundus, chevalier romain, ayant abusé de Pauline, en prenant l'apparence d'Anubis qu'elle était allée invoquer, nuitamment, dans son temple. Tibère fit jeter la statue du dieu egyptien dans le Tibre (BANNIER, *expl. hist. des fabl.* t. I**, p. 114.)

Lucain (*Phras.* v.), Stav (*Theb.* IV, 516) parlent des menaces adressées aux manes pour les faire obéir.

Les grecs de l'antiquité, avaient, vis-à-vis de leurs dieux, les mêmes manières d'agir que les ostiaks sibériens de nos jours. On sait que les arcadiens, les laconiens, etc., etc., en un mot, tous les peuples des montagnes de l'Hellade, fouettaient et renversaient, même, les statues de Pan, lorsque la chasse avait été mauvaise. (*Anacharsis*, t. IV, p. 247. THÉOCRITE, *idill.* 7, vers. 107. *schol. ibid.*)

Pausanias raconte (liv. 9, BÉOT. t. IV, p. 127) : que le fantôme d'Actéon faisait beaucoup de mal en Béotie, et apparaissait la nuit sur une roche d'Orchomène ; les habitants se débarrassèrent de ses méfaits, en faisant fabriquer, d'après les indications de l'oracle, une statue en bronze du fantôme, qu'ils attachèrent avec de fortes chaînes, sur la roche où il apparaissait.

Dans les moments de douleur ou de colère, les grecs adressaient des injures à leurs dieux, et renversaient même leurs autels, Andromaque, furieuse autant que désespérée, de la mort d'Hector, renversa l'autel du dieu qu'elle avait invoqué, Euripide, Homère, et dix autres auteurs, nous en fournissent des exemples.

Pour en finir, dans l'ordre d'idées qui nous occupe, il me faut encore rapporter : deux autres faits, qui sont spécialement intéressants, car ils montrent bien, jusqu'où allait la croyance des grecs, touchant la volonté et les passions qui pouvaient animer les fétiches, malgré leur apparence inanimée. PAUSANIAS, (*Elide*) raconte qu'un des concurrents malheureux de l'athlète Théagène, lui en garda une telle rancune, qu'après sa mort, il alla, une nuit, fustiger sa statue. Or, celle-ci, mécontente du procédé, lui tomba dessus et le tua. Le peuple assemblé condamna cette statue à être jetée' dans la mer. Mais, il survint une stérilité et une famine, telles, qu'il fallut aller la repêcher. Une aventure analogue est rapportée, aussi, pour l'athlète Mion. PAUSANIAS, (*Elide*) rapporte, encore, qu'un enfant étant mort pour s'être heurté la tête contre une statue. Cette statue fut punie.

La vengeance du dévot mécontent contre le fétiche qui n'a pas obéi aux sollicitations dont il a été l'objet, n'est pas une création chrétienne, on le voit ; mais, au contraire, est une coutume antique qui s'est infiltrée dans la religion catholique, comme d'ailleurs dans la religion mahométane ; et qui remonte aux idolâtres des âges primitifs.

Les Tyriens, enchaînaient, on le sait, leur dieu Melcarth quand un malheur public menaçait ou frappait leur ville ; par conséquent, ils pratiquaient couramment la coutume de la punition du fétiche, quand il n'exauçait pas les vœux de son suppliant.

L'action de Cyrus forçant le Cynde à passer par cent quatre-vingts petits canaux, au lieu de couler dans un lit unique, lorsqu'un de ses chevaux favoris se fut noyé dans ce fleuve, appartient bien évidemment à l'idée de la punition de la divinité. (HERODOTE, liv. chap. 189.) Xerxès obéissait à la même pensée, lorsqu'il fit battre l'Hellespont, lui jeter des entraves et le fit marquer au fer rouge ; aussi bien, lorsqu'il lui témoigna sa gratitude par des cadeaux magnifiques. (HERODOTE, liv. 7, chap. 35 et 54.)

Nous trouvons, encore, dans Hérodote (liv. 1er ch. xc.) Un exemple curieux de ce sentiment de colère du dévot vis-à-vis du fétiche qu'il a invoqué en vain. Crésus avait envoyé, on le sait, plusieurs fois de riches offrandes à l'oracle de Delphes, pour lui demander : s'il devait ou non entreprendre la guerre contre Cyrus ; il ne s'était décidé à entrer en campagne, que sur une réponse qu'il avait cru lui être favorable. Or, l'évènement démentit ses prévisions, il fut vaincu, faillit être brûlé, puisqu'il était déjà sur le bucher enflammé, lorsque Cyrus lui fit grâce de la vie, etc., etc. Quoi qu'il en soit, Cyrus l'ayant pris en grande considération, à cause de ses réponses très sages, lui dit un jour : qu'il était disposé à lui accorder la faveur qu'il lui demandait. Crésus demanda, aussitôt, la permission d'envoyer les fers dont il avait été chargé au moment de sa capture, à l'oracle de Delphes. « O roi, lui fait dire Hérodote, la plus grande faveur serait de me permettre d'envoyer au dieu des Grecs, celui de tous les dieux que j'ai le plus honoré, les fers que voici, avec ordre de lui demander s'il lui est permis de tromper, ainsi, ceux qui ont bien mérité de lui. » Crésus obtint cette permission, il envoya dont les lydiens à Delphes, avec ordre de placer ces fers sur le seuil du temple, de demander au dieu s'il ne rougissait pas d'avoir, par ses oracles, excité la guerre contre les Perses, de lui montrer, enfin, ces chaînes, seules prémices qu'il put lui offrir de cette expédition ; et savoir de lui : si les dieux des Grecs étaient dans l'usage d'être ingrats. Je ne rapporterai pas ici la réponse de l'oracle, qui frise quelque peu la gasconnade, ce serait sortir de mon sujet, mais je ferai remarquer que cette aventure nous montre bien l'idée de reproches, sinon même de punition, infligés par le suppliant désappointé à l'idole qu'il avait invoquée en vain. Si Crésus, au lieu d'être prisonnier, avait conservé quelque puissance, et avait eu la force nécessaire pour nuire matériellement à l'oracle, il ne se serait pas contenté de gourmander le dieu par quelques paroles de récrimination ; il eut détruit le sanctuaire, tué les prêtres, et renversé les statues d'Apollon, dont il croyait avoir à se plaindre.

Les anciens Scythes lançaient des flèches en l'air pour frapper les dieux dont ils avaient à se plaindre, à la chasse ou à la guerre ; c'est-à-dire, que chez eux, la coutume de punir le fétiche, dont ils étaient mécontents, existait aussi. Nous dirons plus loin, Hérodote (t. IV. p. 68) nous l'apprend : qu'ils rendaient, aussi, leurs chefs responsables des malheurs publics.

IV

DEUXIÈME CATÉGORIE. — SÉVICES DIRIGÉES CONTRE LE FÉTICHEUR LUI-MÊME

Nous arrivons, maintenant, à la catégorie des faits dans lesquels : ce n'est pas au fétiche, mais au féticheur lui-même que le mécontentement des dévots, déçus, s'adresse. Nous en avons vu un exemple, déjà, en parlant de l'antipathie que les paysans provençaux ont pour le prêtre qui a moins bien su conjurer un orage que son voisin ou son prédécesseur, dans tel ou tel village ; il est facile d'en trouver nombre d'autres, soit dans l'époque actuelle, soit, et plus encore dans le passé.

En Auvergne, par exemple, on retrouve d'une manière très accentuée cette antipathie contre le curé, impuissant vis-à-vis de l'orage. Une personne digne de foi, me racontait, en 1890, que, peu d'années avant, dans un village des environs d'Issoire, un prêtre avait la réputation de garantir parfaitement sa paroisse contre les orages ; or, à sa mort, il fut remplacé par un curé qui eut la malechance d'assister à un violent ouragan, peu après son entrée en fonctions. Les paysans étaient allés le prier de les garantir ; il avait prié et accompli certaines cérémonies, mais la grêle avait, néanmoins, fait rage ; à partir de ce moment, l'épithète de *gréleroux* lui fut donnée ; la population eut une

telle antipathie contre lui, que l'évêque fut obligé de le
changer de résidence.

Dans les Ardennes, il arrive encore, parfois, que les
paysans, qui ont eu recours à un sorcier pour guérir
d'une maladie, et qui ont été déçus dans leurs espérances, se livrent à des voies de fait contre eux. M. Meyrac
(*Trad.* etc., etc., ARDĚNNAISES, p. 150) raconte l'aventure
d'une sorcière contemporaine, appelée la *Mouronaine*,
qui fut cruellement blessée par un paysan qui n'avait
pas été guéri, par elle, d'une affection de la peau.
Néanmoins, ce paysan, alla, encore, plus tard, la solliciter pour la guérison d'une autre maladie. Il parle aussi:
d'un père qui avait consulté, en vain, une sorcière pour
la guérison de son fils; et qui acheta un mou de veau
qu'il suspendit à la cheminée, le transperçant avec des
aiguilles, toutes les fois que l'enfant souffrait; et étant
persuadé qu'il faisait, ainsi, souffrir la sorcière. (*Loc.
cit.*, p. 151).

Dans le courant du siècle dernier, une femme de
Bretagne soupçonnée d'avoir jeté des sorts contre ses
voisins, fut brûlée dans un four par la populace de son
village; de nos jours, encore, on a eu, dans ce pays, des
exemples de sévices exercés contre des individus
réputés capables d'exercer une influence pernicieuse,
soit en attirant les orages, soit en faisant naître une
épidémie sur les bêtes ou sur les gens.

Il y a une cinquantaine d'années, à peine, un paysan
des environs de Vienne, dans l'Isère, tua une vieille
femme tombée à peu près dans l'enfance, parce qu'il
croyait qu'elle était sorcière, et qu'elle avait jeté des

maléfices contre ses bestiaux (PILOT DE THORY. — *Usages, etc., etc., du Dauphiné*, p. 93). Dans un village des Pyrénées, des conscrits tuèrent une vieille qu'ils accusaient de leur avoir jeté des sorts, il y a une vingtaine d'années à peine (*Id.*, p. 329). Dans le Forez, où l'on croit encore, de nos jours, que certains sorciers ont la faculté d'attirer les orages ; il arrive, parfois, que les paysans qui ont eu à souffrir de la grêle, s'en vont manifester leur colère, contre des pauvres diables qui n'en peuvent mais ; et dans plus d'une circonstance, dans cette province, comme en Auvergne, dans les Alpes, les Cevennes, les Pyrénées, etc., etc., ils se portent contre eux à des sévices plus ou moins violents.

Ces faits qui se passent encore de nos jours, ne sont que le pâle reflet de ce qui s'est passé antérieurement ; on sait que dans les siècles antérieurs, et jusqu'à des époques relativement voisines de la nôtre, ceux qui étaient soupçonnés de nuire, par leurs maléfices, à leurs voisins, quelle que fut leur position sociale ; et il faut dire que : si le plus souvent, c'était des bergers, des paysans, des femmes vieilles, parfois c'étaient des hommes jeunes, des prêtres, même, etc., etc., qui avaient à craindre l'animadversion de leurs compatriotes.

Le pouvoir d'agir sur les orages a été prêté, suivant les temps et les pays, aux individus les plus divers. Les prêtres, les chefs ont été considérés comme ayant la même faculté que les sorciers ; dans nombre de circonstances, le respect ou la haine des populations ont été la conséquence de ce que l'on pensait d'eux à cet égard.

Chez les anciens Irlandais, les chefs étaient considérés comme indignes du respect de leurs subordonnés, lorsque les récoltes manquaient ou que les vaches étaient stériles, parce qu'on était persuadé que c'était de leur faute. Les Hérules de la Sarmathie, avant d'être absorbés par les Huns, priaient leurs chefs, de demander à la divinité, la pluie ou le beau temps; ils les tuaient, au besoin, pour leur témoigner leur colère.

En Chine, le peuple rend, encore de nos jours, l'Empereur responsable des bonnes et des mauvaises années; les orages, les tempêtes, les tremblements de terre, les inondations qui surviennent pendant son règne sont considérés comme résultant de sa conduite. Coutant d'Orville (t. I, p. 39) nous apprend: qu'un habitant de Kouking, ayant sa fille malade, s'adressa aux bonzes qui lui promirent de la guérir, en la recommandant à leur idole, moyennant finance; mais, la fille étant morte malgré la dépense consentie, le père porta plainte au juge, qui fit: châtier les bonzes, bannir l'idole, et démolir le temple. D'ailleurs, on sait que les chinois consultent, à chaque instant, les devins pour connaître l'avenir; ils sont portés, volontiers, à les injurier, et même à les frapper, lorsque leur prédictions ne se réalisent pas. (*Coutant d'Orville*, t. I, p. 111.)

L'Afrique, qui est, comme on la dit souvent, le pays par excellence du fétichisme, nous fournit un grand nombre d'exemples de la croyance populaire au pouvoir de certains individus sur les orages, la sécheresse, la maladie etc., etc. C'est ainsi, par exemple, que les *Ouali* ont le pouvoir de faire tomber la pluie, par la *bénédiction de leurs pieds;* de sorte qu'en temps de sécheresse, les dévots leur font d'abord des présents puis les obligent à se jeter dans l'eau; ils finissent par les noyer, si la pluie désirée n'arrive pas. (BROSSELARD, *inscript. arabe de* TLEMCEN, *Rev. Afri.* t. XIX, p. 145.)

Dans le Haut-Nil, certains chefs ont le pouvoir de faire pleuvoir en sifflant; ils sont vénérés ou méprisés, tués, même, suivant les évènements. Dans les calamités publiques, les éthiopiens massacraient leurs prêtres en disant qu'il fallait les envoyer prier Dieu de plus près. (ST.-FOIX, *Essais sur l'hist. de Paris*, t. V, p. 104.)

Un prêtre abyssin fut chargé, dans le dix-septième siècle, de faire la cérémonie du feu nouveau au saint sépulcre, et ne réussit pas l'opération; il sortit en déclarant que le miracle ne voulait pas se produire; mais fut roué de coups par les chrétiens de toutes les communions et par les turcs eux-mêmes (*dello Valle* t. II, p. 81.)

A la côte occidentale d'Afrique, les feloups prêtent à leurs chefs une autorité sur la pluie et la sécheresse, les rendant responsables du temps qu'il fait. Les rois de Loango sont dans le même cas. Dans ce dernier pays, il arriva, dans le siècle dernier, que les pluies étant en retard, les féticheurs dirent, pour mettre leur responsabilité à couvert, que c'était le résultat d'un maléfice dû à un portugais qui était mort depuis quelques mois; la foule irritée se précipita, aussitôt, vers la tombe de ce malheureux, en déterra le cadavre qui fut jeté à la mer, chargé d'imprécations; ce qu'il y a de plus drôle dans l'affaire, c'est que trois jours après les pluies survinrent, et que les féticheurs virent, ainsi, leur crédit accru. (Coutant d'Orville, t. iv, p. 350.)

Chez les cafres, les sorciers ont, comme les rois, un pouvoir sur les orages; ils partagent la considération comme le mépris qui en résulte, suivant le cas. Sparman dit: que les cafres et les hottentots punissent, et, même, mettent à morts leurs jongleurs, non seulement quand il ne pleut pas, mais encore quand une maladie épidémique ou tel autre malheur public survient.

Dans l'ile de Socotra, lorsque la pluie n'arrive pas au momment propice, on place un sorcier dans un endroit déterminé, où, on le prie d'abord, puis on le somme de faire venir la pluie; et si dans un délai déterminé les vœux de la population ne sont pas exaucés, on lui coupe les mains, si même on ne le tue pas. (Coutant d'Orville, t. iv, p. 513.)

Chez les sauvages américains, les chefs ont été, de toute antiquité, respectés ou méprisés, et punis ou récompensés, suivant que les météores semblaient être plus ou moins sous leur domination. Chez les Natchez, il y avait des sorciers qui avaient le don de faire tomber la pluie par certaines cérémonies magiques; ils en tiraient de grands profits, mais étaient, en revanche, exposés à des sévices et même à la mort lorsque la sécheresse nuisait trop aux récoltes. (*Recueil dobs. cur*. t. ii, p. 518). et Charlevoix ch. 6, p. 187.

Folhuer raconte : que les patagons étant décimés par la variole, résolurent de tuer leurs magiciens, dont les invocations étaient impuissantes pour faire cesser l'épidémie.

Nous trouvons les mêmes croyances en Océanie, où les féticheurs, extrêmement respectés, en temps ordinaire, ont terriblement à craindre lorsque surviennent des malheurs publics.

Nous avons dit, qu'Hérodote (IV — 68) nous apprend : que les anciens Scythes rendaient leurs chefs responsables des malheurs publics, et nous devons ajouter que dans tous les pays, au temps jadis, ceux qui n'éloignaient pas les orages, ceux qui étaient soupçonnés de nuire à leurs voisins par des maléfices — prêtres, sorciers — étaient exposés à la colère des dévots, comme les idoles qui n'exauçaient pas ceux qui les invoquaient.

V

ORIGINE DE LA CRÉDULITÉ

Les diverses pratiques de sévices, infligés, soit au fétiche, soit au féticheur, que nous venons de relater, sont le vestige du fétichisme de nos premiers parents. Ce fétichisme, dont la trace est restée si profondément imprimée dans l'esprit humain, eut une telle intensité que c'est en vain que les cultes ultérieurs de la terre mère, de l'astrolatrie, des paganismes assyriens, phéniciens, égyptiens, grecs, etc., etc., que le brahamanisme, le boudhisme, le christianisme, l'islamisme, on put se greffer sur les religions antérieures, faire leur évolution, naître, s'étendre, diminuer, disparaître, renaître, même, sans que les réminiscences des premiers temps de l'humanité se soient éteintes complètement.

J'ai besoin de m'arrêter, un court instant, sur le fétichisme initial de l'homme, pour montrer sommairement comment la logique enfantine des peuplades humaines de la plus haute antiquité l'a conçue ; et comment, à travers les âges, ces pensées primitives se sont perpétuées.

Je dirai donc : que tels que se les représentent, avec raison, je crois, un certain nombre de penseurs de notre époque : les premiers hommes eurent, d'abord, pour attributs, et pour domaine intellectuel, les caractères de l'animalité. On peut envisager théoriquement, le jour où le premier d'entre eux s'éveilla, un matin, comparable aux mammifères qui l'avoisinent dans l'échelle zoologique, et s'endormit, le soir, ayant entrevu la première lueur : l'intelligence, de ce qui devait, plus tard, constituer, l'apanage merveilleux qui le met aujourd'hui à la tête de la nature. Cette intelligence, a pu engendrer les génies que l'humanité admire, parce que : soit dans l'ordre intellectuel, soit dans l'ordre matériel, elle a fait atteindre à l'homme, des buts qui semblent, à priori, inaccessibles, et tout à fait hors de proportions avec les limites de ce que comportent : sa complexion et l'imperfection de ses organes.

Or, envisagés à ce point de vue, les premiers hommes furent portés tout d'abord vers le l'animisme, ainsi que la chose a été montrée si clairement par ceux

qui, depuis: de Brosses jusqu'à Tylor, ont étudié les pha-
ses du développement intellectuel et moral de l'humanité. Animisme, d'abord vague et hésitant, par le fait
de la débilité, même, des premiers efforts intellec-
tuels ; puis, allant en s'affermissant, se concrétant,
pour prendre peu à peu les caractères de précision
qui sont allés, en se transformant, et se complétant,
d'âge en âge. Animisme, ajouterai-je, qui est, arrivé
aux conceptions les plus complexes et les plus inattendues, même, quelquefois.

De l'animisme découla, naturellement, l'idée de la
divinité, non pas de la divinité telle que nous la comprenons aujourd'hui, mais d'une forme très étroite et
très imparfaite, que l'intelligence bornée des premiers
hommes pouvait, seulement, concevoir. C'est faute
d'avoir fait attention à cette particularité que bien des
esprits, de premier ordre, ont été embarrassés dans
l'étude de cette question et sont arrivés à des déduc-
tions erronnées. Aussi, ne saurais-je trop livrer aux
commentations de ceux qui aiment à réfléchir, ce que
disait, à ce sujet, Fustel de Coulanges dans son livre si
remarquable : *La Cité antique*. « Depuis un grand nombre de siècles, le genre humain n'admet plus une doc-
trine religieuse qu'à deux conditions : l'une qu'elle
lui annonce un Dieu unique; l'autre, qu'elle s'adresse
à tous les hommes et soit accessible à tous sans réfor-
mer systématiquement aucune classe, ni aucune race.
Mais la religion des premiers temps ne remplissait
aucune de ces conditions. Non seulement elle n'offrait
pas à l'adoration des hommes un dieu unique, mais

encore ses dieux n'acceptaient pas l'adoration de tous les hommes, ils ne se présentaient pas comme étant les dieux du genre humain, ils ne ressemblaient même pas à Brahma qui était au moins le dieu de toute une grande caste, ni à Zéüs panhellien qui était celui de toute une nation. Dans cette religion primitive, chaque dieu ne pouvait être adoré que par une famille, la religion était purement domestique (FUSTEL DE COULANGES, p. 32).

Donc, pour les premiers hommes, la divinité n'était pas générale, mais au contraire limitée ; le dieu n'aimait pas l'humanité tout entière, mais un seul individu ou une seule famille ; de sorte qu'il y avait autant de dieux que de familles, que d'individus ; bien plus, un seul individu avait une infinité de dieux. Ce dieu ne dominait pas toute la nature, il avait un pouvoir déterminé et limité sur telle ou telle partie de cette nature. Son adorateur ne se préoccupait pas de savoir: s'il avait créé ou été créé, il ne s'inquiétait que de son influence sur le détail qui était de sa compétence. Le dévot n'offrait pas au dieu son amour, comme le commandèrent plus tard les religions complexes, il ne lui apportait que des offrandes matérielles, représentant une valeur vénale. Le dieu, ayant toutes les passions humaines : la colère, l'envie, la jalousie, l'orgueil, la luxure même, le dévot s'adressait à ses passions pour le toucher. Le Dieu aimant ses adorateurs d'une manière égoïste et intéressée, le dévot mesurait ses offrandes au service qu'il lui demandait.

Dans ces conditions, on le comprend, le dévot solli=

citait le dieu à la manière de celui qui demande un service ; mieux que cela, à la manière de celui qui sollicite un échange. Il offrait des prières, des sacrifices, des manifestations matérielles du respect, pour obtenir telle protection matérielle dont il avait besoin. Et alors, par une logique qui se comprend sans peine, lorsqu'ayant fait son devoir : de suppliant, la divinité n'avait pas fait le sien : de protecteur, ce dévot considérait que le Dieu n'avait pas tenu ses engagements. Or, de même que dans les relations humaines on est mécontent, en pareil cas, on se plaint, on fait des reproches, on se fâche ; de même, le dévot se plaignait, faisait des reproches, exerçait, même, la vengeance vis-à-vis de la divinité, lorsqu'elle était restée sourde à ses sollicitations. La punition du fétiche parut donc : être une chose parfaitement logique, aux premiers hommes qui lui avaient demandé, en vain, sa protection, dans tel ou tel cas.

Lorsque l'homme faisait lui-même son fétiche, il se contentait de le jeter loin, le jour où il se fâchait contre lui. Mais, lorsque par les progrès de la civilisation, il arriva : que c'étaient certains individus qui faisaient les fétiches, sous le prétexte qu'ils étaient, alors, plus puissants et plus efficaces. Il en résulta, naturellement : que l'animadversion du dévot dépité, se porta non seulement contre le fétiche, mais encore contre le féticheur. L'idée est si naturelle, si facilement compréhensible, que je n'ai pas besoin d'entrer dans plus de développements pour la faire admettre, sans hésitation.

Voilà donc l'idée primitive déterminée, au sujet de

ces sévices dirigés contre le fétiche ou le féticheur.
Il n'est pas plus difficile de comprendre : que par une
logique peu compliquée, l'homme a brûlé le fétiche ou
le féticheur qui ne l'avait pas garanti du feu ; qu'il a
jeté à l'eau, le fétiche ou le féticheur qui n'avait pas su
le garantir de l'eau, etc., etc.

Quant à ce qui est de la transmission, d'âge en âge,
de ces crédulités des premiers hommes, il n'est pas
difficile de l'expliquer aussi ; en effet, si l'intelligence
humaine, avait procédé par sauts et par mouvements
séparés, au lieu de progesser d'une manière continue
et insensible. Il serait arrivé, à certains moments,
que le cours des idées changeant brusquement, les
pratiques humaines auraient agi de même. Mais, dans
ces questions de croyances nées de la crainte et du
désir d'échapper à la souffrance ou à la mort, l'esprit
humain suivait son courant uniforme. Dans ces conditions, les changements apportés par le féticheur, ne
venaient jamais s'enter sur les idées antérieures qu'au
titre d'un perfectionnement, comme : une mince couche
de stratification, vient s'ajouter sur le fond qui existe
déjà. Par conséquent, malgré les transformations du
culte, l'idée première n'était pas éteinte ; elle était addi-
tionnée, plus ou moins, de tel ou tel complément, mais
elle subsistait toujours ; elle se transmettait ainsi, d'âge
en âge, dans des conditions qui faisaient : qu'elle a pu
rester, encore, appréciable après des milliers d'années,
malgré les transformations les plus nombreuses et les
plus grandes du culte.

CHAPITRE X

Les Libations

I

LES FAITS DE LA PROVENCE

Les provençaux de nos jours, qui présentent, à l'observateur, tant de vestiges des croyances et des pratiques de l'antiquité, soit dans leurs usages domestiques, soit même dans leurs relations sociales, font encore, à notre époque, des libations, comme les anciens grecs et les romains. La chose paraît extraordinaire, au premier abord, on va voir qu'elle est parfaitement exacte. Pour le prouver : parlons de ce que font les paysans, quand ils trinquent un verre de vin, en compagnie ; et de ce qui se passe, dans les familles provençales, au souper de Noël.

Lorsqu'on offre un verre de vin à un paysan provençal, dans certaines conditions déterminées ; à savoir, par exemple, quand c'est son propriétaire ou quelqu'un d'une position sociale plus élevée que la sienne, qui lui fait la politesse, — ou bien, lorsque ce paysan trinque, en compagnie : dans une fête de famille, au moment de la conclusion d'un marché, d'un accord, d'une promesse, etc., etc., dans une circonstance importante ou solennelle, en un mot, — on voit le buveur, avoir soin, aussitôt qu'il a vidé son verre, d'étendre le bras, et de renverser ce verre, de manière à répandre la dernière goutte du liquide sur le sol.

En y regardant de près, on constate que ce n'est pas là, une pratique banale, due au hasard, ou à une habitude, qui fait faire le mouvement, d'une manière, pour ainsi dire, automatique.

La preuve que j'en puis donner, c'est que le paysan, qui agit, comme je viens de le spécifier, quand il trinque avec son propriétaire, avec un bourgeois, avec le camarade auquel il est allé faire une visite importante, avec lequel il vient de conclure un marché, de demander ou d'accorder une fille en mariage ; ce paysan, dis-je, ne verse jamais la dernière goutte de son verre, par terre, lorsqu'il boit à une table de café, de débit, de cercle ou de chambrée, dans les circonstances ordinaires de la vie.

Ce n'est que : si un étranger de condition, quelqu'un qui vient de lui faire une communication importante, trinque avec lui, dans ce café, ce débit, ce cercle ou cette chambrée, que ce mouvement précité est accompli. L'acte de verser sur le sol une goutte du liquide, est une pratique absolument analogue à celle du salut et de la parole sacramentelle : « A votre santé ». De même que ce mot « A votre santé » marque le commencement de l'ingurgitation de la boisson, l'action de répandre une goutte de liquide, par terre, en souligne la fin.

Or, il ne faut pas être bien érudit pour savoir: que les romains agissaient d'une manière absolument semblable, dans les circonstances analogues. — Dans leurs repas de famille, ils faisaient une libation aux dieux lares, aux génies tutélaires de la maison. — Dans leurs relations sociales, ils faisaient une libation en l'honneur du convive qu'ils voulaient honorer ; et, c'était en prononçant quelques paroles sacramentelles, comme en répandant quelques gouttes du liquide par terre ou sur la table, que ces libations s'accomplissaient.

Ce vestige des libations antiques que je viens de signaler, est déjà bien frappant ; mais il en est un autre qui est plus remarquable encore : c'est celui qui se trouve dans le rituel domestique, qu'on me passe le mot, des fêtes de la Noël. — Dans ces fêtes de Noël, où les réminiscences du paganisme fourmillent, on verse un peu de vin sur le feu, avec un appareil de solennité très extraordinaire, devant la famille réunie. On va voir que les choses se passent d'une manière bien curieuse à observer,

La fête de Noël a une très grande importance dans les familles provençales, comme d'ailleurs dans les agglomérations humaines d'une infinité de contrées ; — il n'entre pas dans mon cadre actuel de m'arrêter sur son importance relative. — Le seul fait que je veuille retenir, c'est qu'en Provence, les réminiscences du paganisme, et en particulier les libations, s'y retrouvent.

Pour cette époque de la Noël, qu'on appelle : *Leïs Festos de Caleno* ou simplement « Leis Festos », les Fêtes de *Calène* (Calène, altération de Calendes), — les Fêtes ; — tous les membres d'une famille se réunissent, dès la veille au soir, pour faire un repas solennel qu'on appelle : « *lou gros soupar* », le gros souper ; — et ce n'est que le lendemain, quelquefois même le surlendemain, qu'ils se séparent.

Cette fête est tellement solennelle, dans une infinité de maisonnées, que l'on voit cesser, ce jour là, des divisions et des animosités intestines, parfois très ardentes, aux autres moments de l'année.— On se réconcilie pour la Noël, alors qu'on se croyait à tout jamais brouillés.

C'est, faut-il ajouter, qu'avec le fond superstitieux qui est encore si vivace dans le cœur des provençaux, chacun croirait avoir manqué à une partie essentielle de son devoir, s'il avait résisté, au moment de «*Calène*», aux avances d'amitié du parent avec lequel il était en froid. Refuser les offres de réconciliation qu'on nous fait à cette époque *porte malheur*, dit la voix populaire.

Donc, la veille de Noël est arrivée ; chacun s'est rendu, à la tombée de la nuit, dans la maison où se trouve le chef de la famille, pour prendre part au gros souper. Dans la salle à manger, la table est somptueusement garnie. La ménagère a sorti la plus belle nappe pour la circonstance ; et, quand c'est possible, c'est du linge absolument neuf qui sert pour la première fois, à cette occasion. — A la cuisine, on met la dernière main à la préparation du repas maigre ; car il ne faut pas oublier de dire : que dans ce qu'on appelle le gros souper, les viandes dites grasses sont interdites. En, revanche, il y a quelques plats qui sont traditionnels, et sans lesquels le gros souper serait radicalement incomplet : c'est la capilotade de morue, ou de poisson mélangé à de la morue, la morue frite, les choux-fleurs bouillis, par exemple.

Ce qui frappe, surtout, dans le gros souper, c'est la profusion du dessert. Les fruits les plus variés, les friandises de toutes sortes, les pâtisseries et les confitures de ménage, les échaudés, le nougat, *lei poumpos taillados*, etc., etc., se pressent sur la nappe blanche, au grand ravissement des enfants.

Quant aux liquides, on ne les a pas oubliés. On boira du meilleur vin pendant le repas, c'est entendu ; mais surtout il faut savoir : que le gros souper ne saurait exister sans la bouteille de vin cuit qui a été fait, lors de la vendange, en vue des grandes fêtes, et notamment des fêtes de la Noël.

Ne manquons pas d'ajouter : que la table doit être éclairée, le soir du gros souper, à l'aide de bougies, vestige des flambeaux de cire des temps antiques. Une famille provençale croirait fermement que le rituel de la Noël est irrémissiblement entaché de nullité, si on n'allumait pas, au gros souper, les bougies traditionnelles.

Dans l'âtre, brûle la bûche de Noël qui, comme on le sait, a été choisie parmi les plus grosses et les meilleures de la provision de bois de chêne ou d'olivier. Grâce à elle, tandis qu'au dehors le froid, la pluie ou le mistral font rage, une douce chaleur pénètre toute la famille, qui vient prendre place autour de la table, avec un sentiment flottant entre le recueillement religieux et la joie d'une fête qui commence.

Chacun jette les yeux à la fois sur le plus âgé et le plus jeune de la réunion ; le plus profond silence règne, on attend « *la bénédiction du feu.* » Alors, l'aïeul s'approche de la cheminée d'un pas solennel, il appelle le plus petit des enfants présents qui s'avance, tout ému et tout heureux, en même temps, car depuis bien des semaines on lui a dit : que s'il est bien sage c'est lui qui bénira ce feu.

Le grand-père prend l'enfant par la main, lui donne un verre, dans lequel il vient de verser un peu de ce bon vin cuit qui sera savouré à la fin du repas. Chacun s'est découvert et fait le signe de la croix. Guidé par son grand-père, l'enfant fait les libations traditionnelles, en versant à trois reprises différentes un peu de vin sur la bûche enflammée, pendant qu'il prononce les paroles sacramentelles que lui souffle grand-papa, et qui varient suivant les localités ou les familles.

Assez souvent, on fait dire à l'enfant ces simples paroles : Au nom du Père, du Fils et du Saint-Esprit, Feu de Noël, sois béni et protège nous. Que l'an prochain, nous sc ons tous encore auprès de ta chaleur bienfaisante, en joie et en bonne santé. *Amen.*

Ou bien plus simplement encore : Bon Dieu faites que nous nous retrouvions, encore, tous ensemble ici, en bonne santé, l'année prochaine.

Dans quelques pays, le grand-père fait dire à l'enfant ce naïf quatrain que chacun répète, de son côté, dans l'assistance :

Allègre ! Diou nous allegre !
ⵏCachofué ven, tout ven ben.
Diou nous fagué la graci de veire l'an que vent.
Si sian pas maî, que siéguen pas men !

En joie ! que Dieu nous tienne en joie !
La bûche de Noël arrive, tout vient bien.
Dieu nous fasse la grâce de voir l'an qui vient,
Si nous ne sommes pas davantage, que nous ne soyons pas moins !

Quelquefois, l'aïeul fait dire à l'enfant :

« *Beou carignié* — Beau caléfacteur — Réchauffe les pieds des petits orphelins et des vieillards maladifs, pour qu'ils ne souffrent pas. — Eclaire et chauffe la maison du pauvre, afin qu'il n'ait pas froid. — Ne brûle pas les espérances du paysan ni la barque du marin. »

Il est maintes variantes que je pourrais citer encore, et qui, toutes, sont une invocation pieuse, dans laquelle, au milieu des formules relativement récentes de la religion chrétienne, on voit percer les vestiges du culte du feu, dont la bûche de Noël est une manifestation facile à reconnaître.

Puis, une fois la cérémonie de la libation accomplie, tout le monde s'assied à table, et le repas de famille commence. A mesure que les plats se succèdent, et que le vin cuit coule, la joie qui laissera pendant toute l'année une empreinte profonde dans l'esprit de tous ceux qui ont été réunis, ainsi, pendant le gros souper, va s'accentuant. Et, si l'accord n'existait pas dans la famille, la veille, les nuages qui pouvaient persister entre ses membres sont bien et définitivement dissipés, à ce moment au moins, et jusqu'à nouveaux événements ; c'est-à-dire jusqu'après les fêtes de Calène.

J'ai entendu dire par maintes bonnes gens : que la bûche de Noël a l'étrange propriété de ne pas brûler le linge, et que, jadis, dans la campagne des environs de Marseille, on avait l'habitude, dans les familles pieuses, de mettre trois charbons ardents, pris dans sa substance, sur la nappe, le soir du gros souper.

Il paraît que le niveau de la piété, ainsi que celui de la crédulité, ont singulièrement baissé avec le temps, car aujourd'hui, il n'est pas une ménagère qui permettrait qu'on fasse cette expérience, trop dangereuse pour son linge de table.

Dans quelques familles, on a soin de conserver les cendres de la bûche de Noël, pour les mettre dans l'armoire à linge, qui sera, ainsi, garantie miraculeusement des dangers d'incendies.

Le charbon provenant de cette bûche, a aussi la propriété, aux yeux de quelques paysans, de garantir les étables des maladies épidémiques, et les poulaillers des affections contagieuses.

Enfin, n'oublions pas d'ajouter : que le sceptique qui se permettrait de s'asseoir irrévérencieusement sur la bûche de Noël, quand elle a été choisie et mise à part, en prévision du gros souper, serait bien certainement atteint d'une série de furoncles, à l'endroit qui aurait foulé ladite bûche.

En Provence, comme dans une infinité de pays, on chante, à l'occasion de la fête qui nous occupe, des can-

tiques, qui ont, on le sait, une véritable célébrité dans
le monde chrétien tout entier, sous le nom de : Noëls.
Ces cantiques mériteraient de nous arrêter un instant, si
notre étude actuelle n'était pas exclusivement limitée à
ce fait spécial : des libations païennes ayant persisté, à
l'occasion du *«gros souper»*, jusqu'à ce jour. Je ne m'attarderai pas, non plus, à parler des pauvres qui viennent,
dans certains pays, quêter, en chantant, des aumônes
de fruits, de gâteaux ou d'argent, dans les familles aisées
qui célèbrent la Noël en faisant ce *« gros souper »* ; ce
sont là des détails étrangers à mon objectif.

Mais, en revanche, qu'on me permette de souligner,
en passant, un autre vestige des coutumes antiques qui
trouve tout naturellement sa place ici. Une fois le gros
souper achevé, qu'on chante des Noëls, qu'on aille à la
messe de minuit, ou bien qu'on aille tout simplement
se coucher, il n'en est pas moins constant : que la table
ne doit pas être desservie. Il faut qu'on la laisse telle
qu'elle est, ayant soin, tout au plus, de relever un peu
les coins de la nappe. Pour rien au monde, les familles
qui célèbrent la Noël avec respect, ne voudraient permettre qu'on desservît la table pendant la nuit de Noël.
Et cela, parce que *« Leis Armettos »* les petites âmes,
viennent picorer, cette nuit-là, les miettes de pain et
de gâteau, qui sont restées sur la nappe, ou par terre
autour de la table.

Les petites âmes qui viennent manger les miettes du
repas ! Mais ce n'est pas le vestige du culte des mânes, des Lares que nous retrouvons ici? Autre réminiscence de l'antiquité romaine, qui, comme je l'ai dit tant

de fois, ici comme ailleurs, a laissé les traces les plus profondes et les plus indélébiles dans les coutumes des provençaux.

Finissons, en disant : qu'il y a, comme on le devine, nombre de variantes dans la mise en scène de la cérémonie, suivant le pays, et aussi suivant la disposition des locaux ; ainsi, dans les bastides de la campagne où la cuisine sert en même temps de salle à manger, et où il existe encore l'immense cheminée des temps anciens, on voit, souvent, la bûche de Noël être disposée à l'avance, près de la porte d'entrée. Au moment où on va se mettre à table, le grand-père et le petit-fils, vont la bénir, à cette place, puis la prennent, chacun par un bout, et vont la porter dans la cheminée.

II

FAITS DES AUTRES PAYS

La bénédiction de la bûche de Noël se fait dans certaines provinces de la France, voisines de la Provence, d'une manière analogue à ce que je viens de dire. Dans quelques-unes, qui avoisinent la chaîne des Cévennes, c'est-à-dire : qui appartiennent à l'ancienne Narbonnaise romaine, on répand du sel sur la bûche, en même temps qu'on l'arrose du liquide de la libation, ce qui révèle toujours la pensée de piété qui s'y rattache. D'ailleurs, ces détails de mise en scène, comme les variantes de la formule de consécration, ont peu d'importance dans le cas où nous sommes placés ici ; ce que nous avons dit, déjà, suffit pour faire accepter, sans conteste, le caractère religieux de l'action : de répandre du vin sur la bûche de Noël.

D'ailleurs, ce n'est pas seulement à la fête de la Noël, et au moment où les individus trinquent cérémonieusement, entre eux, qu'on rencontre le vestige des libations, en Provence. Dans quelques localités, éloignées des centres de population, on voit, encore, les femmes de la campagne commencer leur repas, en jetant quelques gouttes de bouillon ou de lait de leur soupe, par terre. Cette coutume, se trouve dans le Dauphiné, le Lyonnais, la Savoie, le Jura, même ; elle se perpétue inconsciemment; et ceux qui l'observent, seraient bien embarrassés pour en donner la véritable spécification ; mais néanmoins, ils ont la conscience, que : c'est une pratique pieuse. C'est, en effet, un vestige du culte des esprits, arrivé, ainsi, jusqu'à nous.

III

ORIGINE DE LA PRATIQUE

Si nous voulons chercher à nous rendre compte de la donnée primordiale, qui a engendré la pratique des libations, dont nous rencontrons les derniers vestiges chez les provençaux de nos jours, il nous faut remonter aux temps les plus reculés, à l'origine même de l'humanité, aux coutumes des premiers hommes. Et pour bien comprendre maints détails, qui, sans cela, nous paraîtraient n'avoir absolument aucune raison d'être, il nous faut d'abord nous représenter, par la pensée, l'état intellectuel dans lequel se trouvaient nos premiers parents.

C'est en effet, comme l'a fait si bien remarquer Fustel de Coulanges, quand on étudie les institutions des anciens, sans tenir compte de leurs croyances, on les trouve bizarres et incompréhensibles, tandis au contraire, qu'en songeant à ce que ces anciens croyaient touchant la nature, l'homme, la vie et la mort, la question s'éclaire, aussitôt, du jour le plus favorable.

Dès les premiers linéaments de l'humanité, lorsque l'homme commença à ébaucher ses premières pensées comme l'enfant bégaie ses premières paroles, mille phénomènes objectifs et subjectifs frappèrent vivement sa raison naissante. Cette raison ne pouvait, encore, le défendre contre certaines impressions inexactes, contre maintes erreurs ordinaires d'appréciation ; contre nombre d'illusions sensorielles ; et même contre ses propres rêves ; car le rêve, en nous montrant comme parfaitement réelles, des choses et des situations absolument fausses, fut, on le sait, un puissant fauteur d'erreurs pour l'esprit humain.

L'homme primitif, si semblable à l'enfant, abusé par le monde extérieur comme par lui-même, se laissa aller à ce qu'on a appelé : l'animisme, par le fait de la tendance que nous voyons longuement expliquée dans les livres qui s'occupent de l'origine des religions. Le monde se peupla, pour lui, d'esprits, parce que la terre, les pierres, les arbres, les sources, les rivières le vent lui-même, tout enfin, autour de lui, avait une âme, une volonté et des passions. Tout était dieu, comme on l'a dit, avec raison ; et, dès le premier moment, comme plus tard, faut-il ajouter, l'homme fit la divinité à son image.

Dès la première heure, l'homme eut conscience de sa faiblesse vis-à-vis du restant du monde ; les difficultés de la vie lui apparurent comme l'œuvre d'ennemis ; et ses sentiments vis-à-vis des animaux qu'il poursuivait pour sa nourriture, lui firent croire à des sentiments pareils de la part des puissances qui l'entouraient: bêtes ou éléments. Seule, la tanière où il était né, où il se cachait quand il avait peur, lui paraissait comme l'idéal de ses désirs, aux moments du danger, qui étaient fréquents. C'était là sa seule affection, lorsque ses parents n'étaient plus là pour le défendre. Tout le reste du monde était considéré, par lui, ordinairement, comme autant d'ennemis.

Dans cette habitation des premiers âges, on comprend, sans peine, le bien-être que donna le feu, lorsque l'homme l'eut découvert ; et combien le foyer familial dut y gagner d'importance. Bien plus qu'avant, si c'était possible, l'individu eut pour son habitation : amour et respect. Or, à une époque où tout était un dieu, le foyer ne dut pas être un des moindres.

Alors que tout était l'objet d'un culte, si nous appelons de ce nom les pratiques de superstitions enfantines du nos premiers parents, le culte du foyer ne fut pas le dernier à venir charger le cérémonial auquel l'homme attachait une importance pieuse.

D'autre part, nous savons que l'idée de la mort a tenu une place considérable dans l'esprit des premiers hommes. « Si haut qu'on remonte dans l'histoire de la race indo-européenne, dont les populations grecques et italiennes sont des branches, dit Fustel de Coulanges (*cit. ant.* p.7) on ne voit pas que cette race ait jamais pensé : qu'après cette courte vie tout fut fini pour l'homme. Les plus anciennes générations, bien avant qu'il y eût des philosophes, ont cru à une seconde existence après celle-ci. Elles ont envisagé la mort non comme une dissolution de l'être, mais comme un simple changement de vie. »

Mais il faut se souvenir : que les premiers hommes de la race aryenne, d'où nous sommes sortis, se figurèrent, d'abord, que l'âme n'abandonnait pas le corps ; qu'elle restait enfermée, avec lui, dans le tombeau, et continuait à vivre, là, avec les besoins et les passions qui avaient dominé son existence. Les données : de demeure céleste des âmes ; de métempsychose, sont postérieures à cette première pensée. Aujourd'hui, nous croyons : que c'est par métaphore qu'on écrit sur les tombes « Ici repose ». Mais en réalité, cette pensée est le reflet de la croyance primitive, qui était si bien admise par nos ancêtres anti-historiques, qu'ils enterraient des vêtements, des armes, des instruments, des ustensiles, des animaux domestiques, des esclaves, même, avec le corps ; et qui, au moment de l'inhumation, comme à certaines époques déterminées, plaçaient des aliments et des boissons, sur la tombe, pour apaiser la faim et la soif du mort.

Comme l'a très bien fait observer, encore, Fustel de Coulanges (*loc. cit.* p. 10) : De cette croyance primitive à la continuation de la vie du mort, sous terre, il en résulta la pensée : que le corps devait être enterré dans un tombeau. Ce tombeau qui était désormais sa demeure, lui assurait le repos dont elle avait besoin. Dans ces conditions, on comprend l'importance considérable que dut prendre le tombeau, et tout ce qui touchait aux morts. Cette pensée, entra, si bien, dans l'esprit de nos ancêtres, que les religions ultérieures n'ont pas pu encore parvenir à la faire disparaître, en entier ; et que, malgré les données nouvelles, apportées par le paganisme et même le christianisme, on en retrouve, encore, de nombreux vestiges, dans les habitudes du vulgaire, comme dans les rites du culte. L'expression employée, de nos jours encore : « que la terre te soit légère » n'est, en somme, qu'une réminiscence de cette première pensée : qu'après la mort, l'homme allait continuer à vivre, sous terre, à l'endroit où son corps avait été déposé. Enfin, quand nous voyons aujourd'hui, dans certains pays, les parents et les amis « boire à la santé du mort » au moment de son inhumation, nous songeons, malgré nous, à l'habitude qu'avaient les anciens : de faire un repas funéraire sur la tombe, et de dire en partant et en s'adressant au mort « porte toi bien ». De la pensée que le mort devait reposer dans un tombeau, devait découler naturellement celle : que celui qui n'avait pas sa sépulture

souffrait, menait une existence malheureuse; et errait,
perpétuellement, sous forme de larve ou de fantôme,
privé des aliments et des offrandes dont il avait besoin.
La croyance aux revenants ne doit pas être cherchée
ailleurs; et, par une extension logique de la donnée primitive, on arrive à penser: que l'âme, ainsi malheureuse
par défaut d'une sépulture convenable, devenait, bientôt, malfaisante. Par une suite d'idées enfantines, qu'il
est facile de se représenter, nos premiers parents crurent qu'alors, elle se complaisait à effrayer les vivants,
par des apparitions lugubres; qu'elle provoquait des
maladies aux hommes ou au bétail; qu'elle détruisait
les moissons, soit pour obtenir qu'on lui donnât, enfin,
la sépulture qui lui revenait, soit pour se venger de ce
qu'elle ne l'avait pas obtenue.

« Toute l'antiquité a été persuadée: que sans la sépulture, l'âme était misérable; et que par la sépulture, elle
devenait à jamais heureuse. Ce n'était pas pour l'éta-
lage de la douleur, qu'on accomplissait la cérémonie
funèbre, c'était pour le repos et le bonheur du mort. »
(FUSTEL DE COULANGES.)

Les anciens craignaient moins la mort, que la privation
de sépulture. Le châtiment réputé le plus terrible, était
la privation de cette sépulture. Ce que disent, à ce sujet,
Eschyle, Sophocle, Euripide, et nombre d'autres auteurs,
en cent endroits, est bien fait pour ne laisser aucun
doute à cet égard. L'idée de la sépulture fut, peut-être,
le premier pas de la croyance aux évènements qui
attendent l'âme après la mort, c'est-à-dire: aux récom-
penses et aux peines du purgatoire et des enfers, qui

sont venus, ultérieurement, orner l'arsenal mystique de toutes les religions.

Ce n'était pas l'enfouissement, pur et simple, du corps dans la terre, qui donnait le repos dont le corps avait besoin, mais l'accomplissement des rites funéraires. C'est ainsi que, bientôt, sans doute, le culte des morts se trouva constitué d'une manière assez solide et assez bien déterminée, pour faire une véritable religion.

La pensée que le mort enterré convenablement était heureux, tandis que dans le cas contraire il était malheureux — l'extension naturelle, pour une logique enfantine — que le mort satisfait protégeait ses descendants, et que mécontent il leur nuisait — devait avoir pour conséquence : le respect et la crainte, base fondamentale sur laquelle repose l'idée de la divinité chez les hommes. On comprend que dans ces conditions, les morts devinrent bientôt de véritables dieux.

« Cette religion des morts paraît être la plus ancienne qu'il y ait eu dans cette race d'hommes, avant d'adorer « Indra et Zéus » l'homme adora les morts ; il eut peur d'eux il leur adressa des prières ». Il semble que le sentiment religieux ait commencé par là. C'est peut-être à la vue de la mort que l'homme a eu pour la première fois l'idée du surnaturel ; et qu'il a voulu espérer au delà de ce qu'il voyait. La mort fut le premier mystère, elle mit l'homme sur la voie des autres mystères ; elle éleva la pensée du visible à l'invisible, du passager à l'éternel, de l'humain au divin. (FUSTEL DE COULANGES, p. 20.)

La pensée que le mort continuait à avoir les besoins,

les passions, tout enfin ce qui faisait la joie ou la tristesse des vivants, devait naturellement produire maintes pratiques du culte. « Il y avait, dit Fustel de Coulanges, p. 34 » un échange perpétuel de bons offices entre les vivants et les morts de chaque famille. L'ancêtre recevait de ses descendants : la série de repas funèbres, c'est-à-dire les seules jouissances qu'il pût avoir dans la seconde vie. Le descendant, recevait de l'ancêtre : l'aide et la force dont il avait besoin, dans celle-ci. Le vivant ne pouvait se passer du mort, ni le mort du vivant. Par là, un lien puissant s'établissait entre toutes les générations d'une même famille, et en faisait un corps éternellement inséparable ». (FUSTEL DE COULANGES, p. 34.) C'était bien la pensée de la nourriture, dans ce qu'elle a de plus matériel, qui dirigea les premiers hommes, dans les rites funéraires. La preuve, c'est que le lait, le vin ou le sang des victimes, étaient répandus sur la terre du tombeau, tandis que les aliments solides étaient enterrés ou glissés dans un trou ménagé à cet effet. Sur les tombeaux grecs, comme sur les tombeaux romains, il y avait primitivement une place réservée à la cuisson des aliments destinés au mort. La famille qui assistait à cette cérémonie du repos du mort, ne touchait d'abord pas aux aliments ; c'eût été une grave impiété: que de soustraire une parcelle de la provision qui lui était consacrée. Puis, à mesure que de nouvelles pensées, de nouvelles habitudes, furent venues obscurcir la donnée primitive, le repas funéraire se transforma. Les vivants en arrivèrent à ne plus laisser aux morts que les reliefs, les miettes, sinon, même, la vue seule et la fumée des aliments, qui, primitivement, leur étaient réservés, d'une manière exclusive et absolue.

Nous voyons par ce que nous venons de dire : comment le culte des lares, des mânes, des génies, etc., etc., des anciens se rattache au culte des morts et des foyers. Il suffit, d'ailleurs, de se rapporter à l'etymologie de ces divers noms, pour être fixé sur la réalité de cette relation étroite. Les lares venaient du mot étrusque : *lar* qui signifie : seigneur, maître, La légende romaine, disait : que les lares étaient les deux fils de la nymphe du Tibre *lara* ou *larunda* et de Mercure. Cette *lara* était bavarde, paraît-il ; et, Jupiter irrité contre elle, lui arracha la langue, pour la faire taire. Quoi qu'il en soit, ses fils devinrent les protecteurs de Rome naissante.

Les *mânes*, de leur côté, étaient dans l'esprit des anciens : les êtres purs, sereins, heureux, propices. Les morts étaient purifiés par les cérémonies du culte, devenaient Lares, Mânes, Penates, et jouissaient du bonheur infini.

Les pénates venaient de *Penes*, Πενομαι d'où vient Πγνε pauvre, travailleur, domestique. Ils se rattachent, ainsi, à l'idée des géniteurs, de ceux qui rendent des services immédiats et constants.

Le génie vient de *génius* et a la même racine que *gens, geno, gigno,* c'est-à-dire le créateur ou la créature ; en un mot, il se rattache à l'idée de la création. Primitivement ce génie fut, simplement: l'ancêtre mort, et honoré par le souvenir du descendant. Puis, par une pente naturelle, il devint une divinité locale, intermé-

diaire à l'homme et à la divinité d'un ordre plus élevé.
Il a été : le démon familier, l'ange gardien, le bon
génie, l'armetto, suivant que les hasards et les progrès de la civilisation, ont fait perdre de vue tel
détail de la pensée originelle, pour faire au contraire
saillir d'une manière plus intense, tel autre de ces
détails.

Chez les romains, comme d'ailleurs chez les grecs,
les lares, les pénates, les mânes avaient une place
d'honneur au foyer de l'atrium, où la famille se réunis-
sait pour prendre les repas. C'était la mère de la famille
qui était chargée de les soigner. A certains moments
de l'année, ou même du jour, au commencement du
repas, par exemple, on leur offrait un sacrifice de mets
et de boissons. C'était sur le feu du foyer que l'offrande
était déposée, et chacun répétait, dévotement, cette
exclamation : *Dii propitii*, que formulait le chef de la
famille. Avec le temps, et sous l'influence des transformations que subissait l'idée religieuse, à mesure que de
nouvelles données venaient de se rajouter les unes aux
autres, la signification primitive s'obscurcit ; elle finit
par échapper à l'esprit de ceux qui pratiquaient les
cérémonies, de sorte qu'il paraît bien difficile aujour-
d'hui d'établir, à priori, une relation entre les pratiques
superstitieuses actuelles et les actes dévotieux de nos
premiers parents. Mais néanmoins, en y réfléchissant
un peu, on arrive à penser : que les libations dont j'ai
fourni des exemples en commençant cette étude sont
bien réellement les vestiges des repas funéraires de
l'antiquité anté-historique. Je crois donc que nous

sommes autorisés à dire, en songeant à tout ce qui s'y rattache, que : suivant les temps et les pays, les repas funéraires des premiers hommes ont varié à l'infini.

IV

CONCLUSION

Nous aurions un long volume à écrire si nous voulions consigner ici tout ce qu'il y a à dire sur le compte de ces repas funéraires, libations, etc., etc. Il suffit d'ailleurs de rapprocher, par la pensée, les hécatombes offertes par les anciens à leurs morts, hécatombes dans lesquelles les bœufs et les moutons étaient tués par douzaines, aux miettes de la table de Noël ou à la goutte de vin répandue par terre, par les provençaux de nos jours, pour voir, d'un coup d'œil, toute la gamme des dégradations inombrables que la coutume a dû subir, à travers les âges, et dans les diverses contrées.

Néanmoins, malgré ces dégradations et ces amoindrissements, la pensée initiale s'est conservée, en ceci comme pour tout ; tant il est vrai : que dans l'histoire de l'humanité, tout s'est conservé, d'une manière extrêmement remarquable, malgré le temps et les révolutions. On dirait : que les idées fondamentales sont si rares dans le cerveau humain, qu'il conserve, avec le soin le plus attentionné, celles qu'il possède. Les appropriant, les transformant, les modifiant, suivant ses besoins ; mais ne les rejettant jamais d'une manière absolue et définitive, une fois qu'elles lui ont servi, ne serait-ce que pendant une courte période dans une forme du début.

C'est donc grâce à cette conservation indéfinie des données primitives de nos premiers parents, que nous voyons persister jusqu'à nos jours, encore, ces vestiges des libations dont je viens de m'occuper dans ce chapitre ; vestiges qui, certainement, ne sont pas près, encore, de disparaître des habitudes du populaire.

CHAPITRE XI

Le passage à travers un arbre

I

CRÉDULITÉS DE LA PROVENCE

Quand on quitte la gare de Sanary, sur le chemin de fer de Nice à Marseille, à neuf kilomètres environ de Toulon ; et qu'on se dirige vers le village d'Ollioules, on rencontre, à une centaine de mètres de la voie, sur le bord d'un petit sentier rural, un chêne, qui est d'ailleurs d'une assez belle venue, mais dont le tronc présente une disposition assez bizarre : à un endroit donné de sa hauteur, il est partagé, en deux, par une fente de plus d'un mètre de longueur, de 3 à 8 centimètres d'ouverture, comme s'il était constitué par deux branches qui, après s'être séparées, se seraient réunies de nouveau. Cette disposition n'est pas un jeu de la nature, mais bien l'œuvre de l'intervention humaine ; en y regardant de près, on voit que, primitivement, le tronc de cet arbre a été fendu en deux ; et que l'hiatus, est le résultat de la cicatrisation accidentelle d'une partie de la fente.

Il n'est pas rare de rencontrer, dans les champs, en Provence, des arbres qui présentent cette disposition ; c'est le plus souvent des chênes, mais cependant on constate : que des frênes, des noyers, des ormes, des peupliers, des pins même, ont été ainsi fendus, intentionnellement, puis ont été entourés d'un lien, pour que les parties séparées se réunissent.

Quand on cherche à savoir : pourquoi certains arbres ont été traités, ainsi, on ne tarde pas à apprendre : que c'est parce qu'ils ont servi à la pratique d'une vieille superstition des paysans provençaux, qui croient fermement : qu'en faisant passer, à un moment donné, un enfant à travers un tronc d'arbre fendu, on peut le guérir de telle ou telle maladie.

C'est surtout contre les hernies des petits enfants, que ce passage à travers le tronc d'un arbre est considéré comme efficace ; et voici comment la crédulité publique conseille de procéder : il faut prendre un jeune arbre d'apparence bien vigoureuse, le fendre dans sa longueur, sans l'arracher, ni pousser la fente jusqu'aux racines ; puis, écartant les deux parties de l'arbre, faire passer entre elles, à trois ou sept reprises différentes, dans une même séance, le petit hernieux. Une fois cela fait, les deux portions de la tige sont rapprochées très exactement, et maintenues en contact, à l'aide d'un lien très fortement serré. Si ces parties se recollent bien, et que l'année d'après l'arbre ait repris la solidité de sa tige, l'enfant est guéri ; si, au contraire, la fente ne s'est pas soudée, on peut prédire : que l'enfant restera hernieux toute sa vie.

Il n'y a pas seulement que les hernies qui sont susceptibles de guérir, sous l'influence de cette pratique bizarre ; nombre d'autres maladies sont traitées de la même manière, en Provence ; et la crédulité populaire n'est pas encore disposée à penser : que le moyen manque d'efficacité.

J'ai trouvé dans mes investigations touchant les superstitions des provençaux, d'autres pratiques thérapeutiques qui me paraissent être des variantes de celles dont je viens de parler et se rattacher à la même idée. C'est ainsi, par exemple, que dans un grand nombre de villages : à Signes, à La Cadière, etc., le jour de la fête patronale, pendant qu'on porte processionnellement le saint de la localité à travers les rues, les mères font passer leurs enfants au-dessous de la châsse, pour les fortifier ou les guérir des maladies futures qui pourraient les atteindre. Dans d'autres cas, on place un enfant débile sous la châsse d'un saint, pendant que le prêtre chrétien dit la messe ; absolument comme on faisait dans la cérémonie du taurobole, chez les anciens romains, pendant que le prêtre païen faisait un sacrifice. Enfin, dans quelques-uns, comme, par exemple, au village de La Garde, près Toulon, le jour de la fête de Saint Maur, les valétudinaires, les mères de famille qui veulent fortifier leur enfant, et même les jeunes femmes qui veulent être fécondes, se placent aussi près que possible de la niche du saint pendant la messe.

Le nom du saint chrétien invoqué, est, quelquefois si spécial, qu'on voit d'une manière transparente l'adaptation d'une idée thérapeutique à la cérémonie religieuse.

C'est ainsi, par exemple, que dans l'église de Ganagobie, dans les Basses-Alpes, il y a une tribune où se trouve un autel de Saint *Transi*. Les mères, dont les enfants étaient valétudinaires, déposaient le pauvret sur cet autel, pendant l'invocation ; elles suspendaient un de ses vêtements, en guise d'*ex-voto*, sur le mur voisin, lorsque la guérison avait été obtenue. (FERAUD, *Hist. des Basses-Alpes*, p. 651.)

Il est une autre manière d'agir, qui est encore plus singulière ; et qui cette fois ne touche en rien, en apparence aux choses de la religion. Je veux parler du remède populaire de quelques provençaux pour guérir le *Coburni* (la coqueluche) d'une manière certaine, et infaillible, si on en croit les bonnes femmes. Pour obtenir cette guérison de la coqueluche, il faut faire passer l'enfant, sept fois de suite, sous le ventre d'un âne, en allant de droite à gauche, et sans jamais aller de gauche à droite ; car si on oubliait cette précaution, les passages en sens inverse se neutralisant, on n'obtiendrait pas le résultat désiré. Dans certains villages, il y a des ânes plus ou moins renommés pour leur vertu curative. Il y a quelques années, il y en avait un au Luc qui jouissait d'une telle réputation, que, non seulement il servait à tous les enfants de la localité, mais encore les enfants de Draguignan et même de Cannes, étaient, maintes fois, amenés au Luc, c'est-à-dire faisaient un voyage de plus de soixante kilomètres, pour bénéficier du traitement.

Enfin, je ne dois pas oublier de rapporter ici une variante de la donnée que nous étudions et qui ne manque pas d'originalité : Dans beaucoup de villages de Provence, le jour de Saint-Eloi, après avoir fait bénir les bêtes, il y a une procession dans laquelle la statue du saint est portée sur l'épaule de quatre vigoureux gaillards. Pendant que cette procession est en marche on voit nombre de paysans et de paysannes armés d'un bâton, au bout duquel ils ont attaché un petit bouchon de paille, s'approcher de la statue, se glisser entre les quatre porteurs et, passant leur bâton par dessous le brancard, vont frotter la face du saint avec ce bouchon de paille ; habituellement des brins d'avoine sauvage. Cette paille a dès lors la propriété de guérir les animaux malades ; aussi est-elle conservée avec soin dans la maison comme un remède miraculeux. Dans le village de Signes, de La Cadière, etc., près de Toulon, c'est à la procession de l'Ascension, dite procession des vertus, que cette pratique se fait.

II

CRÉDULITÉS DES AUTRES PAYS

Dans nombre de provinces de notre cher pays de France, la crédulité, touchant l'efficacité du passage des enfants à travers les troncs d'arbres, sous les châsses des saints, et même sous le ventre des animaux, dans un but de

guérison ou de renforcement de la santé, se retrouve
aussi bien qu'en Provence. Je ne parlerai pas de ce qui
se fait dans le Dauphiné, le Lyonnais, ou l'Auvergne,
qui en raison de leur proximité relative, doivent avoir
sensiblement les mêmes superstitions, ou à peu près ;
mais, plus loin, en Gascogne, en Périgord, dans le
Poitou, dans les environs de Paris, même, cette pratique fait partie de l'arsenal des crédulités des paysans.
En effet, dans cent endroits, il y a des arbres séculaires, qui par le fait de la vétusté, de la maladie, ou peut-
être aussi de la main des hommes, ont leur tronc per-
foré et ont la réputation de guérir les enfants qu'on
fait passer à travers l'ouverture. A certains moments de
l'année, dans une infinité de localités, on voit des parents venir faire cette opération très consciencieu-
sement, avec la ferme espérance de débarrasser leur
progéniture de telle maladie aiguë, et surtout de
maintes affections chroniques.

A Laurinan, dans l'Ile-et-Vilaine il y avait, il n'y a pas
bien longtemps encore, trois chênes placés très près
l'un de l'autre et on allait passer entre eux pour se
guérir de la fièvre. (*R. d. t.* 1892. p. 104.)

Dans les Ardennes (MEYRAC, *Supast. des Ardennes*,
p. 150), en Franche-Comté, dans les Vosges, dans le
Nord, en Alsace, en Lorraine, on pousse, ainsi, les enfants
à travers un trou d'arbre fendu, pour les guérir des hernies ou bien les mères font passer leurs enfants sous
la châsse du saint, pendant la procession, pour les fortifier. M. Meyrac (*Loc. cit.* p. 51) nous apprend : que dans
le village de Braux, le saint s'appelle : saint Vivent ou

saint Vivin, nom dont on voit la signification par une transparence facile à saisir, a la réputation de guérir les enfants qu'on fait passer sous sa châsse.

× En Souabe, on fait passer, trois fois, les enfants rachitiques entre les deux parties d'un arbre fendu, le Vendredi saint, le jour de Saint-Jean ou celui de la Noël. L'enfant doit être nu pendant l'opération puis, on lie l'arbre avec la chemise du malade; et si les deux parties du tronc se recollent, la guérison est certaine (*R. d. t.* 1894, p. 494).

× En Russie, l'opération se fait à peu près de la même manière; seulement, la chemise de l'enfant est pendue, comme *ex-voto*, à l'arbre; tandis que le tronc est serré avec une simple corde. En outre, l'enfant doit faire un certain nombre de fois le tour de l'arbre, après avoir passé au travers (*R. d. t.* 1894, p. 494).

× Les Koriakes du Nord de l'Asie, passent entre deux perches consacrées, pour guérir de certaines maladies. (LEVESQUE, *Peuples soumis à la Russie*, t. I, p. 264); ils se purifient de la même manière, après les enterrements.

× Dans certaines localités des provinces les plus diverses de la France, on rencontre des pratiques qui se rattachent bien certainement à l'idée que nous étudions ici; c'est ainsi qu'en Bretagne, par exemple, on va faire passer les enfants, et même les bestiaux qu'on veut guérir ou rendre plus forts, à travers les pierres percées de certains monuments mégalithiques. Dans plus d'un endroit, les adultes ne dédaignent pas de procéder de la même manière. Ajoutons, qu'au lieu des monuments du paganisme, c'est parfois l'église qui est le théâtre de l'opération superstitieuse. Dans les landes situées près du village de Larcuste, dans le canton de Plaudren, on voit une pierre qui porte une cavité, qu'on dit avoir été faite par les poulpiquets (MAHÉ, *Morbihan*, p. 121) les habitants des pays avoisinants viennent souvent vers cette pierre, dans le but de guérir diverses maladies; ils pensent : qu'en mettant la partie souffrante au contact de cette cavité, ils seront guéris.

— Dans le caveau de l'église de Quimperlé il y a une pierre verticale percée d'un trou circulaire, dans lequel passent ceux qui ont mal à la tête, en invoquant saint Gurlow, et laissant auprès de la pierre une mèche de cheveux. (MAHÉ, *Antiq. de Morbihan*, p. 40.)

Dans les Landes, il y a souvent des ouvertures ménagées dans les piliers d'une chapelle (les Veyrines), à travers lesquelles les mères viennent faire passer leurs enfants, à certains moments de l'année. Dans d'autres localités, comme à Saint-Menoux, dans le Bourbonnais, à Saint-Ouen, dans l'Oise, à Crogne près de Paris, dans la Loire, etc., etc., ce sont des niches qui ont la réputation de guérir de telle ou telle maladie, quand on va y mettre la partie malade.

Dans l'église de Saint-Denis de la Chartre, située dans la cité du vieux Paris, il y avait la prison de Saint-Denis. On y montrait une grosse pierre carrée, percée à son milieu, qui paraissait être un ancien autel de sacrifice. La légende disait : que le saint avait été condamné à passer la tête dans ce trou, et à porter la pierre sur les épaules. (DULAURE, *H. p.* t. I, p. 75), pendant longtemps, on alla placer les parties malades dans cette cavité, pour obtenir la guérison.

Dans nombre de pays, la crédulité populaire dit que pour guérir un enfant, il faut le placer : sur l'autel, sur une pierre déterminée de l'église, de la chapelle, de l'édicule, ou même du quartier rural, placé sous la protection de tel ou tel saint. Ces saints ont les noms les plus divers. A Bordeaux c'est saint Fort, saint Mayeux dans les Côtes-du-Nord. Dans cette localité on va, aussi, faire marcher les enfants débiles sur la tombe de l'abbé Fredery et on leur frotte les reins avec un peu de terre de l'endroit. Dans nombre de pays, c'est saint Pierre ; dans d'autres, c'est saint Martin ; plus loin, c'est sainte Magdeleine, ou saint Christophe. Je n'en finirais pas, si je voulais les indiquer tous ; qu'il me suffise de signaler que dans plus d'un cas: on voit dans ce nom de saint une allusion qui porte à penser qu'on a anthropomorphisé un symbole religieux, qui ne fut jamais, en réalité, un être vivant.

En Bourgogne, les mères portent leur enfant malingre à l'église ; et, quand l'office est terminé, elles tâchent, en le soutenant, de lui faire faire neuf fois le tour de l'autel. (*R. d. t.* 1886, p. 173.)

Dans le département des Côtes-du-Nord, près de Saint-Gilles du vieux marché, les mères qui veulent fortifier leurs enfants viennent, le premier dimanche de septembre, faire le tour de l'église en portant une faux, et un coq (*symbole de la force*), si c'est un garçon ; une poule (*symbole de la fécondité*) si c'est une fille; elles laissent la volaille dans les mains du curé, après l'office. (BONNEMÈRE, *bull. loc. anthrop.* 1890). Nous trouvons là, on en conviendra, une réminiscence bien remarquable de l'idée du sacrifice païen adapté à la religion chrétienne.

A Vertolay, en Auvergne, il y a une roche branlante, où les mères mènent leurs enfants pour qu'ils grandissent en bonne santé. (BIÉLOWSKY, 235.)

Dans le Puy-de-Dôme on va encore, de nos jours, en procession à la fenêtre de Saint-Laurent, pour demander un temps propice pour les récoltes, ou la guérison des maladies. (BIÉLOW., 235.)

Au Loussonet dans le Morbihan, il y a un vieux meneau de fenêtre, provenant du château de Menes, qu'on appelle la vierge de Ménès ; et autour du quel, on fait marcher les enfants, en les tenant sous les aisselles, quand ils sont tardifs à marcher. (*R. d. t.* 1892, p. 92.)

A Pleumeur Bodon, on va frotter les reins des enfants et des jeunes gens au rocher de Saint-Samson, pour les fortifier. (*R. d. t.* 1892 92.)

Les dévots de la religion catholique ont une grande foi dans la pratique qui consiste : à se faire lire les évangiles pour la guérison ou la préservation des maladies; et par extension pour combattre les maléfices ; en 1870, on a vu, à Paris, même, grand nombre de soldats se faire lire les **évangiles**, ou passser sous l'étole d'un prêtre, en vue d'avoir de la force, ou d'être exempts des blessures. (BEAUREGARD, *Bull. soc. anthrop.* 1890). En Bretagne, en Anjou, en Saintonge, en Berry, en Poitou, etc., etc. les mères font passer leurs enfants sous l'étole du prêtre, dans la même pensée. (FÉRAUD, *Hist. des Basses-Alpes*, p. 651).

Dans quelques circonstances la pratique destinée à guérir le malade, à rendre la femme féconde, etc., etc., ne touche que par un petit point à la religion ; c'est ainsi, par exemple, qu'en divers pays de France, on faisait jadis passer les enfants malades dans le pan gauche de la chemise de son père, et on portait, ensuite, cette chemise sur l'autel d'un saint. (*R. d. t.* 1894, p. 494.)

En Belgique, on conduit, encore, de nos jours, les enfants rachitiques à certains pèlerinages ; et on jette la chemise ou le bonnet du malade dans un puits ou une fontaine, pour savoir si l'enfant doit guérir, en examinant s'ils surnagent ou non ; puis, on fait bénir ces objets mouillés par un prêtre, et on en revêt le malade aussitôt, les lui laissant neuf jours sur le corps. (*R. d. t.* 1894, p. 494.)

La veille de saint Jean, on place, en certains pays, des gousses d'ail sous la cendre chaude, pour les faire manger, le lendemain matin, aux enfants valétudinaires, avec la pensée: qu'ils seront guéris, ou bien qu'ils seront préservés des sortilèges. Qu'on me permette de dire, en passant, que les romains faisaient déjà cela, bien avant l'ère chrétienne, à l'occasion du solstice d'été. (DU CHESNEL, *dict. des supert.* p. 39.)

Celui qui voudrait énumérer tous les lieux où se font les pratiques superstitieuses dont je m'occupe ici, aurait une bien longue liste à dresser ; et des variantes bien étranges à enregistrer. Je me contenterai d'ajouter aux faits que j'ai cités déjà, les indications suivantes. En

Roumanie on passe, à certains jours, sous une table de
l'église, pour se fortifier.

J'ai rencontré une manifestation de l'idée, dans une
mosquée du Caire, ce qui nous prouve : que les mulsul-
mans, comme les chrétiens ont les mêmes superstitions.
Dans cette mosquée, il y a deux colonnes, très rapprochées l'une de l'autre. Les mahométans pieux qui
viennent en pélerinage dans ce lieu, essayent de passer dans l'espace qui les sépare. Ce passage se fait-il
sans une notable difficulté ? le dévot est certain d'aller
tout droit en paradis ; ne s'est-il accompli qu'au
prix d'un effort? il faut que l'intéressé y fasse attention,
car il a besoin de prier beaucoup, s'il veut compter au
nombre des élus. Je dois souligner : qu'ici, comme pour
beaucoup de choses, il y a plus d'appelés que d'élus.
A première vue, on en déduit que les pélerins maigres
sont plus vertueux que les gros ; mais la légende locale
assure : que souvent, on a vu un pélerin polysarcique
passer entre les deux colonnes, sans aucune difficulté ;
tandis, au contraire, que des dévots, maigres comme
un hareng, avaient tenté l'expérience, sans succés. C'est
que, dit-on, les colonnes s'écartent ou se rapprochent,
par le fait d'une puissance surnaturelle, qui sait distinguer la véritable piété de la fausse.

Je ne quitterai pas ce champ des superstitions actuelles, sans ajouter que les paysans bretons qui veulent
s'engager sous la foi du serment, vont, encore, quelquefois, creuser un trou dans un arbre, pour y prononcer
leur vœu, puis rebouchent ce trou (MAHÉ, *Morbihan* p.
297). Ou bien, encore, ces paysans vont plonger la main

dans une cavité creusée dans une pierre, sans compter que, parfois, le serment est accompagné d'une véritable libation. (MAHÉ, *loc. cit.*, p. 287 et 486.)

III

CRÉDULITÉS DES TEMPS ANCIENS

Si de telles crédulités existent de nos jours, encore, on ne sera pas étonné d'apprendre : que jadis, elles étaient plus vivaces. On allait passer la nuit du 23 au 24 juin dans l'église de Saint-Denis, pour guérir de l'epilepsie. On allait dormir dans tel ou tel sanctuaire, pour telle ou telle maladie, pour avoir des enfants, etc., etc. Misson nous apprend : qu'on allait (*Voy. d'Italie*, t. ı^{er}, p. 278) placer les enfants malades dans une boîte, à Saint-Jean-de-Venise, pour savoir s'ils guériraient.

Pietro della Valle (t. vı, p. 128), qui fit un voyage en Orient, au commencement du dix-septième siècle, vit une femme enceinte, passer sous les jambes d'une chamelle, pour avoir un accouchement heureux.

Dans l'antiquité, on faisait passer les individus et même les bêtes à travers des arbres, des pierres, du feu, même, pour les guérir, les fortifier, les garantir des maladies ou même des maléfices ; enfin, aussi, pour les consacrer à la divinité. C'est ainsi, par exemple, qu'en Phénicie et en Syrie, lorsqu'on voulait purifier les enfants, ou les consacrer, à Melkart, Baal, Belisama, etc., etc., ou les faisait passer entre deux feux allumés, devant la statue du dieu (PLUCHE, *Histoire du Ciel*, 1748, t. Iᵉʳ, p. 175).

Pausanias, (liv. x, ch. 32) nous raconte que dans le pays des Magnètes, près d'un fleuve, il y avait une grotte consacrée à Apollon ; dans laquelle les dévots allaient passer, pour acquérir une force plus grande.

Les diverses pratiques superstitieuses modernes, que je viens de passer en revue, sont, donc, les vestiges et la continuation atténuée de manœuvres antiques qui, quelque variées qu'elles fussent, appartenaient au même ordre d'idées originelles. A savoir : qu'en faisant passer un individu par une espace rétréci, on lui procure un bien-être physique ou moral, on lui assure la jouissance de la santé ou du bonheur.

IV

ORIGINE DE LA CRÉDULITÉ

Si on cherche à se rendre compte de la raison qui a pu donner naissance à cette idée bizarre dont nous venons de fournir un certain nombre de manifestations, on arrive bientôt à penser : que nous nous trouvons, là, en présence d'une manifestation de la logique enfantine de nos premiers parents, et dont l'origine s'est perdue dans la nuit des temps. En effet, si dans ses variantes les plus incomplètes, elle consiste à faire passer le patient à travers les jambes d'un âne, dans un ordre plus élevé on voit déjà poindre l'idée de la religiosité d'une manière plus appréciable, par l'action de le conduire à un arbre séculaire, à un monument megalythique. Enfin les veyrines des églises des Landes, nous montrent cette religiosité d'une manière parfaitement manifeste.

Cette pratique, est donc d'origine religieuse ; elle me semble se rattacher au culte des forces de la nature. Si je m'en rends un compte exact, l'homme primitif a eu la pensée : qu'en mettant en contact un être débile, avec la vigueur et la puissance, il lui communiquerait un peu de ces attributs. D'autre part, la pensée mystique : qu'en faisant passer l'individu faible ou malade par un espace restreint, plus ou moins difficile à franchir, comme le détroit du bassin maternel, on lui faisait recommencer une nouvelle vie, on le faisait renaître, en un mot, peut bien avoir été une reminiscence ou un symbole du culte chtonique, qui fait partie lui-même, on le sait, du culte des forces de la nature.

Par le fait des hazards des localités : dans un pays, cet orifice retreci a été fourni par les végétaux. Dans un autre contrée, c'est une pierre, un rocher qui a été préféré. Plus loin, faute d'arbres ou de rochers, c'est un animal qui a été ce symbole de la force de la nature. En un mot, une fois l'idée initiale formulée toute la gamme des variantes a été parcourue par les croyants.

L'idée initiale a été plus ou moins précise, sans doute,

dans l'esprit de celui qui l'a eue le premier ; mais, dans les conditions où elle était émise, elle devait bientôt devenir vague et confuse ; elle s'est obscurcie, à mesure que les nouvelles croyances religieuses se sont succédées, se superposant comme des couches de stratification les unes sur les autres.

Cette succession fut ici, comme partout en général, tellement ménagée, que malgré les modifications les plus profondes de la pensée fondamentale, les pratiques matérielles sont restées très analogues, sinon, semblables, même. C'est ainsi : que maints rites du culte de la terre mère, qui lui-même n'était qu'une transformation du fétichisme, se sont conservés, quoique, suivant les lieux et les époques, ce culte ait pris la forme : chtonique, phallique, hétaïrique, etc., etc., chez nos ancêtres.

Puis, l'astrolatrie, les diverses variantes du paganisme zoolatrique ou anthropomorphique, sont venues s'enter, avec le progrès des temps, sur les croyances élémentaires des premiers âges, leur faisant subir des modifications, des dégradations de signification, profondes quoique lentes. Ces modifications sont, pour ainsi dire, inappréciables, quand on ne les examine que pour une période chronologique limitée. Mais dans la suite des temps, se surajoutant l'une à l'autre, elles ont produit des écarts considérables. Ces croyances ont perdu ainsi, peu à peu, de leur importance dans un sens, tandis qu'elles en gagnaient dans un autre. Dans ces conditions, les pratiques qui primitivement avaient une solennité capitale, étaient d'abord imposantes, et régissaient la société tout entière, même parfois, se sont réduites à des vestiges de superstitions, à des jeux d'enfants, même, dans plusieurs cas, parce qu'elles sont devenues plus ou moins obscures dans l'esprit des masses.

Néanmoins, quoique réduites à ces derniers linéaments, ces pratiques persistèrent par la force de l'habitude. Aussi les religions plus récentes : paganisme, grec ou romain, judaïsme, christianisme, islamisme, n'ont pu les faire disparaître de haute lice et d'un coup.

Par une tactique, facilement compréhensible pour celui qui étudie l'histoire des transformations de l'idée religieuse, les cultes nouveaux, ne pouvant détruire sur l'heure les cultes anciens, ont cherché à les absorber, à leur donner leur cachet, à leur imposer leur étiquette officielle, pour pouvoir les tolérer dans leur rituel. C'est pour cela, que l'on rencontre les vestiges des pratiques primitives dans les cultes les plus divers de notre époque.

L'observateur arrive ainsi a constater : que les diverses religions ont, de cette manière, aidé à la conservation plus ou moins intégrale des pratiques des cultes primitifs jusqu'à nos jours. Ces religions ont bien travaillé, en sous main, en mille circonstances, à faire préférer aux dévots, d'autres pratiques, plus en rapport avec leurs tendances et le but qu'elles se proposaient d'atteindre. Mais en présence de la force d'inertie opposée par l'habitude des populations, elles ont rarement rompu ouvertement en visière avec elles. C'est à cela que nous devons : de voir, jusqu'à l'heure présente, persister dans les coutumes contemporaines des vestiges d'un autre temps et d'antiques croyances.

Ces réminiscences des crédulités de nos ancêtres antéhistoriques, ne sont probablement pas encore près de leur disparition complète, malgré les progrès de la civilisation. Tant il est vrai que dans l'histoire de l'humanité, on constate, comme règle générale et immuable, que lorsqu'une idée, une pratique, une formule, est introduite dans le bilan de ses connaissances, on voit : cette idée, cette pratique, cette formule subir des modifications incessantes et infinies, sans jamais disparaître complètement, désormais, quels que soient les événements matériels, ou les transformations d'opinion qui surviennent.

FIN DU PREMIER VOLUME

TABLE DES MATIÈRES

FIN DE LA TABLE DES MATIÈRES

Imp. du Petit Var, angle b de Strasbourg et r. d'Antrechaus. Toulon.

Original en couleur

NF Z 43-120-8

www.ingramcontent.com/pod-product-compliance
Lightning Source LLC
Chambersburg PA
CBHW070712280326
41926CB00087B/1782